休色在溪壁下研究记之乐

福建省华安县人民政府　编

U0677883

文物出版社

图书在版编目（CIP）数据

华安东溪窑学术研究论文集 / 福建省华安县人民政
府编 . —— 北京：文物出版社，2016.5
ISBN 978-7-5010-4645-4

Ⅰ.①华… Ⅱ.①福… Ⅲ.①陶窑遗址—华安县—文
集②瓷窑遗址—华安县—文集 Ⅳ.① K878.5-53

中国版本图书馆 CIP 数据核字 (2016) 第 146016 号

华安东溪窑学术研究论文集

编　　者：福建省华安县人民政府
主　　编：林艺谋

题　　签：耿宝昌
责任编辑：贾东营
责任印制：张　丽

出版发行：文物出版社
地　　址：北京市东直门内北小街 2 号楼
网　　址：http://www.wenwu.com
邮　　箱：web@wenwu.com
经　　销：新华书店
制　　版：北京宝蕾元科技发展有限责任公司
印　　刷：北京京都六环印刷厂
开　　本：787×1092 毫米　1/16
印　　张：21
版　　次：2016 年 5 月第 1 版
印　　次：2016 年 5 月第 1 次印刷
书　　号：ISBN 978-7-5010-4645-4
定　　价：260.00 元

编辑委员会

鹰潭市

江

西

省

武夷山

洪门水库

富屯溪

池潭水库

金溪

建溪

南平市

水口水库

温州市

紫水滩水库

古田水库

宁德市

三都岛
青山岛

浮鹰岛
西洋岛

台山列岛
七星岛
大衢山

三明市

沙溪

安砂水库

福州市

马祖列岛
北竿塘岛
马祖岛
琅岐岛

东

海

下洋镇

莆田市

华安土楼

泉港区

大练岛 东库岛
屿头岛 海坛岛

草屿
塘屿
南日岛
南日群岛

龙岩市
漳平

华安东溪窑

泉州市

湄洲岛

泉州湾

广

东

省

永定

湖坊镇
梅林
书洋
下洋镇
南靖

漳州市

厦门市

小金门岛 金门岛
厦门港

台

湾

梅州市

海

峡

澎

湖

列

岛

渔翁岛

澎湖岛

外伞顶洲

潮州市

东

汕头市

南澳岛
汕头港

台

湾

省

嘉义市

塑安岛

华安东溪窑遗址

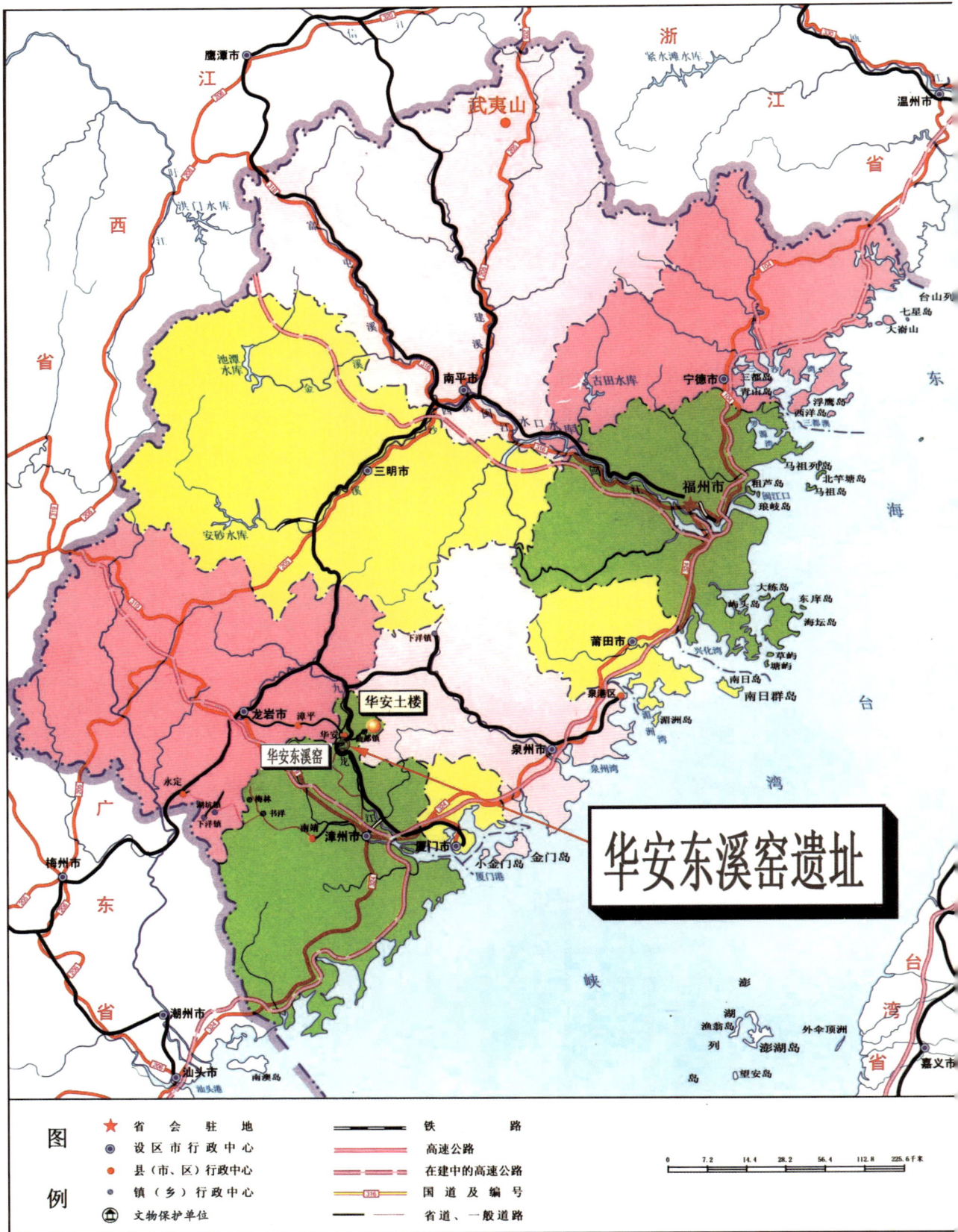

华安东溪窑地理位置图

漳 平 市

东溪窑遗址

安

溪

县

长

泰

县

南

靖

县

芗 城 区

图
例

县（市、区）行政中心
镇（乡）行政中心
村 委 会
土楼所在地
文物保护单位
铁 路
省 道
一 般 道 路
地 区 界
县（市）界
镇（乡）界

华安东溪窑地理位置图

东溪窑遗址

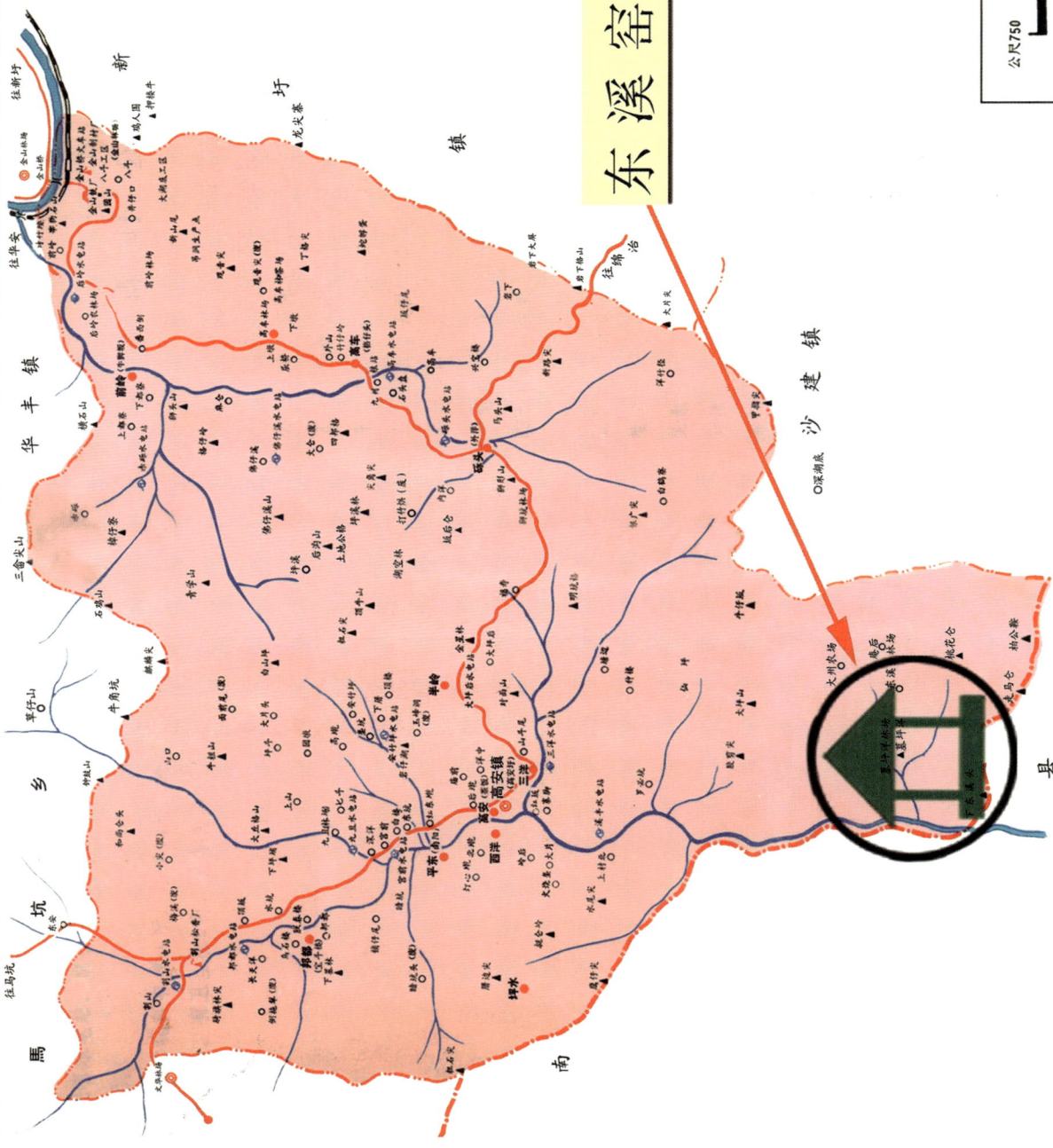

华安东溪窑地理位置图

华安东溪窑位于华安县高安镇三洋村

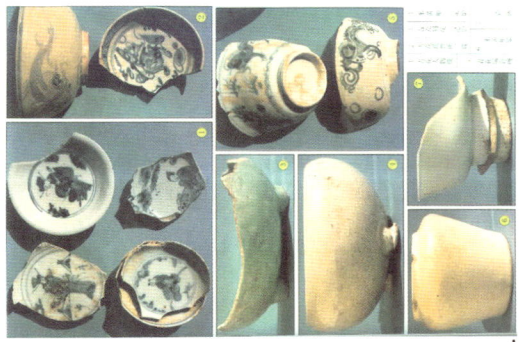

华安东溪窑瓷器（明清）

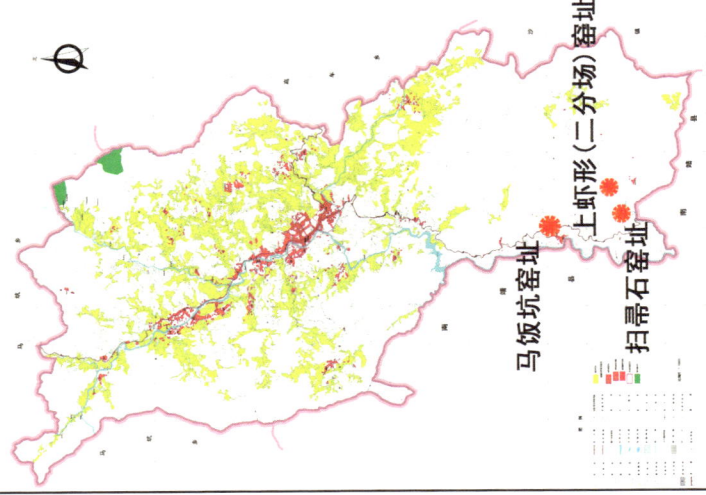

马饭坑窑址

上虾形（二分场）窑址

扫帚石窑址

上虾形（二分场）窑址

上虾形（二分场）窑址

扫帚石窑址

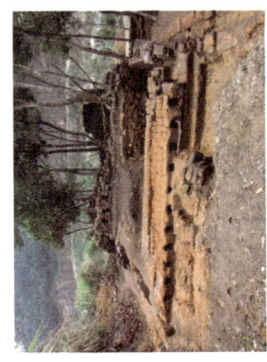

马饭坑窑址

华安东溪窑遗址

东安

▲1315

和尚仑头
▲1028

贡鸭山
国家森林公园

赤砾

割山

葛山林场

麒麟尖
1370

坪溪

骑旗林
▲806

土地公格

尖

长边洋　顶坂

山口

大山

乌石楼　邦都
水坑

上山　坪斗

宝斗楼　联春楼

九旦
七斗

园墩　大片头

铺仔尾　宫前

高墘

暗坑
东坑

枣坑
下厝　顶楼

粗石尖
▲1153

平东　红东墘

安竹坪

北墘　后墘

半岭

灯心墘　高安　庙前

西洋

洋中

高安圩
岭后　高安镇　高安客运站

大坪后

福寿

坪水

大片

三洋

X582

鹰仔尖
▲978

三洋

上村北

永

罗必坑

塘边　种楼

大坪山
▲996

火烧砸峡
▲116

荆都

大州

德溪水电站

东溪头

东溪窑遗址

溪

桃花仑
957▲

O

国公寨
860

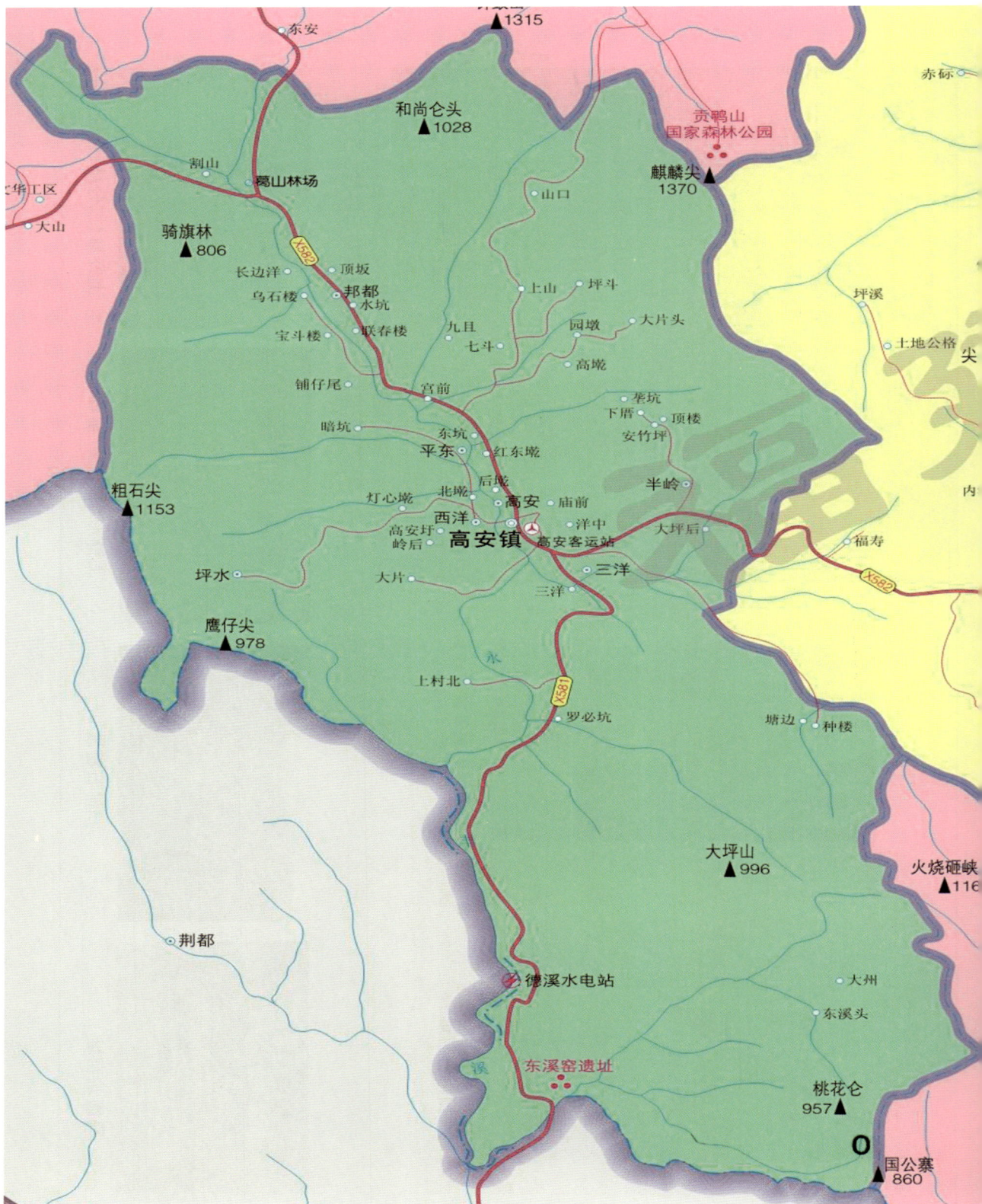

福建省华安县高安镇行政区划图

龙岩市

泉州市

华安县

高安镇

归

东溪窑遗址

德

溪

永

丰

溪

九

龙

江

北

溪

长泰县

厦门市

华安县地图

九

龙

江

芗城区

龙文区

龙海市

西

溪

月港

南靖县

华

安

县

东溪窑遗址

人工挑运至上坪

人工转运至上樟

上樟古窑址

人工转运至北溪

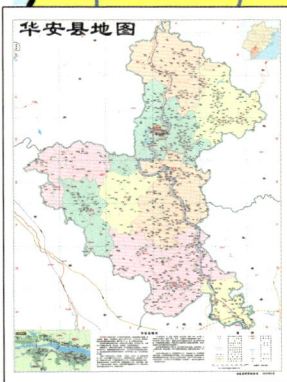

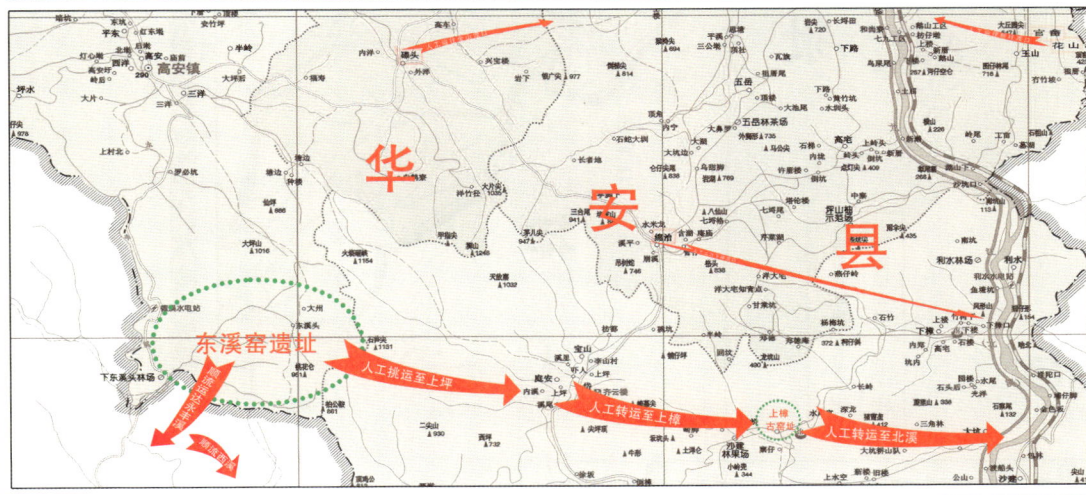

华安东溪窑产品外销水路示意图

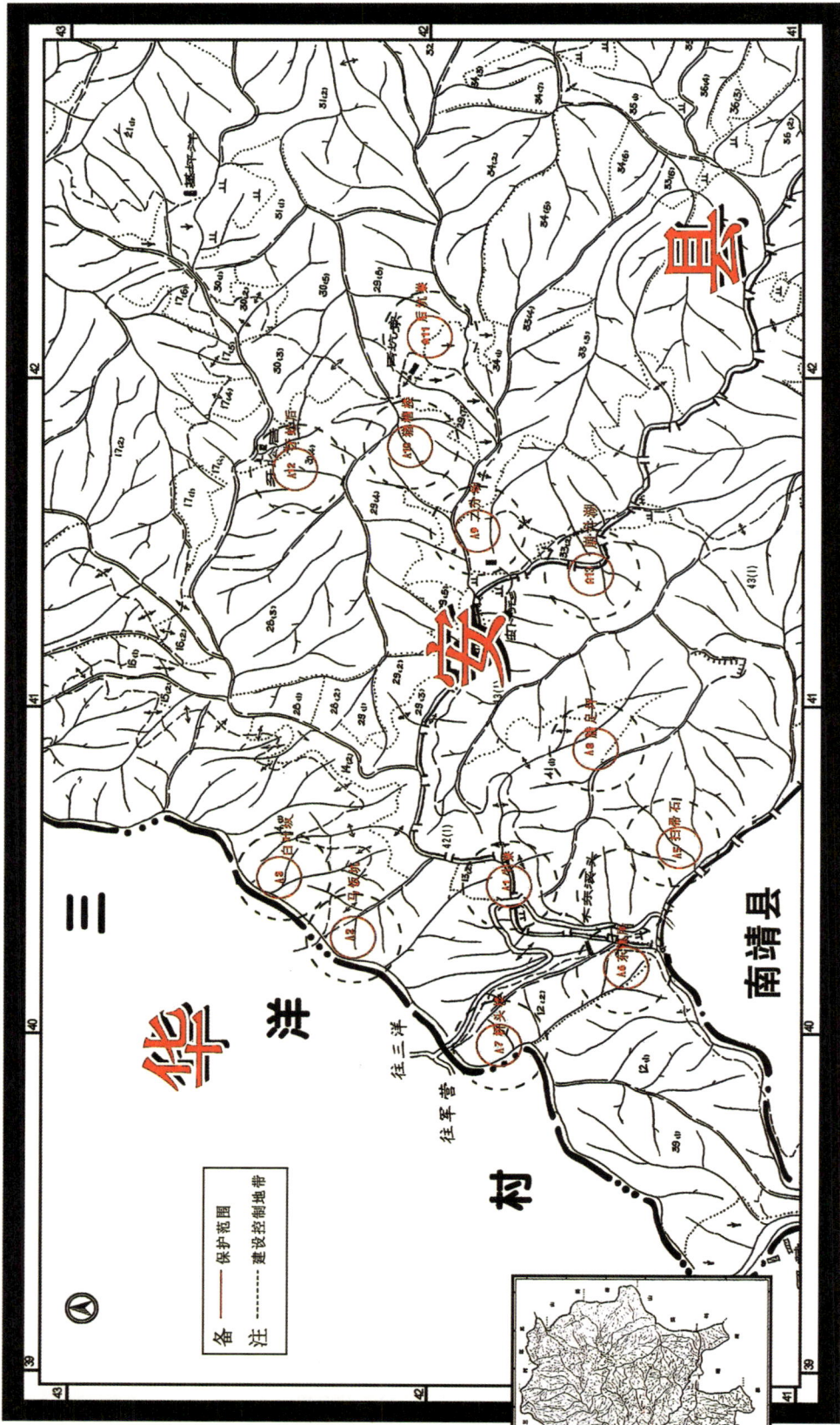

华安东溪窑窑址分布图示意图

三 卦 洪 村

华 安

且 云

南靖县

备 注
—— 保护范围
------ 建设控制地带

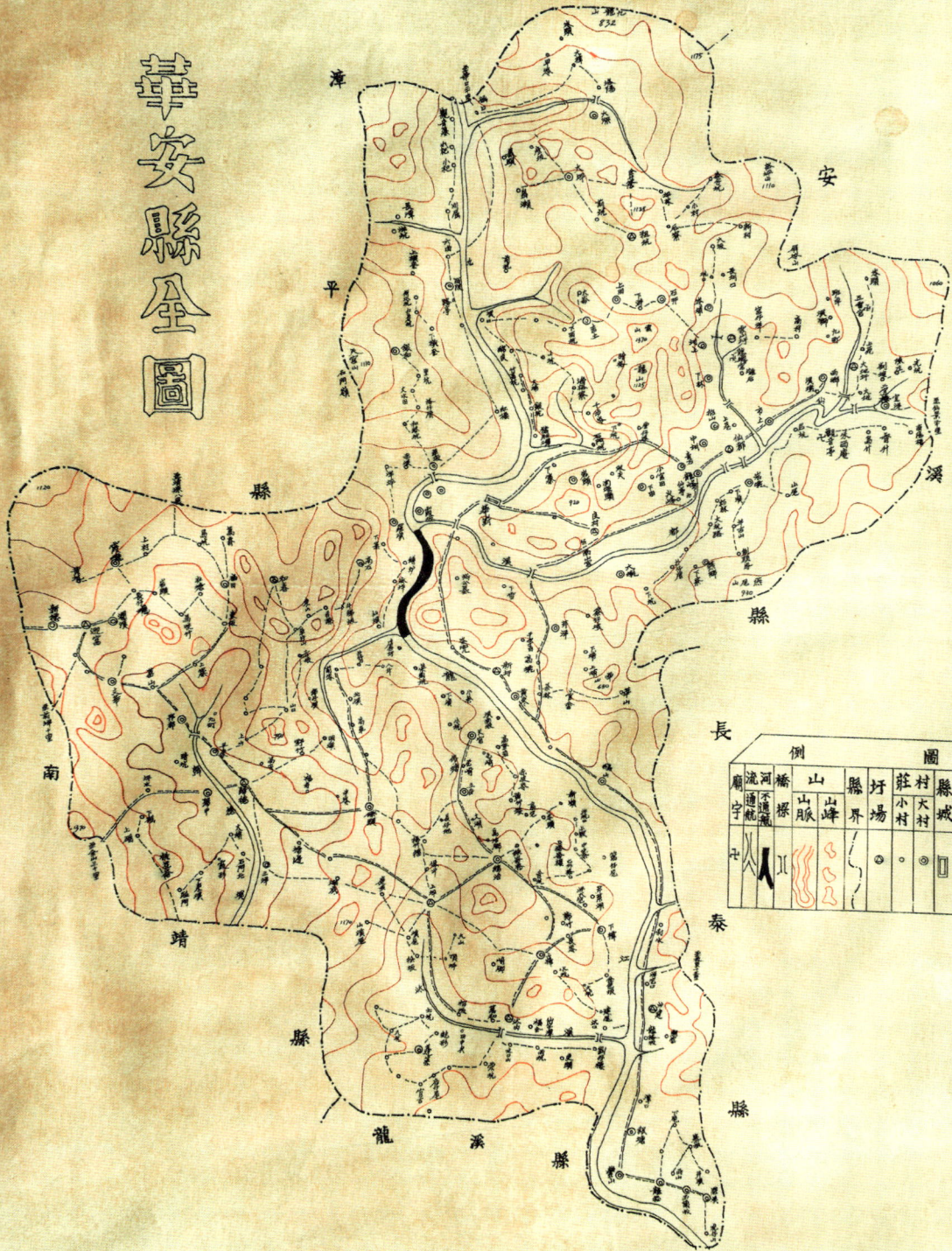

民国十七年（1928 年）华安县全图

民国三十年（1941 年）华安县坪治乡示意图

东溪瓷器

独树一帜

安家瑶

二〇一五　冬

郭旃

二〇一五·十二·廿七

　　安家瑶（中央文史研究馆馆员，中国社科院考古研究所研究员、汉唐研究室主任、西安研究室主任）、郭旃（著名世界遗产专家、中国文物学会世界遗产研究会会长、国际古迹遗址理事会原副主席）题词。

東溪瓷園

明清典作

樊锦诗

彭金章

二〇一五·十二·廿五

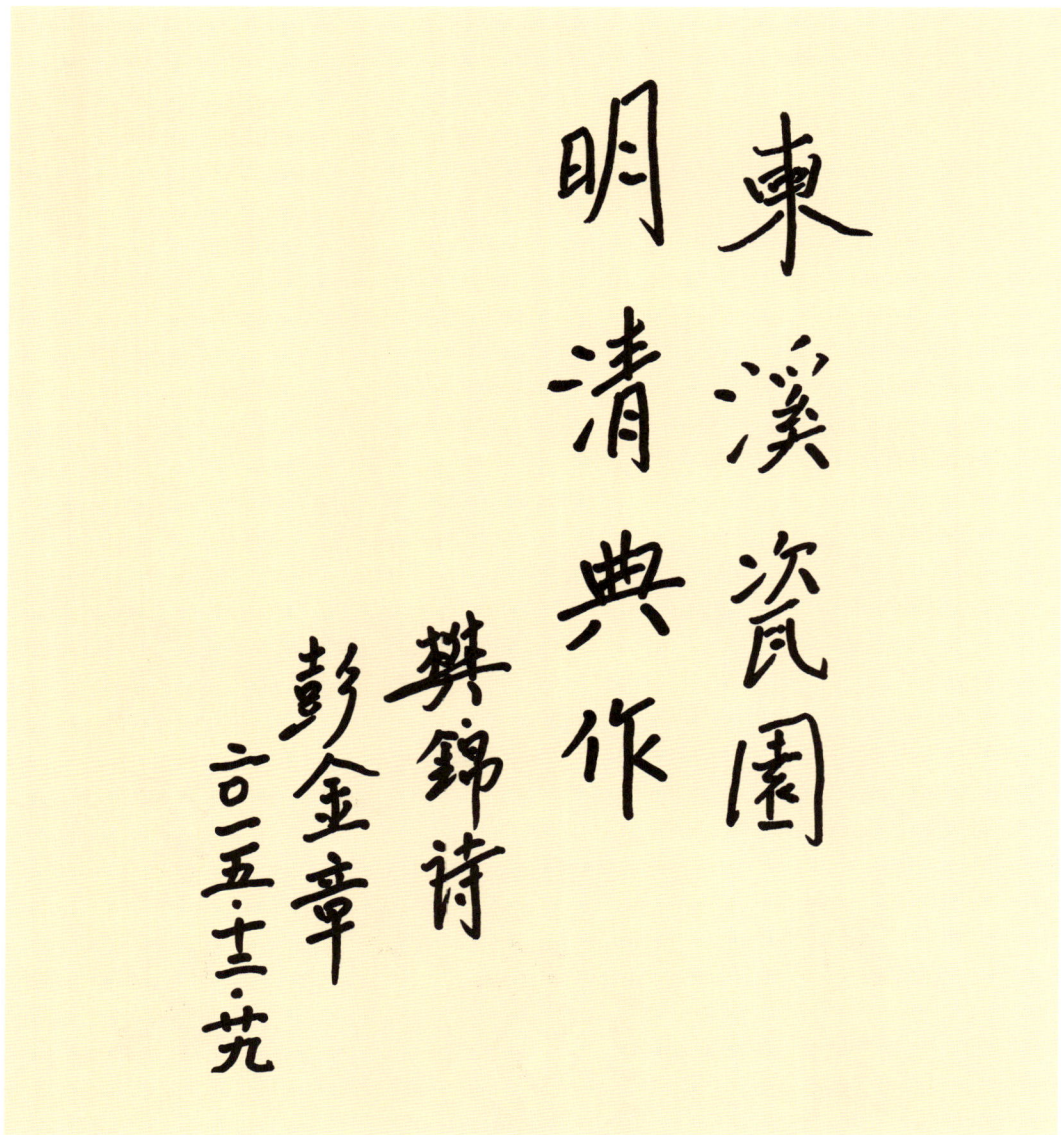

　　樊锦诗（中央文史研究馆馆员，敦煌研究院名誉院长、原院长）和彭金章（敦煌研究院考古发掘专家，武汉大学考古教研室负责人）等 11 位专家组成福建省"海上丝绸之路"申遗专题调研组莅临华安东溪窑上虾形遗址考察时，挥毫题词，留下"东溪瓷园，明清典作"的墨宝，对华安东溪窑遗址的文物价值、社会价值和历史地位予以肯定。

海丝瑰宝地

华安东溪窑

郑国珍

丙申年初夏

郑国珍（中国文物学会副会长、福建省文物考古博物馆学会理事长、原福建省文物局局长）题词。

十 里 窑 场
万 里 丝 路

李金明
二〇一六年五月

　　李金明（著名海洋专家、中国海洋法学会常务理事、厦门大学南洋研究院教授、博士生导师）题词。

拾里长安

万里丝路

黄忠杰

乙未春

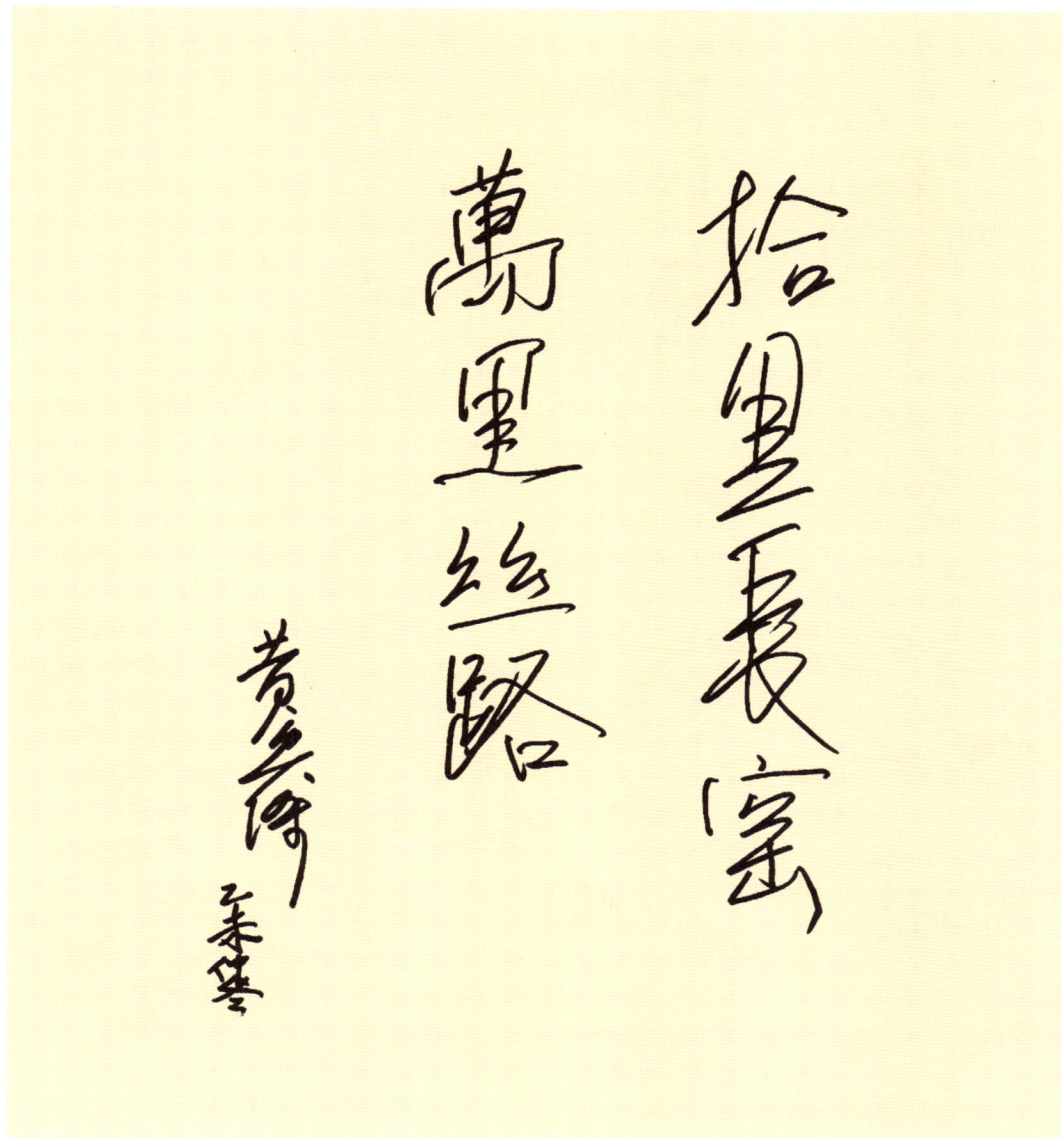

黄忠杰（德国海德堡大学东亚艺术史博士后、福建师范大学美术学院副教授、硕士生导师）题词。

世界油画名家汤沐黎先生写生作品。

绪 论

　　位于福建省漳州市华安县高安镇境内的东溪窑是明清时期我国东南沿海一处大规模烧造外销瓷的民间窑场。据史料记载，它是我国古代海上丝绸之路的重要组成部分。2016 年，国家文物局将东溪窑遗址正式列入首批"海上丝绸之路·中国史迹世界文化遗产"文化遗产点，使之成为我国申请将"海上丝绸之路"列入联合国教科文组织《世界遗产名录》的重要内容。

　　在中华文明的百花园中，瓷器是世所公认的珍奇瑰宝，"海上丝绸之路"则为中华文明走向世界做出了重要贡献。可喜的是，华安东溪窑集这两大文明元素于一身，经过岁月长河的淘洗，如今更加焕发出独特的魅力。

　　华安东溪窑始于宋元，兴盛于明清，薪火相传、生生不息，延烧长达几个世纪。窑址规模约 10 平方公里，以高安镇东溪中部最为集中，向龙山毗邻处延伸，分布在高龙公路两旁。现已发现窑口 20 余处，近年来文物部门采集标本超过 7000 件。不少器物和残件被考古界认为具有"漳窑"典型特征，其中米黄色小开片弦纹炉、白釉三鼎足等为遗留陶瓷珍品，被国外瓷器家视为中国名瓷。总结起来，华安东溪窑的主要特色在于：窑址规模大、覆盖范围广、瓷品种类多、延烧时间长，堪称明清"漳窑"之最；产品大多出口外销，特别是在近年南海沉船打捞考古发掘中，大量华安东溪窑瓷类精品出水，充分说明它在古代中外海洋贸易中占有一席之地；瓷艺别具一格，不仅大量烧刻青花瓷，还烧制出特有的白釉米黄色器，加上瓷品表面的开片冰裂现象，显得别具一格；纯手工拉坯，采用人工捏制、模印、堆贴、堆塑、刻划、雕镂等技法，使得每一件作品都独具特色。

　　华安东溪窑给后世留下了大量陶瓷精品。2009 至 2014 年间，经国际友人田野调查，华安米黄釉瓷器不仅是明清两代宫廷的贡品，而且在东南亚和欧洲 8 个国家的 19 个国立博物馆中都有珍藏。正因为她留下了众多无价之宝，2005 年 5 月，经福建省人民政府批准，华安东溪窑遗址成为第六批福建省重点文物保护单位；2012 年 9 月，华安东溪窑遗址上虾形、马饭坑、扫帚石遗产点被国家文物局批准列入"海上丝绸之路"中国世界文化遗产预备名单；2016 年，华安东溪窑遗址正式列入我国"海丝申遗"名单。

　　1972 年，联合国教科文组织通过《保护世界文化和自然遗产公约》，提出"文化遗产"包括：文物、建筑群、遗址。其中"遗址"是指从历史、审美、人种学或人类学角度看具有突出的普遍价值的人类工程或自然与人联合工程以及考古地址等地方。1976 年，世界遗产委员会成立并建立了《世界遗产名录》。我国于 1985 年 12 月 12 日加入《公约》。截至 2016 年，我国已有 50 处世界遗产。

"往日繁荣山犹记，高安漳瓷醒有期"。20 世纪 80 年代考古发现华安东溪窑遗址以来，国内史学界专家学者及文物考古工作者高度重视，多次深入东溪窑遗址，开展实地调查研究。自 2011 年起，来自全国的 32 位古陶瓷研究者、文博界专家学者经过扎实调研，于 2015 年撰写提交了一批考古研究论文，几经精心挑选、打磨，《华安东溪窑学术研究论文集》终于问世。这本书凝聚了我国陶瓷界 32 位著名专家学者和地方文史工作者多年研究心血，是对华安东溪窑考古研究成果的集中展示。全书分为考古发现、藏品赏析、瀛寰遗珍、传承技艺、海外贸易等部分，从不同角度对东溪窑遗址进行了深入而具体的学术研究，提出了许多独到的见解，具体内容包括东溪窑的缘起、兴盛、衰落以及工艺、销售、影响等，涉及考古学、历史学、地理学、地名学、人名学、社会学、民俗学、华侨志、文物志、海外贸易、内河交通、宗教、艺术、人文等诸多门类，以及农业、林业、土地、水利、环保、民政、勘界等不同部门。本书史料翔实，是了解东溪窑遗址历史面貌的重要窗口，对深入理解"海上丝绸之路"，有力推进"一带一路"建设有着现实而深远的文化意义。

优秀的历史文化是人类共同的财富。2014 年 3 月，习近平主席历史性访问联合国教科文组织总部并发表重要演讲。习主席指出，中华文明经历了 5000 多年的历史变迁，但始终一脉相承，积淀着中华民族最深层的精神追求，代表着中华民族独特的精神标识，为中华民族生生不息、发展壮大提供了丰厚滋养。华安东溪窑文化遗产，不仅属于中国，也属于世界。正是秉承着对人类文化的珍视，华安县博物馆林艺谋同志连续多年孜孜不倦，在前人基础上致力于对东溪窑的保护研究。我于前年收到东溪窑相关图书资料，悉心研读，掩卷静思，不禁感慨林艺谋同志等一批地方文物工作者对保护东溪窑遗址所做出的不懈努力，欣然应邀作序，借此表达对参与华安东溪窑遗址历史研究的文史工作者的敬意，以及对研究成果问世的祝贺。

中国联合国教科文组织全国委员会秘书长

亚太地区世界遗产培训与研究中心古建筑保护联盟名誉主席

2016 年 5 月 1 日于北京

序〔一〕

华安县现辖 6 镇 3 乡、1 个省级经济开发区、4 个国有林场和 97 个村（居），土地面积 1315 平方公里，人口 16.7 万，中国国家级森林公园、国家级生态示范县，也是原中央苏区县，祖国大陆高山族同胞聚居人口最多的县份。福建省第二大河九龙江北溪一水中流，贯穿华安全境 107 公里，两岸山清水秀，风光旖旎。明方进曾赋诗赞曰"入夜不知暑至，长年坐看花生"。

华安是一个既年轻又古老的县份。说它年轻，置县至今不足 90 年，县情被外界了解甚少；说它古老，早在商周时期就有先民在这片沃土上繁衍生息。据史籍记载，南朝时有龙溪县，其后至明清时期，华安境一直隶属龙溪县二十五都辖地。1928 年才正式建县，勤劳智慧的华安人民，创造了光辉灿烂的北溪文化。如今散落于大山深处、北溪两岸的文化遗存 400 多处，都是华安先民的智慧结晶。其中最具代表性、最有影响力的，当属世界文化遗产名录之一、神州第一圆楼、民居瑰宝——大地土楼群，国家重点文物保护单位——道观圣地南山宫，中国首批岩画遗存地——千古之谜仙字潭摩崖石刻，"海上丝绸之路"中国世界文化遗产预备名单——华安东溪窑遗址和产品，均属享誉中外的中华文化遗产精品。值得一提的是，继大地土楼群申遗成功之后，华安东溪窑遗址又被国家文物局列入中国世界文化遗产预备名单，这是华安人民的一件喜事，值得自豪和骄傲。

"海丝"漳州史迹·华安东溪窑遗址位于闽南漳州市西北端，距厦门特区 137 公里，距漳州市区 65 公里。据史料查实，漳州窑产品生产的一个中心遗存地在华安东溪头，属于明中期至晚清的大型民间瓷窑遗址群。其分布面积之广，规模之大，数量之多，令人惊叹不已。历经数百年的风雨沧桑，古窑址基本保持原始风貌。从中采集到的 4000 余件瓷片标本，以青花瓷为主，还有青瓷、白瓷、酱黑釉、蓝釉、五彩瓷等，为研究漳州窑发展历史提供了大量的实物依据。从西班牙"圣迭戈号"和南海水下"泰兴"号等沉船打捞出大量的瓷器中，有一部分来自于华安东溪窑产品。种种文物考古迹象表明，华安东溪窑作为"漳州窑系"的核心窑场之一，出产的大量产品销往海外，在当时我国海外贸易起到举足轻重的作用。

在漳州窑系瓷器中，"漳窑"米黄釉瓷则具特定含义，其产地亦在华安东溪窑，沉睡大山深处数百年，实乃"藏在深闺人未识"。我国陶瓷界专家学者为追寻"漳窑"踪迹，苦苦求索了几十年，终于在华安县高安境内找到了答案。自 20 世纪 80 年代初，华安东溪古窑址被发现之后，立即引起国内史学界专家学者及文物考古工作者的高度重视，从此翻开了"漳窑"研究新的篇章。华安东溪窑的发现，填补了"漳窑"史料的空白。30 余年来，业界专家学者深入实地考察，开展学术研讨活动，从未停歇。为了解华安东溪窑的真实面貌，他们冒着严寒酷暑，披荆斩棘，踏遍东溪头荒山野岭，在文物保护和申遗之路上付出无数的艰辛，取得丰硕的科研成果。一篇篇调查报告、研究论文、文集著作相继问世，使华安东溪窑的研究呈现百家争鸣、百花齐放、硕果满园的喜人景象。在此，我们向所有参与华安东溪窑遗址研究的专家学者及广大文物考古工作者表示衷心谢意！

华安东溪窑陶瓷业是我国特定历史环境下形成的文化遗产，它的兴盛得益于 16 世纪后明清政府对海外贸易政策的有限开放，更得益于民间对"海上丝绸之路"的重大贡献。东溪窑的陶瓷文化，是中华传统文化在闽南地区的特殊表现。因为是民窑，东溪窑陶瓷作品更具有包容性、开放性、多样性，生活器皿、雅玩供品、人物塑像等品类丰富，其造型设计、工艺技法、色彩装饰，有着相当高超的艺术造诣，充分体现了当时漳州地区民间制陶业的工艺水平。从目前调查情况来看，东溪窑生产规模之大，产品种类之多，作品质量之优，乃明清时期"漳州窑业"之最，其精品在国内外博物馆、艺术馆均有珍藏，堪为中国名瓷之列。

华安东溪窑遗址具有丰富的文化涵养，涉及雕塑工艺、美术设计、宗教民俗、生态地理等学科领域。今天，我们研究华安东溪窑的历史脉络，不仅只是了解当时陶瓷业生产经营状况，而且更重要的是要了解其由盛到衰的发展规律，了解它在"海丝"的地位和作用，从而推动华安东溪窑陶瓷文化的传承和复兴。正当华安东溪窑遗址申遗工作紧锣密鼓开展之际，《华安东溪窑学术研究论文集》一书问世，具有特殊的意义。书中汇集了我国陶瓷界专家学者对华安东溪窑研究的真知灼见，凝聚着他们为之所付出的心血，这无疑对于人们加深了解华安东溪窑遗址具有重要参考价值，是华安东溪窑遗址考察和研究成果的一个缩影，对读者而言，就如同走进了中国陶瓷艺苑的一处胜境。

中华民族优秀的历史文化是人类的共同财富。东溪窑文化遗产，不仅属于华安，属于漳州，也属于世界。我们相信，随着华安东溪窑遗址申遗工作不断推进，《华安东溪窑学术研究论文集》对促进中外文化交流，让外界更多了解华安北溪文化起到桥梁纽带的作用，也为人们进一步探索华安东溪窑陶瓷文化起到抛砖引玉的作用。华安东溪窑遗址的考察研究，是一项庞大的系统工程。申遗之路漫长而艰辛，需要汇集各方力量，共同参与。我们呼吁社会各界有识之士继续关心、支持华安东溪窑陶瓷文化研究工作的开展，共同为申遗大业添砖加瓦，让优秀的九龙江北溪文化走出华安，走向世界。

预祝华安东溪窑遗址申报世界文化遗产名录成功！

中共华安县委书记

2015 年 11 月 16 日

序〔二〕

　　精美的瓷器是文化的印记，是人类对大自然的再创造。很久以来，东溪窑声名远扬，也深深地嵌入了器物之中，如"东溪双耳络子樽"、"绿东溪石榴樽"、"三足二耳东溪炉"。于是，器物有了鲜活的生命，"东溪"也成了一个重要的地标。深藏于华安崇山峻岭之中的东溪窑遗址，在历史上就曾创造出远播东西洋的陶瓷文化，其辉煌历程长达400余年之久。据考证，史志记载的"漳窑"便是明清的东溪窑，是"漳州窑系"的核心窑址之一，在我国"海上丝绸之路"对外通商中发挥过重大作用。因为有过如此非凡的经历，继大地土楼群申遗成功之后，华安东溪窑遗址被国家文物局列入申报世界文化遗产预备名单。

　　东溪窑遗址位于华安大山深处，自从其淡出人们的视野后，便销声匿迹很长的岁月，直到20世纪80年代初才被重新发现。其神秘面纱被揭开后，立即受到国内外史学界的高度关注。许多专家学者及文物考古工作者纷至沓来，掀起一股股探秘研究热潮，或撰写调查报告，或发表学术论文，平地刮来东溪窑的热风。如今，《华安东溪窑学术研究论文集》问世，就是近几年来研究成果的体现。该论文集凝聚30多位专家学者多年来为之探索的心血，汇集了他们的智慧，是了解东溪窑遗址历史面貌的重要窗口。东溪窑遗址的学术研究，涉及历史、文化、民俗、宗教、艺术、人文、地理、商贸等等，可以说内容包罗万象，丰富多彩。研究东溪窑的缘起、兴盛、衰落以及工艺、销售、影响等均有重大的历史意义和现实意义，尤其对推进"一带一路"国家战略有着独特的文化意义。因此，华安县有责任和义务做好三件事。

　　一是切实加强东溪窑遗址抢救和保护。华安的窑址分布面积广，数量多，规模约10平方公里，以东溪中部最集中，向南靖县毗邻处延伸。以马饭坑、牛寮、后坑辽、水尾、上虾形、吊拱、崩圳湖、扫帚石、洪门坑、橄榄坑、白叶坂等窑炉遗迹和文化层为中心，半径100米范围内已发现的窑口有近22处，其中存在大量堆积层，已获得标本4000余件。东溪窑遗址在位于明清漳州府龙溪县东乡的东溪村（又名丹溪、兰溪、芥坑、内溪村，现归辖华安县），其中白釉米色瓷产品专称"漳窑"。据《福建通志·物产志》卷一记载，华安东溪窑在"明中叶始制白釉米色器，其纹如冰裂。旧漳琢器虽不及德化，然犹可玩，惟退火处略黝。越数年，黝处又复洁净。近制者釉水胎地俱松"。东溪窑烧制的"漳窑"多属供摆设观赏的古玩，并非日用饮食瓷器。主要有观音、弥勒佛等造像，花瓶、香炉、水盂、笔筒等器皿。在闽南民间民俗中，炉、瓶、盂三件器物常组成一副，这三者东溪窑均有生产。"漳窑"的特征是胎厚、质硬、纹细。色彩有纯白、纯黄、纯红、米色、绿色、白地三彩等多种，而以纯白与三彩为上等珍品。彩瓷色泽鲜艳，经久不褪。"漳瓷"为细瓷类，瓷面有细纹隐现，其质地与广东潮州枫溪所产瓷器相似。尽管东溪窑并非官窑，但因其产品质优，而不乏被列为贡品，选送宫廷者。华安东溪窑遗址是漳州地区珍贵的历史文化遗产，是研究闽南地区陶瓷文化及"海丝"历史事件的重要实物依据，具有极为重要的历史价值、科学价值和艺术价值。但由于历史变迁，加上自然、人为损坏等因素，东溪窑遗址损毁严重，有的窑址由于人为耕作，变得面目皆非，实在令人遗憾。这必须引起我们高度重视，切实采取有力措施加以保护，努力恢复窑址的原本风貌。

二是深入开展东溪窑遗址学术研究。东溪窑遗址是特定历史条件下所产生的文化遗产。据史料记载，数百年前，东溪窑厂拥有18座，方圆十里，窑民上千。但这里山高林密，交通闭塞，条件简陋，环境恶劣，它却生存几个世纪，创造出光辉灿烂的有闽南特色的陶瓷文化，不能不说是个奇迹。这里还流传着许多传奇故事，许多鲜为人知的史料尚未发掘。近十多年来，专家学者及文物考古工作者深入东溪窑遗址实地调查研究工作，从未间断。他们也提出不少真知灼见，使东溪窑遗址的学术研究有了新的进展。然而，东溪窑遗址仍充满着神秘色彩，有许多不解之谜至今尚未解开，有待于各路专家学者和本地的文史工作者潜心研究，早出成果，出大成果。

三是加大工作力度，为申遗成功奠定坚实基础。东溪窑遗址申遗工作，是一项庞大系统工程，涉及方方面面，需要汇集众人的智慧和力量，需要各界人士理解支持，才能完成艰巨任务。近年来，华安县在申遗筹备工作上付出不少努力，如聘请专业航拍队对东溪窑三处遗址点进行航拍，建立鸟瞰全境的资料档案，组织人员对窑址史料搜集整理，筹建东溪窑遗址博物馆，完成初步设计建设方案。该馆即将展开流失、传世文物产品的征集工作，将为东溪窑遗址的历史研究提供实物依据。东溪窑遗址申遗工作千头万绪，时间紧，任务重。我们要有攻坚克难的勇气，一步一个脚印，扎实做好每一项工作，以迎接申遗筹备工作的检查验收。同时，应充分利用电视、报刊、网络等载体，深入宣传东溪窑遗址申遗的重要意义，充分展示华安东溪窑遗址的风采，扩大其影响力，为申遗工作创造一个广泛的民意基础。

花开千树，富丽一枝。这里，谨向为本文集撰写、编辑、出版的各位专家表示由衷的感谢！

是为序。

华安县人民政府县长

2015 年 11 月 16 日

前　言

　　方寸瓷片映出十里长烟，石墩残垣刻写商贾传奇。长期以来，早被定为中国名瓷的华安东溪米黄釉漳窑瓷藏在深闺，不知有多少陶瓷专家学者为之孜孜求索。1983年，接一位高安农民的报告，华安县文物工作者对归德溪流域东溪头的溪涧、岸滩、山坡上废墟进行田野调查，首次发现近22处窑口，伴有着大量青花、白瓷、彩瓷、颜色釉瓷等堆积层，不少米黄釉瓷器物和残件被考古界认定具有典型漳窑特征。1986年底，当时的福建省考古所副所长、文博研究员栗建安及陶瓷专业人员会同华安县高安乡文化站邹财金对归德溪支流的东溪区域进行普查，并取得可喜的进展，之后的若干年内，古陶瓷专家叶文程、唐杏煌、罗立华、林忠干、黄汉杰、陆明华、蔡毅、董健丽、傅宋良、吴春明、林俊、叶井毕、曾五岳、楼建龙、羊泽林和现已故文物前辈林焘、王文径等又到现场确认，最后在形成的调查报告中，初步认定高安镇内约10平方公里窑址群，系明清时期漳州地区大型民间瓷窑遗址，具有较高的科研价值。后经多次复查、考证和评估，2005年5月，福建省政府公布华安东溪窑遗址为第六批省级文物保护单位。

　　20世纪80年代初至90年代中后期，中外学术界对漳州地区明清时期古窑址开展发掘和研究。通过比对华安东溪窑产品与海外沉船、古遗址出土器物，以及大量外销海外传世品，确定蜚声海内外的外销瓷"漳窑"产地就是华安东溪头，终使相关考古问题得以尘埃落定、圆满解决。在漳州政协、华安县人民政府积极推进和专家学者倾力举荐下，2012年9月，漳州史迹·华安东溪窑遗址被国家文物局列入"海上丝绸之路"中国世界文化遗产预备名单，其中马饭坑、上虾形、扫帚石等3处窑址遗产点，为华安县人民政府申报"海丝"代表作。

　　欣逢当今盛世，习近平总书记提出"一带一路"沿线国家携手复兴、合作共赢、共谋新的发展繁荣宏大格局的倡议，国家文物局启动沿海 9 城以"跨越海洋"为主题的联合申遗。为响应申报工作，华安县文物行政管理部门函邀 30 多位文物专家学者撰写考察报告和研究论文，并予以结集付梓，定名《华安东溪窑学术研究论文集》。我们乐见，该文集对于弘扬漳州"海丝"文化，推进华安东溪窑遗址研究和申遗步伐，将具有重要作用和意义。

国际古迹遗址理事会原副主席、中国文物学会世界遗产研究会会长

郭 旃

2015 年 9 月于北京

目 录

考古发现

藏品赏析

瀛寰遗珍

传承技艺

海外贸易

福建华安下东溪头窑址调查简报

叶文程　唐杏煌　罗立华　林焘

[摘　要]　下东溪头窑址于1985年首次发现并公布,1986年和1989年福建省博物馆和漳州市文化局先后派员复查。1990年9月,我们再次前往勘查。这次一共调查了5个地点,采集了大量标本。本文按调查的先后顺序,介绍了5个地点的调查情况,并分析探讨了华安东溪窑头的烧造年代、与邻近地区民窑的联系、与"漳窑"的关系等学术界所关注的问题。

[关键词]　下东溪头窑址　调查情况　漳窑

下东溪头窑址于1985年首次发现,1986年和1989年福建省博物馆和漳州市文化局先后派员复查。因采集的标本中有一些米黄釉瓷片,有人疑此窑为所谓的"漳窑"窑址。1990年9月,我们再次前往勘查。承华安县人民政府、高安乡政府的大力协助,谨此致谢。

一　窑址分布概况

下东溪头窑址在福建省华安县高安乡三洋村,与南靖县龙山乡毗邻(图一)。该窑位置偏僻,现在已杳无人烟。

下东溪头蕴藏丰富的优质瓷土,当年采掘瓷土的遗迹仍历历在目。地处山区,燃料充足为发展瓷业生产提供了良好的条件。

下东溪头虽然陆上交通困难,但水上运输却极为方便,产品陆行2公里即至归德溪,再经永丰溪、萝江、九龙江,便可出海。下东溪头的窑址多分布在溪流两边

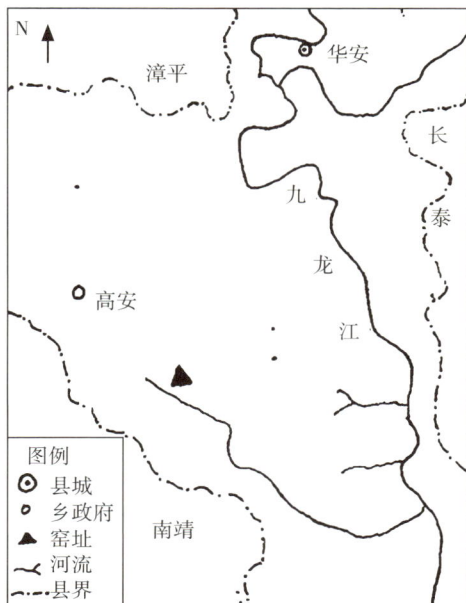

图一　窑址位置图

的山坡上。下东溪头窑址面积很大，约有 10 平方公里，窑址多为树木草丛所覆盖。我们这次一共调查 5 个地点（图二）。共采集标本 300 多件。现按调查的先后顺序，把调查情况简报如下。

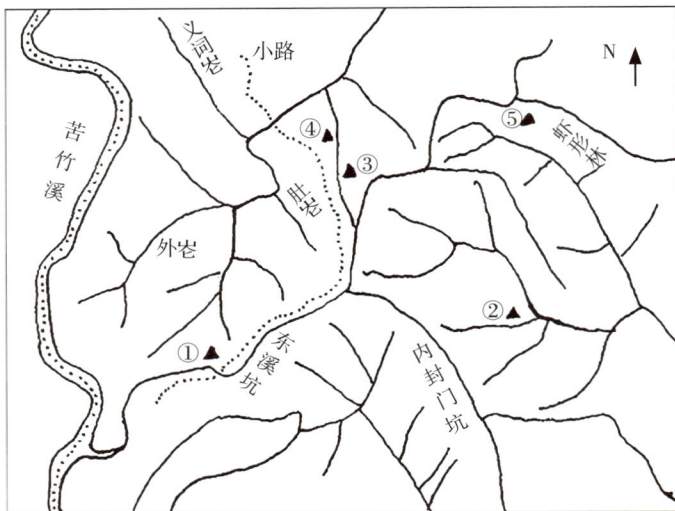

图二　窑址分布略图（据 1953 年华安山林改革图）

二　窑址调查情况

第一地点共采集标本 94 件。根据釉色可分青花瓷、白瓷、青瓷、酱釉瓷和彩瓷五大类。其中青花瓷最多，彩瓷最少。

1. 白瓷 白中泛青。共采集 26 件。器类有生活用具、文房用具、瓷雕等。

炉 3 件均残，只剩下底部。内底不施釉，制作粗糙，可分三式。I 式底有 3 足，呈乳头状，粗而高，内底留有 3 个支钉痕迹。II 式近似 I 式，只是乳头状足比 I 式要低矮细小得多。III 式底有 3 足，呈桥形状，底径 12 厘米，比起 II 式炉来说要高大得多。

器盖 6 件。可分二式。I 式 3 件。均残。全器满釉，呈覆盆状。圆饼状钮。子母口，子口径 8、母口径 13.5 厘米。I 式完整，为小壶盖。里面不施釉。乳头状钮，子母口。子口径 3.5、母口径 5.5 厘米。II 式盒底和盒盖各 1 件，盒为子母口。直口、浅直腹、平底、卧足。子口径 6.8、母口径 7.2、高 33 厘米。盒盖 7.2、高 1.8 厘米。盒底与盒盖的釉色稍有差别，显然不是 1 件盒的上下两部分，但上述的底与盖可相吻合，表明当时的生产可能是统一规格的。

烛台 2 件。均残。外底不施釉。盘口、短把、平底，盘底中央有一空管竖起。盘口径 4.5、底径 3、高 3.5 厘米。

鸭形水注 2 件。皆残缺鸭头。长约 6.5 厘米。鸭背中央有一小注水孔。底部不施釉，其中一件底部剔刻"上命"二字。

羹匙 1 件。残长 8.5 厘米。匙身作叶形。

勺 1 件。勺身残破，可能呈叶形，浅腹。勺柄短，向下弯曲，成勾形。

鼻烟壶 2 件。完整但变形。小口、扁圆腹、平底。腹外壁刻草叶纹。口径 0.5、高 3.3 厘米。

烟斗 1 件。装柄处略残。仿竹根烟斗形状。烟斗长约 3.5、装烟孔径 1、深 0.6 厘米。

管状器 3 件。均残。其中一件为双管相连,孔径亦较大,为 1.5 厘米。另二件较短且小, 孔径仅为 0.5 厘米, 可能是台上的插蜡管。

鸡头瓷雕 1 件。残破。残长 3 厘米。鸡冠明显,为一公鸡头。

圆柱形残足 1 件残高约 2.5、直径么 6 厘米。

把手残件 1 件扁条状, 中央部稍凸。

2. 青花瓷共采集标本 43 件。青花呈色有的浓艳, 带有黑色斑点, 有的发色较淡, 为浅绿色。

碗, 计有标本 11 件。可分三式。

I 式口沿外突、腹斜直、圈足。内底与外底均稍鼓起。口径 11.5、足径 5、高 5.5 厘米。纹饰题材为内底信手画上一青花点, 碗内近底处画上两道弦纹。外壁画果枝纹; 或者外壁近口沿处画回纹, 中间绘花草纹, 近圈足处绘上一周平行的短直线。

II 式敞口、浅腹、圈足外撇。口径 .85、足径 35、高 3 厘米。内壁无纹饰, 外壁绘芙蓉、小树、玉兰为一组的纹饰; 或者外壁口沿绘云气纹, 中间绘折枝果叶纹, 近圈足处画上一周变形蕉叶纹, 圈足外壁绘两道弦纹。

III 式花口、折腹、矮圈足。均变形, 尺寸不可测。碗心饰莲瓣纹, 莲瓣纹被一个青花圆环所围绕。内碗壁与口沿均被 10 个变形莲瓣纹所构成的开光所分隔, 每个开光绘一折枝花草纹。外壁纹饰与碗内壁纹饰一样, 或者在外壁折腹处画上一道弦纹和三朵花草纹。

碟 5 件。均残。浅腹、平底、矮圈足。口径 11、足径 5、高 2.5 厘米。纹饰题材有:

(1) 碟内近口沿处绘两道弦纹, 碟心绘山水画面, 衬以垂钓纹。外壁近口沿处画两道弦纹, 其下饰三朵草叶。

(2) 碟内近口沿处绘云气纹, 腹底相接处排列三朵折枝果叶纹, 碟心饰莲瓣纹。外壁饰三朵草叶纹。碟心饰以芙蓉、小树、玉兰为一组的纹饰。外壁饰三朵草叶纹。

杯共采集 5 件, 1 件完整, 余均残破或变形。微侈口、斜直腹、圈足, 底内外面均稍稍鼓起。门径 7、底径 2.5、高 4.5 厘米。内壁均无纹饰。外壁饰以芙蓉、小树、玉兰为一组的纹饰; 或山水纹。

壶 4 件。壶身作小罐状, 直口短颈、丰肩深腹、圈足。口径 3.5、足径 3.3、高 5 厘米。可惜把手和流俱残, 但从其痕迹来看, 流与把当为前后相对。纹饰题材有:

(1) 外壁口沿下绘一周连续弧线纹, 中部绘花草纹, 并青花草书 "风玉"、"中玉"、"上"。

(2) 外壁口沿下画上一圈不规则的圆环, 腹中部绘一丛花叶纹, 并青花草书 "明月松间照, 清泉石上流" 诗句。

(3) 外壁绘莲荷纹。

(4) 外壁绘五蝠捧寿纹, 并青花草书 "中"、"竿", 余因残破不可辨。

羹匙 3 件, 其中 1 件完整。长 1.4 厘米。匙身内画青花莲荷纹。有的匙身外底刻划有 "上兴"字样。

盖6件。可分三式。

I式子母口、乳头状足。子口径3、母口径4.5、高2.5厘米。盖面上装饰2只对称的极其抽象的蝙蝠纹。

II式造型同I式相似,只是尺寸要细小得多。盖面上绘4组对称的4个圆点纹。上述2式盖当为小壶盖。

III式为圆盒盖,残缺,尺寸不可测。盖面绘山水纹。

鼻烟壶1件。残破。小口、长方形扁腹、椭圆形平底。腹的一面青花草书两行,右为"口风水";左为"书"。另一面因有碎瓷片,纹饰不可辨。

烛台2件。可分二式。

I式下部残缺。四方斗状,一圆形空管从中央竖起。斗边四周绘草叶纹。

II式上部残缺。浅盘口、圈足、浅盘上与一圆柱体相接,上面平面略小,里空。圆柱体外面绘花叶纹。

此外,尚采集到青花笔筒底1件、方杯残件1片、青花火照4片,火照都是用碗类或杯类的口沿碎片做成。

3. 青瓷

共采集标本15件。釉面多布满冰裂纹。釉色有的泛黄,有的偏灰。标本器形较为简单,为炉、碗、碟、瓶、鼻烟壶等。

炉8件。均残破。可分三式。

I式内底不施釉。外底有3足,为桥形足。外壁刻有花纹,器形高大。与本地点采集的白瓷III式炉几乎一样。

II式近似I式炉,只是器形要小得多。

III式足为乳头状。

碗4件。残破。可分三式。

I式圈足,圈足厚0.8厘米。器里外布满冰裂纹,无纹饰。

II式口微侈、浅腹、平底、矮圈足,足缘厚,达1.8厘米。

III式折沿、浅斜腹、圈足同I式碗一样。折沿边上刻划波浪纹,碗底则刻划花叶纹。

瓶1件,只剩下瓶体下部。泥条盘筑的制造方法在器内清晰可见,底部挖足过肩。

碟1件。残破。折沿浅腹。

鼻烟壶1件。小口、扁圆腹、椭圆形平底。口部与肩部相接处有圆形系耳。高6、最宽4.2、厚1.5厘米。外腹壁雕刻有花草纹。

4. 酱釉瓷共采集标本8件。有的标本外面是酱釉,而里面为白釉。器形有勺、碗和盏。

5. 彩瓷2件,均为碗的残件。制作工艺特别。1件器内刮釉后再绘花草纹,花纹处无釉,外壁为釉里红草叶纹。另1件在同一件器物的各种颜色釉面上刻划出各种花叶纹。

第二地点

第二地点共采集标本34件。绝大部分是青花瓷,另有少量的青瓷和白瓷。器形有碗、盘、碟、杯、羹匙等。

1.青花瓷

碗 17 件。可分三式。

I 式 9 件。直口、弧壁、圈足。口径 15、足径 8、高 6.5 厘米。碗内口沿处、近底处、圈足外壁及外壁均画有两道弦纹，外壁均饰缠枝菊花纹。碗心饰火焰纹、草叶纹或菊花纹。外底青花书写"王"、"口玉"、"吉祥"。

II 式 5 件。微侈口、弧壁、圈足。口径 15.5、足径 7、高 5.5 厘米。涩圈、足缘大都粘有沙粒。除外壁外，碗的其他部位均无纹饰，主要为花草纹。

III 式 4 件。敞口、深腹、圈足。底径 6、高 7 厘米。碗心饰花草纹，外壁绘花蝶纹。

杯 2 件。可分二式。

I 式敞门、弧壁、圈足外撇。口径 10.5、足径 4.3、高 3.5 厘米。杯内无纹饰，外壁饰弦纹。

II 式造型与 I 式同，但尺寸要小得多。口径 6.7、足径 2.5、高 3.5 厘米。杯内无纹饰。外壁以芙蓉、小树、玉兰为一组的纹饰。

碟 7 件。敞口、浅腹、平底、圈足。口径 9.5、足径 4、高 2.5 厘米。纹饰题材有二种：

（1）碟内饰芙蓉、小树、玉兰为一组的纹饰。外壁近口沿处等距书写三个"玉"字。

（2）碟内饰莲荷纹。外壁近口沿处等距饰以三朵草叶纹。

羹匙 1 件。匙柄残缺。匙身内饰以花叶纹，外壁书写三个等距"玉"字。

盘 1 件。只剩下盘底的一部分。盘心饰芙蓉花。

托形器 1 件残。托面青花书写"寿"字。

2.白瓷

碗 1 件。口微侈、深腹、圈足。口径 16.5、足径 7.5、高 6.5 厘米。釉色泛黄。

羹匙 1 件。长 12 厘米。釉色泛青。

3.青瓷

3 件。均为炉的破片，为大、中、小三类。大型炉外壁刻划有花纹，中、小型炉内外布满冰裂纹。

第三地点。

第三地点采集标本 48 件。其中青花瓷 4 件，余皆为白瓷，白中泛青，胎质洁白，有的因没烧透而白中显褐，器物内外布满细小的褐色冰裂纹。

1.白瓷

杯 26 件。其中 5 件完整。不论是否完整，均变形。可分三式。

I 式 17 件，数量最多。口沿外卷，深腹、圈足。口径 5.5、足径 1.9、高 4.2 厘米。

II 式 4 件。均残破。口沿与圈足均与 I 式杯相同，唯底部特厚，达 0.9 厘米。足径 2、高 4 厘米。

III 式 5 件。皆残破.撇口、浅腹、圈足。口径 6.5、足径 2.7、高 3 厘米。

羹匙 15 件。1 件完整。长 12 厘米。匙身作叶形，前端向上翘起，匙柄向下弯曲，成勾形，末端呈鱼尾状。匙身粗大而匙柄细小，给人以一种不协调的感觉。壶 1 件。破损加上变形，尺寸不可测。

碗 1 件。残破。高圈足，足底粘沙。

人物瓷塑 1 尊。完整。高 13.5 厘米。胎呈黄褐色，胎质较松，白釉泛黄，不甚光亮。人物盘腿而坐，盘辫发式，着长袖衣服袒胸处无装饰。右手搭在向上弯曲的右脚的膝盖内侧，左手自然下垂挨地，左脚斜插在右脚里面。头下垂，脸部修长，象征性地捏塑出五官，但显得沉静慈祥。可能是一尊观音。

2. 青花瓷

小盅 1 件。完整。口沿外卷、斜直腹、平底、圈定。口径 8.7、足径 4.3、高 4.5 厘米。胎呈黄褐色。烧结度不佳，器里外布满冰裂纹。釉层极薄。外壁画 3 个不规则的圆圈，圈内信手涂上 3 笔。青花色泽暗淡。

此外，尚采集到几件青花碗的底部和口沿。

第四地点

第四地点共采集到标本 10 件。分青花瓷和白瓷二类。

1. 青花瓷

杯 2 件。残破。杯内无纹饰，外壁饰以芙蓉、小树、王兰为一组的纹饰。

2. 白瓷

杯 2 件。可分二式。

I 式撇门、深腹、小圈足。口径 5.5、足径 2、高 3.5 厘米。

II 式敞口、浅腹、圈足。口径 6、足径 2.5、高 2.3 厘米。

羹匙 6 件。均残。白中泛黄。

第五地点

第五地点除一件 2 只碗粘连的白瓷外，所采集的标本皆为青花瓷。器形绝大部分为碗，另有少量的碟。青花呈色大都浓艳，有的较暗淡，釉面一有的光亮，有的布满褐色冰裂纹。

1. 青花瓷

碗可分为三式。

I 式 24 件。微侈口、浅腹、圈足。口径 12.5、足径 5、高 4 厘米。纹饰题材有：

（1）碗心青花书写"正"字，口沿和近底处均有一道青花弦纹。外壁饰花叶纹。涩圈，正烧。

（2）底心青花书写"福"字，用双圈环绕之，口沿绘由相交斜线和"十"所交错组成的边饰（即桂花边）。外壁近口沿处和近足处各绘一道和两道青花弦纹。

（3）碗心青花书写"寿"字，外壁绘花叶纹、涩圈。

（4）碗底涩圈，碗内口沿及近底处各绘一道和两道弦纹。外壁画花叶纹。足缘粘有细沙。

（5）碗心绘折枝牡丹花，口沿处绘上一青花宽边，外壁饰花叶纹或只有两道弦纹。

（6）碗心饰麒麟纹，口沿处有一道青花弦纹，外壁近口沿和近足处各绘一道青花弦纹。

（7）碗心画一天官，外壁饰以弦纹。

II 式碗 3 件。微侈口、弧壁、圈足。口径 12.5、足径 4.5、高 4，5 厘米。纹饰题材有：

（1）口沿饰以桂花边。碗心或饰以火焰纹；或画折枝花。

（2）碗心画天官，捧筋。外壁饰青花弦纹。

III式标本19件。均残破，多只剩下底部。花口折沿、深腹、圈足。足径6、高6厘米。纹饰题材有：

（1）碗心饰鹤莲纹，外壁饰草叶纹。

（2）碗心绘山水纹。

（3）碗心绘折枝花纹。

（4）碗心绘麒麟纹。

碟4件。微侈口、浅腹、平底、圈足。外底稍稍鼓起。口径10、足径5、高2厘米。纹饰题材有：

（1）口沿饰以桂花边，碗心绘一朵折枝花卉，外壁装饰弦纹。

（2）边饰与外壁纹饰与（1）相同，碗心因粘连窑渣，画面不可辨，但可能为一天官。

（3）涩圈，内、外壁均饰以弦纹。

2. 白瓷

2件。稍折沿敞口，浅腹、圈足。口径13、足径6.5、高2.8厘米。釉色白中泛青，部分部位带有冰裂纹。涩圈，为正烧。

华安县文化馆馆藏下东溪头窑标本

1986年10月，华安县文化馆曾派员到下东溪头窑采集回一批标本。现整理如下：

1. 米黄釉瓷8件，黄中泛青，全身布满冰裂纹。器形有炉、碟、罐、蜡台、笔架、器盖等。

浅炉内宽平沿、直口浅直腹，桥形足。高4.5厘米。内壁及外底中央不施釉，一圈二圈的拉坯旋纹清晰可见。

罐1件。敛口、球腹、矮圈足。圈足内挖足过肩。口径7.5、底径7、高12厘米。全器满釉，带冰裂纹，颜色浅黄显褐。据文化馆的同志介绍，此罐为一位老乡从下东溪头窑采集。

笔架1件。残破。呈"山"字形，只剩下左边"两山"，"山"的横截面呈菱形，中空。

2. 白瓷9件。器形有盖、碗、托形器、白釉瓷塑、鼻烟壶、笔架等。

瓷塑头与颈残缺。残高35厘米。人像端坐，着宽袖长衣，袒胸处似有饰物，抱一童子于右腿上。这一塑像可能是抱子观音。

3. 青花瓷标本10件，器形有盘、碗、碟、杯、羹匙等。

4. 印模鱼纹陶质印模，呈椭圆形。长径12、短径8.5、高4厘米。胎质为红黄色，阴刻一鱼纹。

此外，尚有青瓷、绿瓷、黑瓷标本。

三 结 语

1. 下东溪头窑址年代。这次采集的标本缺乏可靠的纪年器物，而窑址长期为深山老林所埋没，未曾受到人为破坏，也找不到可资参考的地层关系。因此，我们仅以调查所得标本特点并结合福建、广东有关窑址的情况，初步推断窑址烧造年代约为明代中期至清代中期。窑址年代应以第五地点为最早。该地点所出标本器类单纯，以直口、弧壁的青花碗为主。外底不施釉，露出火石红颜色，足部边缘留有旋削痕迹，外壁饰写意花草纹，内底书写"福"、"寿"、"德"等字。这类青花碗在闽粤各地青花窑里都被认为明嘉靖前后的产品[1]。例如，1987年福建安溪洪塘村出有嘉靖五年墓志铭的明墓里的3件青花碗中[2]，就有两件和第五地点的I式碗完全相同。所以，第五地点定为明代中期是可以肯定的。第一、二、四地点相邻，标本在种类和装饰特点方面也大抵相似，其时代应大体相近，约为清代早、中期。所出器形变高变大，碗类多敞口、深腹、圈足加大加深，内外底平整，全器满釉。总之，一改明代民窑青花的作风。这些地点所发现的鼻烟壶和烟斗，都是康熙时期开始流行起来的。在多数情况下，青花呈色浓艳并带有黑色斑点，也是清代早期民窑的风格。装饰方面，器物外底开始出现"玉"、"吉"、"上兴"等款识，器腹书写"明月松间照，清泉石上流"之类诗句，但尚不普遍，也是清代早中期的特征。此外，我们这次采集所得的标本未见福建各窑如德化、安溪等窑在清代晚期盛行的"模印青花"工艺产品，也提供了该窑下限为清代中期的旁证，而这亦与当地居民所传该窑在一百多年前停烧大致相合。至于第三地点，则以白瓷为主，仅出一些青花，并且无论白瓷、青花，其胎、釉或青料优劣参差，表明烧制技术欠稳定，有些器类如羹匙等又颇类似于清代早期的产品。因此，第三地点的时代应在第五地点和第一、二、四地点之间，即明末清初。以上年代的初步推断，有待于今后正式发掘进一步证实。

2. 下东溪头窑与他窑的联系以及外销初探初步看来，下东溪头窑与邻近地区民窑有较多的联系。如第五地出土的I式、II式、III式碗无论从造型到装饰作风均与安溪魁斗草北窑、尾溪深坷仔窑[3]、平和县五寨乡泥鳅头窑[4]出土的青花碗相似。第二地点出土的外壁饰菊花纹的I式青花碗，在安溪窑、德化窑[5]、广东饶平窑[6]均是常见之器物。第一、二、四地点极为常见的碗、碟、杯上装饰芙蓉、小树、玉兰为一组的纹饰，在安溪的福昌窑也有发现[7]。仅这些就足够说明了下东溪头窑同周边窑址有着密切联系。但同时，下东溪头窑产品有其本身特点，有一些器物如鼻烟壶、烛台为福建其他窑少见，至于乳头状足和桥形足为下东溪头窑产品的典型特征。

下东溪头窑址虽地处山区，但水上运输却极为便利，经月港便可出海。从我们所考察的5个地点来看，离河边愈近，窑址的年代愈晚，可见此窑址同水运关系极为密切。明初为管理对外贸易，设有3处市舶司，即宁波、泉州和福州。但此时之泉州，有名无实，比较宋元时期已一落千丈。泉州港既衰，于是月港代之而兴。到了嘉靖时，月港迅速勃兴，成为东南沿海对外贸易中心。《嘉靖东南平倭通录》云，闽人通番，皆自月港出洋。这同我们所分析的下东溪头窑址始烧年代为明中叶大致相合。从明万历后期起，月港逐渐衰败，但此时港口向厦门转移，而厦门虽地处月港外侧，商船从月港出发，一潮可抵中左所（即厦门港），近在咫尺。故月港和厦门港的兴盛，实是下东溪头窑产品外销的背景。

漳州地区古陶瓷产品的外销，中国文献没有记载，但外国文献却有不少。如日本《宽永年中长崎写万国图》谓南京、福州、漳州是瓷器的出口港[8]。据《瓷器与荷兰东印度公司》

一书载，从 1602 年开始，荷兰人在广州同中国人做生意，瓷器是主要的贸易商品。但 1622 年后，荷兰人在广州遭到中国官方驱逐，取广州而代之的是福建沿港口，如福州、漳州、厦门等。这些港口不但出口瓷器，还出口制瓷颜料[9]。漳州地区的瓷产品在国外享有盛誉，外国人曾著有《中国瓷器》一书，把漳瓷列为名瓷之一[10]。

3. 下东溪头窑与"漳窑"。"漳窑"一直是陶瓷界所关注的一个问题，人们对其窑口尤感兴趣。早在 20 世纪 50 年代末期，州市文史资料研究委员会就曾进行调查过，写成了《漳窑调查》一文[11]，报告认为"漳窑"址在龙溪东乡的东溪村（又名丹溪村）。报告虽指出东溪村"旧窑尚有留存"，但并没有报告"旧窑"之情形。因而此报告并没解决什么问题，所谓的址在东溪村的说法不能令人信服。此后，各级文博单位对"漳窑"窑址继续孜孜求之，但都找寻不到。我们依据下东溪头窑址标本结合对历史文献的分析认为，所谓"漳窑"应该是旧漳州地区所有窑口的总称，不是狭义指某一个窑口。

可查考最早记载"漳窑"的应为晚清郭柏苍的《闽产录异》，该书卷之一载："漳窑，出漳州，明中叶始制白釉米色器，其纹如冰裂。旧漳琢器虽不及德化，然犹可玩。惟退火处略黝，越数年，黝处又复洁净。近制者，釉水胎体俱松。"我们认为，上述对"漳窑"的记载，应指旧漳州地区所有窑口的总称，准确地讲，与其说窑口，还不如说是旧漳州地区所产的优质瓷器。原因有二：一是郭柏苍为清代人，他对古物的记载只能是大致的，模糊的；二是明龙溪地区（即漳州地区）地方志对窑业都有具体的记载，如正德八年《漳州府志》卷十·布货部、万历本《漳州府志》卷二十七，万历本《龙溪县志》卷之一等，独没有"漳窑"之名称的出现.可见"漳窑"一名在明代本不存在，只是在清代才出现，在清代人眼里，旧漳州地区窑址自然应该算作"漳窑"了。以窑场所在地区命名，这是历代最常用的一种命名方法，所谓的"漳窑"即是。至于以窑场所在的具体地址命名，是现代考古学才使用的。总之，我们认为，明清时期，旧漳州地区生产优质瓷器，其中有一种釉色米黄，带冰裂纹，器形以炉、罐、瓶等琢器为主，尤为人们视作珍品，至今在闽南地区仍有所见。明清时期，漳州地区生产这类瓷器的窑口绝不只一处。从理论上讲，不可能某种瓷器只被一个窑口烧造，当某种瓷器被人们赏识时，必然会引起周边地区的仿烧，因而才会形成考古学上所谓的"窑系"。

毫无疑问，华安下东溪头窑属于"漳窑"系统，生产那种米黄釉瓷。1989 年漳州市文化局派员采集的斗炉标本[12]，本简报所报告的罐等，是典型的米黄釉瓷，与传世品相吻合。但我们在这里指出，下东溪头窑址所采集的米黄釉瓷质量参差不齐，有许多，尤其是明代中期的青花瓷因没烧透而釉面泛黄，胎质疏松，不能算作真正的米黄釉瓷。这类釉面泛黄的青花瓷在华安县马坑乡下垅甲塘窑址也有发现（标本现藏华安县文化馆）。此外，日人在《吴须赤绘南京赤绘）（斋藤菊太郎著）一书中指出，漳州出彩瓷，而在下东溪头窑址，我们也采集了 2 件彩瓷标本，应引起我们重视。必须强调的是，长期以来，人们对漳州地区瓷窑调查研究工作做得极少，而在事实上，古漳州地区的窑址数量众多，内涵丰富[13]。我们相信，随着工作的开展，"漳窑"这个历史悬案，一定会得到圆满解决。

注　释

1、6. 何纪生、彭如策、邱立城：《广东饶平九村青花窑址调查记》，载《中国古代窑址调查发掘报告集》，文物出版社；叶清琳：《安溪青花瓷器的初步研究》，《东方文化》，1985 年第 2 号，香港大学亚洲研究中心刊行。

2. 1990 年底，我们在安溪县进行古陶瓷调查期间，安溪县博物馆馆长叶清琳先生给我们看了该墓出土的墓志铭和 3 件青花碗，这些标本现存安溪博物馆。在此谨向叶先生致谢。

3. 叶清琳：《福建安溪古窑址调查》，《文物》，1977 年第 7 期。

4. 罗立华调查所得，标本现存厦门大学人类博物馆。

5. 徐本章：《试谈德化窑青花瓷器装饰艺术及其影响》，《东方文化》1985 年第 2 号．香港大学亚洲研究中心刊行。

7. 罗立华在安溪县博物馆陶瓷标本室所见。

8. 贾敬颜：《明代瓷器的海外贸易》（载《中国资本主义萌芽问题讨论集》卷上）引中山久四郎：《史学及东洋史研究第十五章。

9. T.Volker，PorcelainandtheDutchEastIndiaCompany，Leiden，in1954，P.124、125、126.

10. 郑启华：《东溪窑》，载漳州市政协文史资料研究委员会编《漳州文史资料》第 1 辑，1960 年 7 月。关于《中国瓷器》一书，因郑先生没注明出处，我们暂时没找到该书。

11. 漳瓷调查组：《漳瓷调查》，载《漳州文史资料》第 1 辑，1960 年 7 月。

12. 此件斗炉标本现由漳浦县文化馆收藏。

13. 罗立华：《福建青花瓷器的初步研究》（厦门大学硕士研究生毕业论文），1991 年 5 月。

（原载《东南文化》，1993 年第 1 期）

　　叶文程，厦门大学教授，原中国古陶瓷学会会长；**唐杏煌**，厦门大学教授；**罗立华**，厦门海关干部；林焘，原华安县文博干部。

华安东溪窑遗址考古回顾与展望

栗建安

[摘　要]　华安东溪窑遗址的考古调查始于 20 世纪 80 年代，发现有窑址、作坊遗迹，采集一批青花瓷、白瓷（包括米黄釉器）、五彩瓷、单色釉瓷（青釉、酱釉、蓝釉器）等陶瓷器标本。21 世纪初先后对东溪窑的华安马饭坑与上虾上窑址（2007 年）、南靖封门坑窑址（2015 年）进行了考古发掘，揭露横室阶级窑窑炉、制瓷作坊、居住遗址等遗迹，出土大批陶瓷器标本。为东溪窑的窑业技术、产品外销及其对外影响等的研究提供了大量重要、珍贵的考古实物资料。

[关键词]　东溪窑　考古回顾　初步研究

东溪窑，是明清时期我省一处大规模烧造外销瓷的窑场，遗址位于福建省华安县高安镇与南靖县的金山镇、龙山镇一带，其地处博平岭山脉东北坡，境内丘陵连绵、山高谷深、山上森林茂密、山麓溪水潺潺，东溪自东北向西南流入九龙江支流永丰溪。考古调查发现的古窑址就分布在溪流沿岸的山坡上，溪谷间的平地也常见窑业遗迹或建筑废墟[1]。东溪窑自发现以来文物考古人员对其进行过多次田野考古调查、发掘以及初步研究，取得了重要学术成果。

一　东溪窑遗址考古调查

对东溪窑遗址的考古调查始于 20 世纪 80 年代。最初是在华安县高安镇文化站工作的邹财金在下东溪头进行考古调查时发现并采集了一些瓷片，随即交给华安县博物馆并报告在那一带发现有古窑址。至 1986 年秋，正值全国第二次文物普查进行时，福建省文物普查队到达华安县开展文物普查工作，栗建安、邹财金等组成的调查小组即前往下东溪头调查[2]。此后，漳州市文化局、华安县文化馆以及厦门大学人类学系等都先后组织人员调查了东溪窑遗址[3]。1992 年冬，福建省博物馆（即今福建博物院，下同）考古部（现为文物考古研究所，下同）会同华安县博物馆、高安镇文化站组成调查队再次进入下东溪头、对东溪窑遗址进行了为期 5 天的专题考古调查[4]。（图一）

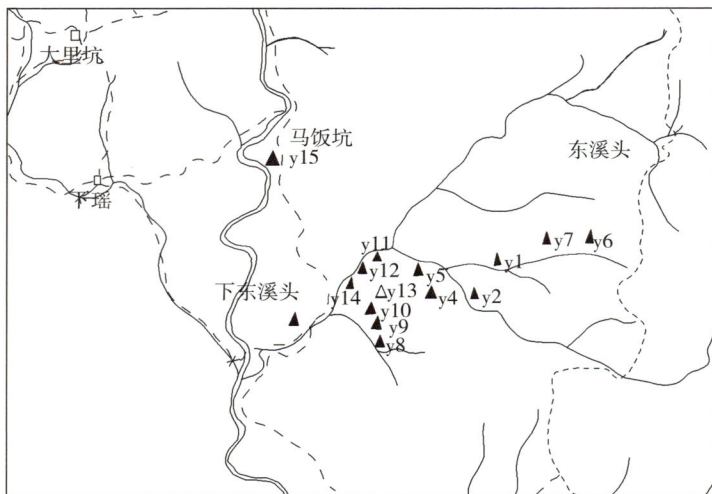

图一　华安东溪窑窑址分布图（1992）

　　此次考古调查实地踏查地点 22 个，发现窑址 15 处、作坊遗迹 1 处。其中 6 处窑址的窑炉遗迹局部暴露于地表，根据遗迹现象初步判定 1 处是窑底呈阶梯状的"阶级龙窑"，其余皆为流行于明清时期漳州地区的横室阶级窑；（图二）作坊遗址暴露于地表的部分保存有鹅卵石砌筑的 4 个沉淀池、石板和鹅卵石砌的水槽、矮墙等遗迹，说明是一处加工瓷土的场所[5]。（图三）

　　东溪窑考古调查还采集了一批陶瓷器标本，主要的是青花瓷，还有白瓷（包括米黄釉器）、五彩瓷、单色釉瓷（青釉、酱釉、蓝釉器）等。器形有碗、钵、盘、碟、盏、洗、杯、盅、盒、匙、勺、壶、罐、炉、灯、觚、水注、砚滴、笔筒、花盆、佛像以及模具（饼模、匙模）等等。（图四）

　　华安东溪窑调查采集瓷器标本的装饰纹样有：

　　青花瓷纹样题材有山水（江景、海上仙山、江边独钓、秋江待渡等）、花草（牡丹、梅花、秋菊、兰草、折枝花、缠枝花、洞石花卉、四季花卉、岁寒三友等）、珍禽（莲塘白鹭、喜鹊登枝等）瑞兽

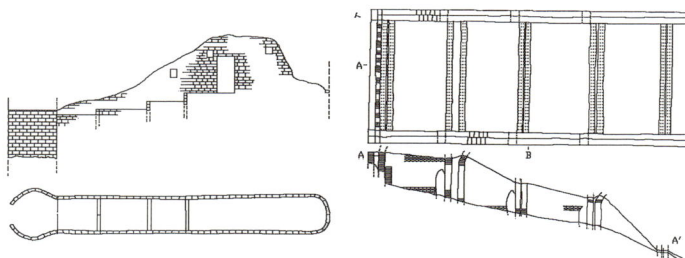

图二　华安东溪窑窑炉遗迹图（1992）

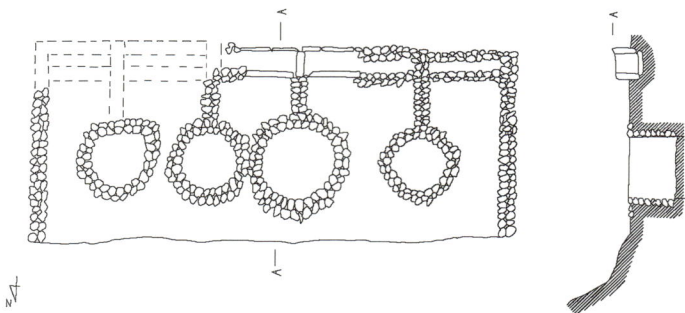

图三　华安东溪窑作坊遗址遗迹图

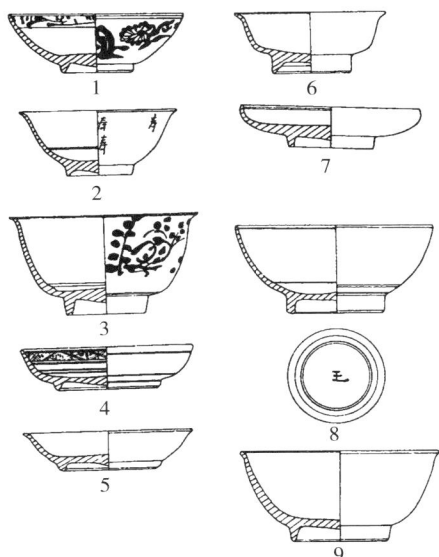

1、2、3、Y1 青花瓷碗 4、5、Y1 青花瓷碗 6、Y1 白瓷碗 7、Y1 白瓷碗 8、9、Y10 青花瓷碗（皆1：4）

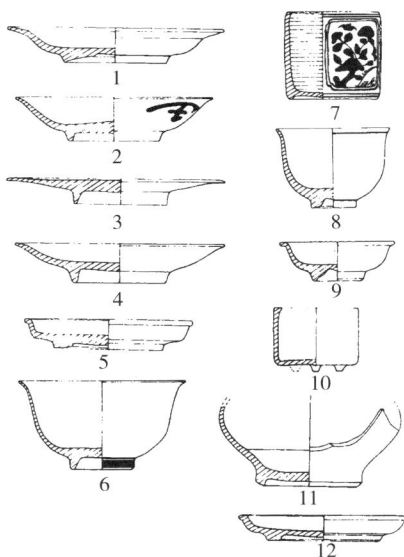

1.Y10 青花盘 2.Y10 碟 3、4.Y10青花碟 5.Y10青花盘 6.Y10盏 7.Y10笔筒 8.Y10盘 9.Y10青花碗 10.Y10白瓷炉 11.Y10白瓷罐 12.Y10青花盘
2—4、6、8为1：2（余皆1：4）

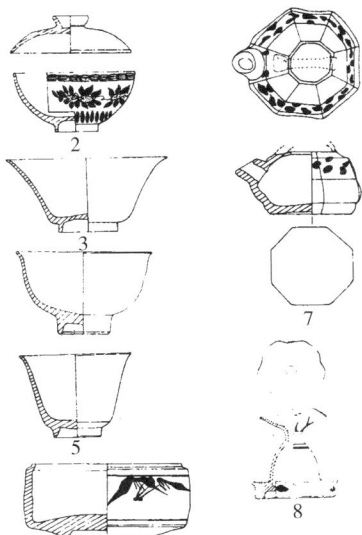

Y12
1、2.盖碗 3.盏 4、5.盅 6.盒 7.小水注 8.灯盏 （1、2、8皆1/4，余为1：2）

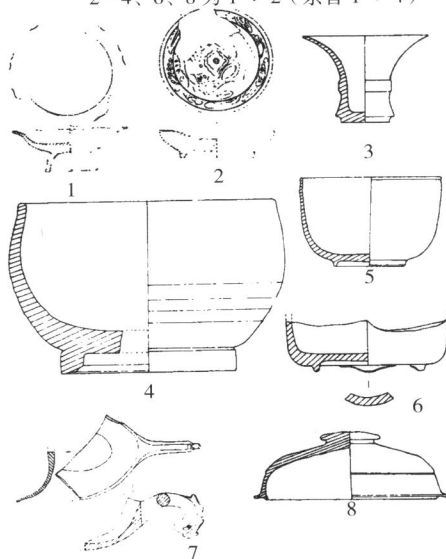

Y12
1.高足盘 2.印模 3.觚形器 4、5.钵 6.钵 7.勺 8.器盖（均为1：4）

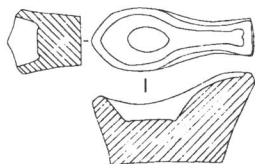

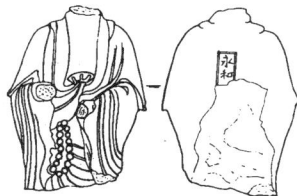

图四 华安东溪窑调查采集瓷器器物图

（玉兔、戏狮、香草龙、抢珠龙、麒麟望月）、人物（婴戏、童子诵读、高官厚禄）以及八卦、文字（寿、品、"东溪"、玉兰题诗）等等。（图五）

白瓷多为素面，少量刻划有花草纹。

五彩器数量少，纹样图案有凤凰、花草、山石等。

二　东溪窑遗址考古发掘

东溪窑遗址至今进行过二次考古发掘。

1. 东溪窑下洋坑（上虾形）窑址和马饭坑窑址

由于东溪窑遗址的重要历史、学术价值，报经国家文物局核准，福建博物院文物考古研究所于2007年冬对位于华安县高安镇下东溪头的东溪窑下洋坑窑址和马饭坑窑址做了抢救性考古发掘[6]。

东溪窑下洋坑窑址　位于华安县高安镇下东溪。2007年考古发掘在下洋坑窑址揭露1座横室阶级窑遗迹，残长16米，窑头部分残缺，残存5间窑室和1间出烟室，窑室内宽约5.7、进深约2.75米，出烟室进深0.4米，前后窑室之间是双层隔

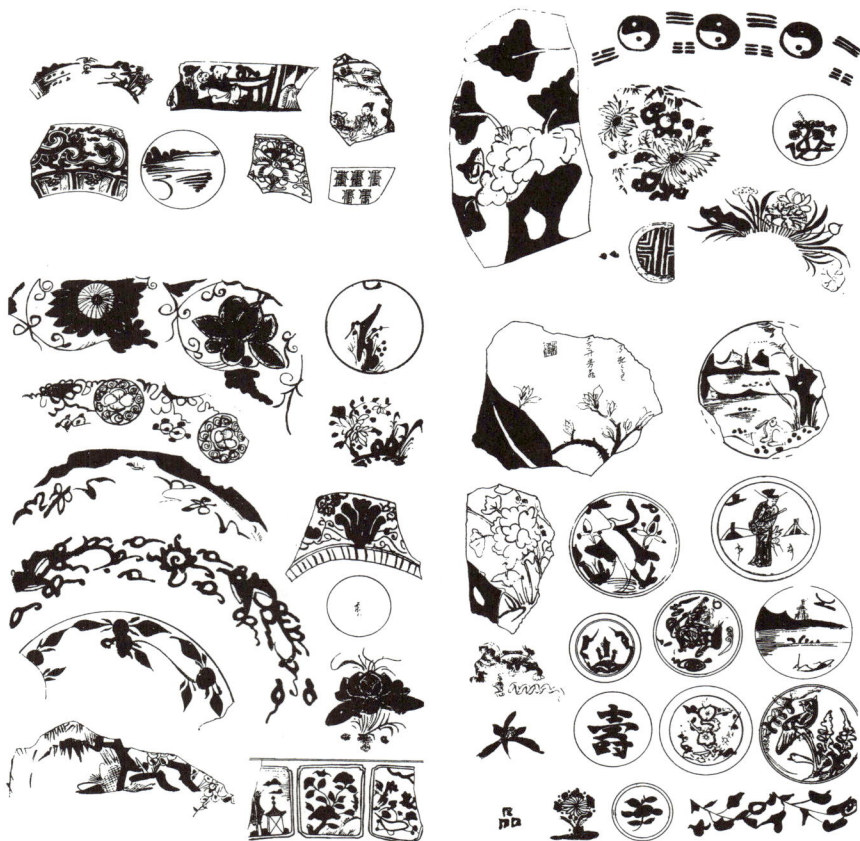

图五　华安东溪窑调查采集青花瓷纹样图

墙，厚度 0.78 ～ 1.2 米，两墙间隔 0.15 ～ 0.25 米；窑室两侧均开有窑门，窑墙外筑有平面弧形的护窑墙。每间窑室均为前后起券，残存窑墙最高约 3 米。窑底斜坡式、放置"M"形匣钵。每间窑室的前壁下方有一道宽 0.2 ～ 0.3、深约 0.15 米的燃烧沟，后壁下方有一排 13 ～ 16 个竖长方形的通火孔[7]。（图六）

图六　东溪窑下洋坑窑址的横室阶级窑遗迹（2007）

马饭坑窑址发掘的 2 座横室阶级窑遗迹与下洋坑窑址的基本相同。马饭坑窑址 Y1 的残长约 20 米，窑室内宽约 6.4、进深 2.75 米，出烟室与窑炉等宽、进深 0.35 米。Y2 保存有较完整的窑头（火膛）遗迹，其窑头部分与窑室等宽，进深约 1.2、残高约 2 米，平均分为 4 间火膛。（图七）

图七　东溪窑马饭坑窑址的横室阶级窑遗迹（2007）

东溪窑的下洋坑窑址和马饭坑窑址出土瓷器主要是青花瓷，器形仅见碗及少量的盘、碟等。（图八）

2. 东溪窑封门坑窑址

封门坑窑址位于南靖县龙山镇西山村（系于 2001 年从华安县高安镇三洋村划入），经过考古调查，目前已在封门坑地点发现多处窑炉、作坊以及居住建筑的遗迹，其窑业遗存的分布相对集中、遗址规模较大，总面积约 2.25 万平方米。2015 年 3～5 月，为配合南靖县的"海上丝绸之路"申报世界文化遗产名录，福建博物院文物考古研究所对封门坑窑址进行考古发掘，揭露一座有 4 期叠压打破关系的横室阶级窑遗迹（图九），一组包含有炼泥池、沉淀池、贮泥池以及路面、台阶等遗迹在内的作坊遗址（图一〇），一座有二期以上叠压打破关系的居住遗址等（图一一）；出土了一批陶瓷器、窑业工具、窑具以及生活用品等遗物（图一二）。目前，考古发掘资料尚在整理中。

图八　东溪窑马饭坑窑址出土的青花瓷标本

三　东溪窑遗址的初步研究

1.关于东溪窑的窑业技术

迄今为止在东溪窑遗址的考古调查、发掘，已发现有多处窑炉遗迹，其主要的窑炉形式为横室阶级窑。

华安东溪窑的横室阶级窑一般较宽（如Y15的宽度是7.9米，而Y9的宽度达到8.35米），窑室的间数也增加了（如下洋坑窑址的窑室至少有5间）、长度加长了（如马饭坑窑址窑炉的残长已有20米）；华安东溪窑这几处窑址的年代约在清代早、中期，即清康熙至道光年间（约17世纪后期至19世纪前期）。以漳州地区来说，如果将在平和县漳州窑遗址（年代约为明代晚期至明末清初，即16世纪后期至17世纪前期）发现的横室阶级窑窑炉遗迹作为横室阶级窑的早期类型，则华安东溪窑的横室阶级窑窑炉遗迹为横室阶级窑的晚期类型；由此可以看到：在漳州地区，横室阶级窑于明代晚期在平和县一带的窑址出现并普遍使用，在明末时

图九　东溪窑封门坑窑址横室阶级窑遗迹局部（2015）

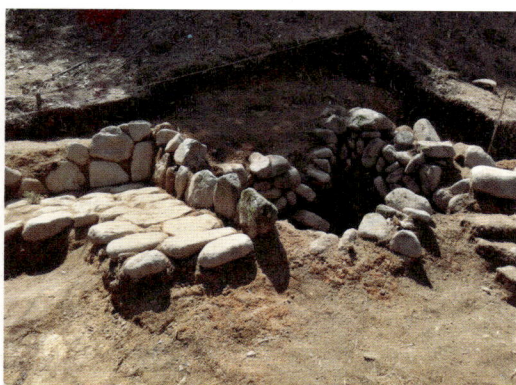

图一〇　东溪窑封门坑窑址作坊遗迹局部（2015）

图一一　东溪窑封门坑窑址居住遗址局部（2015）　图一二　东溪窑封门坑窑址部分出土器物（2015）

期传入华安东溪窑、清初在华安东溪窑开始流行；同时在这一过程中，横室阶级窑的窑炉向宽度、长度和间数方向发展。漳州窑开始出现的横室阶级窑，经过明末清初到清代中期的发展、演变（平和南胜、五寨窑—华安东溪窑—德化杏脚窑），逐渐成熟和完善；并在其发展的历史进程中，由华南沿海地区沿着海岸传播和扩散。目前已知，其向西经粤东[8]、香港[9]到达海南岛[10]；向东经过华安东溪窑、德化窑；并跨洋过海传播到日本，直接影响了18世纪以来的日本窑业[11]。南京大学教授熊海堂先生指出："18世纪，分别在日本和福建沿海一带（华安县东溪窑等）流行横室阶级窑。这种窑炉在中国，分布地带仅仅局限在华南地区，而以福建最为发达。可在日本，18世纪末开始到现代几乎遍布日本的大部分地区，是江户时代使用最广泛、以烧造瓷器为主的新式窑炉。这种横室阶级窑技术仅见于中国和日本，其中又以日本的数量最多、分布最广，并一直延续到现代。"。（笔者曾经数次赴日本考察过当地的古窑址，其保存的古代窑炉的结构与华安东溪窑的横室阶级窑基本相同。）

2. 东溪窑瓷器的外销

清代早期之后，尤其在康熙实行海禁时期，九龙江下游地区漳州窑的大部分窑场走向衰落，其窑业中心转移到九龙江上游的华安东溪窑[12]，与德化窑（包括安溪、永春等地）共同形成大规模的贸易陶瓷生产中心，产品以青花瓷为主，大量销往台湾[13]、东南亚以及西方[14]。如：

台湾宜兰的淇武兰遗址[15]、台南的南部科技园区遗址等都出土有明末清初福建德化窑、漳州窑、华安东溪窑（青花瓷"高官厚禄"人物纹碟）、邵武四都窑的陶瓷器。

在东南亚打捞的"泰兴"号（Tek Sing）沉船[16]出水有德化窑、安溪窑的青花瓷以及华安东溪窑青花瓷、青瓷小瓶等[17]。（图一三）

3. 东溪窑遗址的考古研究

自20世纪80年代考古调查发现东溪窑遗址以来，相关的研究也在不断地进行。

1993年，漳州文物工作者林焘、曾五岳、王文径在《漳州师院学报》发表了《华安东溪头窑与漳窑》一文，对东溪窑进行考订，并介绍了从东溪头一带窑址采集的一些瓷器标本。其论证的重点似放在所谓"漳窑"与"漳窑器"的问题上，并初步认定东溪头窑址为其产地。同年，《东溪窑调查纪略》也在《福建文博·福建陶瓷专辑》

图一三 "泰兴"号（Tek Sing）沉船出水的部分东溪窑瓷器

发表，公布了部分福建省博物馆考古部业务人员于 1992 年在华安县高安镇下东溪头一带窑址进行考古调查的资料。调查者也对所发现窑址的遗迹以及采集的遗物进行了分析，初步推断了东溪窑的文化内涵与历史年代，确定其命名为"东溪窑"。此后，漳州博物馆吴其生、李和安编写、出版了《华安窑》一书（福建美术出版社，2005 年），进一步增加了东溪窑的发表资料。

另一方面，相关东溪窑窑业技术的研究，有栗建安的《华安东溪窑址的横室阶级窑》（郭景坤主编：《'09 古陶瓷科学技术国际讨论会论文集 7》，上海科学技术文献出版社，2009 年）、《漳州窑的窑炉技术及相关问题》（饶宗颐主编：《华学》第九、十辑，上海古籍出版社，2009 年）等。文章作者主要对漳州地区明清时期流行的横室阶级窑进行分析，并对其传播路线和对外影响做了初步探讨。

以上的这些东溪窑资料和研究成果，对东溪窑的历史内涵和重要意义来说是远远不够的。因此，需要进一步加强对东溪窑遗址的有效保护，继续进行考古调查以及必要的考古发掘、尽快整理考古调查发掘资料、发表考古报告，深入研究东溪窑的文化内涵及其与周边窑业的关系，论证东溪窑在海上丝绸之路的历史地位和作用。

注　释

1. 栗建安：《东溪窑调查记略》，《福建文博·福建陶瓷专辑》，1993 年 1、2 期合刊。

2. 同 1。

3. 林焘、曾五岳、王文径：《华安东溪头窑与漳窑》，《漳州师院学报》，1993 年第 1 期，74 页；林焘、叶文程、唐杏煌、罗立华：《福建华安下东溪头窑址调查简报》，《东南文化》，1993 年第 1 期；

4. 同 1。

5. 同 1。

6. 此次考古发掘资料尚在整理中，部分遗迹资料已发表（注 7）。

7. 栗建安：《华安东溪窑址的横室阶级窑》，郭景坤主编：《'09 古陶瓷科学技术国际讨论会论文集 7》，上海科学技术出版社，2009 年。

8. 崔勇：《广东饶平、大埔青花瓷窑与漳州窑》，《福建文博·中国古陶瓷研究会 1999 年会专辑》，1999 年增刊。

9. 区家发、周世荣、曾广亿、佟宝铭、马恩生：《香港大埔碗窑青花瓷窑址——调查及研究》，香港区域市政局，海洋印务有限公司，1997 年。香港康乐及文化事务署、香港文化博物馆编制：《香港大埔碗窑青花瓷窑址——发掘及研究》，特佳印刷有限公司，2000 年。

10. 海南澄迈福安清代窑址考古发掘资料，见《海南日报》2004 年 5 月 22 日。

11. 熊海堂：《华南沿海对外陶瓷技术的交流和福建漳州窑发现的意义》，福建省博物馆：《漳州窑》，福建人民出版社，1997 年。《东亚窑业技术发展与交流史研究》，南京大学出版社，1997 年。

12. 栗建安：《东溪窑调查记略》，《福建文博》，1993 年第 1、2 期合刊。

13. 卢泰康：《十七世纪台湾外来陶瓷研究——透过陶瓷探索明末清初的台湾》，台湾成功大学历史研究所博士论文，2006 年。

14. Nigel Pickford & Michael Hatcher：《The Legacy of the Tek Sing China's Titanic-its Tragedy and its Treasure》，First published in 2000。

15. 陈有贝、李贞莹：《淇武兰遗址出土近代瓷器简介》，台湾《田野考古》第九卷第一、二期合刊，35 ～ 52 页，2004 年。谢明良：《台湾宜淇武兰遗址出土的十六至十七世纪外国陶瓷》，《台湾大学美术史研究集刊》第 30 期，2011 年，83 ～ 184 页。

16. Nigel Pickford & Michael Hatcher：《 The Legacy of the Tek Sing China's Titanic-its Tragedy and its Treasure》，First published in 2000。

17. 曾凡：《福建陶瓷考古概论》，福建地图出版社，2001 年。栗建安：《东溪窑调查记略》，《福建文博》，1993 年第 1、2 期合刊。

栗建安，中国古陶瓷学会副会长、古址考古与水下考古专家，福建省博物院研究员，原福建省考古研究所所长。

华安东溪头窑和漳瓷

王文径 执笔

[摘　要] 本文主要通过 1989 年 11 月对华安东溪窑的一次实地调查，对采集标本进行初步整理归类，进行分析和总结，并对所掌握的资料对东溪窑提出几点看法和认识，尤其是东溪窑的器形特点、釉色纹饰和分期以及与漳瓷之间的名称定义关系上进行了阐述，以供学者参考和作进一步研究。

[关键词] 漳瓷　东溪窑　米黄色釉　调查　认识

宋元时期的福建，由于中原经济文化的南移，社会的相对稳定，海上交通贸易的兴起等有利因素，沿海地区的陶瓷业迅速地发展，这种繁荣局面到了元末因战乱受到沉重的打击，但福建沿海地区特定的有利条件，注定陶瓷业还有很大的生产能力和销售市场。明中叶以后，民间的窑场又迅速崛起，遍布沿海各地。在德化瓷饮誉海内外的同时，地方窑场也顽强地生存下来，并且在陶瓷史上写下自己的一笔，漳窑就是其中的一例。

在闽南地区，常常可以看到一种风格独特的瓷器，釉色米黄，或白中泛黄，开细小冰裂纹，胎白、厚、质轻、多素面和印有淡淡的几何纹、弦纹，器形多为摆设品，以炉、罐、盒、瓶、盆为主，也见少量的盘、杯、碗。此类器物一般被认为是漳窑的产品，某些地区的文物商店则称为"土定窑"。也有部分精品出现在北京的故宫博物院、历史博物馆等地，但较常见于闽南地区，这是被认定为漳窑的主要依据。而《福建通志》也有"漳窑出漳洲"、"明中叶始制白釉米色器，其纹如冰裂，旧漳琢器者不及德化，然犹可玩、惟退火处略黝。越数年，黝处又复洁净"等记载，所以这种器物一开始就被研究者们认定为漳窑，并根据《闽书》记载的漳窑在"龙溪东溪"，限定在一称为东溪的地点。但这个"东溪"又在何方？长期以来一直引起文物界的高度重视，故宫博物院为此专程到漳州郭坑等地寻找过个窑址，省考古队也曾为此走遍闽南的各个窑场，但均无结果。

1986 年底文物普查，省考古队栗建安同志在华安高安乡与南靖交界处的东溪头找到了一烧造青花瓷的大窑场，虽没有找到漳瓷的标本，但提出了漳窑在东溪头的猜测。

1989年10月，省文管会黄汉杰等人在华安文化馆发现了一件高安乡文化站送上来的瓶底，认为有可能就是漳窑的东西。根据以上线索，1989年11月底，我们在华安县文化馆、高安文化站邹财金的帮助下，又进行了一次调查。

东溪头位于华安县高安乡西南端，与南靖县交界，从高安乡出发，上25公里的盘山小公路，公路的一边是陡峭的山，一边是深河谷。东溪头分为上东溪与下东溪头，所谓的上东溪头南有一间守林人用木桩搭起的窝棚与一间牛棚，窝棚附近就开始有窑场的堆积了。从上东溪头到下东溪头，沿着东北至西南走向的归德溪河道，约有5公里的距离，河道的一侧是混生的树林，窑场则都被淹没在这些树林中，其中比较密集约有四处，而最主要的是下东溪头。下东溪头窑场分布在归德溪西侧和北侧的山脚下，山的坡度约在30度以上，坡上一层层的断墙从溪边开始直至密林之中，当年应是一座繁荣的村落，一条条的石阶路还保存得一如当初，在山脚下有一座小庙，庙上的砖木结构已荡然无存，但神台上还摆满了各种当地出产的小佛像、烛台、祭器等物，极可能就是当被的窑神庙。交通不便，人踪罕到，茂密的树林保藏了这座村落和窑场，也保藏了这窑场的秘密。这是东溪窑何以千呼万唤始出来的主要原因。

整座窑场估计分布面积在五平方公里以上，因没有破坏，找不到断面，故堆积厚度不详。共采集标本二百多件，以青花瓷为主，少量米黄色瓷、仿哥瓷、白瓷，现分述如下：

米黄色釉器十件，主要采集于下东溪头，依器形可分为二期，一期约当嘉靖到明末，二期约当清初至嘉庆。

一期4件：1.米黄色釉斗炉1件 口沿直平、直腹壁、腹中四道旋纹，形成二道凹面，腹中印回纹连续图案一周，印纹细浅，不易辨认，平底、三足、足呈梯形。足外印云纹、外满釉、露底、口径15.5、高10厘米（图一，1）。

2.米黄色釉青花碗，1件，口敞，腹壁斜直，内底平、圈足，足内斜、平底、满釉露底，内画二道青花旋纹，外壁临底和临沿处各画两道旋纹，壁中画青花缠枝花，口径17、高7厘米，（图一，3）。

3.米黄色釉青花旋纹碗，1件，口残，釉色米黄略褐，胎骨厚重，上、下底平，内外各画有青花旋纹，口径7厘米（图一，4）

4.米黄色釉笔架，三峰，峰下椭圆形，中上部呈四方形，平底、空心，残高6、残长6.5厘米，（图一，10）

二期6件：1、米黄色釉盘，1件，平口折唇，腹下急收，内底平、圈足、平底，内底心与下底心均有凸点，外满釉、内涩圈、口径14、高3厘米（图一，2）。

2.米黄色釉盖罐，1件，直口、丰肩、弧腹、下腹急收，直圈足、有盖、盖顶弧，扁平圆钮、口径15、底径10、高11、通高15厘米（图一，5）。

3.米黄釉瓶，1件，仅见瓶底，斜直壁、无圈、卧足、满釉，底径7、残高4厘米（图一，6）

4.米黄色釉瓶，1件，仅存上部、大敞口、细颈、弧肩，口径7、残高7厘米（图一，7）

5.米黄色釉瓶，1件，仅存瓶底、斜直壁，内底深，底径4、残高6厘米（图一，8）。

6.米黄色釉盘,1件,釉色米黄略黝,圆唇,斜直壁,宽平底、圈足、平底,盘体厚重,口径 15、底径 5、高 3 厘米(图一,9)。

青花器,仿哥,白瓷亦可分为三期,第一期为嘉靖至明末,第二期为清初至乾隆,第三期为嘉庆至晚清。其中仿哥器划入第二期中分述,白瓷划入第三期中分述。

第一期

碗,可分为四式

Ⅰ式,敞口,腹壁斜直,下急收,内底宽平,圈足直且高,平底,满釉,内划旋纹三道,外画团菊。口径 14,底径 6、高 8 厘米(图二,1))。

Ⅱ式,口沿,微撇,腹壁斜直,高、直圈足,内底心、下底心均有凸点,满白釉,外或画四组卷叶小花或作八卦、太极图,口径 11,底径 5、高 6 厘米(图二,2)。

Ⅲ式,厚胎,斜直壁、圈足,上下底平,外青花,内底青花圈,圈中或作白鹭、荷花、天马行云图,底径 6,残高 4 厘米(图二,5)。

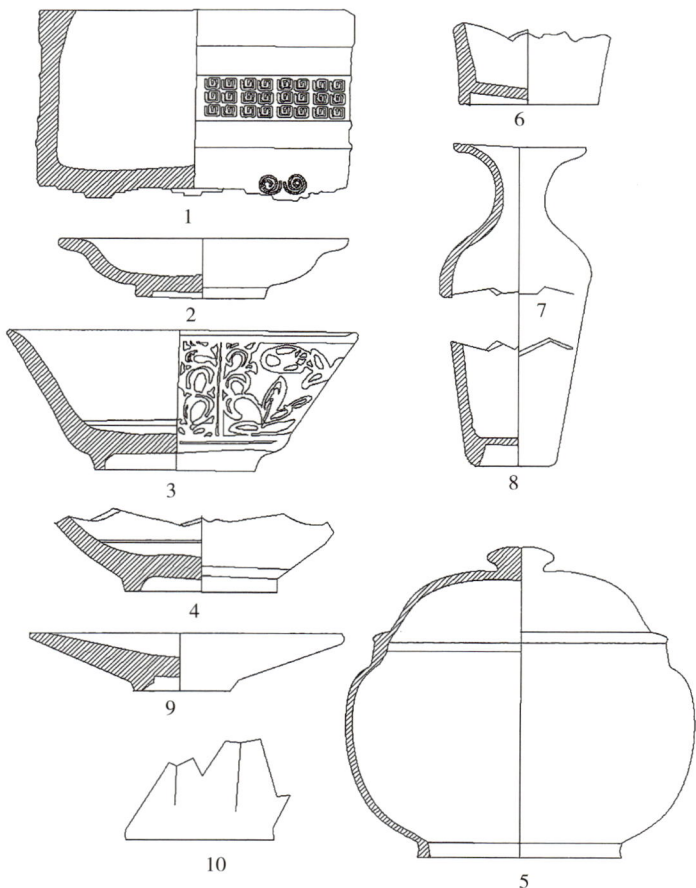

图一

　　Ⅳ式，大敞口，下壁斜直，圈足，足内壁斜，底心凸出。内外壁青花旋纹，底心画一简单的花形或灵芝形，口径 12、底径 4、高 5 厘米（图二，3）。

　　盘，可分为 2 式：

　　Ⅰ式，高足，盘底宽平，满白釉，内外画青花莲瓣边饰，花瓣中各作一灵芝花，底径 7、底高 2.5、盘残高 7 厘米（图二，4）。

　　Ⅱ式，平口，弧腹，宽平底，圈足，上下底心凸，内外各三道青花旋纹，底心画仕女，

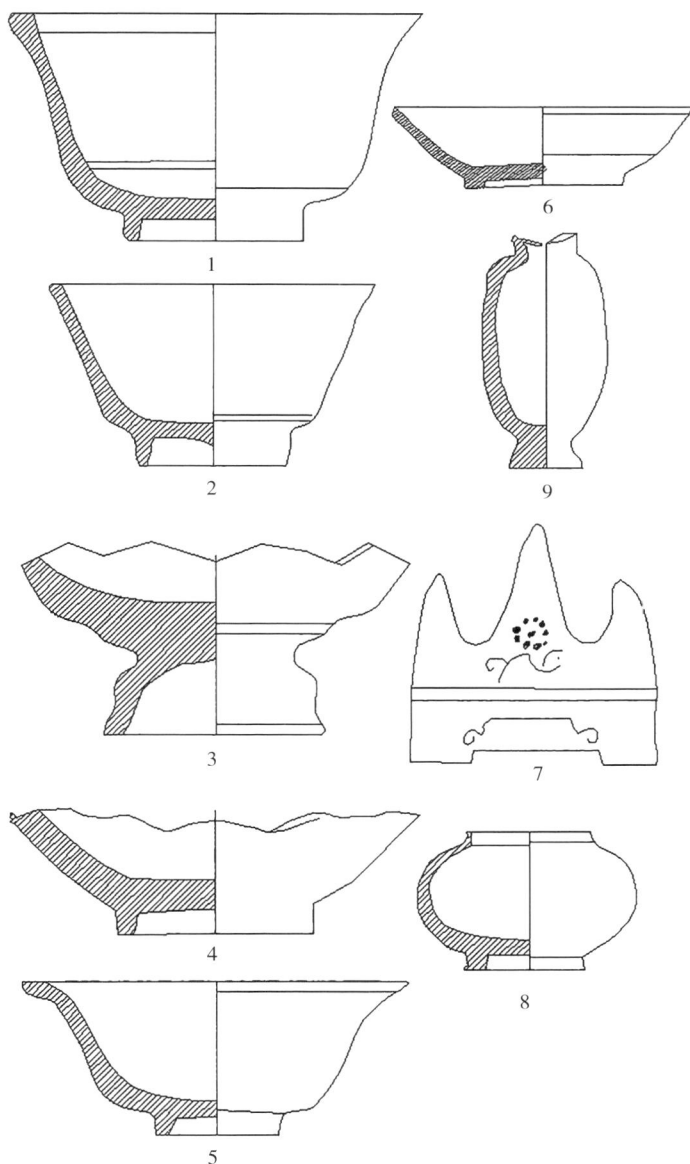

图二

或作一戴直朴头的文官立像，盘口径 10 厘米、底径 4、高 3 厘米（图二，6）。

青白釉印花小笔架，1 件，三峰，峰呈圆锥体，双足，平底，空心，中印旋纹，双面各印梅花纹、如意纹，高 4、长 4 厘米（图二，7）。

青花小罐，直口，圆腹，圈足，底平，外写青花诗句，内容不识，口、底径 4、高 4.5 厘米（图二，8）。

青花小瓶，口残体扁，呈长橄榄形，实底足，一面画山水图，一面写诗一句，内容不详，残高 4、腹宽 2、底宽 1.2 厘米（图二，9）。

第二期　以青花碗、盘为主、少数瓶

碗，可分为七式：

Ⅰ式，圆唇，腹弧，圈足，内外壁临沿处及临底处各有两道青花旋纹，内底作花形款，外壁画写意缠枝花，口径 15.5、底径 3.5、高 4.5 厘米（图三，1）。

Ⅱ式，圆唇，略外撇，弧腹，无圈，卧足，厚釉，开大片，口径 12、5、底径 5、高 3.5 厘米（图三，3）。

Ⅲ式，大敞口，斜直壁，高圈足，上下底平，满白釉，大开片，外壁画竹叶边饰四组，口径 11、底径 5.5、高 6 厘米（图三，4）。

Ⅳ式，小茶碗，弧壁，内底深圆，圈足，足外壁弧，外画狭莲辨边饰、菊花三组，口径 9、底径 3.5、高 5 厘米（图三，12）。

Ⅴ式，残，弧壁，内底平，圈足，足壁直，内壁斜削，圈外壁为青花旋纹两道，内底画牡丹花，底径 7.5、残高 6 厘米（图三，14）。

Ⅵ式，圆唇外撇，圆腹壁，圈足，底凸出，满釉内留涩圈，内沿上和外壁上下均有青花旋纹，口径 12、底径 4.5、高 5 厘米（图三，8）。

Ⅶ式，圆唇，上腹壁直，下弧收、圈足，内底中高，底心凸，厚釉、大开片，内留涩圈两道旋纹，中作花款，外旋纹两道，临沿外作团菊边饰 2 组，口径 13.5、底径 4.5、高 5 厘米（图三，9）。

盘，可分为七式：

Ⅰ式，折唇，腹中急收，圈足，上下底平，圈外有青花旋纹 1 道，内底心作菊竹石和"莫嫌老圃秋色淡"诗，口径 10.5、底径 5、高 2.2 厘米（图三，2）。

Ⅱ式，圆唇，厚胎，内底平，圈足，底心凸出，厚釉开片，内外青花旋纹，内底心作"玉"字款，或见"福"、"寿"款，外临敞处作团菊边饰二组。口径 10、底径 3、高 3 厘米（图三，5）。

Ⅲ式，撇口、弧壁、下急收，内底宽圈足，上下底心凸出，内画青花一道，中画杂宝，口径 10.5、底径 5、高 3 厘米（图三，7）。

Ⅳ式，器壁斜直，宽平底，直圈足，下底平，内底画青花大牡丹花，口径 32，底 14，高 7 厘米（图三，6）

Ⅴ式，口沿残，弧腹、平底、圈足、足内壁斜，内底画五蝠、寿字图，外画红色釉上彩兰草纹，底径 5.5、残高 2 厘米（图三，10）。

Ⅵ式，胎体厚重，盘底平，无圈足，内底画大牡丹花，底径 5、残高 4 厘米（图三，

11）Ⅶ式，斜直壁，宽平底，圈足、下底平，满青釉，开大片。口径 32、底径 24、高 6 厘米（图三，13）。

杯，一式，口撇、壁弧、下急收、小圈足、足壁厚，白釉小开片，画墨彩菊花、诗句、红彩印款，口径 5.5、底径 1.5、高 4.3 厘米（图三，15）。

瓶，见二式

Ⅰ式，喇叭口、细颈、丰肩、圆腹、足略外撇、无圈、卧足、外满青绿色釉、开片，口径 10、底径 10、腹径 18、高 30 厘米（图三，16）。

Ⅱ式，口残、弧腹、足外撇、无圈、深底，外施青绿色釉，开片，底径 6、 残

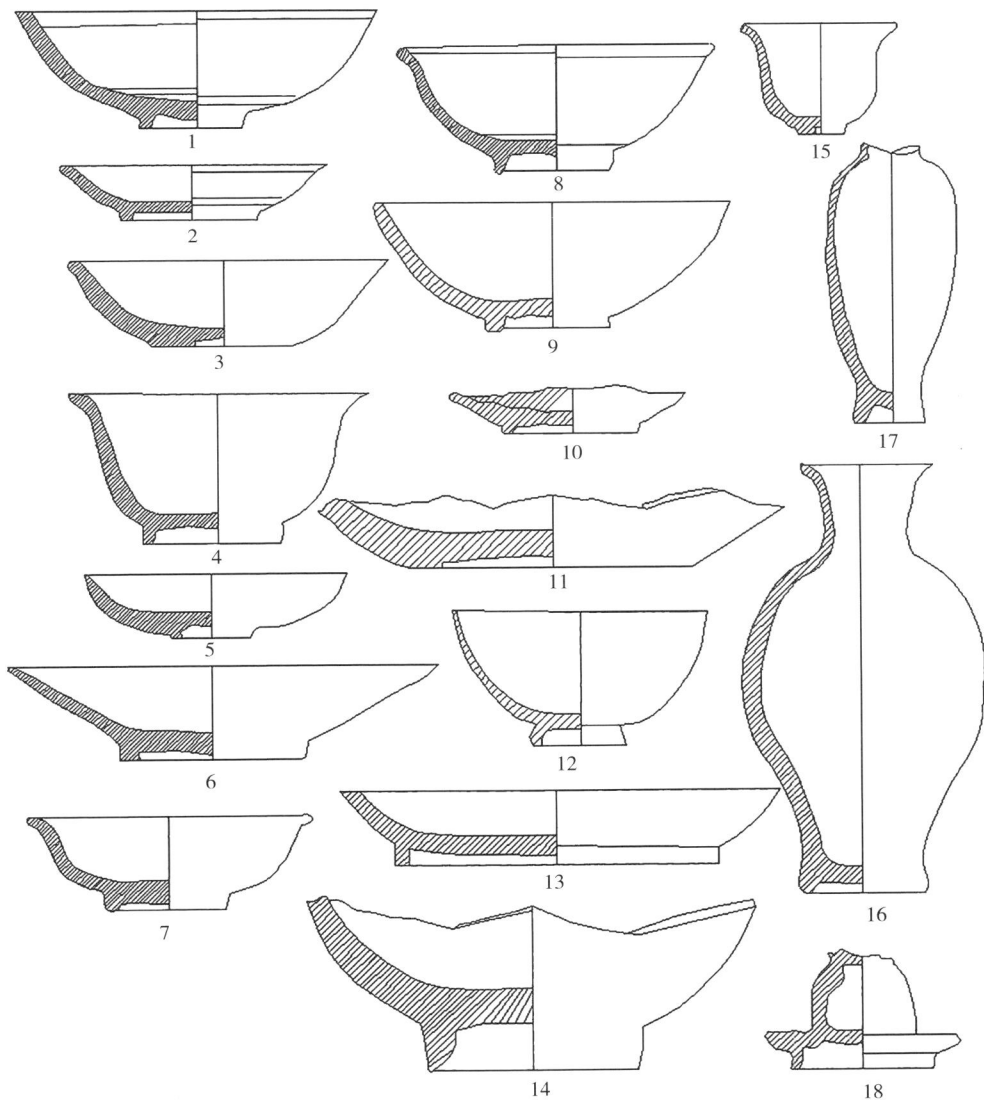

图三

高 22 厘米（图三，17）。

烛台，残、仅存底座，作双层，下作盘式，高圈足，满白釉，腰径 7，底径 5，残高 4.5 厘米（图三，18）。

第三期

盘，可分为五式：

Ⅰ式，撇口，宽平底、矮圈足，足下斜削，内底中上凸、白釉、开片、仿哥，口径 14、底径 6、高 3 厘米。（图四，1）

Ⅱ式，折唇，腹下折收、圈足、圈内壁斜，大宽平底，内画山水，外素面，口径 13～16、底径 5～7、高 3 厘米。（图四，2）

Ⅲ式，折唇，弧腹，圈足、内底下塌，外素面，内画鱼纹。口径 11、底径 6、高 3 厘米。（图四，3）

Ⅳ式，上壁直，下急收，宽平底，圈足，足外撇，上下底心均凸出，内底画青花旋纹，外壁素面。口径 11、底径 5、高 3.5 厘米。（图四，4）

罐，直壁，下弧收，平底，圈足，满白釉，口径 20、底径 10、高 12 厘米。（图四，5）

青釉刻剔花炉，口沿残、直壁、下急收、三足、或长形、或圆柱形，外刻剔卷叶花，满青灰色釉，口径 10～14、残高 7～12 厘米。（图四，6）

器托，作盂形、中有盘、四周有沿，器底平，深卧足，外满白釉露底，口径 8～15、底高 4～7 厘米。（图四，7）

鸭形水注，头残，体呈鸭形，印羽毛形、中空、施白釉、长 6.5、残高 3.5 厘米（图四，8）

杯，分二式

Ⅰ式，口唇略敞，斜直壁，圈足，施白釉，外画青花蕉叶图，口径 5、底径 2、高 4 厘米。（图四，9）

Ⅱ式，撇口、弧腹、高圈足、满白釉、外画青花山水，口径 7、底径 3、高 4 厘米。（图四，10）

小粉盒，缺盖、直壁、下斜折、圈足、底心凸出，外施淡褐色釉、画青花竹叶，口径 6、高 3.5 厘米。（图四，13）

饭勺，把作凤鸟形，嘴尖成钩状，满褐釉，长 21 厘米。（图四，11）

汤匙，匙尖上翘，底上凹，内底画青兰草、点，其中一件下底阴刻"上兴"二字，长 13 厘米。（图四，12）

瓶座，作圆盘形，分四级，下底平，上中凹，满施墨彩，直径 19 厘米、高 2.8 厘米。（图四，13）

此外，还在下东溪头采集到三件盘子印模，其中二件为花口、盘面为凹凸几何花纹。一件素面，另有汤匙印模一件。

以上调查尚属初步阶段，但就现有资料似可有以下几点认识：

一、东溪头窑当为明清时期闽南地区已知的最大窑场，其覆盖面积之广，其烧造年代之长，其产品种类之多，流传之广，影响之大，均列漳州地区窑场之首，也是福建仅次于水吉窑、德化窑的大窑场。从所获标本看，有十件属所谓的漳瓷标本，其中尤以斗炉最为典型，这件斗炉采集于下东溪头地面下 10 厘米处，而米黄色盖罐、小瓶等，亦是民间常见的漳瓷器，故所谓的漳窑即东溪头窑当可成立。

二、关于漳窑的概念应是指漳州窑口的瓷产品，而米黄色釉器是其中的一种典型产品，而不是全部，也似可认为是其中一个时期的主要产品。根据已知材料，笔者认为：

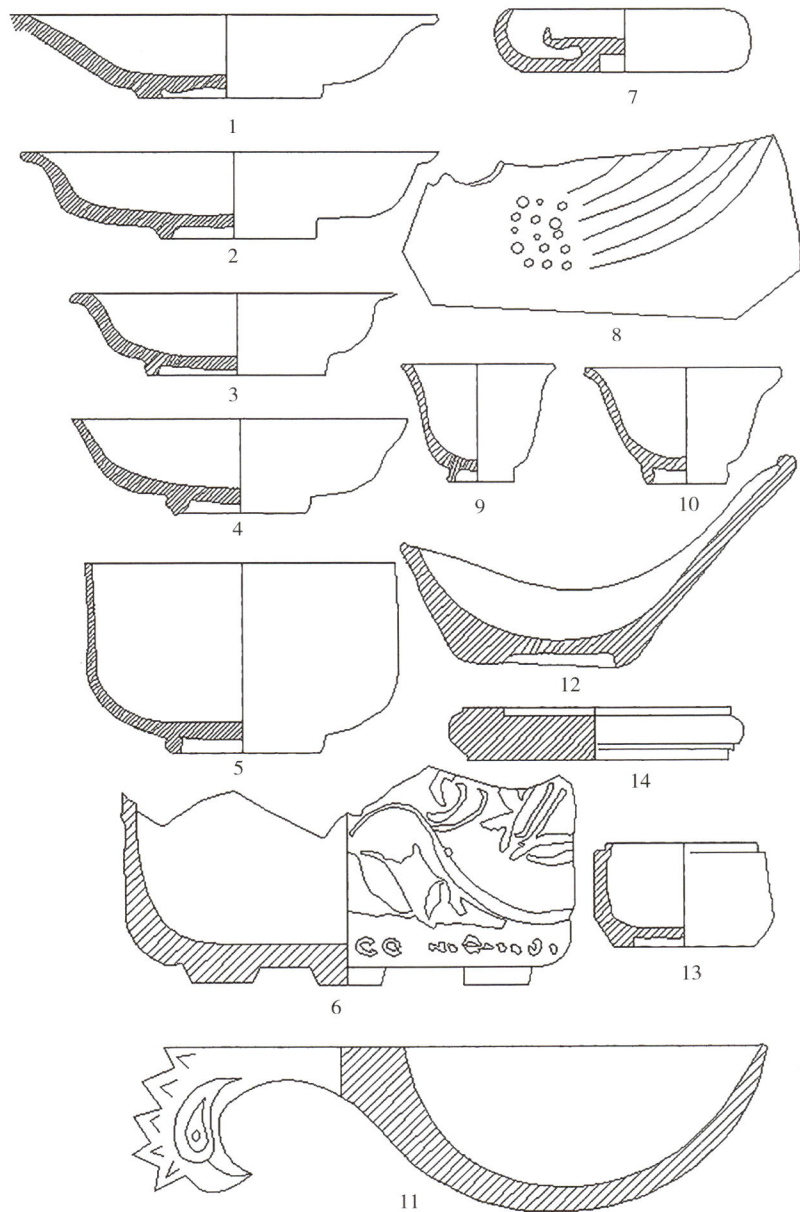

图四

该窑始烧于明中叶，青花瓷和米黄瓷并重，月港的兴盛，刺激了该窑的生产长足发展，东溪头窑以烧米色摆设瓷和较高档的生活瓷，通过水路从归德溪到永丰溪、经芗江、九龙江、达月港、或由厦门港以及广州"十三行"代理出海，行销海外。印度尼西亚的苏拉威西岛上就曾出土了一件葫芦形的漳瓷小罐，足以证明漳瓷的销售足迹。这一时期可能也是东溪头窑的鼎盛时期。到清顺治以后，清廷的海禁政策，阻断了通往海外这一最大销售市场的去路，而清初的社会动乱也很大程度影响了民间的瓷品需求量，致使东溪窑一度走入低谷。此后，便转为主烧生活瓷。青花瓷、仿哥瓷与传统米黄色釉漳瓷都成为该窑的重要产品。同治间的太平天国运动，可能有部分窑工参加了太平军或太平军曾在这一地区活动，窑场被清军围剿，东溪头窑受到沉重打击，进入第二次低谷期，也是衰败期，一说窑场从此倒闭，窑工全部外逃，一说还有少量存在。从下东溪头我们发现的一块宣统二年的苏氏墓碑看，说明清末民初尚有窑工在此生活，但该地山高水深，几乎找不到一块可供开垦种植的平地，人的存在便可能是窑的存在。此外，高安乡有一老人，若尚存世当八十岁左右，此人在六十年前曾从下东溪头挑瓷器回来当地销售，此说当有待于进一步证实，但东溪头窑到民初尚有少量烟火当属可信。

三、我们还注意到，促使其第二次衰败和完全停烧还有一个重要因素，那就是河道的堵塞，船只行驶困难，陆上交通条件逐渐改善，使原来有利的水上运输相形之下成为不利的条件，而特定的地理位置又注定东溪窑场除了水上交通或人工肩挑运输外别无选择。运费提高，而闭塞的地区又不可能及时地吸收外来的科学技术和新的审美风尚。据此说，我们还可以解释以下的问题，东溪头窑既然规模如此之大，内涵如此丰富，烧造期达四百多年之久，产品运销海内外并一直受到人们的青睐、珍藏，以其独特风格受到古玩界喜爱，乃至半个世纪来文物考古界关注，何以在文献上也仅留下片鳞只爪的几句记载，且没有记载其具体地点方位，现代的多次普查、调查，也一再从考察者跟前漏网，也还是归咎于交通条件，同时代的人可能仅能知道东溪这一地名，但不知具体地点，且东溪这一地名何其之多，明末以来几次修志，执笔者必然也仅知有这一窑场，而不知其详，从漳州沿九龙江，芗江，归德溪上溯东溪，有一百多公里的水路，上游水流湍急，非拉纤难以逆流而上，故必无人能到达这一代名瓷的出产地。

四、根据这次调查的成果，我们认为所谓的漳窑应有几层含义，广义的漳窑，指漳州地区的各名窑产品，其次，漳瓷专指华安高安乡东溪头窑产的米黄色釉瓷器。那么，这狭义的漳瓷应有几个特点呢？我们根据所采集的十件米黄色釉瓷器和所见传世的、出土的同类产品进行考察，初步认为：1.釉色米黄，或偏白，或带淡褐色，或施钴蓝色、草绿色釉；2.开小冰裂纹，其细微可如芝麻大小；3.胎体较厚，胎质较松，断面可见瓷土颗粒；4.器物以摆设器居多；5.造型线条较为简练，常常一条直线、一条弧线到底，曲线较少，或弧度不大；6.器体口沿常常宽平，或基本呈直角，圈足多矮宽、满釉只露砂足；7.纹饰很少，所见仅模印几何纹，拍印回纹、云纹，拍印纹较小、浅、淡，常被釉填平，也见少量青花，但以青花装饰的常为生活瓷，器形较小。

五、由于东溪头窑长期被埋没在深山密林中，其内涵一直不为人知，该窑的不少产品常常被误认为是德化窑，或者景德镇窑的产品，东溪头窑的鼎盛期实际上也与德化窑的鼎盛　期并存于世，不少产品也几乎同釉、同式、同纹，如所见漳瓷斗炉，也见于德窑猪油白瓷，不少文物商店和博物馆橱架上的漳窑产品，也多被误定为德化瓷。可见这二窑之间应有密切的联系和师承。但基于目前资料的有限，现在仅仅是问题的提出，还有待于对东溪头窑进行全面的调查，发掘和将来的研究。

此文为中国古陶瓷研讨会、中国古外销瓷器研究会 1990 年杭州年会论文，后刊登在《漳州师院学报（社科版）》1991 年第 2 期。

王文径，原漳浦县博物馆馆长，副研究馆员。漳浦县文史委主任。1995 年以来连续四届列为漳州市拔尖人才。

漳窑古址在华安东溪发现

林焘

[摘　要]　1985 年闻名于世的"漳窑"古址在华安县东溪头找到了。一代名瓷的漳窑遗址，沿东溪北岸连绵数里，规模巨大；当年窑址的作坊区客栈、店铺、民居旧址历历在目。它的代表性瓷器——冰裂纹白釉米色器始烧于明中叶，沿烧 500 余年的历史。其产品从漳州月港出口运销东南亚乃至欧洲，现在国内外博物馆及收藏家不乏其珍品。据查：明初，现内溪自然村苏姓二房子孙到东溪头居留耕作后烧制瓷器。因月港的兴起，经济繁荣，东溪的原料燃料，丰富方便，促使陶瓷业迅速崛起，利润甚丰。随着瓷品质量提升，产品种类繁多，时被国外瓷器专家定为中国名瓷。它是中西贸易和文化交流的重要物证。华安东溪窑遗址的发现，填补了明清时期中国东南地区大型民窑场的空白史料。

[关键词]　华安发现　"漳窑"　米黄釉瓷　苏姓窑主

文物考古工作者查找五十多年的漳窑古址，已在福建省华安县高安乡三洋村的下东溪找到。

漳窑创建于明中叶，其产品从月港出口运销东南亚以至欧洲。现在国内外博物馆及收藏家都不乏其珍品。

漳窑和某些名窑一样：难定产品产地。近年来有人认为漳窑在潮汕，或说在北方。但《福建通志》载云："漳窑在漳州"。《闽书》则把其范围缩小在"龙溪东溪"。古龙溪地域广阔，有许多地方叫东溪。然而有的根本没有窑史。有的查无漳窑出土的器件。因而揭开"漳窑址所在之谜"。成为当代文物考古工作者的重大课题。

1985 年我们根据漳窑在龙溪东溪的线索，指示高安文化站邹财金同志带队到古龙溪县二十五都内溪保的下东溪古窑址采集到"糙米黄"等颜色的不同器型的大量残件，1985 年冬经龙溪地区文物普查验收队负责人叶井毕鉴定。认为从下东溪采集的标本中有不少漳窑残品。1986 年秋省文物普查队到华安。看过存品后由栗建安副队长率领邹财金等同志再次到下东溪采集大量标本，也有原漳窑残件。1989 年夏，省文管会文物鉴定组黄汉杰等专家也认定我馆的存品中从下东溪采集的糙米黄残件不论是颜色或是器型都是现在通称的"漳窑"典型产品。后来得知漳州各县以及潮汕地区均无漳窑出土标本。近来，故宫博物院的有关专家又来信查询。于是，漳州市文化局文物科长曾五岳邀请漳浦县文化馆王文径同志于 11 月 29 日到达华安县高安乡，会同华安县文化馆、站和乡干部一行九人又到下东溪采集到大量标本。

史料记载"漳窑"是私营民用窑。以生产生活用瓷为主，也生产摆设品。这次我们除采集到大量生活用的青花瓷。如：碗、盘、碟、匙、盒之外，更可喜的是找到糙米黄色的竹节香炉。它和漳州市博物馆收藏的"漳窑"珍品——竹节香炉一样，还有送子观音小座像、花瓶、笔架、鼻烟壶、金鱼等物品，还找到糙米黄、影绿、青、酱色、白釉等碎片，与史料记载吻合。

漳窑遗址规模巨大，沿东溪北岸连绵数里。当年的客栈、店、民居旧址历历在目。据查：明初，现华安县沙建乡庭安村内溪自然村苏姓二房到东溪头居留耕作，后分一批到下东溪烧碗。因月港的兴起，经济繁荣，下东溪的产品又可从陆运二公里许至苦竹溪小瀑布处，装平底小船运出永丰溪到保林进入九龙江的西溪。由于水运瓷品安全，运价低廉，原料燃料、丰富方便，利润甚丰，使得东溪窑有余力提高质量，增加品种，成为一代名瓷——漳窑，被国外瓷器专家定为中国名瓷，收入《中国瓷器》一书中。

东溪窑于一百多年前关闭，原因传说不一，有说打死税丁，或说与太平军有牵连，官兵进剿，逃散了，但无从稽考，当年上下东溪居民三千余口，现多数住在沙建内溪和高安三洋，小量流落在南靖境内。苏氏祖祠在内溪。

我们认为："漳窑在龙溪东溪"的记载是准确的。1928 年前华安全境归龙溪县二十五都和二十三四都的一部分，现永丰溪靠南靖方向岸边尚保存"靖溪交界"石刻，足可资证："漳窑在漳州"，"漳窑在华安东溪"的结论，从而填补了瓷史上的一页空白。

林焘，原华安县博物馆馆长，文博馆员，已故。

琐谈漳窑

光昌 彩华

[摘　要]　北京故宫博物院等知名的博物馆收藏、展览米黄色带有碎冰裂纹的不同器型的瓷品。其产地在古龙溪县二十五都地的"漳窑"。查寻地方古籍"漳窑在东溪"的记载，史料有"绿东溪石榴樽"、"东溪双耳络子樽"、"三角（足）二耳东溪炉"等三大件米黄釉瓷冰裂纹器物的描述。许多专家学者踏遍漳州市九县一区和潮汕近邻的山山水水，最终在华安县三洋村的东溪头找到几十处窑炉遗迹。占地10平方公里的巨大窑场在深山老林里被发现。我们从废墟中找到了许多米黄色带碎冰裂纹的各种器物残片残件。这证明了苦苦寻找的"漳窑"唯一窑口在华安东溪境内。"漳窑"的烧制者为古龙溪县二十五都内溪保姓苏的族人。从族谱得知，他们源于德化苏坑并从那里把精湛的制瓷工艺带到华安，并在此传承发展。

[关键词]　宫藏米色器冰裂纹　惊现"漳窑"古址　烧制者为苏姓族人

我国南方诸博物馆和故宫博物院都收藏、展览米黄色带有碎冰裂纹的不同器型的瓷品，品系标"漳窑"。其具体产地无法注明。据说东南亚、欧美等国家的博物馆和收藏家也有漳窑珍品，产地标明中国。现在能见到的工具书也无法对漳窑址进行注足，国外学者又对漳窑寻根问址。为查找漳窑址，已忙了几代人。新中国成立后，瓷器鉴赏家杨羽吉、郑启华、杨撰从等先生对漳窑名品及窑址所在进行了多方的探讨；20世纪50年代，北京故宫博物院古瓷鉴定专家耿宝昌教授曾率队到龙溪县（今龙海）郭坑、江东、石码等地调查；1959年龙溪地委书记洪椰子指示成立"漳瓷调查组"。在石码等地作了长时间调查后，写出了书面报告，对窑址存疑；80年代，熊寒江在"月港学术讨论会"上，宣读了有关漳窑的论文。上述种种努力，都只提到漳窑在东溪，但现在龙海市郭坑镇东溪村却找不到相关残件残片标本——未找到生产米黄色带碎冰裂纹瓷器的烧制遗址。究其因，是众仙认错灵山，故不得真谛，但他们的努力功不可没，绩不可忘。

古龙溪县有两个东溪，一为二十二都龙溪长泰交界的郭坑东溪村，居民以杨姓为主。一为二十五都内溪保之东溪，前居民以苏氏为主，两地相距约有二日路程。龙溪二十五都地于1928年划出成立华安县，随后新绘制的龙溪县地图仅有郭坑东溪一地，50年代来漳州地区考察的许多专家他们详细调查古籍，认真校对的却是新地图，自然不能触及华安东溪一地，因而考察工作很少突破。近年通过省、市许多专家学者的共同努力，踏遍九县一区和潮汕近邻的山山水水，最终在华安县高安乡三洋村的东溪（则二十五都的东溪）找到几十条龙窑。在这占地十平方公里的巨大窑场里。我们从废品堆中找到了许多米黄色带碎冰裂纹的残片残件。其中有观音座像、斗炉、茶杯、洗器、油砵、碗、碟等各类器物。真是"珍品可行，残件难求"！文物考古这门科学是唯物的，它只承认窑口出土的残件残片为瓷品产地的标准件、对比物。现在只从华安县东溪古窑口找到具有米黄色漳瓷特征的许多残件，便证明：华安东溪是迄今为止找到漳窑唯一窑口。

人们或许要问，漳窑有何特点？为何不可仿制？为什么至今才被发现？它何时停窑熄火？华安县博物馆的同志为弄清诸如此类问题已积累三万多字的资料和数十张照片，信询面访许多专家学者，几次三番会同他们作实地调查，现将某些看法发表于下，借以抛砖引玉。

我们和漳浦县博物馆长王文径、市文物科长曾五岳以及厦大叶文程、唐杏煌等教授、学者先后在东溪窑口拣拾到十余件米黄色残器，其中有竹节斗炉等。通过上海文物商店、南京博物院、北京故宫博物院等古瓷鉴定专家鉴定一致认为，这些标本是漳窑产品。经过多方请教与探讨。我们认为漳瓷有以下特点：（1）釉色米黄，或偏白，或带淡褐，或蓝兰和草色釉；（2）开小冰裂纹如鲦鱼鳞片状；（3）胎体较厚，胎质硬；（4）器物有摆设品与日常生活用品，摆设品以米黄色居多；（5）造型多以直线，弧线一条到底，口型平宽或呈直角，圈足多矮，有呈乳头状，也有呈桥形状……

一种瓷品在市场走销，左近窑口便会仿造。历史上有许多青花赝品简直可以乱真，但这种碎冰裂纹的小开片瓷品却不能仿造全真，郑启华先生在《东溪窑》一文中写道："广东潮州制出瓷器也带有细开片，看来很相同。如果我们对细纹留心加以鉴别，那就可以看出：东溪瓷的细纹是现露浅红色的，潮州瓷却显露出墨灰色，两者显然大不相同。"可见，当年潮州窑不是不想仿造，而是仿之不易。

以前有的学者认为漳窑是从漳州月港出口的瓷品的统称。我们认为，那是因为找不到具体窑口的牵强附会，现在既有了专家认定的物证来印证"漳窑在东溪"的记载，又有"绿东溪石榴樽"，"东溪双耳络子樽"，"三角（足）二耳东溪炉"等器物口碑，还在窑口找到三件描有东溪二字的标本漳窑又有独特的不易仿制的工艺和器型特点，所以漳窑乃专指东溪窑而言，并非泛指。

漳窑的烧制者是古龙溪县二十五都内溪保姓苏的族人。从族谱得知，他们从安溪葫芦山迁移而来，而安溪姓苏的族人又源于德化苏坑。内溪苏氏从祖上那里传承了精湛的制瓷工艺。在东溪烧起了窑火，由于地域土壤的不同，燃料的差别，以及工艺的改造等方面的原因，他们逐渐形成了自己独特的瓷器工艺。有些文献说漳窑只有摆设品，这是不全面的。民窑是以经济效益为主要目的，可以转产改型的。只要销售畅通，便大量生产日常生活用品。直到现在，我们从窑口拣拾的残件，或从内溪一带发现的流散瓷品中，日常生活用品还占有相当大的份量。东溪窑曾经有过它的鼎盛时期，由于清初，海禁加紧，月港衰败，瓷品滞销，苏氏族人迁移，现在东溪已是荒无人烟，什么原因导致东溪窑彻底停炉熄火，民间有传说多种，但毕竟无从考据。我们认为它停炉熄火的时间应是太平军第四次入闽时（同治三年，1864年）。福建师范大学朱维干教授的《福建史稿》中载："龙溪县西北八十里的岱山社，有郭凸、郭好率众归附来王陆顺德"，"龙溪县岱山社农民在郭凸、郭好领导之下，参加陆顺德部太平军，罗大春（清漳州镇总兵）用开花弹把寨楼击破，郭凸等三百余人同时殉难。"岱山社是现在沙建镇岱山村，与东溪窑场仅一溪一山之隔，清兵洗劫了岱山后，部分太平军及难民必从东溪窑方面向南靖逃奔，与太平军大部队靠拢，所以东溪窑在劫难逃。岱山社"齐云楼"匾额勒有"同治丁卯年重修"字样（1867年），也可印证这一历史事实。光绪年间，东溪窑曾力图恢复，因水路淤塞，海运衰败终不成气候；民国末年，东溪虽有零星窑口烧制碗碟，但不久土匪搔扰而彻底停窑。

特定专题的文物考古是艰苦的，费财、费力的工程。历代修编古龙溪县志的长者。多是退休官员，由于架子大、年龄大，花费大，限制了他们深入调查研究，所以，叙述漳窑大都保留旧说，唯有现在——20世纪80年代。太平盛世，人民政府提供了大量资金，组织大批人力作大面积普查。（注重对比和听取有关窑口的出土残件）才得以发现东溪窑口。回顾当时，我们是"有窑必往"、"听窑必究"，所以现在找到窑口也决非一地之功。是社会主义制度优越性的表现，是全市以及省文物工作者通力合作的结果。

（原载《华安文史资料》第十五辑，1992年）

参考文献

1. 叶文程、唐杏煌、罗立华、林焘：《华安下东溪窑址调查简报》，《东南文化》，1993年第1期。

2. 王文径、曾五岳、林焘：《华安东溪头窑与漳窑》，《漳州师院学报（社科版）》，1991年第2期。

3. 龙溪县原漳瓷调查组：《漳瓷调查》《漳州文史》，1960年7辑。

4. 郑启华《东溪窑》，《漳州文史》，1960年7辑。

5. （清）杨巽从：《漳州瓷窑谈·漳州什记》。

6. 熊寒江：《东溪窑与漳瓷》，《月港论文集》。

7. 福建省考古队粟建安：《东溪窑调查》，《福建文博》1993年第1～2期。

8. 叶国庆、冯先铭、耿宝昌等信函（馆藏）。

华安东溪窑的窑业成就及兴盛原因

林忠干

[摘　要]　华安东溪窑始于明中叶延续至清及民国时期，瓷器有米色、青花、青釉、绿釉等，品质之精、年代之长、规模之大，在闽南窑业中占据突出地位。其窑业兴起得益于漳州月港海上贸易之发展，清初月港衰落后，又转从厦门港出口。其艺术成就在中国瓷史与中外经济文化交流史占据了一席之地。

[关键词]　华安东溪窑　瓷器艺术　月港　厦门港　海外贸易

　　华安县位于福建省南部、九龙江中游，旧称华丰，历史上属漳州龙溪县二十五都辖治，1928 年正式设县。东溪窑地处华安县西南部高安镇三洋村、东溪头村，与南靖县龙山镇交界。这里山高林密，有归德溪及北溪分渡口通达九龙江而出海，20 世纪 80 年代以来，省、地（市）文物部门多次对东溪窑址开展了调查工作，已考察 22 处地点、发现 15 处窑址，清理测绘了一批窑炉和作坊遗迹，并采集获得大量窑具和瓷器标本，对研究其历史文化内涵提供了依据。考古调查发现表明，华安东溪窑址遗迹遗物分布范围约近 10 平方公里，规模宏大，生产年代基本在明清延及民国时期，近五百年之久。产品品类丰富，形制纹饰繁多，基本可划分为白釉米色器、青花器和其他品种三大类型，本文拟对其窑业成就及兴盛原因进行探讨研究，以就教于方家学者。

一　白釉米色器，朴质典雅

　　白釉米色器，主要集中分于上东溪头的后坑寮、松柏寮和下东溪头村的马饭坑、扫帚石、牛寮、东坑庵及封门坑、寨仔山等处。产品胎体呈现灰白、浅灰、淡黄、灰褐、黄褐诸色，瓷土淘洗提炼加工不是很精细，胎体呈少量细砂等杂质或有微小孔隙。年代较早者烧成火候较高质地坚硬厚实，年代较晚者烧成火候较低质地相对粗疏轻薄。器表釉水呈色以米黄色常见，并普通呈现开片冰裂纹现象，是该窑代表性的标准釉色，还有闪青、泛褐之层次变化，以瓷化程度较高敲击发声清脆、釉面莹亮者为上品。由于窑址采集批量标本与传世"漳窑"器物形制作风一致，华安东溪窑址即漳窑所在，目前学术界已成倾向性共识。

关于漳窑的历史文献记载，见于晚清学者郭柏苍撰写的《闽产录异》一书，该书卷一货属条云："漳窑，出漳州。明中叶，始制白釉米色器。旧漳琢器虽不及德化，然犹可玩。惟退火处略黝；越数年，黝处又复洁净。近制者，釉水、胎地俱松。"这个记录告诉后人几点信息：一是漳窑瓷器出自漳州某地，其烧造年代始于明中叶，至晚清时期窑火未歇。二是漳窑瓷器呈白釉米黄色，釉面开冰裂纹，釉层可此现暗色白色之变化，其质量逊于同时代的德化白瓷，但釉水独具特色，为陈供雅玩之器。三是在漳窑历史发展过程中，晚清以前品质较好，晚清时期质量衰退、胎釉俱粗疏矣。郭柏苍的这个记载，成为漳窑瓷器鉴定的主要根据之一。

根据窑址标本与传世瓷器的分析研究，漳窑瓷器的功用形式大体可划分为三个基本类型。

其一，人物塑像类艺术品，主要是佛道等神仙人物，如观音、释迦牟尼、弥勒、魁星、寿星等。

其二，陈设供器、文房雅玩类的艺术品，常见炉、瓶、花觚、笔筒、笔洗、砚台、笔架、印泥盒、笔洗、水注、水盂、砚滴、烛台、香插、绣墩、花盆等。

其三，饮食生活类器皿，如碗、盘、碟、杯、盏、匙、罐、壶、粿印等。

其工艺技法，人物雕像类一般有制模为范、压坯成型、整合修粘、表面雕刻与推光等流程。整个雕塑制作工艺，从主体造型设计、表情刻划、衣服处理到局部装饰的完成，都可体现出工匠的功力和技巧，以及对作品艺术处理的理解程度和文化素养的造诣程度，反映了漳窑瓷器的艺术成就。

陈设文房类器具，采用模制、轮制和手工捏制等工艺，常见仿效商周古铜器的造型和动物、植物的象生器形，按照造型的主体又进行局部装饰，采用了模印、堆贴、堆塑、刻划、雕镂等技法。主题纹样有饕餮纹、兽面纹、夔龙纹、凤凰纹、蟠虺纹、窃曲纹、螭龙纹、牡丹、梅花、杂宝等。辅助纹样有连续回纹、云雷纹、蕉叶纹、圈点纹、如意云纹、莲瓣纹、竹节纹、弦纹等，作为地纹或边饰，器耳、器足等附加部件，亦采取模印或模压或捏制成器后与器身拼接，使之浑然一体。

日用生活的饮食器皿，一般作做工捏坯、轮制成型或模压成型，素面居多。

在人物雕塑与器物造型及装饰技法上，漳窑瓷器与同时代的德化白瓷较多地具有雷同或相似的作风。德化白瓷用料白度高、可塑性强，具有象牙白、奶油白、猪油白、葱根白、孩儿红等细腻湿润的质感效果，加以非凡的形体设计和制作装饰，整体上显示出一种雍容华贵气质和高雅的艺术风采，享有"中国白"、"东方艺术明珠"的盛誉。漳窑瓷器采用地产瓷土和釉药配方，胎釉质量与德化白瓷望其项背。但漳窑工匠因地制宜、因材施艺、扬长避短，也在工艺技法上也下足了功夫。其釉水呈现冰裂的形制风格和承袭和追仿宋元哥窑的一路。瓷器釉面开片冰裂是由于瓷器胎釉构造成分热胀冷缩的产生一种变化，本来是一种缺陷或不足。但宋代窑工化腐朽为神奇，开创了这一技法（一说北宋汝窑首创，但作为开片装饰非汝窑专利），使之产生的别具一格的艺术韵味，与宋代文治社会内敛修养的精神境界和审美情趣相融合，以含蓄深邃而又自然变化的美上升为代表中国传统美学内涵的一种艺术。哥窑窑址至今未有发现，成为一个有趣的历史之谜。但河南汝官窑遗址、杭州南宋官窑窑址、浙江龙泉窑遗址屡屡发现出土哥釉类型开片的瓷器，足以证明哥器焕发的艺术魅力。哥窑的胎敲击起来，没有那种悦耳的金属声，而是近似破碎的"噗噗"声，愈是真品声音愈哑。哥窑釉面颜色变化丰富，有奶白、蛋白、米黄、粉青、灰绿等多种。釉面开有形态各异的纹路，如梅花纹、网状纹、细碎纹等，黑色纹样按颜色划分有黑蓝、浅黄、鳝血等。

漳窑瓷器虽追仿哥窑一路，却并非刻意完全照搬哥窑模式，而是遵循地方自然生态讲求自身特色，所以并无出现哥窑的"紫口铁足"胎釉典型特征，亦少量呈现哥窑的"金丝铁线"特殊装饰。漳窑采取地方瓷土为坯胎，采用白釉配方，在阶级窑炉中焙烧一般烧成温度在 1000℃左右～1200℃，在同时代窑场属于偏低的，其釉层纹理少见大开片，多见细密、细碎等随形冰裂纹，深浅随意。随着气候冷暖湿干变化，又呈现暗白现象，这又是其他窑口瓷器所没有的。漳窑瓷器以胎釉为本质，通过造型设计而透露的，是一种浓郁的乡土气息，但又不失古典雅致的风格，雅俗共赏，这正是传世漳窑瓷器被人们视为艺术品珍藏的原因，完全是缘起于其蕴含丰富的文化意绪。

目前为止传世纪年漳窑白釉米色器，有明成化、弘治、嘉靖、万历和清乾隆等人物造像与陈设供器。值得注意的是，其中收藏于国家博物馆的一尊明万历带座释迦牟尼坐像，有铭文"开元寺"、"大明万历乙卯年（1615年）""漳州府东溪乡""治子陈福

图一　明　漳窑鼎式炉

图二　明　漳窑双耳矮式三足炉

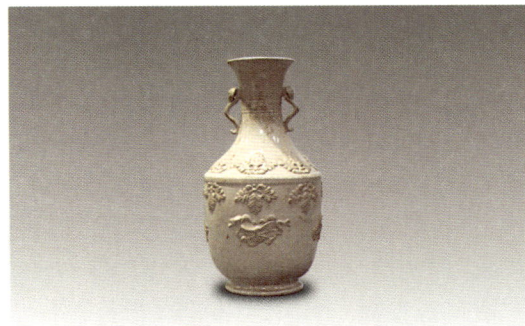

图三　清　漳窑堆贴花叶双耳瓶

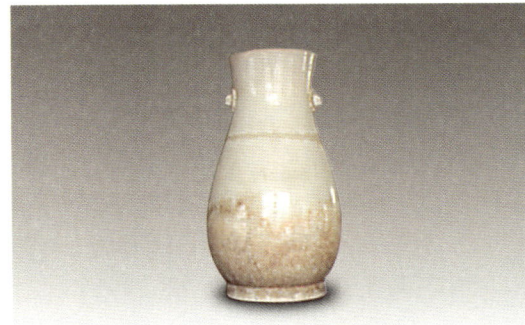

图四　清　漳窑堆贴兽首瓶

图五　清　漳窑簋式双耳瓶

图六　清　漳窑刻划花瓶

图七　明　漳窑坐莲观音

图八　清　漳窑何仙姑

成叩谢"，收藏于台湾鸿禧美术馆的一尊明万历财神坐像，有铭文："开元寺"、"大明万历乙卯年（1615年）"、"漳州同安县东门外东溪乡"、"信士林石氏百叩，闽南漳郡陈福成监制"，冶子，相当于熔炼、铸造金属器的工匠，《礼记·学记》："良冶之子，必学为裘"。这里则表明是烧造瓷器的技师。这纪年漳窑雕塑人物造像，都有"陈福成"的刻铭，他既是匠师，又可能兼有窑主的身份，其作品特征是：人物身体比例协调，衣褶疏密有致，开脸端庄慈祥，形神兼备。他生活的年代，与德化雕塑大师何朝宗相当，在创作上所具备的非凡技艺是可与何氏同类作品相媲美。陈福成杰作代表了漳窑瓷雕艺术的最高成就，他应是漳窑瓷器制造的领军人物。从这个意义上看，漳窑、德化窑可谓绽放在八闽大地的并蒂奇葩。

二　青花瓷器，幽蓝芳菲

青花瓷是东溪窑的最大宗产品，几乎分布于窑场的每一处地址，伴随时代发展的不同阶段，窑址产品的形制装饰演绎生活艺术的风貌。

1.明末——清早期，相当明万历——清康熙与雍正朝。

有东溪支流虾形溪水尾窑（1992Y1）、下东溪头封门坑（1992Y10）、三洋村下虾形窑、三洋村、梦坪洋、后坑寮窑、马饭坑窑等。

此期瓷器产品胎骨呈白、灰白色、胎体较厚重，胎质致密坚实。釉水较肥润或泛青。

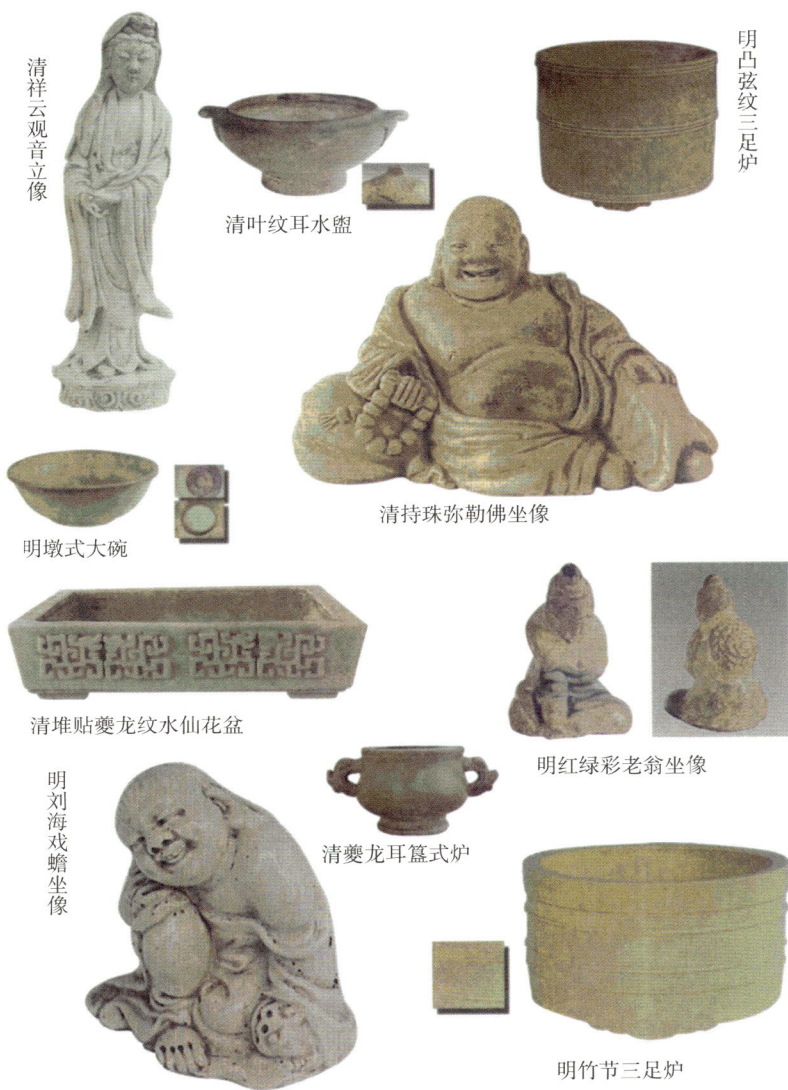

清祥云观音立像

清叶纹耳水盂

明凸弦纹三足炉

清持珠弥勒佛坐像

明墩式大碗

清堆贴夔龙纹水仙花盆

明红绿彩老翁坐像

明刘海戏蟾坐像

清夔龙耳簋式炉

明竹节三足炉

图九

器形有碗、盘、碟、杯、盏、笔筒、炉、瓶、罐等。青花呈色幽蓝清雅，或蓝灰、蓝黑色，色调浓重深沉，或清亮明快或灰暗晦涩。纹饰题材广泛，山水、花鸟、人物、瑞兽、吉祥文字、杂宝等。如秋江待渡、寿山福海、寒山萧寺、春江烟柳、荷塘白鹭、喜鹊登枝、岁寒三友、山石兰草、山石牡丹、山石玉兔、秋叶兰花、四季花卉、云龙火珠、麒麟、狮子绣球、高冠（官）后（厚）鹿（禄）、树下读书、仕女婴戏等。构图或紧密或疏密有致，或一笔点划或双钩涂染，多为率意写真，笔触粗犷练达，也有精美工笔，富有诗情画意，洋溢着自然山水环境中的生命韵律和生活气息。如：

青花荷鹭纹碗，侈口斜圆圈足，胎体灰白厚重，釉水莹亮闪青。碗内底寥寥数笔绘画荷花池中的独立白鹭图案，寓意一品清廉、一路连科，外层满饰开光花卉图案。

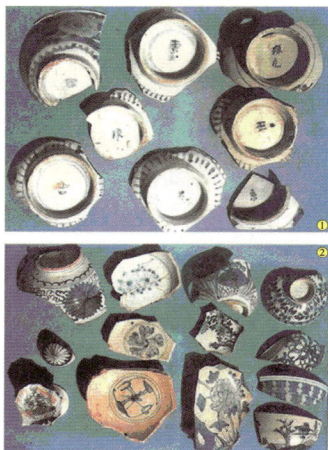

①文字款碗底
②花草、碗、盘瓷片

图一〇　华安东溪窑青花瓷器
（清代）

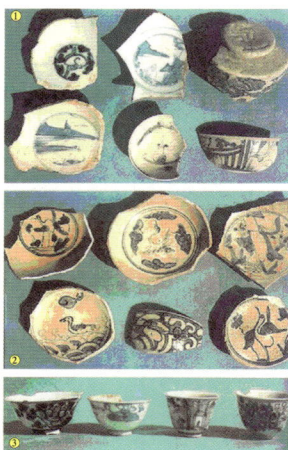

①山水、人物图案碗片
②水禽碗片
③花卉、人物盅杯

图一一　华安东溪窑青花瓷
器（明代）

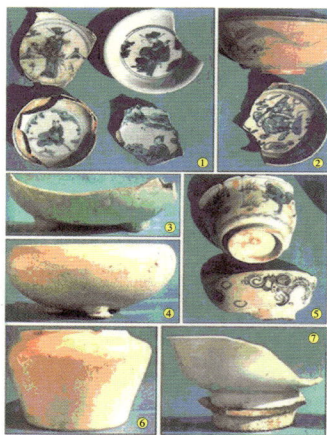

①青花人物碟
②青花瑞兽碗、喋
③青瓷刻花三足炉
④米黄釉三足炉
⑤青花瑞兽碗
⑥米黄釉罐
⑦白瓷碗

图一二　华安东溪窑青花瓷器（明清）

图一三　清代青花、米黄釉、青釉瓷等标本

图一四　明代青花瓷等标本

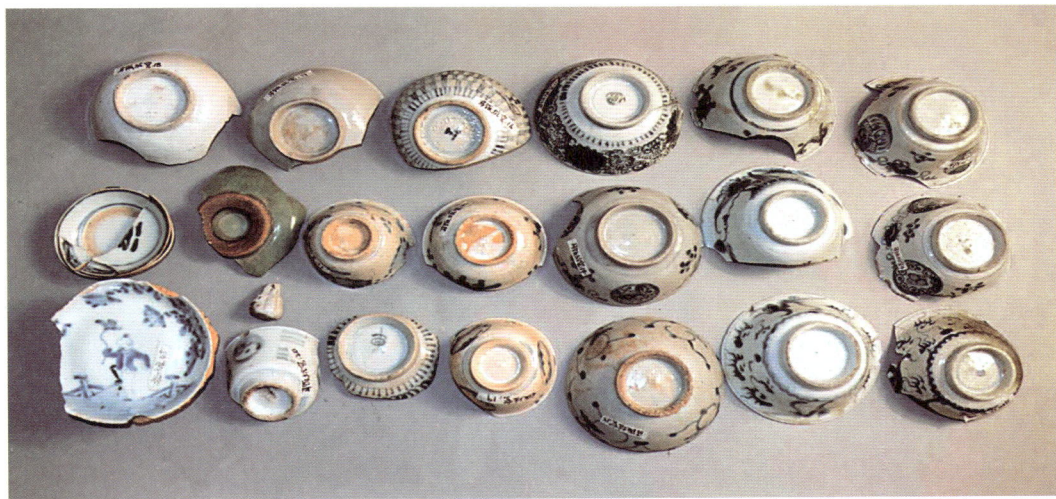

图一五　清代青花瓷、五彩瓷标本

同样造型的碗，内底疏朗天空的写意山水，外层装饰山岩、岸亭、柳树、溪流，内外呼应，相映成趣。是明代万历以来至清初青花装饰的典型作风，此二件为明末作品。

青花山水渔樵人物碗，侈口浑圆腹圈足较高。胎体灰白厚重，釉水润泽开冰裂纹。内底中心一朵团花。外壁绘画山水树亭花草，赤足樵夫与衣冠高士垂钓隔水相对，表现一种溪山宁静的意境，反映返朴归真的超世情愫。年代在清初。

青花秋叶诗文盘，宽浅腹圈足，胎体细白坚致，釉水洁白莹亮，足根粘砂，其余满釉。内底绘画构图疏朗，一枝秋叶和折枝玉兰花，右上方草书诗句"一叶得秋意，新春再芳菲"，中央方章框内篆书"东溪"二字铭文。秋叶或洞石题词纹，流行于清顺治时期及康熙初年，此盘"东溪"铭文，为华安东溪窑的名称实证。年代在清初。同类型产品今县博物馆有一件米黄色开片标本，应为明末。

图一六　清代青花瓷标本

与秋叶诗盘同样胎釉形制的青花洞石牡丹纹盘，发色淡雅，亦为清初所常见。

2.清中晚期，相当清乾隆至宣统朝。

有下洋村马饭坑、松柏下、东坑庵等窑址，瓷器胎骨呈白、灰白色、胎体较以前轻薄，釉水也不如以前肥润。器形有饮食器皿的碗、盘、碟、杯、匙、壶、罐和陈设供器的炉、瓶以及灯盏、鼻烟壶等。青花呈色较为稳定，色润以蓝灰为主，或有浓淡的不同，也有较为明丽青幽的色阶。装饰图案以花鸟为主，常见团花、团鹤、百寿、折枝花、缠枝花、蝴蝶、双喜等，画工趋向规整图案化，少了以前的诗情画意的图景而趋于世俗化的象征。

三　其他品种亦有特色

华安东溪窑的其他品种，主要为青瓷，胎骨坚密、呈灰白、浅灰色，釉色有翠绿、灰青、青黄等，质量比较优良。颜色釉中兼有酱釉、蓝釉。器形有炉、瓶、罐、碟、碗、盘、杯、匙等。还有五彩器，数量不多，呈色有红、黄、绿、蓝、黑等，色调较硬朗。这些品种，年代多在清代及民国时期，与白瓷、青花、混杂，尚未发现有专门烧造的窑址。

有一类浅平底圈足的花口盘，器内模印回纹图案，未经上釉直接入炉烘烧而成，是该窑比较特殊的品种。

五彩器是在素白釉或米黄釉上加彩，图案有福禄寿、花鸟、庭院人物等。收藏于漳州聚粹阁的一件米黄釉筒瓶，器表彩绘庭院树石栏杆站立，书生执扇，望着前上方云端的仕女，表现了古代一则爱情故事。主题鲜明，色彩艳丽，是漳窑一件罕见的五彩瓷器。

明清时期，东溪窑普遍采用轮制工艺成型，采用阶级窑装烧方法。如调查者所言："总体上看，东溪窑以其生产规模之大，产品种类之多，瓷器质量之佳而表现出较

图一七　清初华安东溪窑青花秋叶诗文盘

高的制瓷水平，为漳州地区已知晓明清窑
之冠。"反映了东溪窑取得的窑业成就，
足以占据中国陶瓷史的一席之地。

四　东溪窑兴盛的历史原因

华安东溪窑的兴盛，是在深刻的历史
背景下发展的。

就国际大环境看，以1492年哥伦布
横渡大西洋发现美洲新大陆为肇始，世界
进入了大航海时代。16世纪以后，西方殖
民主义势力葡萄牙、西班牙、荷兰等国的
船队陆续向远东扩张，这些船队具有亦商
亦盗的性质，在武装骚扰抢劫的同时，也
极力寻求贸易渠道，中国的丝绸、茶叶、
瓷器成为大宗需求的商品。

当此之时，中国处于封建社会后期的
发展阶段。明清王朝奉行海禁政策，但活
跃的民间海上贸易却暗流涌动，清乾隆《海
澄县志》记载：明代中叶的成化弘治之际，
闽南漳州月港"风回帆转，宝贿填舟，家
家赛神，钟鼓响答。东北巨贾，竞弩争驰"；
正德年间，"豪民私造巨舶，扬帆外国交
易射利。"嘉靖早期，月港地方"居民数
万家。方物之珍，家贮户峙，而东连日本、
西接暹球，南通佛郎、彭亨诸国。其民无
不曳绣蹑珠者，盖闽南一大都会也。"嘉
靖晚期，东南沿海倭寇骚乱加剧，终为明
朝遣军进击而平息。

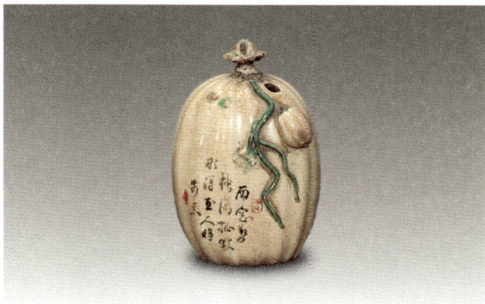

图一八　清　漳窑写铭瓜形器

图一九　明　漳窑双夔龙耳簋式三足炉

图二〇　明　五彩人物筒瓶

明中叶前后的百余年间，月港及东南沿海的海商尚处于分散状态，月港的兴起，
激发了漳州窑业初始的发展。华安东溪窑率先烧成白釉米色器，华安湖林吉土窑、沙
建上樟窑以及南靖通坑窑也烧成青釉器。初创期的漳州窑业规模不大，多烧单色釉器，
除了供应本地社会生活使用以外，仅有少部分投入海上贸易市场。

在朝野上下要求开放海禁的呼声中，明隆庆六年（1567年）宣布月港作为海上贸
易口岸，实行局部开放政策。至万历时期，月港贸易臻至高峰。时人张燮《东西洋考》
记载说："澄之商舶，民间醵金发艅艎，与诸夷相贸易。以我之绮纨磁饵，易彼之象
玳胡椒，射利甚捷，是以人争趋之。"时人称道：隆万之世，"除贩夷之律，于是五
方之贾，熙熙水国，刳艅艎，分市东西路，其捆载奇珍，故异物不足述，而所贸易金钱，
岁无虑数十万，公私并赖，其殆天子之南库也。"

图二一　清初东溪窑青
花渔樵人物山水碗

图二二　明末清初洞石花卉盘

明天启、崇祯至清顺治康熙初年，明政府管理逐渐失控，月港整体境况不如以前，但此时郑芝龙、郑成功父子相继崛起，其武装船队执管东海、台湾海峡及南海大部分航运之牛耳，既与西方东印度公司势竞争，又与之有贸易往来，呈现一种不稳定的民间海上活跃贸易状态。

隆庆开港，极大地刺激了漳州窑业的全面鼎盛，以华安东溪、平和南胜、五寨为代表，引领瓷器生产与外销的潮流，窑场作坊遍及漳州府下各县及邻近地区。明清政权交潜动乱之际，使窑场生产受到一定程度的影响，但瓷业仍在持续之中。隆庆以来，青花、五彩、单色釉各种瓷器产品，通过中外海商的贸易活动倾销国际市场。日本、东南亚远及欧美各国，都发现了含华安东溪窑在内的漳州窑瓷器产品，故当今明末清初此类外销瓷统称为漳州窑。如日本大阪、堺市等考古遗址，南大西洋发现的荷兰1613年沉船"白狮号"舰、菲律宾海域发现的西班牙"皇家船长号"、"圣迭戈号"等等沉船出水的瓷器，都包含有东溪窑瓷器，如青花折枝、缠枝、花卉碗、狮球碗、天官后鹿碗、荷鹭纹碗、凤凰牡丹纹碗等都与华安窑同类产品相一致。

清康熙二十二年（1683年）清廷统一台湾，翌年在厦门成立闽海关，雍正五年（1727年）正式开辟为海洋正口。此时月港完全衰落，贸易地位为厦门所正式取代。与之相对应的，漳州各地相继歇业，唯独华安东溪窑一枝独秀，其各种色釉、青花、五彩器继续生产，并由九龙江入海转由厦门港或广州"十三行"出口，如越南南部1690年沿船出土的青花盘等即为东溪窑所产。在南中国海打捞出水的1822年沉船出水瓷器，除德化窑以外，也有部分华安东溪窑的产品。至于东溪窑所出产的白釉米色器，我国上海、北京、山东、福州、台北和海外东南亚、英国等博物馆、艺术馆也都有传世的藏品。

华安东溪窑，在我国陶瓷发展历史长河中，占据不可磨灭的一席之地，在中外经济文化交流中做出了贡献，成为古代海上丝绸之路发展的实物佐证，其窑业的艺术成就和开创开放的精神，值得弘扬光大。

参考文献

1. 林俊：《漳窑瓷器鉴赏》，华文出版社，2001年。

2. 吴其生：《漳窑》，岭南美术出版社，2002年。

3. 吴其生、李和安：《华安窑》，福建美术出版社，2005年月。

4. 福建省博物馆《漳州窑》，福建人民出版社，1997年。

5. 粟建安：《东溪窑调查纪略》，《福建文博》，1993年1~2期。

6. 福建省博物馆、漳州市博物馆：《华安东溪窑1999年调查》，《福建文博》2001年第2期。

7. 《明末清初福建沿海贸易陶瓷的研究——漳州窑出土青花、赤绘瓷与Ｅ本出土中国外 SWATOW》，1994年2月21日～22日，福建省博物馆报告讲堂。福建省博物馆、福建省考古博物馆学会、西田纪念基金共同研究千一厶。

8. 林忠干：《月港时期的东西方贸易与闽南陶瓷》，厦门博物馆编《厦门博物馆建馆十周年成果文集》，福建教育出版社，1998年。

9. 林忠干：《月港与漳州窑关系考》，《福建文博》2009年增刊。

林忠干，福建博物院研究馆员，原陈列部主任。

论漳窑米黄釉瓷的产生及其地位

傅宋良

[摘　要]　漳窑特指明清时期漳州生产的那种胎质粗松，施米白釉，开片状的瓷冠名为"漳窑器"、"漳瓷"、"米黄釉瓷""米白釉瓷"等。本文从传统漳窑米黄釉瓷的器型特征、装饰风格、烧造年代、窑业兴起、历史地位等方面推论明至清早期米黄釉瓷是南宋官窑再生产品，是南宋官瓷艺术的延生。

[关键词]　漳窑　米黄釉瓷　烧造　地位

一　漳窑的定义

漳州窑米黄釉瓷，最早文献见于清光绪十二年（1886年）福建闽侯学者郭柏苍所著《闽产录异》："漳窑出漳州，明中叶始制白釉米色器，其纹如冰裂，旧漳琢器虽不及德化，然犹可玩也，惟退火处略黝，越数年，黝处又复洁净。近制者釉水、胎地俱松。"清杨巽从所著《漳州什记》载："漳州瓷窑号东溪者，创始于前明，出品有瓶、炉、盘各种体式具备"。史料提及的漳窑是特指漳州米黄釉瓷，也是学术界、收藏界，一贯把明清时期漳州生产的那种胎质粗松，施米白釉开片状的瓷冠名为"漳窑器"、"漳瓷"、"米黄釉瓷""米白釉瓷"等。这是漳窑的特定含义，在人们脑中已根深蒂固，约定俗成，只要人们提及漳窑便会想起是米黄釉瓷，看到明清米黄釉瓷便会说是漳窑瓷，这种定义已在陶瓷领域广为传播，漳窑米黄釉瓷就像名牌产品被人们普遍认可。

迄今，中外各地大量发现存世的漳窑米黄釉瓷，墓葬中也发现不少；但是，何窑、何地烧造？相当长的时间里一直悬而未决，20世纪50年代，故宫博物院曾派出专家小组到漳州的郭坑、漳浦等地考察，尚无结果。延至80年代，在福建省漳州市各县文博工作者的努力下，终于揭开此迷，在漳州地区的华安县与南靖县交界处的东溪窑址进行调查时，采集到所谓正宗的漳窑米黄釉标本，嗣后，考古界又多次进行深入调查，在华安下东溪的扫帚石、寨仔山窑、洪门坑窑、东坑庵窑、松柏下窑等采集到大量漳窑米黄釉瓷，同时也有大量青花瓷，青瓷，酱釉瓷，绿釉瓷等。在此，本文仅论及传统的漳窑米黄釉瓷。

二 器物特征

1.漳窑米黄釉瓷主要分为陈设器(有的称祭器)、日用器、文具。陈设器分为炉、瓶、觚、鼎、人物造像、动物造像等。其中炉的式样最为丰富,分筒式炉、竹节炉、鼎式炉、鬲式炉等十几种款式,可见漳州地区佛教盛行,如今漳州地区仍香火极盛。日用器有碗、盘、洗、杯、盅、瓶、罐、灯盏、烛台、缸、盒、勺、匙、鼻烟壶、烟嘴、绣墩等。文房用具有砚、砚滴、水盂、笔架等。

2.胎:漳窑米黄釉瓷胎以淡黄色为主,也有淡灰色、灰黄色、浅褐色、灰白色,由于含铁量的不同及烧成温度高低造成胎的色泽不尽相同。其中年代较早的相对坚硬、厚重,烧成温度也高些。年代较晚者胎体相对薄而轻,质也较粗松,烧成温度偏低,一般在1100℃左右。漳窑瓷土淘洗加工不甚精细,胎体中含杂质较多,致密度稍差些,从露胎处可见小孔隙,瓷化程度不高,敲之声音沙哑、沉闷。不过也有一些精良之作,制作精细,瓷化程度较高,敲之清脆悦耳。不论何种胎质,漳窑器型相对规整,不变形。而德化白瓷易变形,目前漳窑米黄釉胎体尚未经科学测试,但笔者认为漳窑器胎质的含铝量要高德化瓷。

3.釉:漳窑米黄釉瓷的釉色很有特色,多为白中泛黄,这是当时人们故意追求的色泽,并非有些专家所言:是因施白釉、火候低或在氧化焰中烧成、或者说因掌握不好窑中气氛所致。笔者认为漳窑在明清同窑中还能烧造青花、青瓷、酱釉瓷等,说明当时已完全掌握还原气氛,不会施白釉而因在氧化焰中烧成变为米黄釉,肯定是釉中有意加入少量黄色釉料,同时有意追仿南宋官窑、哥窑开片之效果,使之所有釉面开片,大部分呈现细小密集的冰裂纹,也有人称之为"龟裂纹";少量漳瓷釉面开大片纹,有的大开片中又有细小开片。火候较高的漳瓷釉面莹亮,玻璃质感强,火候低的釉面光泽差些。

三 漳州米黄釉装饰风格

1.漳窑米黄釉瓷的装饰风格常人均说"简单、简洁",而恰恰是简洁中又体现其高雅、古韵、隽秀。漳窑艺术造诣最高的当属型和釉,其次才是装饰工艺。首先谈论的是型,人们常可见到漳窑的琢器有相当一部分是仿青铜造型、仿南宋官窑青瓷,端庄古朴,蕴含着青铜文化的风韵、宋代官窑的气质。它的釉面虽继承了宋官窑的自然开片,但又改进了宋青釉、青灰色的色调,采用柔和的米白色、米黄色开细小的片纹,使人赏心悦目,这正是漳窑成功之处,也是人们的审美意趣达到最高的艺术境界。

2.装饰手法除器型的变化与釉色的温润外,还有许多装饰技法,如刻划、堆塑、贴花、镂空、印花等。

A. 刻划花

是米黄釉瓷明至清早期的主要装饰手法,一般是在器物生坯半干时,在器物的表面用竹片、铁片等刻划纹饰,再上一层透明釉入窑烧之,纹饰主要有蕉叶纹、回纹、海水纹、龙纹、牡丹纹等,多装饰在花觚、瓶、尊的颈部、肩部或近底部,纹饰线条纤细流畅、排列布局规整。

B. 堆塑

明至乾隆时期的瓶、炉多采用堆塑装饰技法，此工艺是先将手捏成或模印的立体动物、人物、植物等粘贴在器物的有关部位，铺首、御环耳等常装饰在器物的颈部，植物等粘贴在腹部，再进行雕刻修饰，增加器物的神韵、立体效果。

C. 贴花

贴花亦称模印贴花、塑贴花，是先将已模印或捏塑的动物、山石、花卉等纹样的泥片用泥浆粘贴在器物表面，一般只需稍加修刮，或不修便可上釉入窑烧之，如三阳（羊）开泰、松鹤延年图等。这是漳瓷的常见装饰手法，能增加器物的灵性和美观。

D. 镂雕

镂雕是在器物坯体未干时，用金属工具在坯体上雕刻事先设定的纹饰，形成半透雕或透雕纹饰，然后直接或施釉入窑烧制。镂空纹饰一般较简单，多为几何图案，肩部贴对称狮首衔环、盖顶堆塑狮形纽、弧形盖面均采用镂空技法，上釉烧成后显得高雅、古隽。

F. 印花

先做好阴纹模具，将瓷土放入模具内压印，半干时脱模，分段压模，再用瓷泥浆水接胎成型，或用瓷泥做出纹饰模具在坯体未干时拍打，然后施釉入窑烧之。这种装饰简洁、方便，也能达到装饰效果。总之，漳州米黄釉瓷无论采用哪种装饰技法均不含糊、不省工，往往精雕细刻、线条工整，纹饰华丽，或简洁大方，制作严谨，技法娴熟，体现古朴、秀隽，加之不规则片纹、柔和温润的色调、仿官器型更显风韵。

四　漳瓷的烧造年代

漳窑米黄釉的烧造年代缺少准确的科学发掘依据，文史资料记载漳窑是明中叶始烧白釉米色器，这与1966年山东兖州明弘治十八年（1505年）巨野郡王朱阳鏊墓出土的漳窑白釉米色器蟠螭尊的年代相吻合，更早的墓葬资料中尚未见到。传世中带年款的漳窑器有一些，如上海博物馆的明代成化漳窑佛像，《漳窑瓷器鉴赏》记载一件嘉靖十四年（1566年）的兽耳瓶，福建博物院藏有一件如来佛立像，底部以楷书刻"大明嘉靖丙辰年"（即1556年），国家博物馆藏有一件漳窑释迦牟尼像，底部正中圆形出气孔的左侧竖刻楷书"大明万历乙卯年"（即1615年），台湾鸿禧美术馆藏有一件明万历乙卯年（1615年）陈复成监制的漳窑"天官赐福"（或称财神爷）瓷像，漳州博物馆藏有一件"大清乾隆年制"米黄釉花觚。本图册中这对米黄釉方瓶，底有篆书四字"乾隆年制"。

综上所述，笔者认为明代中叶是漳窑米黄釉的初制期，明末至乾隆是鼎盛时期，不论是工艺还是造型均达到顶峰，乾隆之后漳窑米黄釉数量未减少，但质量与艺术造诣远不及晚明、清早期，漳窑米黄釉瓷的年代下限为民国。

五　漳州米黄釉瓷为何明中期突然兴起

明中叶以后，漳州的经济开始冲破自给自足的狭小生产方式，扩大社会分工，手工业进入了突飞猛进的时期，如牙雕、铜器、锡器、桃珠、石雕、竹器等都极盛一时。农副业生产日益扩大，并逐渐由自给经济转变为贸易经济，经济的发展带动了文化的兴盛。明中叶始，漳州的木版年画跃居全国前列，同时书画英才辈出，形成了著名的诏安画派。为此在经济繁荣，人们生活安定，崇文风尚、民间艺术、书画艺术盛行等特定条件下，漳窑以含蓄、高雅、隽秀的造型，柔和娇美的釉面，独创瓷坛领域是可以理解的。但是明代中叶突然出现米黄釉瓷让人费解，为何漳窑前身烧青瓷、青白釉瓷，突然至明代中期又创烧米黄釉瓷，这不是由于人们审美意趣的突然升华，其中肯定是与某些人的生活需求有关；景德镇为何不烧米黄釉开片瓷，原浙江官窑、龙泉仿官窑为何也不烧米黄釉瓷，而偏偏在穷乡僻壤的漳州华安一带的小山村烧造，究其缘由，笔者与有关学者探讨，认为与南宋灭亡时有一支皇室亲戚及随从部队等人迁居漳州有关，如居住漳浦赵家堡的赵氏便是南宋皇室后裔。元大军灭宋，意想赶尽杀绝皇家赵氏后裔，甚至一些皇家赵氏的墓葬都被掘之，为避免杀生之灾，漳浦赵氏在元代不得不隐姓埋名，时隔多年之后的朱氏天下，漳浦原居住在赵家堡一带的皇家后裔才恢复赵姓，重见天日。虽经一百多年的历史，但这些赵氏后裔的子孙仍带有皇家的基因，骨子里还流淌着皇家血液，他们虽不能过上皇家生活，但仍梦想曾经拥有的南宋官窑开片青瓷，不妨在此尝试一番，按理他们首先要生产景德镇早已成熟的青花瓷、五彩瓷，而结果却去开创了原本没有的米黄釉开片瓷器。众所周知，明代景德镇黄釉瓷乃为官器，黄谐音"皇"字，这完全可以说明这批米黄釉瓷的出现与漳州这支南宋后裔有关，这种潜移默化的仿官瓷，正是他们被压抑多年的情绪释放，满足精神虚荣、追求先辈荣华。然而他们为何又不直接烧南宋青瓷官器呢？这可能与当时人们审美有关。因为明中期青瓷已穷途末路，为此他们另辟蹊径，大胆创烧了带黄色的仿宋开片瓷，同样达到了圆梦的目的。

此外，也与窑业的发展有关。元明清江西景德镇已成为中国制瓷中心，元代景德镇以烧青花为主，明早期仍然沿袭，永宣由于郑和七次下西洋，带回"苏泥勃青"钴料，及外来文化，宣德创烧了五彩，同时也烧黄地青花、蓝地青花等，正统、景泰、天顺一度出现黑暗期，战乱频繁，瘟疫四起，国家处于风雨飘摇之中，明中期成化时期国家转危为安，窑业恢复正常，这时的青花又出现了一次高潮，弘治景德镇最为成功的是黄釉瓷的烧造达到了顶峰，许多黄釉碗、盘等精品问世，至今存世不少。正值此时，漳窑开始创造米黄釉瓷，吸收了景德镇官窑崇尚的黄色基调，同一个时代、同时喜欢黄色，这不是一个偶然的巧合，这种色调代表皇家风格，不是任何窑址都能仿烧的，中国窑址庞大，许多省都有上百个，甚至上千个，偏偏唯独漳窑小窑在弘治时期敢烧与黄釉接近的米黄釉瓷，这里不免又与漳州那支南宋皇室后裔的有所关联了。

六　漳窑米黄釉的历史地位

1. 器型

漳窑米黄釉的出现便带有皇家气派。从器型上看，它并没有采用景德镇弘治典型风格，而去追仿远古的青铜、宋代官窑瓷器造型，如大量烧造花觚、尊、双耳瓶、鼎式炉、钟式炉、筒式炉等，造型规整，制作精良，这不仅仅是使用者崇尚先古文化，更为确切地说他们的先辈曾经爱好过、使用过、崇尚过的器皿，让其重放光彩，正所谓隔代继承。

2. 纹饰

从纹样装饰手法上看，漳窑米黄釉的出现，似乎在景德镇弘治时期的纹饰中找不到漳瓷所需纹饰的蓝本，它的出现、发展到清早期，一直贯穿自己的制瓷风格，而始终没有采用景德镇青花绘画技法以及景德镇官窑的植物、人物、动物等纹样，而是泰量地使用回文、夔龙、蕉叶纹等，而且堆塑、堆贴、镂雕、刻划、印花等多种技法并用，精美程度达到了官窑的水准，颇可值得一提的是：许多瓶、尊等都在颈部堆塑铺首、御环耳，铺首有兽头或变体人面等，这种装饰给人以庄严威武之感，是一种权利的象征。这种装饰技法大量出现在漳州小窑的器物之中，是值得人们去深思，值得人们去研究的。

3. 款式

明晚期开始漳窑米黄釉有一些名家作品开始落作者姓名，或者字号，有方形、长方形、葫芦形，也有花押款、纪年款等，多数落在背面，此文重点谈谈纪年款。目前止米黄釉瓷发现落有"宣德年制"、"成化年制"、"乾隆年制"、"大清乾隆年制"等印章或刻划款，其中多为伪托款。本书百寿纹方瓶，外底有"乾隆年制"款，及漳州博物馆收藏的米黄釉花觚，底有"大清乾隆年制"竖长方形阴刻六字篆书款。众所周知，明清落帝王年款有严格的规定，除官窑落帝王款外，景德镇民窑从晚明始少量器物底有落帝王款外，其他窑几乎不见落帝王年款，而漳窑米黄釉敢大胆地落"大清乾隆年制"篆书款，绝非一般人所为，按大清律法可能会带来杀身之祸。但它并没有停止烧造，从造型、纹饰、以及个别款式可以说明，它一直隐藏着官气，最起码说有官窑的制瓷风格。

4. 烧制精细

它的出现不但自己可以享用，也被世人认可，还有可能被官方认同，从山东兖州明朝弘治十八年巨野郡王朱阳鏊墓出土的漳窑米黄釉蟠螭纹尊可以得到证实。从下东溪窑漳窑米黄釉与青瓷等并存来看，米黄釉瓷甚为精细，一些仿青铜，仿宋官瓷造型的米黄釉瓷连景德镇官窑都无法比拟。时至明末清初，漳瓷同一窑中也烧青花，但与青瓷等一样均较粗，甚至有的粗制滥造，与米黄釉瓷相差甚大，这就给我们提示：在烧造过程中，米黄釉瓷与青瓷、青花瓷绝非出自同一窑工之手，米黄釉瓷完全有可能是原来传统官窑工匠的弟子在烧造，因为沦落的赵氏后裔不可能再从景德镇调来官窑窑工，而当地的窑工又不可能生产出如此精美的米黄釉瓷。

为此，从精良的瓷器中已清晰地流露出官窑的制瓷痕迹。而另一类青瓷，青花瓷却是当地土窑工或者掺杂部分江西迁居的二流窑工烧造。笔者认为明至清早期米黄釉瓷是南宋官窑再生产品，是南宋官瓷艺术的延伸。此观点的提出，现已引起部分国内外专家的高度重视，对漳窑瓷的研究还需不断深化。

傅宋良，原厦门博物馆馆长，副研究馆员。中国工商联古玩商会文物鉴定中心专家，中央美术学院、北大文博学院、北京东方大学兼职教授。

漳州华安东溪窑瓷器
——上海博物馆馆藏明代米黄釉佛像产地溯源

陆明华

[摘 要] 漳州窑是明清时期东南沿海地区的重要瓷窑，以往对该窑烧造面貌了解甚少，传世的部分明代米黄釉瓷器，未能十分明确的与烧造窑场对号入座。1980年代后期，笔者曾专程前往福建漳州等地进行窑址调查考察，但未能取得成效。华安东溪窑米黄釉瓷器烧造窑场明确发现以后，才逐步解决了这一问题，传世文物的研究与窑址的发现相结合，使传世部分作品找到了自己的"出生地"。本文以上海博物馆收藏的一件明代米黄釉佛像为主线，对国内外收藏的部分漳州窑米黄釉佛像和其他文物进行不同角度的叙述和讨论，并对明代华安东溪窑烧造米黄釉瓷器的情况作一简要考察。

[关键词] 米黄釉 汕头器 东溪

我对福建漳州窑瓷器的最早认识，是在20世纪70年代。那时，文物界前辈早就已知道漳州窑的一种米黄釉带开片的瓷器，只要看到这种器物，大致都会识别，较少会看错。但是，我们对漳州窑更多内涵的认识，那是较晚的事了。改革开放以后，有机会了解海外的收藏情况，得知国外流散着一大批类似江西景德镇但不属于当地烧造的明清南方瓷器，有青花、五彩和其他釉色的器物，也有很多海底打捞的相关产品，通常，人们把它们称为"汕头器"。实际原因是，晚明时期，很多产品的销售是通过广东潮州和汕头地区外运，"汕头器"之名由此而来，这是一个因窑口不明而产生的模糊概念。不过，对这种漳州窑的米黄釉瓷器，始终没有什么大的争议，只是没有在福建漳州地区找到窑址。20世纪80年代后期，在漳州地区的华安、平和等地发现了不少瓷器烧造窑场，出土了较多瓷器品种，最终明确所谓"汕头器"实即漳州窑烧造。其中，华安东溪窑烧造的一个重要品种就是米黄釉瓷器，这使得有记载的漳州窑与实物有了明确的对应。本文主要对上海博物馆所藏明代漳州窑佛像和东溪窑米黄釉瓷器的情况作一简要考察，同时也涉及相关藏品和国内外传世品。

上海博物馆收藏瓷器中，有一些明代米黄釉瓷器，其中也有质量较高的作品。这些器物，自入藏开始，大多数就被明确定为漳州窑烧造。

图一　1

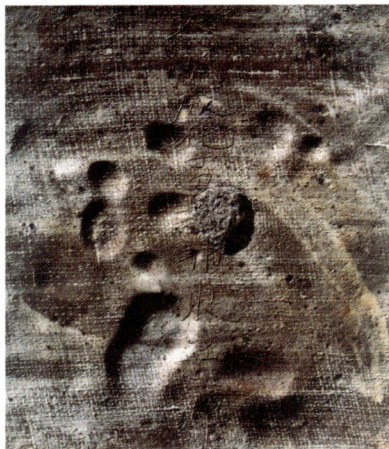

图一　2

据记载："漳窑出漳州，明中叶始制白釉米色器，其纹如冰烈。旧漳琢器虽不及德化，然犹可玩。"[1]

这种带"冰烈"（即冰裂纹）的漳州米黄色瓷是世人熟知的当地窑场代表品种，且在始烧年代方面有文献记载，又有纪年实物佐证，没有疑问。如上海博物馆藏有明漳州窑米黄釉佛像一件（图一，1），底有细刻"大明成化丁丑□浦东宁乡"等文字（图一，2）。但成化朝并无"丁丑"纪年。由于窑渣原因，"浦"字前一字无法看清，但可看到左边的"三点水"，推想应是"漳"字，合起来应是漳浦。

从漳浦的历史沿革情况看，唐垂拱二年（686年）设漳州，置漳浦、怀恩二县。天宝元年（742年）至乾元二年（759年）漳州改名漳浦郡；贞元二年（786年）州治迁龙溪（今漳州市区）。元代以后，漳浦属漳州路、漳州府、西路道（汀漳道）。1949年后，漳浦属龙溪专区、漳州市。可见，漳浦历史悠久，上博所藏佛像刻写此地名完全正常，供奉地点应就在漳浦，不过，小地名东宁乡在何处难以查考。

过去，人们都相信（包括笔者在内）此像的烧造年代可能是成化时期。看起来，这种说法早已存在，清末的文献和类似上博这种纪年题记作品可让人对漳州窑始烧于明中期的看法深信不疑。但国内外保存的一些有绝对纪年作品使笔者对此产生了新的认识。当然，这需要重新对漳州窑的发现和传世产品的综合研究才能做出正确的判断。

此佛像系已故著名收藏家仇焱之先生旧藏，仇先生先后在大陆、香港经营古玩，有着十分丰富的瓷器收藏，后侨居并终老于瑞士日内瓦。包括此像在内的一大批瓷器，则由其子仇大健先生捐赠我馆。

1988年，我曾为上海博物馆所藏明代漳州窑佛像之事专程前往福建漳州、泉州、厦门等地进行调查考察。但在漳州、漳浦等地的调查没有任何结果，在漳州市，当地文博部门明确告知未发现这种明代窑址。到达漳浦博物馆，王文径馆长也告知当地只有宋元青白瓷窑址发现，未发现米黄釉瓷器烧造窑场。虽然国内不少研究者可能了解那种米黄釉瓷器是漳州窑烧造，但由于福建地区尚未发现窑址，不清楚漳州窑的内涵，因此，在当时关于福建地区的研究中，很少有人提到漳州窑，连一些比较权威的论著中也没有提及[2]。对明代部分只提到德化窑瓷器，没有提到漳州窑瓷器。因此，我们的调查显然不可能有结果。

据王文径后来回忆："几十年里故宫、省考古队均专程来做过调查，但均无结果。1988年底，上海博物馆也发现了一件漳窑的佛像，陶瓷组的陆先生又专程前来找我，希望我做这窑址的调查工作，听说上海博物馆发现的佛像底座有几行不大清楚的铭文，依稀可辨有'……浦东宁乡……'字样，竟然感觉到这事与我有些关系了。那段时间里我们认真研究了闽南窑址的相关信息，省文物鉴定组黄汉杰看过华安博物馆的一些标本，也做出了漳窑在华安的推测，决定将华安西南侧的东溪头作为调查的重点。""这一计划得到了当时市文化局曾科长的大力支持，愿意提供调查所需的经费，又联系了窑址所在的华安县博物馆馆长林焘，也很乐意配合……""调查证实，这东溪头窑正是人们所要寻找的漳窑，也是明清时期闽南地区已知的最大窑场，窑应当始烧于明中叶，青花瓷和米黄瓷并重。"[3]

实际上，在此之前，漳州窑米黄釉瓷器窑场的踪影在福建文博工作者的调查下已浮出了水面，只不过当时没能直接把它与漳州窑挂起钩来。1986年文物大普查中，位于福建省华安县高安镇三洋村东溪林场一带的瓷器烧造窑场受到了文物工作者的关注[4]。据介绍，"1986年10月，华安县文化馆曾派员到东溪头窑采集回一批标本"，有"米黄釉瓷8件，黄中泛青，全身布满冰裂纹。器形有炉、碟、罐、蜡台、笔架、器盖等"[5]。标本中还有青花瓷、白瓷、青瓷、酱釉瓷和彩瓷等。1988年，华安县博物馆在三洋村发现米黄釉小开片类器物，又在华安沙建上坪一带陆续发现一些传世品，此后，专家学者对漳州窑探寻的目光共同投向了华安东溪窑[6]。

图二　1

1992年冬，福建省博物馆在当地考古调查发现窑址15处，调查采集了青花瓷、白瓷、青瓷、米黄釉瓷、单色釉瓷（酱釉、蓝釉）和彩绘瓷（五彩）等[7]。

1993年，笔者再度前往福建调查考察，在福建省博物馆（现福建博物院）曾凡、栗建安两位考古专家的帮助下，我和我的同事一行看到了大量近期来自窑址的华安、平和地区窑场瓷片标本，至此才初步了解了漳州窑的一些烧造情况，也得知华安东溪窑是烧造米黄釉瓷器的产地。国内专家一直关心的漳州窑米黄釉瓷器的产地在当地的文物普查和考古发掘中得以解决[8]。

图二　2

上博这一件米黄釉佛像与中国国家博物馆所藏一件漳州窑米黄釉瓷像（图二），一样，两件作品均为释迦牟尼像，人物形象、服饰十分相似，胸部都有卍字，莲台、须弥座等风格也都相似。上博藏品高63.5厘米，国博藏品高62.6厘米。国博作品底刻"开元寺"、"大明万历乙卯年"、"漳州府东溪乡"[9]，"冶子陈福成叩谢"等文字。按万历乙卯为万历四十三年即1615年，此像应专为福建泉州开元寺供奉定制。另外，台北鸿禧美术馆所藏一件明漳州窑赵公

图三

明财神立像（图三），底部刻有"开元寺"、"大明万历乙卯年"、"漳州同安县东门外东溪乡"、"信士林石氏百叩、闽南漳郡窑陈福成监制"等。与国家博物馆所藏释迦像底刻文字基本相同，系同一人同年定烧。值得指出的是，鸿禧这件作品高达92厘米，是目前所见漳州窑作品中体量最高的作品，也是不可多得的重要作品。

2009年春，笔者在美国旧金山亚洲艺术博物馆见到一件明万历漳州窑米黄釉纪年观音像（图四），高47.7厘米，通体米黄釉，有开片，制作十分精美，人物神态端详，衣褶线条十分流畅，作品底部刻有"开元寺"、"大明万历乙卯年"、"漳州同安县东门外东溪乡"等[10]。与国家博物馆藏品底部文字也完全相同。此像与国家博物馆所藏释迦像、鸿禧美术馆所藏赵公明像同时烧造，也为同一人所定烧。这是一件不可多得的佳作。

在旧金山亚洲艺术博物馆库房，我还看到另一件米黄釉释迦像（图五），这件制品，与上博、国博收藏的释迦像风格大同小异，底部也刻有文字，隐隐约约可见"大明万历"、"漳州同安县"等文字，可惜有的已漫漶不清。

以前，传世品中有一些精美米黄釉作品，但我们很少把它们与漳州窑联系起来，因为过去在我们眼里，漳州窑米黄釉瓷烧造质量都一般。此类精品的出现，使笔者进一步改变对漳州窑米黄釉瓷器烧造水平的看法，这里完全可以烧造出高水平的米黄釉作品。

国博佛像底部"有泥坯未干时印上的编织痕"，"底部正中有圆形出气孔"[11]。旧金山和上博所藏佛像，也有着类似的所谓"编织痕"。这种布满编织痕的器底，过去常被人称为"麻布胎"。至于"出气孔"，国博和鸿禧藏品底部均有，而且开口较大，尽管这可能是为了防止烧造时开裂而开，但国博佛像底部还是裂了两道口子。上博和旧金山的作品底部均无"出气孔"，但都完好无损。

以上介绍的多件作品，都可能出于同一窑场，有的为林姓一家所定，可见当时定烧的数量不会太少。有的器物上写明的监制者陈福成，可能是当时制作这种佛像的名家，就好比明代德化窑有何朝宗那样的大家一样。

已进行的考古工作揭示出了漳州东溪窑烧造面貌，

图四

图五

出土青花标本中有"东溪"款识[12]，并发现有米黄釉佛像（背部有"永和"二字）和坐佛像残器等[13]，还有文献中"漳州瓷窑，号东溪者创始于前明，出品者炉瓶盘各式俱备"的记载[14]及前述几件传世品的文字内容更是显示出证据充分，因此可以推断，上博这一件漳州窑佛像应同样出自于漳州府东溪窑，是当地窑场烧造的精美作品。国博、鸿禧和旧金山的3件作品均制作于万历四十三年（1615年），且前两件收藏品均为同一林姓大户人家定烧，说明这时期是这种佛像的盛烧年代。当然，更早的产品可追溯到嘉靖时期，福建博物院藏有一件明漳州窑释伽像（图六），高83厘米，那是一件立像，署有"开元寺"、"大明嘉靖丙辰年"、"漳州府澄海县南门外海村乡信士陈长春百叩"落款，嘉靖丙辰即嘉靖三十五年（1557年）[15]。在此我们还应注意，当时供奉于开元寺的漳州窑佛像可能较多。福建博物院的这一件佛像也是为供奉开元寺定烧的，不知其工艺等方面是否与另几件供奉于同一寺院的佛像是否有时代特征方面的共性？

图六　1

至于上博这一件佛像的落款为什么会刻写成"成化丁丑"？目前还无法得出合理的解释，因为作品底部不是墨书而是刻写文字，证明是烧造前所刻，如果肯定是成化产品，那似乎毫无问题，但传世相同物品刻写款识是万历年间，因此这种器物可能是万历时期烧造，刻写的成化款或可理解为是伪托款。但为什么要这样落款，目前依然无法推断，或许只是因为万历时期至明末的瓷器盛行书写镌刻前朝款，这在

图六　2

景德镇等地窑场瓷器上也是常见的事，福建窑场的器物上也屡见出现。那么，是否可以把这件器物看着是成化的产品，我们以前也是这么认为的。因为，清末文献记述的漳州窑始烧于明代中期。因此判断此佛像烧造于成化朝并非不合理，但目前的情况看起来还是无法确定。漳州窑到底始烧于明中期还是明晚期，清人如此判断究竟是有确凿依据还是主观的臆测，目前还难以判断。更为重要的是，漳州东溪窑是目前发现的唯一专门烧造米黄釉瓷的窑场，产品烧造年代基本上确定为明代万历朝以后。因此，对于漳州窑米黄釉瓷器烧造上限的研究，还有待进一步发现和深入。当然，目前发现的这种佛像，代表的不仅仅是一个晚明贸易瓷窑场的基本烧造水平。

类似这样的明代佛像，在福建地区有不少发现，但多为德化窑白瓷产品，从制作看，漳州窑和德化窑佛像的制作，有着十分相近的风格，人物开相、服饰多有类似特点，这反映出一个时代的基本面貌，也反映出漳州窑的制瓷工艺受到了德化窑的强烈影响。当然两者的区分还是明显的，德化窑白瓷釉色洁白晶莹，光亮，胎质细腻。漳州窑是米黄釉产品，釉面又多有开片，光泽感不强，釉色多略带失透，胎质方面两者的区别也十分明显，德化窑白瓷胎体白皙细润，漳州窑胎质较粗而疏松。

上海博物馆还有一些漳州窑烧造的米黄釉器物，主要有瓶和香炉两种，瓶有橄榄瓶、

葫芦瓶、长颈瓶等，有兽耳，也有素面，香炉有鱼耳、夔龙耳、旋纹炉等，还有观音像、缸和钵等形制。

整体而言，上述形制产品，在明代德化窑瓷器中都能见到。尤其是观音像和香炉，晚明德化窑烧造了很多，只不过都是白釉产品，两者的区别也主要在胎釉特别是釉色方面，造型方面两地窑场产品有不少相同之处。当然，假如德化窑烧造的产品，不经意中烧成米黄釉或带一些开片，那就很有可能被看成漳州窑烧造。

笔者认为，米黄釉瓷器是漳州窑的特色产品，虽然在华安东溪窑及其他窑场发现的产品种类不少，有青花瓷、白瓷、青瓷、酱釉瓷和彩瓷等，但由于其他品种在福建不少地区的窑场都有烧造，而专门烧造米黄釉的主要是漳州窑，这样，就形成了一个具有福建地区独特风格的单色釉特色品种，因此，对清代文献只提到漳州窑米黄釉瓷，而不提其他品种的原因，可以找到一个较为合理的解释。

这些早已为世人熟知的漳州窑制品，现在看来可能都是漳州东溪窑的产品，至少属于这一系统。当然，目前东溪窑窑址发现的米黄釉产品还不是很多，更多的研究可能还需要有待进一步发现。

华安东溪窑米黄釉瓷窑的发现，解决了国内外一大批传世品中的米黄釉瓷器的产地问题，这是有重要现实意义的。因为在国内外的公私收藏中，这种漳州窑米黄釉瓷器其实并不少见，国内外部分大博物馆有不同程度的收藏，国内除了上海博物馆外，北京故宫博物院、福建博物院等不少大博物馆有收藏。国外如英国大英博物馆、美国大都会博物馆、波士顿博物馆、佛利尔美术馆、旧金山亚洲艺术博物馆等也都有藏。不少博物馆虽有收藏，但由于过去没有发现漳州窑窑址，大家认识不够，因此通常都很少有深入研究。

漳州窑米黄釉瓷器在国内外的保存很多，这是客观存在的。但是，对许多米黄釉瓷器的产地，确认时还是需要谨慎的，因为在中国瓷器中，这样的米黄釉产品，还是较为多见。首先是容易混淆的福建本土烧造瓷器，如福建德化窑就有烧成釉呈米黄色的产品，但其主体是烧造白釉瓷。2016年1月，笔者在德化博物馆看到有类似物品。过去，如果看到这种器物，有可能会被定为漳州窑烧造。还有，正在整理的德化窑甲杯山等明代窑场发掘出土物中，也见有烧废的米黄釉标本。所以不能简单地一概而论，需要对类似产品进行深入研究，尤其是要看胎质，德化窑那种精细瓷胎的白皙细洁程度是漳州窑无法比拟的。另外，底部的制作工艺也十分重要，德化窑和漳州窑佛像底部差别还是较为明显，漳州窑佛像底部的所谓"麻布胎"在德化窑佛像中未见。而器物的圈足，也可以有所区分，根据传世和发掘的器物看，两者底部处理的规律还是较为明确，有各自的特点。当然，有的难以区分的可能需要经过化学成分分析才得以解决问题。

另外，清代康熙朝景德镇烧造的那种浆胎白瓷（俗称煨瓷），釉呈米黄色或本白色，有细开片，有些器物也容易与漳州窑米黄釉混淆。不过这类器物仔细辨别还是可以分清，景德镇瓷器胎体细白，修胎更为规整。所有这些可提示我们，有些器物不能简单地从米黄釉角度予以解释，还是要进行深入研究才能解决问题。

笔者对东溪窑的重要感受在于，这里是漳州窑米黄釉产品的烧造地，一个长期流传其产品但不见踪迹的窑场，经过考古发掘得到了证实，也与文献记载取得了相互印证。同时也认识到，过去我们习惯把明代漳州窑的米黄釉瓷器看作是一种投放于国内市场的一般产品，因为在国内也有较多保存。这种瓷器，不同于其他漳州窑青花和彩瓷，贸易瓷的特征不明显。现在看来，这种米黄釉瓷器在当时也有很多成为外销产品，它甚至是与同属福建的德化窑白瓷产品一样，是漂洋过海到达日本、南洋、中东乃至欧美的一个较重要的品种。由于德化窑白瓷釉色洁净匀润，烧造质量高，更受外国人喜爱，尤其是欧洲人，历来评价甚高。但也有人喜爱这种有其独特风格的漳州窑米黄釉产品，因此也有不少瓷器远销海外。在国外许多博物馆、美术馆保存的不少晚明漳州窑米黄釉瓷器，更多的是当时作为贸易瓷外销的，当然也有一部分是近世以后运出去的。

　　本文撰写过程中，得到了台北鸿禧美术馆舒佩琦研究员的大力支持，提供专门拍摄的最新藏品图片；美国旧金山亚洲艺术博物馆贺利研究员也对本文使用藏品图片予以无保留的支持。谨此致谢。

参考文献

1. 清光绪十二年郭柏苍《闽产录异》卷一，货属，台北艺术家出版社，2000年。

2. 如中国硅酸盐学会编：《中国陶瓷史》，1982年，文物出版社，曾凡主编：《中国陶瓷·福建陶瓷》，上海人民美术出版社，1988年。

3. 钟武艺：《华安东溪窑和"漳窑"传世品》，载林俊编《漳窑瓷器鉴赏》。

4. 林焘、叶文程、唐杏煌、罗立华：《福建华安下东溪头窑址调查简报》，《东南文化》，1993年第1期。

5. 以上均见于王文径《未曾失落的记忆——华安东溪窑的调查发现》，载《闽台文化交流》2009年第1期。

6. 钟武艺：《华安东溪窑和"漳窑"》。

7. 曾凡：《福建陶瓷考古概论》，福建省地图出版社，2001年，188页。

8. 故宫博物院关注漳州窑米黄釉瓷器产地问题早于上海博物馆，20世纪50年代，就已前往福建调查窑址，但没有结果。

9. 国家文物局主编：《中国文物精华大全·陶瓷卷》，上海辞书出版社，1993年。

10. He Li, Chinese Ceramics: A New Comprehensive Survey, pp.244-245, 1996.

11. 国家文物局主编：《中国文物精华大全》，商务印书馆、上海辞书出版社，1993年，411页。

12. 曾凡：《福建陶瓷考古概论》，福建省地图出版社，2001年，188页。

13. 栗建安：《东溪窑调查纪略》，《福建文博》1993年第1期。福建省博物馆、漳州博物馆：《华安东溪窑1999年度调查》，《福建文博》2001年第2期。

14. 清末民初杨巽从《漳州瓷窑谈》漳州什记。

15. 陈邵龙：《福建省博物馆收藏的漳瓷》，《福建文博》1993年第1-2期，福建陶瓷专辑。

　　陆明华，研究员，上海古陶瓷科学技术研究会副理事长，上海博物馆陶瓷研究部主任。

漳窑兽耳尊纪年及相关问题

汤毓贤

[摘　要] 华安归德溪得名与归德将军陈政有关。唐军困守九龙山待援屯垦，带动东溪陶瓷业成形与发展，可视为漳州制瓷业的起始点。本文认为，米黄釉开片的漳窑品种受南方越窑影响，至少于宋代发轫，元代已较成熟，明中叶形成闽南拓展海上丝绸之路的外销瓷并被视为珍宝。兽耳尊作为漳窑名器，体现了漳州窑业产品技艺的最高水平，辨识其纪年有利于了解历史真相，认知漳窑文化。

[关键词] 漳窑　兽耳尊　海丝文化　研究

漳州出现原始陶器、瓷器的历史，可上溯青铜时代至宋元时期，至少到初唐已成为福建陶瓷向海外贸易的重要产地。在漳州一带生产的瓷器中，最早引起研究者关注的是一种米色釉细开片为特征，被称作"米窑"、"漳窑"或"漳瓷"。明清时期这类瓷器曾远销海外，被古今中外鉴赏家、收藏家及研究者所珍视和广为珍玩，2012年9月被国家文物局列入中国世界文化遗产预备名单。在中国历史博物馆、上海博物馆、福建博物院、山东兖州博物馆、厦门华侨博物院、漳州市博物馆、云霄县博物馆及日本、台北鸿禧美术馆等处，均有馆藏精品。众所周知，民窑瓷器的款识多种多样，有墨书、刻划或钤印，位置大多在器物底足部。此类瓷器有纪年铭款实物十分罕见，尤其于腹部刻款更是稀少。前些日子，笔者拜读漳州聚粹阁主林俊编录、国际华文出版社印制的《漳窑瓷器鉴赏》，图录中首件器物就是外壁腹部直行供养年款的传世品兽耳尊，约生产于明中期。但图片简介根据"龙飞乙丑年"断代为"明嘉靖四十四年"，似值得商榷。而相关漳窑起始兴衰，笔者拟通过本文作些探索并发表陋见，希望与专家学者共同关注中国陶瓷史上这一艺术奇葩。

一　漳窑遗珍兽耳尊纪年款辨正

兽耳尊系收藏家林俊"聚粹阁藏漳窑珍品"中的漳瓷名器。尊高29厘米，口径10.6厘米，足径11.8厘米（图一）。撇口短颈，溜肩鼓腹，圈足平切，颈部堆贴狮面

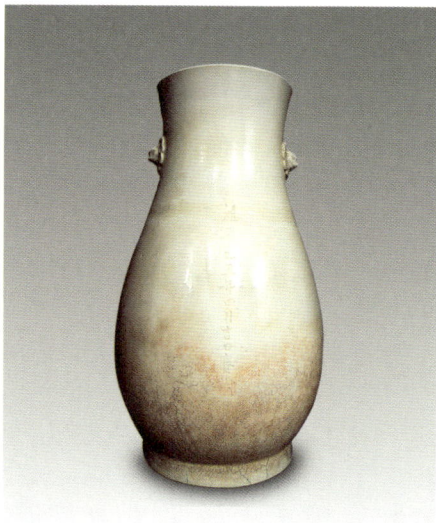

图一 漳窑遗珍兽耳尊

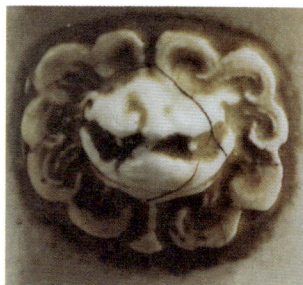

图二 狮面铺首

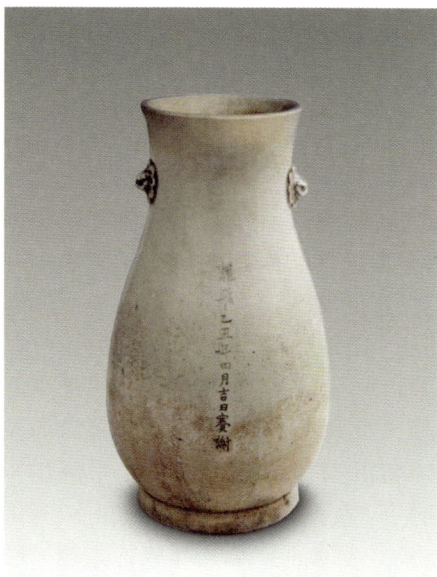

图三 供养款识

铺首（图二）。胎体厚重，胎质细腻，造型端庄，线条优美，施米黄色釉，开细冰裂纹，虽然其玻化程度不高，却流淌出米窑器物简洁清新、柔和晶莹、高雅古典的美感。加之器形实用美观，很符合文人雅士、地方缙绅的猎奇心理和玩赏需求，更适合作民间善男信女叩谢神佛恩泽定烧的供养礼器，反映了当时民间祀神礼佛的社会风俗习惯。毋庸置疑，这是一件明代中期漳窑米色釉的典型器物，标志着漳瓷烧造工艺臻于炉火纯青。

值得重视的是，此尊外壁腹部自上而下直行刻写"龙飞乙丑年四月吉日赛谢"供养款识（图三），是同类器物断代的标尺。铭文楷书遒劲，刀法圆熟流畅，不仅增强器物的美感，而且提升了价值和内涵。虽然款识没有题署具体帝号，但仍可依此干支纪年作断代依据。不过其图版说明根据《中国历史年代简表》认为："'龙飞'系明代闽粤地区农民起义军帝号，'乙丑年'为明嘉靖四十四年"，遂断定乃明嘉靖四十四年乙丑（1565年）烧造之物。题款中的"龙飞"是《漳窑瓷器鉴赏》断代的关键词，也是中国古陶瓷器款识中的特殊现象。关于"龙飞"词义，据1979年版《辞海》下册载："比喻帝王即位"。查阅《汉语大词典》：龙飞，"为帝王兴起或即位"。唐刘知几《史通》曰："邦国初基，皆云草昧；帝王兆迹，必号龙飞。[1]"

题款"龙飞"涉及朝代兴替，主要同帝王即位、帝业振兴或帝位更迭息息相关，后又被海外华人广泛用作纪年。

一曰帝王登位：据《旧唐书》载，隋朝重臣宇文士及投降唐高祖李渊时，曾谢罪道："臣之罪诚不容诛，但臣早奉龙颜，久存心腹，往在涿郡，尝夜中密论时事，后于汾阳宫复尽丹赤。自陛下龙飞九五，臣实倾心西归，所以密申贡献，冀此赎罪耳。[2]"这里所说的"龙飞九五"，指的是李渊即皇帝位。

二曰帝业振兴：漳州属县平和灵通山旭日岩前有一处署款"龙飞"的碑状摩崖刻石，

内容为："天子万寿。龙飞崇祯庚辰（1640年）季冬之吉，臣张士良稽首拜祝。"时曾任宁波知府、河南按察司副使兼大梁兵备道的云霄菜埔人张士良归隐灵通，面对风雨飘摇、内忧外患的明室危局，命笔题写吉语颂句，借此遥祝崇祯皇帝朱由检31岁寿诞，祈愿大明江山万年永固。又如云霄县云陵镇下坂村周亚夫庙《重修广平王庙碑记》，落款"龙飞岁次乙亥年腊月"，即嘉庆二十年（1815年），都寓含着帝业振兴之意。

三曰帝位更迭：云霄县云山书院保存一方来自武庙，题署"龙飞"的《福建大总制少保李公重建云霄镇城功德碑》。碑由长泰县进士戴玑撰书，内容载述清闽浙总督李率泰征调9县民夫修建云霄镇城防御寇患的功德，题刻时间为"顺治龙飞辛丑仲秋穀旦"[3]。从"龙飞"题款可知，当年顺治、康熙两帝更替，次年改元，时顺治十八年（1661年）。

四曰遗民纪年：海外华人习惯用"龙飞"或"天运"来纪年。据国学大师饶宗颐《星马华文碑刻系年》载，马六甲青云亭"李君常颂德碑"、越南何仙屏山鄚天赐一族坟场的墓碑多见"龙飞"年款。仅鄚氏坟场45件墓碑中，用龙飞纪年就有10件。海外华裔以"龙飞"纪年，虽不是正式年号，却是流寓马来西亚、越南的明朝遗民不肯屈奉清朝正朔，以此尊号维护自身传统观念和民族尊严。此外在洪门会簿中，曾出现此类纪年，可从另一侧面印证反清复明思想。至于"天运"纪年，亦为民俗及道教香花僧祝词中常用的纪年法。

《中国历史年代简表》、《辞海·中国历史纪年表》云：历史上建元"龙飞"年号的只有两个：一是十六国后凉吕光政权年号（396～398年），二是明农民起义军张琏政权造历（1560～1562年）。鉴于吕光政权世湮代远，期间既无乙丑年，又同清杨巽从《漳州什记》等文献有关"漳州瓷窑号东溪者，创始于前明，出品者炉瓶各式俱备"的记载不符，应予排除。张琏政权虽然起止于明代，只因存世太短而影响有限。但起事后第三年，正好有乙丑年（嘉靖四十四年）出现，这就容易形成断代误区。

张琏号石琚，广东饶平县元歌都上饶乌石村人，原为饶平县衙库史，后聚众在柏嵩关建立政权，成为影响甚大的粤闽赣边农民起义首领，并涉及中国东南沿海抗倭斗争一段史事。明王朝花上5年时间，动用抗倭名臣和数十万军队，几乎倾尽国库资财才将其镇压下去。据《明史·俞大猷传》、《明书·乱贼传》、《世宗实录》、《国榷》及《漳州府志》、《云霄厅志》、《诏安县志》、《漳浦县志》等载：张琏"殴死族长惧诛，亡命入窖贼郑八（大埔白扇会首领）、萧雪峰党。后郑八死，琏与雪峰分部其众，而琏为最强"，曾纵掠汀、漳、延、建及江西宁都、连城、瑞金等处，使闽粤赣三省为之"骚动"。后被倭寇利用劫掠漳州一带，杀人放火、奸淫掳掠、挖骸索赎、无恶不作，沦为恶贯满盈的扰民巨寇。嘉靖三十九年（1560年）五月，张琏率部2000余众进陷云霄，城中为墟；九月陷诏安二都赤岭寨、大布寨；次年陷镇海、南靖，攻平和；四十一年二月又复掠漳浦。同年七月十八日，抗倭名将总兵俞大猷奉檄率兵1.5万人，自平和九峰柏嵩岭进剿饶平，突袭巢穴，张琏返救失利。四十二年，在俞大猷追剿下，张琏率余部由云霄港引航出海逃遁。

平和县九峰镇曾昭庆家藏《札记》写道："琏兵败后，从云霄港坐木船，从数十人逃出海至三佛齐岛（今印尼旧港）。"《中国人名大辞典》称："琏潜逸入海，夺据三佛齐，自为国王。"《明史·三佛齐》也载："久居三佛齐，有数千家闽粤人，可能是张琏部属的后代。"张琏占据马来群岛的三佛齐、柔佛、马六甲等地建立国家，自封为三佛齐国王，被梁启超称为"中国殖民八大伟人之一"。而俞大猷明知张琏远遁南洋，却虚报战功，还在班师途中煞有其事地刻下一组纪事。题刻位于平和九峰村六角亭山石壁上，坐东朝西，裸露岩石高 7.8 米、宽 8 米，字幅高 3.5 米、宽 1.4 米，字径 0.3 米。内容为明军擒戮张琏、林朝曦、萧晚、王伯宣"四雄"的经过："明嘉靖四十一年壬戌孟夏十八日，漳南道佥事金淛、都督俞大猷、都司谢敕帅师由此进征饶平，逆贼张琏等首从俱就擒戮，次日尽班师。"记述了金淛（字汝东，号松涧，浙江东阳进士）、俞大猷、谢敕征讨并擒获张琏的史实，为平和县第一批文物保护单位。潮州知府何镗也在广东潮安金山马公墓前镌立《平潮寇》碑刻，详载嘉靖四十一年"提兵十万披千险，破虏三旬馘四雄"的所谓不世之功。

张琏活动于粤东饶平与闽南平和、云霄一带，时称"饶寇"、"倭寇"和"窖寇"，被民众视若猛兽、避若瘟疫、噤若寒蝉而深恶痛绝，所造年号绝不可能被漳窑匠师所沿用。实际上这支农民政权是"飞龙"造历，而非"龙飞"。何况乙丑年烧造兽耳尊时，闽海倭患尽平，该政权已不复存。再者，据谈迁《国榷》、傅维鳞《明书》等史书载，张琏曾阴刻"飞龙传国之宝"，自称"飞龙人主"，建号"飞龙"，使得后人将"飞龙"误当"龙飞"。可见以张琏造历所谓"龙飞""帝号"来推测此器年号显然欠妥。而结合"龙飞"与"乙丑年"研究，即能确认兽耳尊烧造年代。

纵观明清两代的乙丑年，出现天子更迭者，唯有明孝宗朱祐樘弘治十八年乙丑，即 1505 年。《明史·孝宗纪》载："弘治十八年夏四月甲申，帝不豫。五月庚寅大渐，召大学士刘健、李东阳、谢迁受顾命。辛卯崩于乾清宫，年三十有六。"《明史·武宗纪》又载："（弘治）十八年五月，孝宗崩，（武宗）壬寅即皇帝位，以明年为正德元年，大赦天下。"弘治十八年五月辛卯日，明皇朱祐樘驾崩。壬寅日，太子朱厚照嗣皇帝位，次年丙寅改元正德元年。以此类推，弘治十八年即为"龙飞"，情况与上述顺治、康熙帝位更替的顺治十八年相似。

从兽耳尊"龙飞乙丑年四月吉日赛谢"铭款看，此器乃祭答神恩的供养礼器，定制于"四月吉日"。但漳窑匠师制作器物时，不巧偶遇"龙飞"。在新皇即位颁布年号前，器物年款适用"龙飞"加上干支年号，供养时间则仍以原定月日刻款。综此，漳瓷名器兽耳尊实为弘治十八年烧造，这就将《漳窑瓷器鉴赏》认定时间推前 60 年。同期名品还有现山东兖州博物馆藏品，即 1966 年从山东省兖州兴隆庄镇巨王林村北、弘治十八年鲁藩巨野郡王朱阳鎣墓地出土的漳窑蟠螭尊[4]。此器实为花觚，腹部外凸，器壁较厚，高 27 厘米，口径 16 厘米，底径 11 厘米。两只透雕蟠螭盘贴于凸起的腰部，口部镶以铜边，底部外撇，圈足露胎。胎色白中闪黄，通体小开片，是形制少见、制作精致的漳窑名品（图四，1、2）。而弘治年间值明代中叶，正是白釉米色器烧造业顺应东南沿海开放环境，将大批仿青铜造型器物销往海内外的鼎盛时期。

二 有关漳窑起源史的考古论证

唐朝初年，闽南粤东居住着被称为"蛮獠"的畲苗民族。他们在汉族官吏压制下，

图四　1.山东兖州巨野郡王墓漳窑蟠螭尊

图四　2.漳窑蟠螭尊仿品

既长期不服从统治，又常与南迁汉人为争夺生存空间激发矛盾，终于酿成各峒寨联合势力的武装啸乱。总章二年（669年），唐高宗诏命归德将军、岭南行军总管陈政率中原府兵南下平乱，巩固边陲统治。当唐军连克数座峒寨，抵达今漳平与华安交界地九龙山，遭到聚啸沙建汰内以苗自成、雷万兴为首的各峒寨联军强势抵抗。由于众寡悬殊，困守九龙山安营扎寨的唐军以兵少请援，并就地劳作，制陶冶铁，发展生产，以解决生活所需。当地由东溪头流经永丰溪、汇入九龙江西溪的溪水遂得名"归德溪"。次年援兵南来，陈政反守为攻，连克峒寨，进抵盘陀岭以南故绥安县地云霄火田开屯建堡，后由其子陈元光完成置州立县使命。唐军驻扎九龙山期间组织的生产活动，为东溪头陶冶和陶瓷文化的发轫打下基础。

《漳浦县志》载："元光乃率仁等剪荆棘、开村落、收散亡，营农积粟，兴贩陶冶，奏立行台四境，时巡逻焉。"[5]说明初唐漳州建置前后，陶瓷产销已十分活跃，漳江航运通联海外诸番。笔者反复研究传世"漳窑"瓷器，初步推断此瓷早期受越窑青瓷、黄褐釉器影响，其艺术特征起始于唐宋，元末明初渐成雏形，明中叶崛起定型，晚清因战乱衰落，清末民初复烧，烧造延续时间较长。《福建通志》有"漳窑出漳州"，何乔远《闽书》有"漳窑在龙溪东溪"的记载；清光绪十二年（1886年），侯官学者郭柏苍著《闽产录异》，记载福建土特产、动植物和矿产时称："漳窑出漳州，明中叶始制白釉米色器，其纹如冰裂。旧漳琢器虽不及德化，然犹可玩也。惟退火处略黝。越数年，黝处又复洁净。近制者釉水、胎地俱松。"[6]清末民初杨巽从《漳州瓷窑谈》也载："漳州瓷窑号东溪者，创始于前明。

出品者，炉瓶盘各式俱备。"[7]

上述文献称漳窑白釉米色器始烧于明代，同时对其种类、特征、胎釉、质量，以及清晚期漳窑烧造质量下降等情况作了具体描述，还载明窑场在"东溪"等等。古陶瓷学术界、收藏界将此类产于漳州的胎质浅黄粗松、透明釉面呈米色开片状的瓷器称为漳窑器、漳瓷、米黄釉瓷、漳窑白釉米色器等特定含义已经约定俗成。不过，这些

图五　云霄县博物馆宋代漳窑展品

记载虽然正式提出"漳窑"名称，但创始时间可能仍属猜测。根据云霄县博物馆征集两件体形硕大、腹部接胎疑似漳窑的瓜棱形执壶（图五），胎质一件较黑，一件较浅，器形特征深受唐宋越窑青瓷和青白瓷影响，推定至少在宋代，此类具有同一特征的瓷器已经成为民用生活用品。笔者还从收藏家汤育智处征来一件薄胎双铺首瓜棱大罐，腹部接胎，狮首造型与明兽耳尊相似（图六，1、2），但应属元代制作的产品。无独有偶，在本文定稿之际，笔者又从云宝斋黄丙顺处，征集了一件堆贴折枝梅花的玉壶春瓶，底部露胎有旋纹，底沿垫烧痕与越窑青瓷无异，可确定至少为元代焙烧。这是一个值得重视的现象，应视为漳窑烧造趋向成熟的过渡产品（图六，3、4）；也可推测漳窑是越窑系的衍生物，其起始年代仍有可能大幅推前。除此在遗址、墓葬都陆续出土漳窑器，尤以宋朝器外涩胎、器内上釉的加褐小盖罐和明代辟雍圆砚较为习见。另从闽南粤东大量民间传世品和漳属各馆所藏，都常见这种白釉米色器，只是确认烧制窑场颇费周折。

　　新中国成立之前，闽南古玩界行内将漳窑称为"土定窑"[8]。虽然历史文献载称"漳窑在龙溪东溪"，但由于未获

图六　1.元薄胎双铺首瓜棱大罐

图六　3.元折枝梅花的玉壶春瓶

图六　2.狮首造型

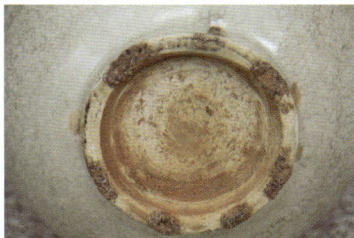

图六　4.玉壶春瓶底部特征

权威考古资料，寻找漳窑遗址成为文物与陶瓷学界长期以来的一件大事。20世纪50年代，有漳瓷调查组将其看作"始于宋末的贡瓷"[9]。不久北京故宫博物院曾派耿宝昌为首的专家小组接踵而至，实地调查了漳州市郊及郭坑、漳浦一带窑场，但未果而返。60～70年代，上海人民出版社出版《中国陶瓷·福建陶瓷》图版169，将漳窑当作德化白瓷产品。20世纪80年代以来，许多文物考古工作者及有关院校为解开谜团，多次组织人员深入华安、南靖两县交界处，九龙江上源归德溪畔东溪窑址进行考古调查，仅采集到少量与漳窑传统工艺特征相同的白釉米色器标本。1988年，原华安县博物馆馆长林焘陆续在华安高安三洋村、沙建上坪村发现漳窑传世品，使专家学者将探寻目标再次投向东溪窑。1992年，经福建省博物馆考古工作队、华安县博物馆调查，发现窑场22处、窑址15个，遗物分布面积广、堆积厚、生产规模达10平方公里，但仍属以生产青花、青瓷为主的民间窑场，仅采集个别漳窑标本，正式将窑址命名为"东溪窑"[10]。此后，厦门大学叶文程、唐杏煌、罗立华和漳州文物工作者曾五岳、林焘、王文径等多次深入窑址调查，也获得少许漳窑标本。1995年，《漳窑瓷器鉴赏》撰稿人钟武艺再次深入东溪窑调查，于封门坑采集一批漳窑标本；1999年，又于高龙公路地表剖面获得20多件典型标本。同年，中国古陶瓷研究会在漳州召开年会暨学术讨论会，掀起对漳窑研究的热潮。近年来，漳州市博物馆馆长吴其生多次带队深入窑址，在下东溪的寨仔山窑址、洪门坑窑址、东坑庵窑址、松柏下窑址及民国时期媳妇寮采集到青花瓷、青瓷、青白瓷、绿釉瓷、酱釉瓷及大量白釉米色器标本，确定漳窑产品系东溪窑所出，2002年由岭南美术出版社出版专著《中国古陶瓷标本·福建漳窑》。

但从考古调查采集的标本看，东溪窑是规模巨大的民窑，生产瓷器品种类型丰富多样，以烧造青花为主，兼烧青瓷、白瓷、青白瓷、米黄瓷、酱釉瓷，另外有少量三彩、五彩瓷，品种有观音菩萨、弥勒佛像，以及花瓶、花觚、香炉、笔筒等器皿，其中不乏器物精美，造型古拙，并带有"漳窑"典型特征的器物残件，如米黄色开片弦纹炉、白釉三足鼎等，是明清漳州最大的窑口，也是中国重要外销瓷产地之一。虽然漳窑白釉米色器尚属其中一个重要品种，但因其特有的风格和类型而成为漳州窑系主要代表，为陶瓷史上写下浓墨重彩的一笔。观赏上述两件瓜棱形执壶和1件双狮头铺首爪棱大罐，即能推断烧造白釉米色器起始应该不止于前明，而至少始烧于宋以前，宋元时已成为日用瓷，只是到明中叶才最后定型。如果这些器物不是东溪窑烧造，那窑场应不只限于华安东溪一处，其他窑口也可以混搭烧造。故相关起始年代，仍有待于继续考证。

三 明中叶漳窑兴盛与海丝关系

明中叶，漳窑的烧造已达到兴盛，这与官方和民间开辟海上丝绸之路有关。众所周知，随着元末晋江泉州港衰落和郑和下西洋的戛然而止，官方贸易和朝贡经济基本停止，但漳泉民间对外走私贸易仍风风火火。对于海上贸易，明初立法严禁私人出海与外国互市贸易，违者轻则杖一百，重则绞刑或处斩。海外国家前来中国贸易只能由官府主持，即派遣使者附载方物进行朝贡，明朝政府以赏赐方式加倍收购其贡品。这种做法在海禁严厉期间，几乎成了明初海外贸易唯一的合法形式，实际是一种变相的"朝贡贸易"。到永乐、宣德两朝至嘉靖初期，海禁稍有放松，海上私人贸易迅速发展。

如郑和下西洋起到招徕各国朝贡使者，并为之扫清海道的作用，让朝贡贸易达到鼎盛。弘治年间（1488～1505年），漳窑工匠追慕远古之风，制造了大批适销海内外造型各异的仿青铜或宋官瓷造型的白釉米色器摆件，如鼎式炉、兽耳炉、螭耳三足炉、高足出戟鼎式炉、竹节炉、筒式尊、筒式炉、堆贴云雷纹长颈瓶、蕉叶纹花觚、高足杯、辟雍圆砚、三峰笔架、葫芦水注、三乳足洗、水仙花盆，以及释迦佛、观世音、弥勒佛和魁星雕像等。大量使用云雷纹、回纹、夔龙纹、蕉叶纹等纹饰，许多瓶尊颈部堆塑铺首衔环耳，胎体厚重、花纹简明、多有精品，显得古朴庄严、威武大气。特别是上述纪年刻款兽耳尊更显弥足珍贵，可视为漳窑烧造业的高峰时期。

　　明中叶遇倭寇之患，明廷担心流亡海上敌对势力勾结倭寇危及统治，而再次以强律严法厉行海禁，粗暴地封锁沿海港口，销毁出海船只，封杀了自唐初海上丝绸之路以后形成的通番往来格局。但东南沿海一带，仍有不少擅自冒禁出海贩运者。在载录于《明经世文编》中，有严嵩《琉球调解送通番人犯疏》，谈及强行出海通番所造成的严重后果，致使普通百姓和商贩只得暂时放弃对外经商。海禁后舟楫不通，生计萧条，长期藉海为生的沿海民众不得不以身犯禁，以走私形式出洋市贩，维持宋元以来形成的海上私商贸易。成、弘之际，武装走私海上贸易在闽、浙、粤沿海悄然兴起。闽省漳州人陈贵等7人连年率26艘货船到琉球交易，1542年到达琉球时，尚有来自广东潮阳的21艘商船也同抵琉球，船上水手舵公达1300人。《明宪宗实录》卷97，也载有冒充明朝使臣出海贸易的情形。如成化十年（1471年），福建龙溪人丘弘敏到满剌加贸易，在暹罗诈称明朝使臣，接受了暹罗王的馈赠。不料返航福建途中被官军执获，一行29人遭处斩、3人充军。又如云霄西林吴永绥幼年时先业为异姓所夺，长大后协助父亲吴在中经营航运，不仅恢复家业如故，还积聚了巨额财富和能量。后来他秉承父德，成为兴城建庙、崇文重教、热衷公益的著名乡贤；其子吴原也成为赫赫有名的京官，即户部左侍郎。在当朝海禁甚嚣尘上之际，吴永绥当过海客的事情当然会被淡化甚至隐瞒下来。但弘治二年（1489年），吴原连夜启程回乡省母，僚友文渊阁大学士李东阳作《送吴亚卿道本省母漳州》赠别，诗中有"天风夜送飞帆急，海日晴翻舞袖高"、"谁道天河隔世界，从知海客惯乘槎"，暗喻其海商的家世身份。另在云霄陈政路在田阁，曾发现一件钤印阳文"成化年制"款识的盘龙蒜头胆瓶（图七，1、2），疑为当时成批订制私贩海外的漳瓷制品。同时期还有上海博物馆藏带座释迦佛坐像，也出现同一印款。

　　从嘉靖三年（1524年）起，明廷屡颁《禁海律例》，私人海外贸易几乎完全停止，但私人海上武装走私集团与倭寇、葡萄牙殖民者勾

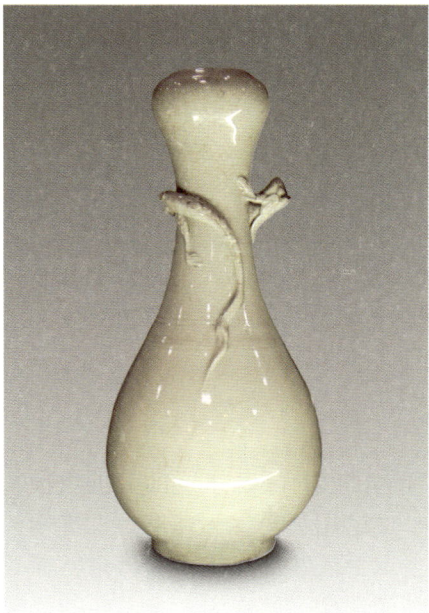

图七　1. 云霄在田阁盘龙蒜头胆瓶

图七　2.盘龙蒜头胆瓶"成化年制"款识

结酿成动乱此起彼伏。戚继光平息倭患后，嘉靖四十二年（1563年），闽南沿海出现的拥有武装、亦商亦寇的海上私商集团，如"月港积年通番巨寇"洪迪珍、严山老、许西池等，以及漳州沿海迫于海禁断绝生计，有入海归附者"千百为群"这一现实，地方政府这才认识到"寇与商同是人也，市通则寇转为商，市禁则商转为盗"的弊端。鉴于海边骚乱得到平定，走私贸易造成国家税收流失和省库财政空虚，福建巡抚谭纶顺应时势，上呈"宽海禁"奏策。隆庆元年（1567年），仁慈宽厚的明穆宗朱载垕体恤民情，信任大臣，同意有限度地开放关禁，允许民众出海贸易，并批准将平时频于走私的闽南海澄月港作为合法"洋市"贩东西洋，纳入官方商港，设立海澄县衙门管理海上贸易，成为他施行新政的一部分，史称"隆庆开关"。此举与中国资本主义萌芽不谋而合，加快了东西方商品，特别是南方独有瓷器、茶叶和丝绸等商品向海外流通，使月港成为国际知名贸易大港和海上交通贸易中心，号称"天子的南库"。

漳州窑作为华南沿海外销陶瓷的重要生产基地，主要分布在平和、华安、南靖、云霄、诏安、漳浦等地。尤其在与云霄下河连攘的平和南胜、五寨及火田一带，连片出现规模壮观的十里窑烟，与东溪窑业形成并驾齐驱，形成与德化瓷相媲美的窑业体系，并通过漳江月溪、九龙江月港等便利的交通水道运销海外，带动漳州瓷业生产一派发达。崇祯五年（1632年），明廷取消设立海澄县的海防同知并关闭港口，标志着官方管理月港的终结。此间，漳州沿海民众参与海上私人贸易不计其数。到天启年间涌现出颜思齐、郑芝龙为首的海商集团，依靠澎湖、吕宋为中转开辟东西航线，通商国家和地区达47个[11]。西方殖民列强也轮番东渐，先是葡萄牙人以海澄、浯屿为据点，再是西班牙人以吕宋为中心，后是荷兰、英国东印度公司以台湾为基地开展对华贸易。据《瓷器与东印度公司》统计，仅1602～1682年荷兰东印度公司，就从中国运出1600万件瓷器。其中1621～1632年间曾3次到漳州收购瓷器，数量动辄上万[12]。这些外销瓷器，当然也包括漳窑白釉米色器产品。日本坂井隆夫《贸易古陶瓷史概要》图版中载有一例，即印度尼西亚苏拉威岛出土漳窑瓜形水注，被誉为"舶来稀世珍品而格外珍宝"，奉为"天子之位"的茶道用品[13]。

四　漳窑德化特征和东溪窑式微

漳窑烧造业产生出以崇尚含蓄质朴、造型高古隽秀、装饰手法多变的大批白釉米色器的产品。器物以祭品、陈设瓷、瓷雕、日用器、文房用具为主，外形大方流畅，线条刚柔相济，加之以堆贴、镂雕、刻划、模印等艺术手法装饰点缀，其风格特征几乎与德化窑同生共长、互为交融，器表釉色柔和、釉面纯净，原以为大小不一的开片属于烧造工艺缺陷，却与其特有造型相得益彰，受到人们以哥釉般地追捧和礼赞，甚

图八　清堆贴如意寿纹三足竹节筒炉

图九　1.云霄县博物馆藏漳窑观音坐像

图九　2.漳窑弥勒佛像

至就有研究者作哥釉认定。现有纪年款的传世品有福建博物院藏"嘉靖三十五年（1557年）制"释迦牟尼佛立像。国家博物馆藏题刻"开元寺"的带座释迦牟尼佛立像，署款"大明万历乙卯年（1615年）"，"漳州府东溪乡治子陈福成叩谢"；台湾鸿禧美术馆藏同年刻款"开元寺"的财神赵公明立像，为"漳州同安县东门外东溪乡信士林石氏百叩，闽南漳郡窑陈福成监制"，都是应供养人之请制作焙烧的大型国宝级塑像。

在经历清初5次禁海、3次迁界后，康熙二十二年（1683年）11月，清朝统一台湾。次年康熙帝谕令开海贸易，并在厦门设关。随着厦门港的繁荣，漳州瓷业生产再次进入全盛期，华安东溪窑迎来康乾时期第二次发展高潮。清代中期，漳窑得以继续发展，产品一改明代浑朴厚重之气，加上生产规模扩大，造型柔和秀逸、莹润饱满、丰腴匀称，大有定窑清纯之风，但精品渐少。目前收藏于漳州市博物馆、漳州聚粹阁和云霄县博物馆的双铺首大口罐、双铺首回纹直罐、钟式炉、堆贴如意寿纹三足竹节筒炉（图八）、暗刻人物诗句纹双铺首大筒瓶、暗刻花鸟灯笼瓶、橄榄瓶、象耳瓶、双象铺首梅瓶、三羊（阳）开泰贴塑瓶、文房鱼形水滴、老鼠金瓜水滴、狮子烛插、寿星立像、观音坐像、弥勒佛像（图九，1、2）、"大清乾隆年制"款花觚、"宣和年制"青花款笔筒、"大明宣德"折沿碟、"宣德年制"双耳瓶，以及民俗实用器粿印、香烛台等。这些款识可能仍属寄托款，但都是典型的漳窑精品，值得珍视、研究和收藏。

生产"白釉米色器"的民间窑场，就在原漳州府龙溪县二十五都升平社，即今华安县高安镇三洋村东溪头。上源归德溪通联月港，畅通的水运为产品外销提供便利。东溪窑制品依靠人工挑运至归德溪载往永丰溪，与上坪、上樟烧制瓷器一并挑运到北溪分渡口；再用平板船经九龙江北溪、西溪分载至月港，外销南洋诸岛及日本、欧美各国。经钟武艺师弟调查分析，东溪窑的烧造者就是苏氏族人。他根据华安《苏氏分房谱》所载，推定这一家族自元末明初从德化迁至龙溪县二十五都宜招保（今仙都镇），繁衍十世后于明中叶迁至内溪保[14]，并举族烧窑制瓷。笔者查阅民国《德化龙井苏氏族谱》，苏氏家族是德化县世系大家族，其先祖苏奕"知河南光州刺史"；苏奕子苏益随王潮、王审知入闽，定居同安县西北葫芦山下"芦山堂"，曾出过北宋大科学家苏颂。苏氏"芦山堂"一支"迁永春，移德化，于益均里石城（今三班）建基立业。"到明洪武年间，石城一支"分居到灵化里安头村龙井"（今龙浔宝美），成为"龙井苏氏"开山始祖，世代从事陶瓷生产，以瓷器游贩于广东等省，或以陶业为生涯，以盈利为手段谋生，涌现出民间泥塑木雕佛像巧匠苏德明、陶瓷艺术宗匠苏学金（名光铨，号蕴玉、博及渔人）父子等。他们广采博取前代各瓷雕艺术风格与工艺技术，深得何朝宗等大师艺术技巧与优秀传统精华，瓷雕技艺精湛，所作惟妙惟肖。综上情况，苏氏一支分房定居东溪后，秉承了本宗陶瓷生产技术，并因地制宜、就地取材，在釉色上独辟蹊径，于造型上融会贯通，克服了胎体相对粗松、胎骨灰白灰黄、釉色白中泛黄、釉胎结合较弱的缺点，烧出了玻化度、光泽度较高、带有冰裂纹的米黄釉，为漳窑烧造定型创立了鼎盛时期。从东溪窑场曾发现宣统二年（1910年）苏氏墓碑看，这一家族应是漳州瓷暨漳窑烧造的艺术生力军。

从目前《闽南日报》等官方媒体公布数据中获悉，东溪窑场遗址在濒临归德溪延绵数十里的狭长地带，以马饭坑、牛寮、后坑辽、水尾、上虾形、吊拱、崩圳湖、扫帚石、橄榄坑、白叶坂等窑炉遗迹和文化层为中心，半径100米范围内发现窑口近20处，并有大量堆积层，采集标本4000余件。除了分布村落、窑炉、作坊遗址，在东溪头、上樟村、绵治村、漈头村还有客栈、商店、民居旧址，犹见昔日的漫野窑烟。东溪窑产品中除了出现大量专属于东溪窑的商号款，如"东溪、东玉"、"东兴"、"永和"等[15]；还有"玉"、"珍玉"、"美玉"、"佳兴"、"合盛"、"月记"、"一片冰心"，部分作品还署上作者姓名或字号，有方形、长方形、葫芦形，或署花押款、纪年款等，都与德化、安溪窑的款识相同[16]，既体现了地缘与族裔关系，又展示同一社会背景下行业竞争和同业合作的商品经济意识。再从传世漳窑的造型风格，以及较少粘沙的产品特征看，很接近于德化瓷的生产工艺。而传世作品中，经常可找到造型几乎与德化白瓷对应的产品。如云霄县博物馆收藏一件双铺首狮耳圈足簋式炉，底部刻"香霭净玉堂"款识，与德化同类产品题款一致（图一〇）；其他有如《漳窑瓷器鉴赏》聚粹阁藏明代螭耳三足炉、双象鼻耳圈首簋、各种香炉、带座观音瓶、双狮耳筒瓶、灯笼瓶、棒槌瓶等，都显见德化窑对漳窑的影响。身处两地的苏氏家族在艺术表现和交流互动中，以黄白两色交相呼应，散发着迷人的文化异彩，呈现出闽南文化相承一脉的深厚渊源，为福建陶瓷文化在海上丝绸之路独特地位，谱写辉煌灿烂的历史华章。

咸丰八年（1858年），汕头港建立商埠，中国对外贸易重心转移到潮汕一带，漳州制瓷业转入衰微。但第二次鸦片战争特别是1860年《北京条约》签订后，随着中国海关管理大权的丧失，厦门海关于同治元年（1862年）改为洋关。西方列强对闽南的经济渗透，又带动漳州一带商品走私与对外贸易的畸形发展，浮现经济空前繁荣的景象。但这种格局只经历不到3年，就因战火重创而不复存在。

图一〇　漳窑双铺首狮耳圈足簋式炉，与德化形款一致

而首当其冲者，乃漳州制瓷业和出口贸易受到严重冲击。同治三年（1864年），太平天国南方余部陷落漳境。太平军为征饷抽税而捕杀窑工，捣毁窑场，民不知兵，一哄而散，直接导致漳窑停烧。

同治四年初，清军署汀州镇总兵关镇国与康国器相继攻占永安、龙岩，兵逼太平天国来王陆顺德败走南靖。此时，沙建岱山村一些尚武好斗的年轻人闻讯后心驰往之。有郭凸、郭好带领10多名青壮汉投奔来王，并引来太平军进驻岱山村。东溪窑厂一位苏姓窑师关闭窑场，捐出收成，也率窑工加入。他们以齐云楼为据点，协助来王搜屯粮草，导引太平军强征粮饷，焚掠了附近20多个村庄，造成村民生命财产损失。两人"突出"的表现，受到来王赏识，被许予太平天国封职，成为来王得力干将。闽浙总督左宗棠接到龙溪县汰内、官古、北坑、前山等村社环号联控，声称隐藏于深山里的岱山社"匪徒"郭凸、郭好藏留贼目，肆其凶悖，靡恶不为，给当地民众带来浩劫，应予严办云云，于是下令漳州当局围捕。已结束查办诏安罗坑、后港、东沈三村的福建陆路提督、漳州镇总兵罗大春接令开赴而至，打响了清剿岱山社太平天国残余"贼目"战役。残酷的灾祸，直接导致东溪窑场一蹶不振[17]。

郭柏苍《闽产录异》、杨巽《漳州瓷窑谈》等文献虽然概括漳窑产品特征，只载明"窑号"东溪，并未直指"产地"就是东溪。可见至清末民初，窑口已荒废多年。即便郭柏苍成书那年，也是漳窑所历兵灾而停产的20年后；到杨巽成书，时隔愈长。东溪窑址位于华安与南靖交界处，群山重叠，河流纵横，就算窑场恢复烧造，也难以续写往日风采。南方太平军战火蔓延之处，漳州经济百业尽废，各地窑场自此停烧，对外港口也因战乱动荡而关闭。在太平军南方余部覆灭后的数年内，漳州的社会状况极为恶劣。随着兵燹继发的外贸中断，漳属各地窑场急剧衰落甚至停产。漳州窑业所遭受的重创，直至10多年后的光绪元年（1875年），才开始有所起色。随着漳州经济缓慢地恢复和发展，从晚清到民初，漳窑陆续开始复烧，但产品质量与过去不可同日而语。此时的器物以日常生活实用品居多，除了原有划花、暗刻、堆贴、镂雕等胎质较粗的品种，还增烧了加彩、模印瓷器，以及青花、三彩、五彩等。一些胎薄器轻、釉层无光、胎含杂质、坯修不整、青花钴料类进口洋蓝，所绘纹饰并无生趣、产品质量低劣、艺术形式趋于世俗化的作品流入市场。如云霄县博物馆征集暗刻人物纹盘口尊、青花堆塑人物海水纹笔山等。此尊高 56 厘米（图一一），漳州聚粹阁也藏有同样器形，只是器形略小。此尊内容为《西厢记》、《红楼梦》题材画片，但原名《石头记》的《红楼梦》问世于乾隆后期，故断定"明末清初"有误。

随着归德溪水位下降和河道变窄，水上交通优势逐渐缺失，已不适合组织大规模生产；依托外销的月港也因九龙江水携带泥沙淤塞河床，影响到河道对航运的输送能力。加上窑场地处偏僻，产品质量下降，漳窑白釉米色器失去昔日骄人的地位，削弱了海外市场的需求和销路。从民国媳妇寮窑址现场勘察的情况看，那批采集而来的漳窑白釉米色器标本，可能就是最后一批生产的瓷器残件，与此印证民国时期

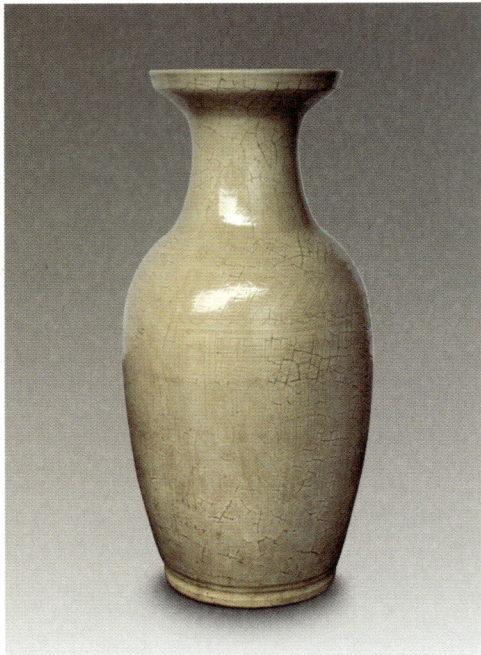

图一一　云霄县博物馆暗刻人物纹盘口尊

经已停烧的事实。至于某些产品因胎体较薄、胎质较粗，甚至还夹生烧造并稍加化妆土的粗瓷，包括一些类哥釉的米黄器，往往被指认为"枫溪窑"所造。究其根源，一方面与漳州紧邻、同属闽南文化区域的潮汕地区也出现不少漳窑传世品；另一方面，各方专家在潮汕一带长期找不到窑口。为避免认知产生混淆，加之"枫溪窑"与"东溪窑"方言谐音，笔者还是认可福建省文物鉴定组和漳州市博物馆吴其生馆长的观点，将这些器物当作漳窑系或类漳窑来解读。而新中国成立之初，以及近些年聚粹阁复烧的产品，虽保留和继承了手工制作、柴炉烧造的传统工艺，但一些作品经作旧后容易误断，有个别博物馆展陈中出现类似藏品。

总之，有关漳窑瓷器系列研究一向为中国陶瓷史上较为复杂的学术问题，不可能一蹴而就，还需做大量基础性的细致工作。由于手头及所见实物有限，笔者目前对漳窑的研究尚属于初始阶段，一些观点仍需与专家学者们讨论。尤其是关于漳窑起始年代，还应继续搜集整理、深入研究漳属地区出土的唐宋元时期陶瓷实物，并对相关历史背景和艺术风格进行仔细比对考证，进而以类型学和跨学科的角度，切实衔接上唐至明代漳窑烧造的历史文化断层。本文权当抛砖引玉，就教于业内同仁。

注　释

1.（唐）刘知几：《史通·叙事》。

2.（后晋）刘昫等：《旧唐书·宇文士及传》，第 7 册。

3.汤毓贤：《回望月清漳话城隍》，第 5 章，第 58～60 页。

4.国家文物局：《中国文物精华大辞典》，上海辞书出版社、商务印书馆，1998 年。

5.（清）《漳浦县志》，名宦志，陈元光。

6.（清）郭柏苍：《闽产录异·货属》。

7.（清）杨巽从：《漳州瓷窑谈》，《漳州什记》。

8.林焘、曾五岳、王文径：《华安东溪头窑和漳瓷》，《漳州师范学院学报》1993 年第 1 期。

9.漳瓷调查组：《漳瓷调查》，《漳州文史资料》1960 年第 1 辑。

10.福建省博物馆：《漳州窑》第 1 章，福建人民出版社，1997 年。

11.陈侨森：《漳州对外经济贸易简史》，鹭江出版社，1992 年。

12.熊海堂：《华南沿海对外陶瓷技术的交流和福建漳州窑发现的意义》，《福建文博》，1995 年第 1 期。

13.[日] 坂井隆夫《贸易古陶瓷史概要》，第 29 页图版 49，京都书院，1989 年。

14.《漳州仙都派序》，华安县仙都镇市后村《苏氏分房谱》抄本。

15.栗建安：《东溪窑调查记略》，《福建文博》1993 年 1 ～ 2 期合刊。

16.叶文程、林忠干：《福建陶瓷》，福建人民出版社，1993 年。

17.汤毓贤：《南国残阳》第 14 章。

汤毓贤，研究馆员，福建省云霄县博物馆馆长。闽南师范大学闽台文化研究院、漳州市委党校漳台文化研究所客座研究员。

兰溪苏氏族人经营"漳窑"东溪瓷窑场始末

涂志伟 郭树土

[摘 要] 华安东溪窑是漳窑的核心遗址，根据对乾隆版芥坑苏氏族谱记载、出土的碑刻、田野调查等多方史料查考研究确认，东溪即"芥坑"瓷窑是原龙溪县二十五都升平堡兰溪社即今华安县沙建镇上坪庭安村内溪社苏姓族人的祖产，兰溪苏氏族人兴衰及创建、经营芥坑东溪瓷窑场始末，见证了东溪窑的兴衰的历史变迁。

[关键词] 兰溪 苏氏族人 东溪瓷窑 海上丝绸之路

华安东溪窑是漳窑的核心遗址，也是海上丝绸之路从漳州月港出口瓷器的重要产地。宋明清时期东溪瓷窑场分布较广，但窑场业主是谁，尚不明确。根据对乾隆版芥坑苏氏族谱记载、出土的碑刻、田野调查等多方文献史资查考研究确认，东溪即"芥坑"瓷窑是原龙溪县二十五都升平堡兰溪社即今华安县沙建镇上坪庭安村内溪社苏姓族人祖产。兰溪苏氏族人兴衰及创建、经营"漳窑"东溪瓷窑场始末，见证了东溪窑的兴衰的历史变迁，也伴随着漳州月港海上丝绸之路的兴衰过程。苏氏瓷窑与升平堡岱山村即今沙建镇上坪岱山村郭氏在上樟村崎脚"碗窑坑"的瓷窑，属同一时期的两个不同地址，但属同流派的瓷窑，即同属广义东溪瓷窑场。它主要体现证据有：一是兰溪（内溪）苏氏乾隆版芥坑二房《族谱》记载，原地名称"芥坑"。二是苏氏族人墓葬穴位，如葛藤坪、军营、潮头、后坑寮前、西塌、姑婆岭等周边山上都葬有苏氏先人。三是庭安"日新楼"主厅右边有石刻碑文：《枭寨审断山界详院定案碑记》。四是1952年山林使用证书。

一 苏姓创办芥坑东溪窑

升平（上坪）四面环山中间小盆地，分布岱山、宝山、庭安三个行政村，现主要有郭姓、邹姓以及苏姓等。郭姓来自宝山村、岱山村，宝山郭姓原称文圃郭氏，是唐名将郭子仪六子郭爱后裔，开基祖郭性泰来自今厦门同安郭山；岱山郭姓原名大山郭氏，是唐名将郭子仪长子郭跃后裔，开基祖郭文达来自今龙文区景山。邹姓来自庭安村，原称登安邹氏，是宋状元邹应龙后裔，开基祖邹凤祥来自邻村即华安县新圩绵治村（原称田治）；苏姓来自庭安村内溪自然村，原称"兰溪"苏氏，是今厦门同安苏颂后裔，开基祖苏弘毅来自泉州德化。上坪三个村现在总人口有六千余人，除郭姓、邹姓以及苏姓外，早期还居住有马、林、黄、许、杨等姓；上坪地区南边有桃源堡（汰内村），东边至九龙江北溪，西北边是归德堡（高安镇）；是原龙溪县二十五都管辖下其中的行政建制村社，始建于南宋淳祐十二年（1252年），辖区人口众多，土地面广，其中包含有：绵治，岱山，宝山，登安，兰溪，湖底，白叶寮，后湖坑，下樟（含上樟、利水），五岳，蓬莱，内重，溪脚，店头，黄牛内，北坑，石壤等村社，而上坪是各时期的堡、乡行政、经济中心。至清朝龙溪县二十五都设"县丞"分驻华丰，改升平堡为坪治乡；1924年，为龙溪县华丰分县坪治乡，1928年华安置县，属华安县坪治乡；新中国成立初期，属华安县第三区坪治乡；1957年并入上游人民公社（丰山、沙建），部分村、（社）划归南靖县和华安县新圩镇，如绵治村、五岳村划归新圩镇；店头村、溪脚村、蓬莱村、内洞等村划归南靖县，后经县林业局多次山地普查、变更确权，把原属上坪村的山地、又部分划拨到其他乡镇，如原地名，在元末明初称为"芥坑"，至明中叶始称为"东溪"；新中国成立初期，土地尚属上坪村所有，因此上坪在那里投建一个养牛场，后在林业行政区域变更中成为高安镇办林场的一部分，土地争端也就成为历史问题。苏姓先人原居住于同安，宋初迁居于德化。宋绍兴三十年（1160年），据德化县浔中乡宝美村《德化使星坊南市族谱》序言云：苏氏一族于南宋绍兴年间，"分支仙游南门、兴化涵江、泉州晋江、同安、南安塔口、永春、尤溪、台湾，散居各处"[1]。宋代期间苏氏一门出过很多公侯，进士，将军，一、二品大员等，是宋王朝功臣，在德化县是望族，苏姓很多先人登入德化县志，其祖产很多，其中瓷品经营是主产业，德化又是古代我国南方的重要瓷业产区。宋祥兴二年（1279年），佳春岭、太平宫等窑场，生产高白度莲花纹碗，刻花大瓷盘、印花浮雕盒等产品，为对外贸易的大宗输出品。至宋末元初，苏姓因躲避战乱，其第十六世苏弘毅带着巨资从德化迁居升平堡，居住于兰溪边，成为升平苏姓开基始祖。据苏姓碟谱记载，他们入升后六代人都是单丁相传至第七世之后，才开使人丁兴旺。苏姓后又在离升平堡六公里处地名称"芥坑"的地方，向当地吴姓山民买到几百亩山土地，并传承祖业在此地投建瓷窑，生产瓷器（传说开始时制瓷器土料是洞采）；并很快生产出第一批瓷器，因其地处在高山"石笋尖"山脉之后，山溪原头为东溪水流向西、故其生产出来产品取名为《东溪陶瓷窑》，而"东溪"、"月记（月、月言）"为它们特殊的窑号，这在地方文献和《升平苏氏族谱·桐三派芥坑十三世·芥坑二派曰至惟世系图谱·芥坑三派至惟世系谱·芥坑二曰至惟世系图谱·芥坑三曰至惟世系图谱·芥坑二伯至曰世系谱·芥坑三伯至曰世系谱·芥坑三伯至曰世系图·芥坑三十三世至十七世世系谱》等分卷及《澄安邹氏族谱》、《岱山郭氏家谱》（清道光岱山手抄本）中皆有记载；通过几代人的苦心经营，其瓷器到明朝中后期在市场上已开始走俏。清朝初期是为最旺盛时期，瓷窑多达十九条，产品质量可以官窑相媲美，是民窑中的佼佼者；在同一时期的岱山郭氏、也在上樟"碗窑坑"建有瓷窑烧制瓷器，二者互相关联、产品到明朝后期和清朝康熙年间已经是品种多样化、质量优质化，成为闽南、广东地区的民间制瓷一个品牌，产品远销往国内外。据德化县民国二十七年（1928年）版本《龙井苏氏族谱》、民国三十五年（1926年）版本《德化双翰苏氏族谱》所载迁台祖进行统计，清康熙年间至乾隆期间，德化迁台的苏姓就有31人[2]。其中也有许多苏姓族人经营陶瓷。

二　苏姓、郭姓合作，形成芥坑、碗窑坑东溪窑的兴旺及销售渠道

在过去交通、通信不发达的时候，瓷窑所生产出的产品要往外进行销售是一件十分困难而艰巨的事情；由于东溪地处海拔高度320米至625米的陡峭山坡间，又是在高山密林中，所生产的瓷器只能用肩扛扁担挑，走过泥泞的"苏州"小山路，从"亭仔树坑"、"柯仔树坑"、翻过"石狮麻铁甲"到"堵堤"，走"石广岭"运回上坪兰溪家中储藏，第二天从上坪出发要翻过一座高山，从海拔700米的上坪古道顶"岭头亭"，走石阶路（崎头岭）到达上樟村，再走往下樟渡口，装上木船运往漳州、石码、月港等地方进行销售；其路途遥远，从芥坑（东溪）至下樟渡口总路程共计19公里；而同一时段的岱山"碗窑坑"瓷窑，地处弯桥自然村东北面，离下樟渡口只有五六公里之遥，人工运输成本只有芥坑（东溪）瓷窑三分之一，这样东溪瓷窑的产品要到各个销售点其成本就偏高、利润低，只有小部分运往归德堡（高安）就近销售，其销售利润较前高；因苏郭二家都世居住于上坪（升平）又多数人有姻亲关系，翻开岱山《郭氏族谱》旧谱，就可以看到，在明末清初，郭家儿媳中有三分之一是来自苏家女，在亲戚朋友中又是同行且较为谈得来，加之岱山郭姓经营瓷产业主要由郭仲禄后裔负责，而郭仲禄后裔居住在于岱山村西南部，孰称"高山"地点，距离兰溪社只有百米之遥，他们来往密切，相互研究苏姓祖传的制瓷技术和窑厂管理，因此两家达成互补共识，大件瓷器如缸类、壶类、器件类和碗盘类等归郭氏"碗窑坑"瓷窑生产。近几年来，有村民在"碗窑坑"开路时所挖出的旧瓷窑、瓷器，足以证实这一点，靠上樟坑东挖出很多缸、灌碎片，靠西挖出来的是碗、盘类碎片、基本和传说一样；而佛像类、瓶类、罐类、碗盘类等归芥坑窑（东溪）生产，其色泽有钴蓝色，淡褐色，米黄色，白色等釉瓷；在销售方面，岱山郭氏世居九龙江边，开基祖郭文达祖居龙文区好景山东部九龙江边，三十多岁迁居升平岱山村，其很多族人靠九龙江水谋生，如热水（利水）郭姓、碧溪郭姓、郭坑郭姓、龙海玉江郭姓，亭头郭姓，浮宫等地郭姓，他们对九龙江水路运输情况较为了解，在当时因九龙江北溪山高林密匪患经常出没、抢劫货物、财物的背景下，自然形成一种运输安全信息体系。加上岱山郭氏家族历来手工业发达，在月港、石码、漳州等地都建有仓库储备和建立农产品、手工品销售渠道，生意较为活跃，自然形成一个销售网络，瓷产品可以从这里销往世界各地。

通过苏姓、郭姓两族家人几代密切合作，薪火相传。至明嘉靖、万历年间，已传至苏氏十世苏景平，字锦江，苏景平已经积累很多资产，山地广阔，范围从芥坑"东溪"直至山溪美社后几百米山地，拥有千亩山地。瓷窑也发展成多条轮回作业，并新开设一条人工运输路线，即从下东溪、罗仔脚寮、横山、龙眼脚、圩埔、石佛、丹蔗到店头（"店头"自宋直至1957年，均属升平堡辖区内）装木船，总里程约十公里左右，比原路线的距离近三分之一（该条山路在1956年军事测绘航摄地形图中有明确体现），水上运输里程也缩短，产品改从九龙江西溪运至漳州、石码、月港等地批发，

其成本降低一半以上。几年后已成为本地大宾。清初，苏氏十六世苏树硗等人经营时，瓷窑已增至十多条，日产瓷器数量倍增，原有的销售渠道已没办法容纳产量的直线增长的产品，在此期间，郭姓在上樟"碗窑坑"瓷窑的产品数量也同样增多。为拓宽销售渠道，苏、郭双族各自派出人员到外地甚至出洋经销，岱山有郭振璜、郭振显等人；兰溪是苏基栽（号陶怀）、苏德可（号行素）、苏德缪（号纯实）等人外出到印度尼西亚雅加达开拓市场；岱山社郭宗琴、郭宗滑等人也前往泰国经营瓷器；兰溪社苏基牙、字基八，与侄子苏曰睛，苏曰虎、苏曰集（号从仕）、苏基来、苏基遂等人，到台湾把瓷器转运日本，菲律宾南洋、欧洲等国，而这些人中，苏基栽的销售渠道最广，其人居驻印度尼西亚雅加达。瓷产品销往印度及周边几个国家，年可销售几十万件瓷器。据荷兰《东印度公司与瓷器》一书记载，在明万历三十年至清康熙二十一年（1602~1682年），荷兰东印度公司就从中国运出 1600 万件瓷器。荷兰占领澎湖及台湾后，澎湖与台湾变成为中国贾舶航运瓷器与公司贸易中心，从中国大陆运销瓷器到巴达维亚各地以至到荷兰大都经澎湖至台湾转口，然后由台湾运到巴达维亚或万淡保留，台湾成为我国外销瓷的重要集散地。仅清顺治三年（1646 年）从福建沿海大陆港口运到台湾与荷兰交易的瓷器就有 20 万件。其中不少瓷器是东溪、碗窑坑的产品。因此兰溪"东溪"瓷窑、岱山"碗窑坑"瓷窑的瓷器销量增大，其利润收入增多，据兰溪《苏姓族谱》记载在芥坑（东溪）还设立一个由苏质素（讳世清）负责的专门监测金、银账柜。

从元朝初期苏姓迁居升平后，约在明朝初期，传至八世，苏姓已发展分衍成二房。苏姓族人为防匪防盗，各房在明末、清初先后建起两座圆土楼，分别为二房建"吉藏楼"，现还在，部分可居住；长房建内坂"顶楼"，现已倒塌，原址基础尚存。庭安村内溪社苏姓移已成为当时升平堡及周边的富村名族。苏姓其他各房在芥坑（东溪）在同一时期也先后建有五座圆土楼；他们分别是内楼、外楼（清光绪年间，族长苏寮居住在此楼）、猪槽楼、顶虾形楼（民国初期 1934 年苏童任苏氏族长时居住在此楼）、下虾形楼，并于下东溪社口建一座寺庙，信奉原上坪"岱山寺"大道公和五显大帝，上东溪社口建一座仙妈庙；在兰溪还建有七八座大厝，其中一座最大有九厅十八房，现已倒塌，全部被拆除复耕，现存很多石板材，每条其长度有 10 多米、宽 63 厘米；还先后投建三座地处"郁仔"，地理称"蛇形"祖厝，分别是坐西向东、左边长房祖厝，中间是升平苏姓大宗，右边是二房祖厝，它们连续排列，现中间一座大宗完好，长房和二房遗址尚存。岱山郭氏也因经营瓷器利润丰厚，于明万历十八年（1590 年）对"齐云楼"再次进行修整大造。据《郭氏族谱》记载，元末，由郭氏二世祖郭景游初建成齐云楼。清初，在郭氏大四房原居住地"高山"投建"高山楼"；为方便瓷窑管理及防匪防盗，郭氏在"碗窑坑"西边山仑顶上再建一座"寨尾楼"，而后将经营瓷窑的人员迁居于此楼。到清雍正年间，由于郭、苏二族家人丁兴旺，且郭姓经营瓷厂的人已就近迁居"寨尾楼"，通过百年发展、岱山郭氏制作瓷器技术也已自成一派，如郭氏族谱道光版所记载"十二世祖志猜，讳志型，圭公之子，生于清顺治十年（1653 年），承祖业，心思工巧，制器精致而丹青尤擅长"。自此二家就形成分开各自经营状态。据苏氏族谱记载以及"庆升宫"碑文石刻记录，从清康熙年间、雍正年间，到乾隆三十年（1765 年），兰溪苏姓已成为上坪地区的大户，有苏廉、苏英任、苏白钦、苏秉礼等名人；他们对公益事业慷慨解囊，修路、建庙、重教助学，从祖产瓷器营利中拿出部分专款鼓历青少年读书。据族谱所载，兰溪苏姓先后培养出乡进士苏帮彦，太学生六人即苏辅旻、苏个学、苏芝里、苏树博、苏辉中、苏幼达等；文庠生（秀才）五人，武庠生（秀才）一人等。

三　苏姓、邹姓因山林纠纷是造成芥坑东溪窑衰退原因之一

清康熙年间东溪瓷窑已经发展至十九条，杂工、烧窑工、制作工艺师、管理人员等就有千余人，各种工作人员来自周边各不同姓氏村落，人多而事杂；其产品生产越多，烧窑木料需求量也日见倍增，而苏氏本族虽然有千亩林地，但木材火窑之用仍然是时有短缺。因此，所雇佣的砍伐工人也就有时会越界乱砍滥伐周边人家林木来充数，就会经常发生各种各样矛盾，特别是在升平与兰溪苏姓有一水之隔的登安社邹姓，其山地大部分与苏姓靠近或邻界，居则共井，坟则相连，早期苏姓向邹姓买了一片山林，因平时苏姓工人为烧窑制瓷，就经常越界砍伐林木，本就有所矛盾，因双方有姻亲关系先是相互忍让、克制，到清康熙三十二年（1693 年）间，兰溪苏宣楼后有坟山一片山林，苏姓、邹姓实共一山，山多松林。中有古路为界，路上属邹姓，路下属□苏家。因烧窑涉及邹姓坟山松林砍树、伐木诸多事情，互相争执，致相格斗，再次暴发严重纠纷，互相蹂躏树苗，掘圳擒剥，苏家打伤五人，邹家打伤七人，其后苏、邹姓双方开始打官司。这次事件发生，惊动当时龙溪县令、漳州府、总督福浙部院、巡按都察院按察使，拘捕苏姓、邹姓一干犯证，并由龙溪

臬宪审断山界详院定案碑记

县踏勘，绘制山图，于清康熙三十二年（1693 年）二月判决立碑，结果兰溪苏、邹姓涉案人释放，以各打三十大板告终。该事件以后、官府开始限量采伐，由此造成东溪瓷窑不能再扩大生产；该事件在登安（庭安）邹姓"日新楼"主厅右边有《梟宪审断山界详院定案碑记》碑石，该碑记因损毁，字迹不清，经笔者反复辨析对照，现将全文抄录标点如下：

按察使司老爷汪，十二月复核详。院审语。

本司看得：苏邹二姓居则共井，坟则相连，只缘苏宣楼后坟山，互相争执，致相格斗，苏宣遂以掠杀叠惨情词具控。宪辕批司查报，经前司遵行，漳州府提到一干犯证，檄发郡军施龙审详。苏邹二姓实为祖坟而起，互相踩蹋树苗，掘圳擒剥，并无执械焚杀。惟苏家打伤五人，邹家打伤七人，二比自供不讳。讯其当日，委验焚杀回报之文。则核邹文燠供称：实系苏宣贿嘱捏报。讯其，邹香勒骗苏仙银十二两，则投陈□六，坚供系打后和处，罚出酒戏、医药之需。各加刑讯，自认无辞。只以坟山布该□粘断，未免短长自为，既无山傤？稜？可讯，又无文契可凭，干证可询等由。虽请发回龙溪县踏勘，随经檄饬该县勘明，绘图乃发该厅，审复去迫，兹考详。称苏邹两家互相攻打，口前审，各经供认不讳，惟因坟山争执。不决，故请发回。今拠该县缴到山图，后虽讯两造。各供：实共一山，山多松林。苏口拔之上，中有古路为界，路上属邹，路下属口苏家。原买自邹，历今有年，契载四至甚明。看其照，旧古路界限，收赎其山上松杉，邹家不必砍伐，再造坟茔，以绝争端等由误。将逞开生事之苏宣、苏宗、苏仙与邹朝、邹谿、邹宪、邹香、邹文□各二杖，文燠系生员，姑准收赎。前来本司，复核无异。相应照厅拟详，候口宪裁。一议得，苏宣、苏宗、苏叠、苏仙、邹朝、邹谿、邹惠、邹香、邹文燠各所犯，俱合依不应为而为之事理者，律各杖八十；邹文燠应照例折赎供明。二比等各致宁家，一照出杖。犯苏宣等，各折责三十板，邹文燠依律权赎银四两，行县追解。招断坟山一所，照旧古路界限管业，核取实收。遵依缴照，别余无照。十二月奉。

巡按都察院大老爷下批：如详发。　落款：正月十七日奉。

总督福浙部院加五级带管巡抚。印务朱。发司行县，杖责牌文。按察使司汪　正月十七日奉。

总督福浙部院加五级带管巡抚。印务朱。批本司呈拠郡军厅审详：苏宣等招由奉此，如详发落，缴山图。并发奉。此查苏宣等一干人犯，业行郡军厅发回。

该县收候口，今奉等批，合行发落，为此票口典官吏，照依院批，事理即呈。苏宣、苏宗、苏叠、苏仙、邹朝、邹谿、邹惠、邹香各责三十，报同余犯一并释。银四两，追完充饷，该山照旧古路界限管业，□许争执，再启衅端，仍具遵依回报等因。

康熙三十三年二月　日

左边石板刻有村民捐资及收、支情况，右边石板刻着官府判决书。

从发生此案开始到审理结束判决，历时两年之久，是芥坑（东溪）瓷窑的苏姓首次因地界、伐木与登安邹姓发生刑事案件。

第二次是在于清乾隆五十六年（1791年），登安邹姓与兰溪苏姓又因山地和烧窑伐木等矛盾造"社怨"而发生大规模器械冲突。据传，起因是因兰溪苏姓计划和登安邹姓打架写信，通知芥坑（东溪）族人全部停工，调动工人参与，此事被绵治邹姓一个在东溪做客（访亲会友之意）的人知晓，当晚想办法拿到此书信跑回绵治禀告家长。第二天，邹姓一方面以书信做证据上报漳州府尹，另一方面组织青壮汉提前行动对兰溪苏家人突然袭击，进行打杀。由于登安邹姓有周边同宗宗亲，如归德（苦竹）、田治（绵治）邹姓介入而又提前有所准备行动，兰溪苏姓因而造成死伤无数。事后又有官府介入，以书信为证据，对参与该事件的苏姓人员进行抓捕，很多的苏姓族人因怕连累，丢家去业外逃至南靖及周边村庄躲避官府抓捕。当时南靖、平和、龙岩、早已建县，在当时，身有犯案之人只要逃过县界，改姓换名就算躲过一场祸事。

也因为这次事件，兰溪苏姓、登安邹姓两族人发誓其后裔从此不得联姻。至新中国成立以后，邹苏二姓才恢复通婚。但本条不通婚规定，对早期迁居期它地方邹、苏两家族人仍然恪守该遗训，如迁居台湾邹、苏两姓后裔至今还互相遵守不通婚祖训；此为东溪瓷窑最严重的第一次衰败期，造成姓百年家业被毁，从一个有族人近两千人的名族望族，变成只有几百人的弱族，瓷窑也造成从此没办法完整回复。其后在清嘉庆年间，东溪瓷窑又开始恢复小批量生产，各项产业也有所回转。至清道光年间，苏姓在龙溪县儒学贡生"选魁"中又出现苏登耀名列魁首，时由分巡巡海海防汀漳道纪录二次加四级甘国基为其彰显功名授匾。清同治四年（1865年），太平军陆顺德部奉令驻扎在上坪，队部设在齐云楼，岱山村民郭凸、郭好等人常与义军有来往，时隔不久后太平军撤走，邻村有一村民向清朝廷举报岱山郭氏通匪，当时左宗棠下令漳州府总兵罗大春率清军围剿岱山，实行烧、杀，使岱山村民死伤无数，村庄被废；因兰溪苏姓和岱山郭姓有特别历史渊源，是亲戚又是朋友，长期以来他们往来密切，而兰溪苏姓通过几次和登安邹姓因土地、林木砍伐等事件，造成不可原谅而致人以死的事件后，已变成为后辈人怨恨，因怕受到岱山郭姓牵连，全族人第二次除个别人之外，多数逃往南靖宝斗、平和、龙岩等地改名换姓居住，造成东溪瓷窑彻底停产；据说还有一窑已烧成品瓷来不及取出销售，填埋在原地。至1930年以后，苏姓族人部分才陆续搬回兰溪定居，如苏中行、苏建行一家，他们祖父苏童从"上虾形土楼"迁出，曾经在南靖居住30多年，到1935年才搬迁回兰溪定居，苏富、苏水注等人他们父辈都是居住于上虾形土楼内；还有苏彩杉、苏彩德一家，也是其祖父从东溪"牛仔坂"搬出居住高安，到1940年以后搬回定居等。

本文的撰写是2015年5月受华安县博物馆委托收集整理的，在调查过程中，得到了庭安村兰溪苏姓族人陈素心、苏忠、苏达坤等提供族谱等有关历史资料，得到了庭安村党支部、村委会的支持，村老人协会邹跃木先生的全力协助。后由曾在上坪长期居住过的涂志伟先生指导并重新修改。

注　释

1. 苏应龙、苏友仁编：《龙井苏氏族谱》，1938 年，谱藏德化县档案馆。
2. 徐本章、徐艺星：《清代德化人民迁徙台湾资料摘记》，载《德化文史》第十辑，德化县政协网，2012 年。

参考文献

1. 上坪（升平）庭安村内溪（兰溪）乾隆版《芥坑苏氏族谱》，同治版谍谱，《枭宪审断山界详院定案碑记》。
2. 上坪（升平）《升平邹氏族谱》和《岱山郭氏族谱》乾隆、道光版。
3. 《华安县志》民国版和 1996 年版。
4. 同安县志《福建进士举人录》。
5. 现存上坪乾隆十八、三十三年碑文石刻。
6. 德化《苏氏族谱》。

涂志伟，漳州市闽南文化研究会会长，原漳州市政协文史委主任。**郭树土**，华安县沙建镇上坪（升平）岱山村人，1964 年生，1987 年 10 月任岱山村村委会副主任。1988 年 9 月至 2003 年 10 月为岱山村党支部书记。2013 年任岱山村老人协会会长至今。2012 年参加岱山郭氏族谱修编出版，撰写有多篇乡土文史资料稿件。

"北溪绝唱 十里窑业"
——寻秘"漳窑"遗存地之华安东溪头

林艺谋

[摘 要] 东溪窑古遗址是"漳窑"核心遗存地，东溪头古遗址的历史悠久，范围广，窑址多，包括今华安高安镇邻近及南靖县部分乡镇，从探究东溪头的烧窑师傅的姓氏、生产技术、装饰艺术特征的分析，可以说明东溪窑古遗址是明清时期漳州地区窑址规模最大、窑址多，产品最有特色、延烧时间最长的民间大型窑场，奠定了华安东溪头窑的历史地位，是我国东南沿海重要的外销瓷产地之一，也是海上丝绸之路漳州段最重要史迹之一。

[关键词] 东溪窑古遗址 漳窑核心遗存地 历史地位"海丝"重要史迹

一 漳窑古遗址的发现过程

东溪窑是古代"漳窑"的产地，其显著特征为"白釉米色器，纹如冰裂"。从传世品上看，具有漳州地区历史文化特色，造型古拙，线条优美，釉色温润，格调典雅，修胎也较为规整，为特定窑口生产。它们风韵别致，实用、美观与艺术相结合，多富有观赏性，符合明清文人士族和地方缙绅阶层的的生活需求和审美观念。这种米色釉小开片瓷器沿袭约定俗成的定义，称为"漳窑"，从地方文献《福建通志》、《闽产录异》和《漳州瓷窑谈》以及清代华安西部片区的姓氏谱牒上得到印证。

寻找漳窑遗址位置，是国内外文物界长期以来的大事。1986 年文物普查时，省文博研究员、陶瓷专家栗建安与华安县高安镇文化站工作人员邹财金、东溪头林场场长邹阳水等在华安县高安镇三洋村东溪头流域调查发现了 22 处烧造青花瓷和米色釉瓷器的大窑场的窑炉，发现 15 处作坊和居住遗址及瓷矿点等遗迹，经深入全面复查；采集标本 1000 多件，公布遗址范围约近 10 平方公里，首次提出"漳窑"产自华安东溪头的观点。1990 年 9 月，厦门大学人类学系古窑址调查组又到东溪头勘查，共调查 5 个地点，并采集标本 300 件。1991 年 3 月间又委托王文径将所发现的漳窑瓷器标本带到故宫博物院，经中国古陶瓷研究会冯先铭会长、故宫博物院耿宝昌主任及刘兰华、叶佩兰等国家级大师鉴定，确定华安东溪窑遗址是"漳窑"产地的结论。期间陶瓷专家叶文程、唐杏煌、罗立华、林忠干、黄汉杰、曾凡、陆明华、冯小琦、王光尧、蔡毅、董健丽、傅宋良、吴春明、林元平、楼建龙、羊泽林、黄忠杰和叶国庆、苏炳堃、陈侨森、叶井毕、曾五岳、林俊诸君及已故文物前辈林焘、王文径等多次到现场采集到与"漳窑"工艺特征相同的白釉米色器、青花瓷、青瓷、青白瓷、绿釉瓷、酱釉瓷标本，并测绘了一些遗存的窑炉、作坊遗迹。此后，日本、东南亚古陶瓷专家及考古工作者也多次前来考查，断定东溪窑就是"漳窑"重要遗址。专家学者普遍认为漳窑遗址即东溪窑属明中期至清末民初的民间大型瓷窑厂，是明清时期漳州地区最大的窑口之一，也是我国东南沿海重要的外销瓷产地之一。以东溪头为代表的古窑业的主人内积技艺外联商贸，把当地瓷器大量运至东南亚、台湾、日本和欧美，与台湾有着密切的商务往来。"北溪绝唱、十里窑业"，如今，华安马饭坑窑址、上虾形窑址、扫帚石窑址等3处窑址遗产点为"海丝"申报代表作。（图一，1、2、3）经考古调查：华安东溪窑主要遗址分布于上东溪窑有大洲、东溪庵、圳崩湖、后坑寮、内楼、蜈蚣后、墓坪洋、路口湖、尾寮、陈埔坑、桥头楼；下东溪窑有义祠、白叶板、马饭坑、牛寮、扫帚石、蜡烛坪、上虾形、猪槽楼、橄榄坑、水尾和封门坑（封门坑于2001年正式划给南靖管辖）。按地理形态看，上东溪为"斗形"，下东溪为"鼎形"，所以旧时候人们常用"斗金鼎银"来形容东溪头的财富。多年来，华安县文物部门和高安镇政府多次组织专业人员深入东溪头调查，现已探明东溪头遗址点及作坊区均属高安镇三洋村委会管辖。

东溪窑窑厂生产区域

图一 1. 马饭坑遗产点（鸟瞰）

图一 2. 华安东溪窑遗址——上虾形遗产点（鸟瞰）

图一 3. 扫帚石（鸟瞰）

属南亚热带湿流润气候区，地形以丘陵河谷地带为主。不仅水力资源丰富，而且森林茂密。土地总面积 4.4 万亩，耕地面积 1700 亩，林业用地面积 29260 亩，为就地烧窑提供源源不断足够的木材、茅草燃料。矿产资源丰富，已探明的高龙公路两侧及下东溪有 1 万亩稀土、2 千亩硅石。最重要的是，这里的猪母石格盛产叶蜡石石和瓷土，储藏量大。这种种特殊的有利条件，孕育了东溪窑陶瓷历史文化遗产的辉煌。至宋元时期，华安出现瓷窑遗址，明清时期全面发展，磁矿丰富，窑址众多，范围广，形成带状，集中区发现有大面积的遗址堆积层，品类有：青瓷、白瓷、彩瓷、青白瓷、青花瓷等，既有鲜明的时代风格，且具有浓厚的地域特色。华安东溪窑遗址规模宏大，生产年代基本由明代中叶始兴，清康熙、乾隆年间犹盛，并延及民国时期，近五百年之久。2004 年 3 月 29 日，东溪窑遗址被我县公布为第六批县级文物保护单位并划定保护范围；2005 年 5 月 21 日，经福建省人民政府批准，华安东溪窑遗址被列入第六批省级文物保护单位；2012 年 9 月，"海上丝绸之路——漳州史迹·华安东溪窑遗址"被国家文物局批准列入《中国世界文化遗产预备名录》。

二 漳窑的地理与古瓷道

（一）华安东溪窑遗址的地理位置与水路交通

华安东溪窑遗址地处华安县西部乡镇高安镇的南部三洋村，系博平岭南端西侧支脉延伸形成的高安山谷盆地的南部，群山连绵不绝。村北部是高安山谷盆地的主要组成部分，为当今村民的主要聚居地。该村地势东南高、西北低，南面群山巍峨、山高林密，东有银广尖，中有牛仔坂、大坪山、胶剪尖，南有桃花仑、墓坪洋、柏公鞍、走马仑等高山相连，中部牛仔坂（山）的海拔 1122 米，为最高峰；全村平面大致呈南北走向的长方形状。村东南面的火烧高，中部的牛仔坂，与塘边相邻的甲子尖同西边的鹰仔尖遥相对视，形成以三洋为中心的归德（高安）山谷盆地南部。

从地理位置看，三洋村为古龙溪县二十五都西北边界，东面与半岭村和高车乡、沙建镇接壤，西与西洋村、坪水村相邻，南部的东溪头与南靖县交界，北与高安村相连，自古可称之龙溪县"三不管地带"，山高皇帝远，少为外人涉足而官府又难以顾及，实属免税、低税的黄金区域，适合长期生产大综手工业品瓷器的"风水宝地"。随着产业的兴盛，东溪头一带开始有了更细致的分工。下东溪的人专于烧窑制器，上东溪的人更专于开拓市场，工商结合的模式促进了华安东溪头窑址的发展迅速。

古代华安人以北溪航线为主要交通要道，九龙江主流北溪贯穿华安县全境，这些溪流为东溪窑瓷器运输提供了极大的便利。宋代进士杨汝南诗形象地描写华安的水陆交通为"江流如箭路如梯"（《宋诗纪事》：卷四十七至卷四十九），华安县城古称茶碣圩市，曾多处立庙"刘三公"，纪念唐朝疏浚北溪河道的刘氏三兄弟（珠华、珠成、珠福），但该庙毁于民国后期；明洪武年间，建立于华丰镇虎头山腰的昭明宫是闽台宗庙，主祀魏氏九龙三公，即魏了翁、魏国佐、魏天忠。1990 年由晋江东石信众捐助迁移至石门头重建并改为三公庙。明崇祯元年戊辰（1628 年）春和崇祯三年庚午（1630 年）春，明代地理学家徐霞客于曾溯岸二次游历华安，称："……然舟车所通，北逾江浙、南梯粤东，船自柳营来者，于斯为彼岸"，"从华丰入郡，朝发夕至"；林釬题刻"豁然开朗"；（按：引自《华安文物荟萃》）另有黄道周的门生华安县高安镇人洪思手书联语云："祖宗识远，知此青山独可家；诗礼思深，宜其后世多佳士。"；北溪龙潭段"上下游舟次鳞集，熙攘者以此为最"[1]。

三洋村水路、陆路交通方便。境内河流溪涧分布密集，归德溪主流贯穿全村，东面塘边溪支流流经大坪后洋，与大坪后溪、铁坑溪支流汇合；南面罗必坑溪、东溪等河道支流；西面由坪水村流下的沙溪等众多水源，汇入下东溪，并归德溪流，再经永丰溪汇入九龙江支流西溪，最后由九龙江汇入漳州月港。东溪窑烧制的瓷器即经由九龙江北溪、汰溪支流及西溪，输送到明代名闻海外的商港——漳州月港，再由此启程，出口到世界各地。

（二）"漳窑"遗址之东溪头的古瓷道

据考察，明清时期，华安东溪窑的运输线纵横交错，从高安镇区徒步至东溪窑，距离约 11~13 公里。古瓷道主要有两条：一条是由下樟渡口至上樟古村落再经上坪社入内溪自然村的乌岩顶，翻过格头后山腰经东溪头至塘边自然村复经茶坂（今高安圩底）。瓷器靠人工肩担往返九龙江北溪，此为主要产品的运输线，也应该是偷税、漏税的"黄金路"。另一条是从归德溪下游的下东溪头向西，陆路约 8 公里西行至永丰溪（九龙江西溪）的店头，也是东溪窑产品的运输线。古代华安县山峦重叠，地处闭塞山区，羊肠小道崎岖难行，山间小路铺有断断续续的石磴，素有"拂草救蹊"（拨草找路之意，明太常少卿陈天定所言）、"满途泥泞"之称。"方寸瓷片映出十里长烟，石墩残垣刻写商贾传奇"。

主要古瓷道路段纵横交错，现调查如下：

1. 北线（高马线），茶坂（高安）往东南方向 5 公里至塘边自然村，经塘边自然村往偏西南方向 5 公里至牛仔坂。牛仔板分南线和北线：北线 1 公里至牛坂仔格，毗邻麻绿穴顺西南方向 2 公里至大洲，大洲分为两路。

2. 大洲西南行 1 公里至内楼（途径橄榄坑窑、古瓦窑），内楼往偏东南方向至桃花南往西南可至陈埔坑；往西南 1 公里至东溪庵往偏西南 1.5 公里至墓坪洋窑，墓坪洋窑往西北 3 公里至后坑寮窑，后坑寮窑偏西南方向行 2 公里至猪槽楼，猪槽楼往西 3 公里至"两粒乳"，"两粒乳"往北经高岭土瓷矿路可到达虾形原始生态林，往西南便是梧营格（梧营格处于靖溪交界标志处），从虾形原始生态林向西路经坝头、吊拱窑、封门坑，最后与现代高龙公路连通，此岔路口边过下东溪就到达扫帚石山，扫帚石山东北部为古村落与作坊（牛寮窑也在此处），从扫帚石往西至第二个交叉路口往西北方向又分二路：顺路行进便能到达桥头楼，（马饭坑窑、白叶坂窑就在此处附近），顺归德溪而上可达窟潭湾、义祠。

3. 大洲南行 1 公里至东溪庵窑，东溪庵窑西行 1 公里至水尾（下溪）窑，水尾（下溪）窑西行经过畬仔林、水面桥、格仔门，最后与现代高龙公路相连通；牛仔坂往北 3 公里至白壤祠，白壤祠往北石狮、寮后格、猪母石格（与现代高龙公路相连通）。良马线南向为高龙公路，连接猪母石格（从高安至扫帚石 14 公里）。马饭坑、白叶坂窑、牛寮窑及其古村落遗址，分布于现代高龙公路（泰龙电站至扫帚石路段）周围。

4. 大洲至内溪（步行约 2.5 个小时）：大洲、桐梓仑、亭仔坑（有十字路口）、柯仔树坑、石狮披铁甲、堵碑、翡灶仔、土垄高岭、石公仑、厝烛、油柑下、大杉牛厝湖、圆山牛屎巷子、鼎麓、内溪。

三 "漳窑"遗址之东溪头的历史沿革

华安县自唐代以来便隶属漳州府龙溪县辖地，东溪窑遗址所在地高安镇古称"苦竹"，唐宋时改称归德。唐垂拱二年（686年），漳州建州，唐代设唐化里，管辖今丰山、沙建镇一带。开漳圣王陈元光派部将马仁督办炼铁制陶，据清康熙《漳浦县志》载："元光乃率仁等剪荆棘、开村落、收散亡，营农积粟，兴贩陶冶，奏立行台四境，时巡逻焉……"[2]。华安的陶冶业历史悠久。据调查统计，目前，华安具有代表性的33个古村落，其中至少有12古村落在宋元和明中叶至清早期有烧造瓷器并外销的历史。按《明嘉靖龙溪县志》卷一地理载："二十五都升平社、龙岭社、桃源社、黄洋社、迎富社、草坂社、宜招东山社、宜招刘山社、大深社、良村社、华封上营社、华封中营社、归德社、奇叶社、浦西社、陈山社"等，其中，升平社即与今高安镇相邻的沙建镇上坪社即岱山、宝山、庭安三村，归德社即今高安镇，迎富社（1957年划给南靖县和溪镇，即迎富村、迎新村一带），升平社、归德社等多村社均有明代所建夯土结构的大型土楼建筑，这是民富的一大例证。

从华安文物普查情况看，目前华安具有清以前建造的土楼上百座，其中有5座为明朝建造，分别为沙建镇上坪岱山村的齐云楼，建于明万历十八年（1592年）、宝山村的升平楼，建于明万历二十九年（1603年）、庭安村的日新楼，建于明万历三十一年（1605年）、济安楼〈建于明崇祯十一年（1640年）〉，另一座是紧邻的新圩镇绵治村，建于崇祯六年（1635年）。除上列五座外，其余土楼大都建于清代，其建造时间也都有碑刻记年记载，这无疑为研究土楼、茶叶和瓷器的产生和发展以及民俗民情提供了准确而科学的证据。这表明那时社会经济、商贸与人口相当发达，才有可能建造大型的土楼，而这些又与瓷器的制造与销售密切相关。据明末清初学者顾炎武著《天下郡国利病书》第十六册福建省部分引明万历癸酉（1573年）版《漳州府志·兵防考》城堡条记载到："漳州土堡，旧时尚少。惟巡检司及人烟辏集去处，设有土城。嘉靖辛酉年（即嘉靖四十年，1561年）以来，寇贼生发，民间团筑土围、土楼日众，沿海尤多"。志书中又载龙溪县有土城2座、土楼18座、土围6座、土寨1座，当时的龙溪县第二十五都（今华安县）境内就有土楼8处之多，上坪、丰山、汰内西坑、归德上村、华丰、西陂，宜招（今仙都镇）等地已有数百座土楼，约占全县（龙溪县）土楼的40%，并主要集中于华安县东北部的仙都镇，南部的沙建镇，中部的高安镇、高车乡、新圩镇。华安土楼呈现出二线一块的态势："即由汰内—上坪—绵治—石示头—高安至马坑为西线；沿九龙江北溪溯江而上自丰山—沙建—新圩—华丰至湖林为中线；仙都—良村构成一块状，为东块"的论证。而西线恰恰是瓷窑的主要分布地，"东茶西瓷"构筑了当时商贸发展脉络清晰的实物资料，佐证明清时期龙溪县二十五都辖地的手工业十分发达。

"漳窑"的烧造者有苏氏、周氏、赵氏、黄氏、陈氏、林氏、蒋氏、李氏、郭氏、邹氏、阙氏、巫氏、吴氏等，并诞生了瓷塑大师陈福成。（图二）据福建省和漳州市文物部门的考古调查，东溪窑的主要烧造者是龙溪二十五都升平社芥坑保（今华安县沙建镇上坪内溪自然村）苏氏族人。他们于元末明初从德化迁至龙溪县二十五都升平社芥坑保（今华安县沙建镇庭安村内溪），繁衍十世后在明中叶迁至归德保的东溪头和塘边，立祠建庙信奉五显大帝和医神保生大帝吴夲神像，并举族烧窑制瓷，"东

图二　陈福成作品"明万历底款青花瓷青花大罐"

溪"、"月记（月、月言）"为它们特殊的窑号，从目前的实物和当地的姓氏谱牒可以看出"漳窑"瓷器始烧应不晚于明中叶，兴盛于明嘉靖、万历年间，明末清初有所衰落，清康、乾复苏，同治间遭劫掠，几至绝烧，清末民初尚有少量烟火。今考《苏氏族谱》中有关"桐三派芥坑十三世，芥坑二派曰至惟世系图谱，芥坑三派至惟世系谱，芥坑二曰至惟世系图谱，芥坑三曰至惟世系图谱，芥坑二伯至曰世系谱，芥坑三伯至曰世系谱，芥坑三伯至曰世系图，芥坑三十三世至十七世世系谱"等分卷，这些方面已有史料和实物可以证实，前后生产持续长达四世纪。整个兴衰过程与明代中后期我国东南沿海对外贸易交通中心漳州月港的骤起忽落、清廷的海禁政策、清末战乱、经济兴衰等息息相关。

三洋村东溪头古属漳州府龙溪县二十五都升平社内溪保和归德社归德南保、东溪头保。明清至民国时期顶下窑、隘门、军营、陈埔坑等（今分属于南靖县金山镇荊都村、龙山镇西山村）各自山川村舍中的部分之均为古龙溪县二十五都升平保属地；1941年版华安县行政地图乃为古华安县辖地。华安县高安镇邦都村邹氏祠堂前所立的明嘉靖三十六年二月《邦都山契碑》碑，内载买卖山地三起，契文三件。这些山契反映出明朝正德、嘉靖年间邦都一带土地买卖情况，对买方、卖方、中人、土地种类、地价、地界、权利义务及买卖年月均有明文记载。

其一是明正德十六年（1521年）八月的山林买卖契书，于明嘉靖十七年（1538年）重载明于碑；其二、其三是明嘉靖三十六年（1557年）正月、二月的山林买卖契书，立碑为据。这三份契书说明了明代初期、中叶，在高安镇三洋村邻近村落山地买卖交易很活跃，而明代中后期福建的山地和山林，已为各家各族的私有占有物。而山界变化、买卖的进行实际上也反映出当时东溪窑烧瓷业的兴旺，使得山林的买卖也十分活跃。其中包括利用山林进行"砍做木料、火柴、垦田、燃炭、造炉等项"，"燃炭、造炉"正是东溪窑烧瓷所需。现试引部分碑文内容以证之。

碑文（一）："邹希贡，正德十六年（1521年）八月明买得邱大璠归德山地，东西南北：四至明白界址，即将契文琢在石碑，世世子孙依界执掌。归德社住人邱大政、大璠共承祖明买苗山，坐址本社上村南山坪等处，……一山东至石盘头孤寨仑七斗溪、横坑溪八上山至山口。牛角坑为界；南至陈坑头、坪水溪、山荒头为界；西至葛山、

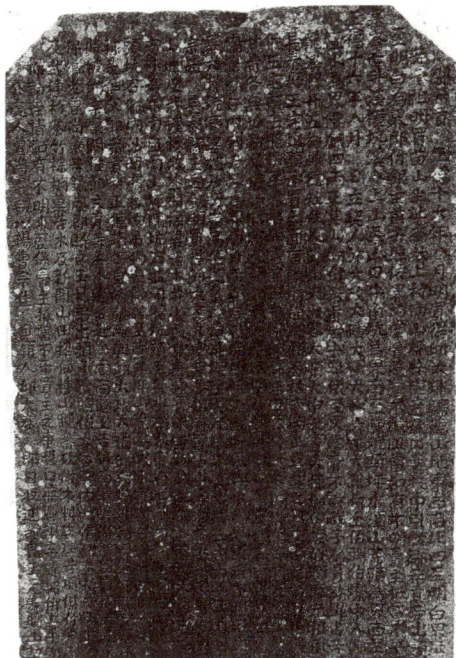

图三　1.明正德归德邹氏山界碑

马头仑、黄斗坪、炉内、吊狗崎为界；北至七坪头、梅溪山后为界，正德十六年八月，日立契人邱大政、大璠、大辉、大春、大燧、大烈、叔全、伯灿、中人邹童道、戴梁岗。收过邹希贡赎回苦竹上村、圭竹林并山东西四至俱以极水为界，价银四两正，其山即付希贡前去照依至界掌管……嘉靖十七年（1538年）五月十四日戴梁岗，中见人邹昆华。"

碑文中归德山地西方出现了炉内地名，说明了当时高安地区东溪窑建炉烧瓷已形成规模，且时间久，才有可能形成地名。

碑文（二）："龙溪县廿五都归德住人邱伯夫、大容、大顺、大申、大宾、大栋、邱伯灿、伯润、廖元祖、承祖有苗山，坐落本社上村、南山坪、葛山、山口等处……其余山地不分高低寸土木石，俱付王宅前去照依至界招佃，宅葬、樵木、耕种菁禾五谷、杉、竹、茶、桐、棕、果等物及砍做木料、火柴、垦田、燃炭、造炉等项，逐年照例起税，永为祖业……本山北自七坪头，小尖山后葛山至石桥潭、喉仔内，铜安林为界；南自南山坪、暗坑、陈坑溪直入至坪水为界；东自下村、石盘头、七斗溪、菡竹坪、横坑溪直入上山山口、牛角坑、芒畲瓯为界；西自老庵寨、大坑垅、密婆硿、沙母岭、吊狗尖、番内黄、斗坪至山荒为界。嘉靖三十六年（1557年）正月日立卖契人邱伯夫、大容、大顺、大申、大宾、大栋、伯灿、伯润、廖元祖。为中人张宗元。"

碑文中说明归德人邱伯夫等人所卖的山林俱付王宅前去照依至界招佃，可以进行东溪窑建炉烧瓷所需的砍做木料、火柴、燃炭、造炉等项，从而证实嘉靖三十六年（1557年）时东溪窑建炉烧瓷的兴旺，这与上碑文所出现的炉内地名是相呼应的。同时，买断人还必须"逐年照例起税"。

四　东溪头窑范围广阔，包括今高安镇乡村与邻近的南靖县部分乡村

根据上文所述的邹氏祠堂前所立的明嘉靖三十六年二月《邦都山契碑》碑，碑文（三）所载："长泰县王廷钦明买得邱大容、大申等承祖有苗山坐落廿五都苦竹、上村、南山坪、葛山坪、葛山等处……其余高下山地及栽种杉、竹、茶、桐、棕、果等木并山民砍种畲菁禾等物，及往本山砍做木料生理等项。北自七坪头、逃军塘、后坑、梅溪、小尖山后至葛山、石桥潭、喉仔内、铜安林为界；南自南山坪、陈坑、石盘头、暗坑头至坪水为界；东自七斗坑、石壁尾、菡竹坪、横坑溪至上山山口、牛角坑、芒畲瓯为界；西自老庵寨、密婆硿、大垅坑、墩头坑、石狮内、沙母岭、畲内、吊狗尖、微硿至黄斗坪、山荒为界，下承买到任……立契之日，凭公交讫，其山即付良玉兄弟前去照依，

界内不分山地高下，及栽种杉、茶，竹、棕、桐、果等木及新开山田、招佃种山、种畬、砍做木料生理等项，俱付掌管，永为祖业，其邱家子孙日后不敢侵占盗卖等情……嘉靖三十六年二月□日立。"

另据清康熙四十年（1701 年）《布山功德主》碑，碑文由清康熙三十三年（1694）进士戴盼撰写，位于三洋桥往龙山方向约 60 米高龙公路右边，为花岗岩石碑。碑文曰："盼闻诸□白麓曰，是山立名有银矿、火烧寨、白芒祠、蔡□、施公路、罗笔坑头等处，多美松佳瀑，多廉洁退让之人家焉。遭乱以来，始稍□侵夺，民不得安宁耕桑……"

从上述两碑中，可见当时高安镇三洋村在明清时范围很广阔。三洋村形成了塘边、罗必坑、上村北、义祠、红坂、寨脚、溪边楼、李厝、山斗尾、上坌、庵仔下、可岭、埔顶、东溪头等村落。但华安县高安镇包括三洋村东溪头所属山地以及周边的山川矿山常常被割舍。明正德十三年（1518 年），龙溪县二十一都 7 图、二十五都 5 图划给南靖县管辖。1932 年，东溪头归属归德区管割。1939 年，东溪头划归磜头联保管辖。1941，东溪头又划归第二区福德乡归德南保管辖。1957 年 10 月 1 日，原属华安县辖的蓬莱（307 户）、迎富（216 户）、迎新划归南靖县，东溪头中的下东溪头局部山地和自然村舍也划给南靖县西山村、荆都村村民代为耕耘。2001 年，经漳州市勘界办调整又将东溪头遗址的一些山地割舍予南靖县龙山镇管辖。这说明今南靖县一些地方发现的古窑址，实际上是属于华安高安的东溪窑系，保守地讲其烧造 400 年间与南靖县无关联，其出产的瓷器也应属华安东溪窑系的产品。

2001 年间，我从民间采访所得，古代东溪头的管辖范围界址："东南自山溪尾（美）鸡公湖、水尾坑至陂仔头交界，南与陈埔地格交界，西南至隘门格公交界"，明龙溪县与南靖县联合在今西山村艾园仔自然村隘门格的一块大岩石石壁平面上凿刻"靖溪交界"字样，作为凭记，楷体竖书，每字约 10 厘米左右，石刻的坐落四至：东石鸡仑（圳），西风格仑、南梧营路、北隘门村。又据当地耆老言，约定俗成以溪之南有一棵大松树，支杆分两边倒长，其往东南属南靖县界，往西北属龙溪县界。该石刻已在 1997 年之前被南靖龙山镇人拓宽路基中无意识地毁坏。这些变更，进一步说明了原东溪窑的范围十分广阔，南靖县的邻近华安县高安镇的窑址本属东溪窑。今在龙溪县二十五都归德保属地下寮自然村，即今南靖县金山镇荆都村下窑，发现一通明代万历四十二年（1614 年）的《院禁官山》碑刻。石刻为花岗岩石勒刻而成。碑记通体纵 240 厘米、横 100 厘米、厚 25 厘米。从《院禁官山》碑刻可知，明廷为防后患，将龙溪县二十五都即华安县高安镇、沙建镇包括今南靖县金山镇等一些山川封为"禁山"，这些山川方圆数百里，严禁平民百姓进山居住或劳作、营生，这些山川成为官府封禁的山，故称之为"官山"。碑刻内容记载明万历年间龙溪县解决当地豪民盗卖官山侵害当地居民利益的事件。从另外一个侧面，它为我们揭示了明万历年间东溪窑真实的范围和窑工的实际情况，弥补了史料记载和调查的不足。其碑文如下：

"漳州府龙溪县为欺官虐民一方大蠹事。明万历四十二年（1614 年）二月廿一日，蒙巡按福建监察御史徐批，据本县二十五都三溪磜居民吴应、罗应标、黄积明、吴成、黄荣、陈福、吴霖、吴昆、吴弘、黄祖、黄表、吴清、吴结、蔡荣卿、吴德等连呈前事蒙批，仰龙溪县查报，依蒙行拘各犯谢伟昌、（谢）子烨等到官审处，答词不一。

随该本县押同原被犯证亲临三溪磜、山、岩踏勘明白，连人带回，报县审得：漳郡深山穷谷之间，尽属守官。时有有力者私垦而据为己业。无检察则欺隐，有检察则陞科，然所陞者每不能如其所垦。此亦牧民者宁宽一分之意。其大较然也。本县有三溪磜山，坐二十五都而去县治百余里。虽尝亲诣遍揽之，约深八十五六里许，高者为仑，低者为田。乃田亦崎岖千径，凹凸万状，且与未经垦者星布而棋置，穷日月之力未易推求了然也。垦而踞者是不一姓，谢伟泗兄弟等，其私垦之独多者舆。据黄册，三十一年，谢栋吉与德禄户共三溪磜实在田一百零七亩六分三厘八毛一系，带民米七石六斗三升四合三勺二抄。然捏别业作三溪磜而无升米。案帖可据者，计六十九亩六分零。又加三十九年报垦田四十七亩四分，带米二石五斗八升七合九勺。总之实田则二十五亩四分二厘五毛，陞米则四石四斗一升四合七勺有奇也。"	"……称本处官山百余仑，西至南靖界饫仔岭大潮仑水合流，东至三溪口新旧寮，南至山龙仔上祠马坑尖，北至潮港十一社，并后平仑地基……"

图三　2.下寮《院禁官山》碑刻

首先，从碑刻内容上，可以看到当时这一片大地上窑场范围广阔。当时三溪口附近的窑山属二十五都辖地，即属今华安上坪、高安一带。距离龙溪县治

图三　3.下寮《院禁官山》碑刻局部

所在地百余里，三溪窑山方圆八十五六里均属于官山，总共有山百余仑，西至南靖界饫仔岭大湖仑水合流，东至三溪口新旧寮，南至山龙仔上祠马坑尖，北至潮港十一社，并后平仑地基，即包括三条溪流流域的全部山脉隶属龙溪县二十五都即今华安上坪（旧行政区划为升平保）其四面环山中间小盆地，今分布岱山、宝山、庭安三个行政村，现主要有郭姓、邹姓以及苏姓等。据郭树土等人的调查：郭姓来自宝山村、岱山村，宝山郭姓原称文圃郭氏，是唐名将郭子仪六子郭爱后裔，开居祖郭性泰来自今厦门同安郭山；岱山郭姓原名大山郭氏，是唐名将郭子仪长子郭跃后裔，开基祖郭文达来自今龙文区景山。邹姓来自庭安村，原称登安邹氏，是宋状元邹应龙后裔，开基祖邹凤祥来自邻村即华安县新圩绵治村（原称田治）；苏姓来自庭安村内溪自然村，原称"兰

溪"苏氏，是今厦门同安苏颂后裔，开基祖苏弘毅来自德化。上坪三个村现在总人口有六千余人；早期还居住有马、林、黄、许、杨等姓；上坪地区南边有桃源堡（汰内），东边至九龙江北溪，西北边是归德堡（高安）；是原龙溪县二十五都管辖下其中的一个有行政建制村社，始建于南宋淳祐十二年（1252 年），辖区人口众多，土地面广，其中包含有：绵治、岱山、宝山、登安、兰溪、湖底、白叶寮、后湖坑、下樟（含上樟、利水）、五岳、蓬莱、内重、溪脚、店头、黄牛内、北坑、石壕等村社，而上坪是各时期的堡、乡行政、经济建制中心。）、高安一带管辖。三溪口即指东溪、归德溪下游、永丰溪上游这三条支流交汇处。从东到西依次排列，东边一条支流由华安高安的上东溪之大洲、桃花仑流出，称为"东溪"；中间一条主流由华安马坑乡发源转高安流入，称之为"归德溪"；西边一条支流经金山镇荆都村羊尾流入永丰溪。

碑刻所指的三溪口官山地处古龙溪县二十五都升平保辖治，而今这些地区由于行政区划的变迁，又为华安、南靖两地交界处，部分已属今南靖县金山镇荆都村的顶磘、下磘、梧营、军营在内的大片土地，其中包括今在历史上称为三溪磘的居民。由于地处"漳郡深山穷谷之间"，当时龙溪县官府鞭长莫及，使这里长期处于无政府状态，有些人将其私垦据为己业。我们注意的是三溪磘地名，说明当时东溪窑范围已发展至此处，分布着许多窑址，三溪口地名变成了三溪磘。磘与窑相通，而"磘居民"为职业称号，即指制窑烧瓷的窑工。当地居民均属今华安县沙建镇上坪片区的三个行政村和高安镇一带的龙溪县民。

其次，从碑刻上我们可以看到当时在这个地方以窑业营生的人口众多。这一方碑刻民众集体联名上访所涉及的三溪磘居民姓氏有吴、曹、黄、谢、林、连、蔡、郑、陈、刘、谢、邹、颜、游、许、张、高、胡、徐、池、杨、石、余、蓝等 24 个姓氏。

再次，从碑文中反映了荆都村一区域的窑业作坊点转移他处。以上的诸姓居民均属苏、周、赵、陈、李、林、邹、黄、郭姓等窑主雇佣的窑工，他们在农忙季节已转移至种植粮食为主，并注重生存空间所依赖的"樵、葬"，即所谓然"捏别业作三溪磘而无升米"。这句话有力地证明了这些人并非开垦种植，并没有在开垦田园耕中水稻，而是借农垦名义在从事专业的烧窑。一升稻米也没产出。这种现象并非只是三溪窑一处，而是分布很广，周边都有窑址。官府经过实地遍访调查，发现：漳郡深山穷谷之间，尽属守官。时有有力者私垦而据为己业。无检察则欺隐，有检察则陞科，然所陞者每不能如其所垦。且与未经垦者星布而棋置，穷日月之力未易推求了然也。垦而踞者是不止一姓。从姓氏数量看，确实为数众多。他们一部分姓氏应属均已歇业为农的窑工后裔。这其中相当一部分是邻近的上坪庭安村苏姓等人所带来的或属同村人。

从乾隆版、民国版和 1997 年 9 月出版的《南靖县志》等诸类书籍中所载的南靖县行政区划及版图并核查《华安县全境图》（民国三十年绘制）、《华安县行政区划图》（1963 年 3 月版）、《华安县政区图》（1993 年 8 月版）及《龙溪专区图》（1970 年 4 月版）等可看出，南靖县所载的瓷窑场地点（金山通坑和山城）与华安县高安东溪窑地点并不相同。说明这些窑址属华安县所辖。今从《院禁官山》碑刻文中进一步证明龙溪县二十五都升平保的东溪头窑群开发之早，作坊范围之大，窑工之多，也可佐证东溪窑的全盛时期是在明嘉靖、万历年间。这个年代恰好是漳州月港海丝发展的全盛时期，两者得到相互印证。"华安东溪窑"名称已经约定俗成，学术界业已定论，而今天报刊媒体所谓的"南靖东溪窑"之说不够严谨。

以上所有的这些史料无不说明明代中后期在三溪窑区域也就是东溪头这片土地上的外沿某一部分窑业发展的盛衰例证。也进一步说明东溪窑口这个区域自古就属华安东溪窑系外延部分。

五 "漳窑"之东溪头的烧窑师傅的姓氏源流

东溪窑陶瓷的烧造技术主要师承于德化、景德镇、龙泉和哥窑，并进行技术创新。据福建省和漳州市文物部门的考古调查，东溪窑的烧造者是龙溪二十五都内溪保，即今华安县沙建镇上坪庭安村内溪自然村苏氏等 12 姓族人和周氏、赵氏、陈氏、苏氏、林氏、邹氏、郭氏、黄氏、李氏、巫氏、吴氏等。众多姓氏族人创造了华安大明瓷器文化的辉煌。其中，最主要可考的烧窑主人为内溪苏氏族人。并有传衍至今其他姓氏，例证：陈姓 5329 人，郑姓 4613 人，郭姓 4221 人，邹姓 3154 人，林姓 1875 人，蔡姓 1627 人。还有 53 个姓，分别是：赵、黄、李、杨、张、江、康、吴、庄、童、苏、阮、吕、汤、欧、王、唐、刘、何、沈、曾、赖、蒋、侯、詹、梁、彭、洪、邱、罗、谢、游、徐、纪、许、潘、韩、廖、孙、翁、宋、方、朱、杜、魏、白、周、叶、卢、高、陆、胡、余等姓氏居住的村落形成，其中不乏某些姓氏子孙们相携迁徙台湾及东南亚诸岛国拓展。高安镇现有邹、阙、邱、黄、钟、林、李、陈、张、童、谢、苏、郭、蒋、吴、许、余、祁、巫等共 19 个姓氏，其中人口上千的有邹、阙、邱、黄四姓，为高安镇大姓，人口上百的有钟、林、李、陈、张五姓，其他的均在百人以下。

邹姓，为县内、镇域第二大姓。高安邹氏为南宋状元邹应龙长孙邹顺隆子邹智远、邹智慧后裔，衍居邦都、平东、三洋、高安、半岭、西洋等村及东南亚诸岛国。阙姓，元代漳州万户府军府知事阙文兴第九世裔孙阙宗成于明景泰六年（1455 年）又从南靖地园迁徙到今高安镇高安村茶坂开基，其后裔主要衍居高安、三洋、西洋等村和台湾。邱姓，高安邱郭奄高安开基祖，是龙岩溪南邱万钟万八秀素庵公第九世波涯次子渡，又名郭奄，于明朝末年迁入归德（俗语：苦竹、德川，今高安镇）繁衍，传到第四世思源，思源生二子：景焱、百渊，分别在此传衍。 景焱传衍的支脉有：焕房、林房、聪明房、碧房、水舵房、粹房、庙前各房、玉清房、次房、辉房、时清房、德聪房。百渊传衍的支脉有：明周房、丕房、沄房、巧房、草房、开房、汲房、桥房、巽房、田房、仁房、银天房、桂中房、林东房、锛房、萍房、蒸仔房、杉房、德禄房、永赞房、清钱房、其水房、太山房、桐房。高安邱郭奄后裔，至今已传二十一世。

黄姓，南宋高宗绍兴十年（1140 年）黄德新从大埔湖寮迁漳州府龙溪县赤岭乡坂上社开基。高安始祖黄成忠在元大德四年（1300 年）迁徙高安开基，约于元至正六年庚辰（1340 年）又迁徙东溪头，黄成忠生二子：长子黄传孙，又称下房，居住在高安社后墘内外厝；次子黄子善、又称上房，子善于明洪武丙寅年（1368 年）契约安竹坪山地一片，而后子孙移居石墘、新厝、半岭、安竹坪社传衍。因此，多姓氏族人创造了华安大明瓷器文化的辉煌。其中，最主要可考的烧窑师傅为苏氏族人。南宋高宗绍兴十年（1140 年），黄德新从大埔湖寮迁漳州府龙溪县赤岭乡坂上社开基。黄成忠在元大德四年（1300年）迁居龙溪归德（今华安县高安镇）开基。黄成忠生二子：长子黄百三郎到南靖县书洋镇田螺坑社繁衍。黄白葳于明末清初进入云霄县云陵镇，在云陵镇新衙前建立余庆堂祠堂。

　　窑主苏姓。唐末，光州固始人苏益，随王潮入闽，成为入闽始祖。其子苏光晦择同安葫芦山下定居，族派名芦山堂。宋末，元兵南侵，闽族苏姓第十一世苏留义其妾王氏避乱于广东饶平清远都枫朗乡，生下遗腹子苏君万。君万娶蔡氏，生三子，一子名毅，号九三郎，于元皇庆（1312年）前后随母迁汀州上杭县金丰里苦竹定居。九三郎为永定苏姓始祖。嗣后，苏姓于元末明初再从泉州府德化县迁至漳州府龙溪县二十五都升平保芥坑，即今华安县沙建镇庭安村内溪社，苏姓在此繁衍十世。明中叶，苏姓迁至归德保的东溪头和塘边开基，并举族烧窑制瓷。据涂志伟、郭树土等两位先生查询：其中兰溪是苏基栽、苏德可，苏德缪（号纯实）等人外出到印尼雅加达市开拓市场，岱山社郭宗琴、郭宗滑等人也前往泰国经营瓷器，兰溪社苏基牙（字基八）与侄子曰睛等人，到台湾把瓷器转运日本，再由日本至菲律宾、南洋、欧美等国，而这些人中苏基栽销售渠道最广、其人居驻印尼雅加达市但瓷产品销往印度及周边几个国家，年销售瓷器相当可观。从清朝康熙、雍正、到乾隆三十年中，（据苏氏族谱记载和"庆昇宫"碑文石刻记录）兰溪苏姓，已成为本地大户、有苏廉、苏英任、苏白钦等人；他们对公益事业慷慨解囊、重教助学，从祖产瓷器营利中拿出部分专款鼓历青少年读书，有据可查先后培养出进士苏帮彦，太学生有苏辅旻、苏个学、苏芝里、苏树博、苏辉中、苏幼达等六人；文庠生（秀才）五人，武庠生（秀才）一人等。

　　元朝中叶，第十六世裔孙苏弘毅，肇基龙溪县二十五都升平社内溪保。苏弘毅娶妻江氏德顺再传至第十世苏景平，苏景平生于明天顺八年（1644年）甲申四月十九亥时；景平生四子：长子世祥椅派祖、次子世瑞桐派祖、三子统梓派祖、四子世爵漆派祖，均为升平第十一世。明中叶，次子苏世瑞裔孙分别传衍归德社的东溪头、塘边和磜头外洋苏厝楼（1864年即清同治甲子年建一座三层单元式长方形大土楼，制匾额书"荣春楼"）。东溪头苏姓以开基祖苏弘毅公的第九世宜贵次子苏景平及后裔为主，其祠堂大门联云："脉接葫山追世德、基开鼎麓振宗功"；又考得木板题刻"岂敢忘先，同安继龙岩小溪；归德只身，迁徙鼎麓基于口"（苏廷替拜）说明了苏姓的迁徙过程。在东溪头，苏姓举族烧窑制瓷，形成旺族。但后来，随着东溪头社制瓷业的兴废，苏姓族人有许多迁徙回祖籍地庭

图四　1.清嘉庆款青釉瓷瓶　　　图四　2.题款

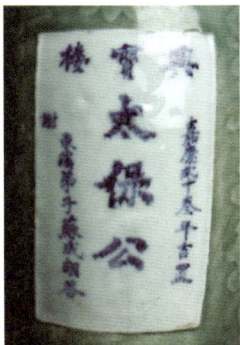

图四　3.侧面

图四　4.底足

安村内溪社，大清同治四年（1865年），乙丑五月重新修复一座三层高通廊式方形土楼，石制匾额书"吉藏楼"，占地面积508.32平方米。后裔赴台湾及东南亚诸岛国。（图五，1、2）

内溪自然村近代外迁人口较多，现人口仅有110人、30户，迁徙至今已二十七世。据笔者从老支书的衣柜中翻出了他们于1988年9月、2015年6月12日，两次在庭安村内溪社调查采访一批苏姓及邹姓、阙姓等65岁以上耆老[3]。他们出示的相关资料证明：古时候苏氏窑主、窑工们分别住于东溪头的十三个小社里，即顶大洲、麻绿穴（吴姓）、内外楼、桃花沓的国庵、陈埔坑、虾形仔、崩爿湖、蜈蚣后、猪槽楼、尾寮、后坑寮、梦坪洋、扫帚石及洪门坑、军营以及石刺仔、牛仔坂、四斗底的马饭坑、白叶坂、桥头楼仔、大坪、大坪格的义祠庵内外（余姓）、沓仔林、大墓后等田地、山林均由苏氏经营。又查找地方文献和华安姓氏谱牒：据清嘉庆年间修编的贰部内溪保《芥坑苏氏族谱》，中可查找出关于"东溪头"的记载30多处。

东溪窑的民众多数姓苏。据苏氏宗亲介绍，鼎盛时期，仅东溪口苏氏族人就上千丁，加上外姓窑工，整个东溪口人丁兴旺，贸易繁荣，甚至自成圩市。东溪圩日与归德圩同日，五日为一圩，圩市于日出始易，晌午结束。东溪人靠他们的聪明才智在东

图五　1.兰（内）溪祖祠大门联对

图五　2.儒学贡生苏登耀学位匾

溪流域创建了28条（座）碗窑。东溪古窑业的兴起促进了当地经济发展，由此带来了人口的剧增，时人口达三千人丁，家境富裕。主要庙神是五显大帝、大道公、关帝爷和窑公等。当时，每逢"春秋"二祭东溪头演社戏，村落中倘若每户人家都拿出一件蓑衣就可以同时搭盖3座戏台的顶棚。又口传每逢下雨天媳妇儿过社、过户免戴斗笠、雨伞，因窑厂的民居建筑密集成排，房屋外檐口较宽，可遮阳避雨。清初，因朝廷在景德镇官窑大量烧制宫廷所用瓷器，征用了东溪窑的工艺能手，又加上社会动乱，之后东溪窑厂的部分窑工参加太平天国运动等原因，人散窑停，"漳窑"生产基地——华安东溪窑便渐趋衰败。在茂密的树林下，残缺窑墙、出烟室、烟孔、匣钵等古遗迹透过时光依稀可见，地面偶有裸露的陶瓷碎片安静地站立着。值至1911～1923年期间，因匪患严重，苏氏族群家长头苏存宜才陆续带众乡亲迁回内溪居住，也有部分人搬去三洋村；1945～1947年期间继任的家长头苏同等又带最后一批乡亲迁回，苏木生等4户移居就近龙山村；从此以后，东溪头的田、山绝大多数是归纳于三洋村群众耕耘，权属未变。1952年，山改时华安县第二区三洋乡所编造的"山改清册"，该清册明记载着"地名东溪长潭"，面积约4800亩，东西四至为："东，风门格仑；西，苦竹（归德）溪；南，过坑仔大片；北，下东溪溪口"。1955年间，荆都村与三洋村的山林经营界址仍以苦竹（归德）溪为界；（图六，1、2）下东溪的山林经营地界，（1957年间，由于西山村苏滚，又名棍、苏跃、苏永福等一再恳求三洋村的宗亲出面交涉拨让下东溪庵仔前的封门坑外、蜡烛坪安排山地30亩让他掌管，帮助其发展生产，自此之后，三洋村在下东溪的山林，经营界址变成）以封门坑沿东溪坑至归德溪的锁水口为界。归德溪流域的三洋村和沙建镇的上坪社，早在宋代中末期间，东溪社就有四周分布有欧、尖（占）、赵、李、唐、吴、黄、郭等姓氏进驻，而在明清时代都曾是盛产瓷器之地，曾吸引众多的人口迁移到此，经济的发展也使得生齿日繁，人口繁多，如今，这些各处旧址依存。但是随着瓷器生产贸易的衰落，人们赖以生存的经济支柱逐渐失去，人们又纷纷外迁。据2014年度的华安县古村落调查：沙建镇现最早入迁姓氏有：陈氏于元朝顺帝间（1348年）由南胜县靖城布厦迁

图六 1."靖溪交界"界石远景　　图六 2."靖溪交界"界石特写

入汰内桃源堡。郭氏于明洪武四年（1371年）由漳州好景山迁入岱山村。邹氏于明洪武九年（1376年）由新圩镇绵治村迁入庭安日新村。林氏于明朝正德四年（1509年）由漳州浦南溪园迁入汰内桃源堡。蔡氏于明朝正德四年（1509年）由龙海角美镇洪岱迁入汰内桃源堡。郑氏于明朝正德十七年（1521年）由丰山镇碧溪洲迁入沙建村。东溪窑的烧造者就是苏氏族人，据升平社内溪保《苏氏族谱》中所载，推定这一家族自元末明初从德化迁至龙溪县二十五都升平社内溪保，繁衍十世后于明中叶迁至归德社东溪头、塘边，并举族烧窑制瓷。据谱系载康乾年间苏氏10人渡台做瓷器生意（基牙，树河长子。生于康熙廿五年丙寅十一月十四日巳时时，卒于台湾；基八，树河次子。生于康熙三十五年丙子正月初一日午时，配陈氏生二子曰曰文、曰喜卒于台湾；曰鄠，基坂之子。配郭氏生一子曰德滂，父子往台俱溺于海；曰集，树境之子。讳廷佶。生于康熙十五年丙辰二月初二日亥时，配邱氏生一子，曰集卒于台湾，时康熙四十八年巳丑六月十四酉时，号从仕；基来，树定三子。生于康熙廿七年戊辰九月廿八日酉时，卒于台湾；基遂，树赖次子。生于康熙四十七年戊子十一月十八日寅时，配赵氏生二子曰，曰岩、曰规，卒于乾隆十一年丙寅二月十五日辰时，号警惕，卒在台湾；曰淡，基求次子。生于乾隆戊午五月廿一日巳时，卒于台湾，胞兄曰巽次子德明为嗣；德怡，曰烁长子。生雍正四年丙午五月初六日巳时，乾隆廿九年甲申九月廿八日子时卒于台湾；曰览，基翁六子。生康熙五十三年甲午正月初三卯时，配康氏生一子曰德，挨续娶李氏，往台溺卒；德挨，曰览之子。生乾隆十七年壬申正月十七日巳时，全父往台俱沉于海）。

六 华安东溪头窑的产品特色及生产技术

华安东溪窑是民间私营的窑厂，称为"私窑"（或称"民窑"），其烧制的"漳瓷"多属供摆设观赏的古玩，少数的日用陶瓷。品种有观音、弥勒等菩萨和花瓶、香炉、水盂、笔筒等器皿（闽南民间习俗，炉、瓶、盂三件为一副，东溪窑均有生产）。尽管东溪窑并非官窑，但其产品以质优而被列为贡品，选送宫廷，如："东溪双耳樽"、"绿东溪石榴樽"、"三足二耳东溪炉"等，今确定故宫博物院收藏的华安东溪窑瓷器精品31件，其中明代贡品3件、清代贡品2件。清光绪十二年（1886年），侯官学者郭柏苍著《闽产录异》一书，该书卷一货属条云："漳窑，出漳州。明中叶，始制白釉米色器。其纹如冰裂。旧漳琢器虽不及德化，然犹可玩也。惟退火处略黝。越数年，黝处又复洁净。近制者釉水、胎地俱松。"清末民初杨巽从（今华安县丰山镇后壁沟人）《漳州瓷窑什谈》也载："漳州瓷窑号东溪者，创始于前明。出品者，炉瓶盘各式俱备。"

上述文献资料显示，米黄釉瓷是东溪窑主要产品之一，根据考古调查及发掘，华安窑业烧造的产品甚多，瓷种以青花为主，兼烧青瓷、白瓷、青白瓷米黄瓷、酱釉瓷，另有少量三彩、五彩瓷。其中米黄色弦纹炉、白釉鼎炉足等被考古界视为"漳窑"典型器。东溪窑产品器形有炉、洗、盘、碗、盒、瓷像、花瓶、笔筒、笔架、鼻烟壶、杯、盅、匙、勺匀、水注和小件象生瓷等；主要可分为三大类，即单色釉瓷、青花瓷、彩绘瓷。

东溪头一带，在东溪窑兴盛之前约400~500年间，时龙溪县二十五都升平保（今华安县高安镇域）人已掌握了相当的烧造瓷器的技术，包括施釉面、制坯工艺已达到相当高的水平。再者，华安东溪窑的窑炉也有别于其他地方的窑炉，东溪窑皆为阶级窑，窑底为斜面，一般分三室，往往宽大于长，总长约十几米。此种窑炉容易控制火势，节省燃料，在每一个单窑中形成热量循环，根据需要在每一个窑炉中可烧不同的品种，每窑烧成的时间比龙窑短，可满足当时快产的需要。总之，东溪窑在烧制青花瓷之前，在坯、釉、窑等工艺方面都已具备相当高的水平。特别是阶级窑，它是漳州地区包括东溪窑制瓷艺人独创的技术，此技术还远播日本，对日本的窑业产生重大的影响。

图七　1. 华安东溪窑遗址：马饭坑窑口远景

图七　2. 华安东溪窑遗址：马饭坑窑口

图七　3. 华安东溪窑遗址：马饭坑窑口

2007年1~2月，由福建省考古队发掘虾形溪上虾形、马饭坑两处窑址。上虾形揭露窑炉遗迹一座，马饭坑揭露有叠压打破关系的窑炉遗迹三座，并出土一批瓷器标本，可推断其生产体系及其生产技术概况。（图七，1~6）

（一）从窑炉、作坊和村落遗址看，还可以看出当年"千百水碓、漫野窑烟"、"十里窑场、万里丝路"的盛景。从窑口的考古调查得知三彩、五彩器仅见于扫帚石。米黄釉瓷标本分别在后坑寮、上虾形、牛寮、扫帚石、马饭坑、下东坑庵和封门坑都有发现。青花器在各遗址普遍发现，还有部分单色瓷。这其中既有"各自制坯、合作装窑"的联合生产，也有独立经营的手工业作坊，形成众多的个体窑场。

（二）从纹饰装饰手法上看，采用回文、夔龙、X纹、蕉叶纹等装饰纹样，有堆塑、堆贴、镂雕、刻划、印花等多种技法并用，精致者可与了官窑媲美。

（三）从米黄釉与青瓷等并存来看，米黄釉瓷甚为精细，一些仿青铜、仿宋官瓷造型的米黄釉瓷与景德镇相区别又有密切联系。说明在烧造过程中，

图七　4. 华安东溪窑遗址：上虾形窑口

图七　5. 华安东溪窑遗址：上虾形窑口

图七　6. 华安东溪窑遗址：上虾形窑口

米黄釉瓷与青瓷、青花瓷绝非出自同一窑工之手，米黄釉瓷有可能是来自官窑工匠利用本地材料的创作。它的出现不但自己可以享用，也被世人认可，还有可能被官方认同，弥足珍贵。还与德化窑的一些青花瓷的款识有共同之处，部分商号款，特别是"月记"款，两窑之间难伯仲。产品中出现了大量的商号款，如"东溪"、"东玉"、"东兴"、"永和"、"利春"、"振成"、"振阳"、"月记"是东溪窑的记号，反映当地窑主的商业竞争意识。

（四）从胎釉来看，一种瓷品在市场走俏，走近窑口便会仿造。历史上有许多青花赝品简直可以乱真，但这种碎冰裂纹的小开片瓷品却不能仿造全真，郑启华先生在《东溪窑》一文中写道："广东潮州制出瓷器也带有细开片，看来很相同。如果我们对细纹留心加以鉴别，那就可以看出：东溪瓷的细纹是现露浅红色的，潮州瓷却显露出墨灰色，两者显然大不相同。"可见，当年潮州窑不是不想仿造，而是仿之不易。华安窑大件佛像的底部有"麻布胎"这是东溪瓷区别于其他窑口的特殊印记。

七　华安东溪头窑的装饰艺术特征

（一）青花瓷

华安窑青花瓷以日用瓷为主，纹饰题材可以分为人物故事类、花鸟虫草类及文字类三类。

1. 人物故事类多见明末清初流行的隐逸山水故事题材、庭院婴戏、打坐人物故事及高官厚禄等。

图八　1.清初青花"东溪"款盘玉兰秋叶

图八　2.篆书"东溪"方章

2.花鸟虫草类多见夔龙文、兔纹、鹤纹、鹭纹、洞石花卉纹、松竹梅纹、缠枝花卉纹、花果纹、简笔兰花、菊纹及灵芝纹等。

3.文字类的见有"东溪"、"月记"、"月"、"东玉"、"玉"、"文"、"寿"、"满"、"正"、"福"、"和"、"元"、"魁"、"仁"、"义"、"青"、"太平年兴"等字样以及清代伪托款"成化年制"。（图八，1、2）

（二）白釉米色器

白釉米色器在崇文风尚盛行，民间艺术、书画艺术繁荣的历史条件下，从明中叶开始，漳窑产出以崇尚含蓄质朴、造型清纯、高古又隽秀、装饰手法多变。其器物外形往往通过大方、流畅、刚柔相济的线条来塑造，加上相关部位的堆塑、镂雕、贴塑、模印、刻划等工艺加以装饰点缀。器表施米色白釉，釉色柔和，釉面纯净，大小不一的开片，原是烧造工艺的缺陷，却以其独特的风格为人们所青睐。有的精雕细刻，有的简朴大方，人物雕像和动物捏塑更具高超艺术水平。

今在荷兰吕伐登普林西霍夫博物馆、大英博物馆 大维德基金会、日本、印尼、故宫博物院、中国国家博物馆、上海博物馆、台北鸿禧美术馆、山东兖州图书馆、福建省博物院、厦门华侨博物院、厦门市博物馆及漳州市博物馆、龙海市博物馆、云霄县博物馆、华安县博物馆等处均有（华安）漳窑精品馆藏。足以证明漳瓷的销售传播状况。

八　"漳窑"核心遗存地———华安东溪头窑的历史地位

（一）产品最有特色

华安东溪窑以米黄釉瓷最为富特色典雅，其器物多属供奉陈设以及玩赏的佛道造像、香炉、瓶类、文房用具及一小部分日常用具等，闽南人们习惯利之为"漳窑"、"漳窑器"或"东溪窑"瓷器。它曾远销海内外，被广为收藏。"漳窑"是沿袭明清文人约定俗成的狭义概念，其显著特征为"白釉米色器，纹如冰裂"。从传世品上看，它们造型古掘，线条优美，釉色温润，格调典雅。常见压模刻划和堆贴技法，流行杂宝、八卦、博古、"卍"字、钱文和锦地花边。山东兖州明弘治十八年（1505 年）巨野郡王朱阳銮墓出土的漳窑米黄釉蟠螭纹尊、模印回纹筒炉等均是典型器。

（二）窑场规模最大

华安东溪窑遗址是"漳窑"遗址的典型代表和地理坐标点，是明清时期民间大型窑场。窑址和作坊遗迹分布规模来看，它是明清时期漳州地区最大的窑口之一，也是我国东南沿海重要的外销瓷产地之一。如今，不仅是上虾形、扫帚石、马饭坑等遗产点现场，走在泥土路上，每隔两三步，便可见到裸露在地表印有蓝色、红色、黄色、绿色，间或三彩、五彩的图纹瓷器碎片，竹林下……树林间的排列有序"M"字平底型匣钵和其他器形的瓷残片更是俯首可得。

（三）延烧时间最长

从目前的实物和当地的姓氏谱牒可以看出"漳窑"瓷器始烧应不晚于明中叶，兴盛于明嘉、万，明末清初有所衰落，清康、乾复苏，同治间遭劫掠，几至绝烧，清末民初尚有少量烟火。这些方面已有史料和实物可以证实，前后生产持续长达四个多世纪。整个兴衰过程与明代中后期我国东南沿海对外贸易交通中心——漳州月港的骤起忽落、清廷的海禁政策、清末战乱、经济兴衰等息息相关。东溪窑从已知现存最早的"漳窑"传世品看，他们在成弘时期已能成功地烧制"白釉米色器"，这与文献记载的时间相吻合。（图九，1～5）

图九　1. 明嘉靖款漳窑如来佛立像

图九　2. 明漳窑弥勒佛坐像

图九　3. 明漳窑双螭耳炉

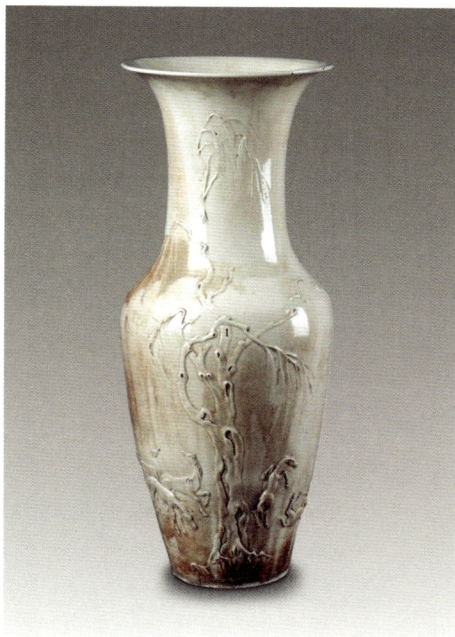

图九　4.清漳窑柳马图瓶

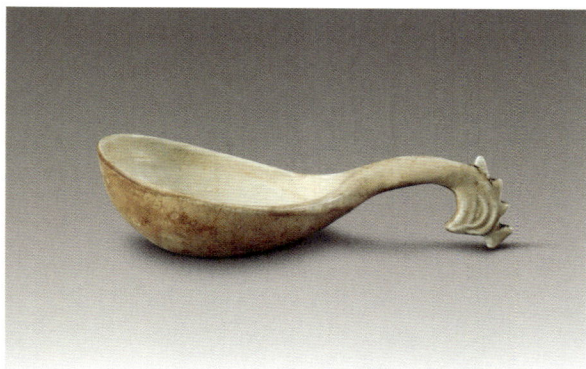

图九　5.明漳窑凤首炳瓢

（四）"海上丝绸之路"漳州段最重要史迹之一

以大型民间窑场——华安东溪窑为代表的漳州瓷窑在明代极为兴盛，是月港海外贸易主要出口产品的生产基地。不仅继承了同时代景德镇窑、德化窑和龙泉窑的工艺传统，而且得益于海外市场对中国漳州陶瓷的需求暴涨，以自身的独特产品特色，抢占了海外各国市场，成为我国民间海上贸易中的重要输出商品。华安东溪窑作为漳窑的重要生产基地，其产品外销的方式在中国史籍文献中并无记载，然而西方游记、档案对这一时期中西方陶瓷贸易的方式有所记录，这为陶瓷贸易方式的探讨与了解提供了依据。通过对西方文献记载的解读，明末清初华安东溪窑产品和福建其他地方的陶瓷一样有四种主要外销方式：其一是委托定制、其二是直接购买、其三是中国海商通过舟楫运到东南亚各地交易，其四是西方殖民者武装掠夺后转销东南亚各地。（图一〇）

迄今为止，中国乃至世界很多国家的博物馆都收藏有东溪窑瓷器。与此同时，番银大量入华，也逐渐改变着人们的社会经济生活。东溪窑遗址

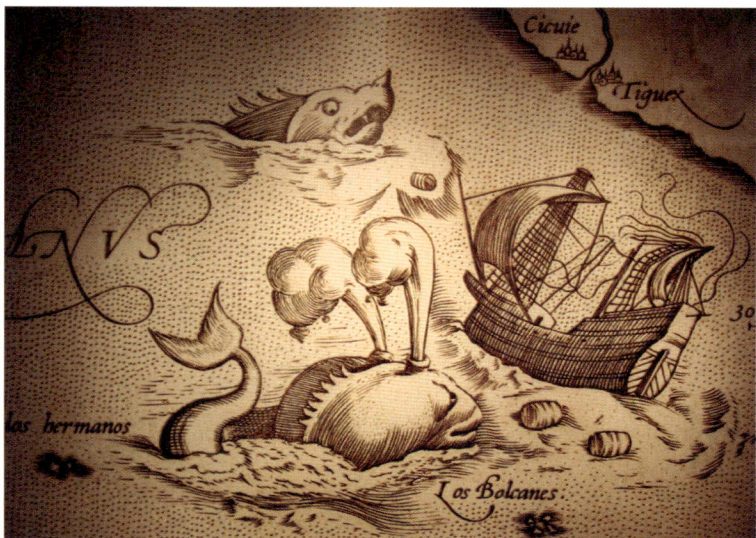

图一〇　17世纪荷兰人绘制的台湾海峡险情

等文化遗存，是 16 世纪末～ 19 世纪早期由漳州出发的海上丝绸之路对人类文明、文化交流和共同繁荣作出巨大贡献的主要见证。（图一一）"海上丝绸之路"漳州史迹 ——

图一一　华安东溪窑外销瓷器标本

华安东溪窑址，具有突出的价值和文化代表性。

注　释

1. 明天启年间（1621~1627 年），龙溪进士陈天定写给漳州知府施邦曜的《北溪纪胜》，载于《华安县志》，厦门大学版社，1996 年，　第 775~776 页。

2. 《漳浦县志》，清康熙志二十二年（1683 年）潘士瑞修；清光绪再续志，陈汝咸修，影印本和珍本。

3. 1988 年 9 月间，笔者采访马木桂（1909 年出生）、苏永元（1925 年出生）、苏水仁（1910 年出生）、邹炳福（1940 年出生）、黄高木（1928 年出生）、黄水生（1909 年出生）、邹明顺（1925 年出生）、邹木林（1935 年出生）、邹土水（1913 年出生）、邹才水（1937 年出生）、邹木发（1956 年出生）、邹大海（1944 年出生）、邹倭金（1939 年出生）、邹旺仔、邹文龙（1927 年出生）、阙禄甫（1918 年出生）、阙清云（1927 年出生）、阙清土（1929 年出生）、阙阿高（1915 年出生）、阙荷莲（1912 年出生）、张荣金（1931 年出生）、张壬水（1921 年 10 月 10 日出生）、邹镜波（1942 年 2 月 8 日出生）、林文钦（1926 年 6 月出生）、邹亚容（1933 年 2 月 11 日出生）等时 65 岁以上老人家（其中某些人今已逝去）；2015 年 6 月 12 日，笔者采访内溪苏氏后裔的苏忠、苏采德、苏达坤和陈素心（1940 年出生）老人家。

参考文献

1. （明）刘天授修，林魁、李恺等纂：嘉靖《龙溪县志》（8 卷）刻本，1965 年上海中华书局影印天一阁嘉靖刻本。

2.（明）陈洪谟修、周瑛纂：正德《大明漳州府志》，原刊本存台湾省图书馆。

3.（明）罗青霄修：万历癸酉《大明漳州府志》《漳州府志》（33卷）刻本。

4.（明）闵梦得、袁业泗纂：明万历癸丑《漳州府志》（38卷）刻本。

5.（明）张燮：《东西洋考》卷四《西洋列国考·美洛局》，中华书局，1981年。

6.（明）张燮：《东西洋考》卷五《东洋列国考·吕宋》，中华书局，1981年

7.（清）清康熙《漳浦县志》，《名宦志·陈元光》。

8.（清）顾炎武：《天下郡国利病书》，上海古籍出版社，1995年。

9.民国《华安县志》：1942年编修。1991年华安县地方志编纂委员会，整理刊行。

10.林忠干：《月港兴衰时期的东西方贸易与闽南陶瓷》，厦门博物馆编《厦门博物馆建馆十周年文
集》，福建教育出版社，1998年。

11.栗建安：《从水下考古的发现看福建古代瓷器的外销》，《海交史研究》2001年第1期。

12.马文宽、孟凡人：《中国古瓷在非洲的发现》，紫禁城出版社，1987年。

13.［日］森村健一：《福建省漳州窑系青花、五彩、琉璃地的编年和贸易——明末清初的汕头器》，
《福建文博》1996年第2期。

14.［日］金泽阳：《埃及出土的漳州瓷器——兼论漳州窑瓷器在西亚的传播》，《福建文博》
1999年增刊。

15.陈自强　《论明代漳州月港》，《福建论坛》1982年第2期。

16.黄元德：《今古纵横说华安》，华安老年大学编印，（漳）新出（2007）内书第036号。

17.华安县人民政府编制《华安东溪窑申报第六批省级文物保护单位文本》，2003年。

18.华安县博物馆：《"海上丝绸之路"漳州史迹·华安东溪窑》申遗档案资料，2012年。

19.林艺谋、李诚山编撰：《华安古村落》（调查手稿），政协华安文史委，2015年编印。

　　林艺谋，文博副研究馆员、华安县博物馆馆长、华安县土楼管理处主任。漳州市政协文史研究员。中国文物学会会员、中国古迹遗址保护协会会员、中国古陶瓷学会会员，福建省闽台传统文化研究会理事。

故宫博物院收藏的华安漳瓷

董健丽

[摘　要]　福建华安东溪窑是我国明清时期著名的瓷窑，产品种类丰富，器物精美，造型古拙，具有较高的艺术价值，为明清文人所赏识，更为帝王所青睐，精品作为贡品而进入宫廷。故宫共收藏该窑瓷器共计30件，其中26件来自新中国成立后文物局拨交、收购和捐献等途径，另外有7件器物是直接进贡朝廷的，这些器物多为仿古器，鼎、樽、瓶等，线条流畅，纹饰精致，制作精细，充满了浓厚的文人气息，本文将秘藏宫中的东溪窑器物首次向社会公布，以展示东溪窑瓷器的隽永、高贵和古雅。

[关键词]　东溪窑　养心殿　暗划花　凸花　白釉加彩

福建华安东溪窑位于漳州华安县高安镇三洋村东溪头，始烧宋代，明代中叶以后崛起，是明清时期漳州地区最大的窑口，也是我国东南沿海重要的外销瓷产地。

东溪窑产品种类丰富，主要以烧造青花为主，兼烧青瓷、白瓷、青白瓷、米黄釉瓷、酱釉瓷、三彩和五彩等，器物有各种宗教雕塑人物、香炉、瓶、尊、笔筒、水盛、盘等。器物精美，造型古拙，具有较高的艺术价值，为明清文人所赏识，更为帝王所青睐，精品作为贡品而进入宫廷。

故宫博物院共收藏该窑瓷器共计31件，明代19件，清代12件，其中有5件器物是进贡朝廷的，它们分别是明代白釉筒式弦纹三足炉1件、明代白釉莱菔瓶1件、明代白釉凸弦纹撇口瓶1件、清代乾隆白釉象耳回纹尊2件，上述瓷器当年分别在故宫的养心殿（皇帝寝宫）、永寿宫、重华宫陈设，其他26件东溪窑瓷器来自新中国成立后文物局拨交、收购和捐献等途径，下面按时代分别加以介绍：

明代白釉筒式弦纹三足炉（图一）：炉

图一　明代白釉筒式弦纹三足炉

图二　明代白釉筒式弦纹三足炉

镶铜口，筒式，微塌底，下承三个蹄形足。胎色白中泛淡灰色，胎体略轻。外腹和内壁施白釉，有开片，积釉处呈淡青色，内底和外底无釉露胎，外壁饰九道凸起的弦纹，高8.7、口径13.2、足距10.6厘米，清宫旧藏，进贡品。

明代白釉筒式弦纹三足炉（图二）：炉筒式，外壁斜收，平底下承三个如意云头足。外腹及外底施白釉，釉色发黄。炉内壁无釉露胎，外壁饰三道凸弦纹，高8.2、口径11.6、足距10厘米。

明代白釉鼎式双耳三足炉（图三）：炉鼎式，唇口，短颈，肩平，鼓腹，肩腹之间有勾云形耳。底平微弧，下呈三兽足，足较高，足上有小孔。胎体略轻，胎白中泛浅灰色，内底可见顺时针轮制痕迹。施白釉，釉层较薄，釉质细腻有光泽，内壁口沿以下无釉，露胎，高10.5、口径11、足距9厘米。

明代白釉双绳索耳簋式炉（图四）：炉撇口，束颈，鼓腹，肩部有双半圆形绳索耳，浅圈足。足端宽平，可见方、圆相间的16个支钉痕，通体施白釉，开细密褐色纹片，

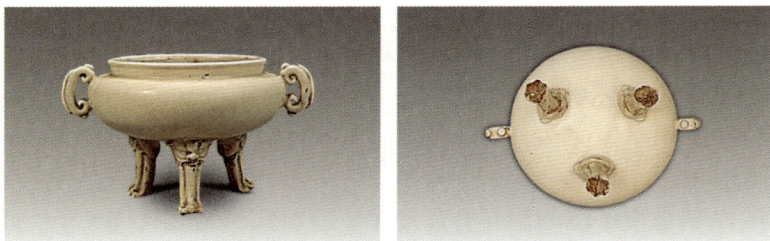

图三　明代白釉鼎式双耳三足炉

图四　明代白釉双绳索耳簋式炉

高8、口径15、底径9.8厘米。

明代白釉夔龙耳簋式炉（图五）：炉圆口，束颈，腹下垂，圈足外撇，施米黄色釉，有细密开片纹。外底施釉，内口沿下无釉，至内底可见旋痕。肩部有双夔龙耳，高7、口径6、足径6厘米。

明代白釉莱菔瓶（图六）：瓶小撇口，溜肩，长腹，胫部渐收，圈足，胎体厚重。

图五　明代白釉夔龙耳簋式炉

胎淡黄色，施白釉，釉色发黄，光亮莹润。口、足无釉，露淡黄色胎，胎质细腻，外底满釉。高39、口径6、足径10.5厘米，清宫旧藏，进贡品。

明代白釉凸弦纹撇口瓶（图七）：瓶撇口，长颈，溜肩，腹下垂，浅圈足，内足墙外撇。施白釉，发黄，外底满釉，颈部凸起四道弦纹。高24.5、口径4.9、足径5.5厘米，清宫旧藏，进贡品。

明代白釉瓶（图八）：瓶撇口，长颈，垂腹，圈足，胎厚，施米黄色釉，有开片，足端无釉，高16.6、口径3.7、足径4.5厘米。

图六　明代白釉莱菔瓶

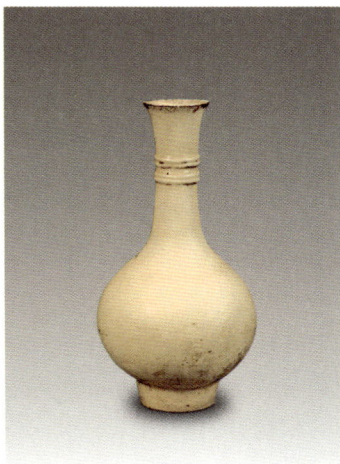

图七　明代白釉凸弦纹撇口瓶

图八　明代白釉瓶

明代白釉胆式瓶（图九）：瓶撇口，长颈，垂腹，圈足，施白釉，釉色发黄，釉厚而光亮。高15、口径3.4、足径4厘米。同样的器形故宫还收藏一件。

白釉平口瓶（图一〇）：瓶平口，细颈，长圆腹，浅圈足，足墙宽。胎体较轻，施白釉，釉色发黄，足端无釉，

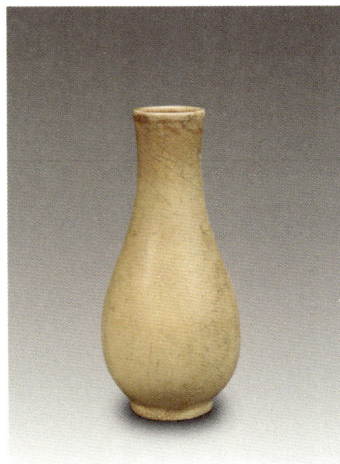

图九　明代白釉胆式瓶

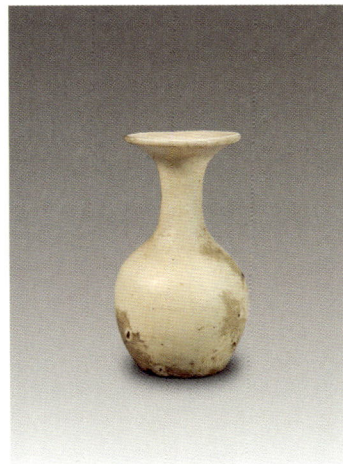

图一〇　白釉平口瓶

图一一　明代白釉凸花纹水丞

外底满釉。高 11、口径 5、足径 3.6 厘米。

明代白釉凸花纹水丞（图一一）：水丞唇口，圆鼓腹，圈足。施白釉，釉发黄，开细纹片。腹部浮雕两对双龙戏珠和螭龙纹，高 7、口径 6、足径 6 厘米。

明代米色釉达摩像（图一二）：达摩侧身坐姿，双手叠放膝上，广额深目，耳戴双环，双目圆睁，目光犀利，面部络腮卷曲胡须，袒胸露背，施米黄色釉，有小开片，高 23.5 厘米。

同样的器物有两件，皆为清宫旧藏，进贡品。

明代宣德年制款白釉盘（图一三）：盘浅腹，撇口，平底，圈足内壁外撇，足端修胎不规整，呈尖圆状，可见 10 个长形的支烧痕迹，胎体厚重。施米白色釉，有细小开片，外腹壁釉面光润，口沿下有积釉。外底印有"宣德年制"四字篆书款，印款精致而规矩。高 2、口径 19.5、口径 10 厘米。同样的器形故宫还收藏一件。

明代白釉刻花盘（图一四）：盘面坦平，中心微微内凹，斜直腹，圈足，内足深挖，足墙较高，外足墙较矮，外底中心压印圆环一周，印"宣德年造"四字方框篆书款，足端露胎。通体施白釉，发黄，有小的米色开片。盘内口沿刻一周同一方向的回纹，盘内刻三组折枝花卉，外壁口沿有一周弦纹，高 3.5 厘米 口径 25 厘米 足径 16 厘米。

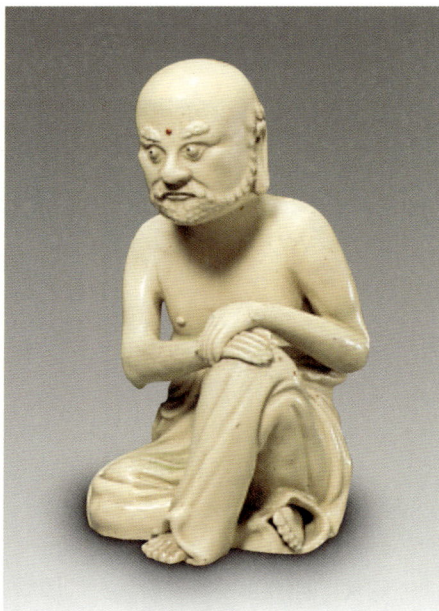

明代白釉菱花口盘（图一五）：盘菱花口，弧腹，圈足，足端不平，露胎，胎厚。施米黄色釉，开细纹片，高 4.6、口径 29.8、足径 16 厘米。

图一二　明代米色釉达摩像

图一三　明代宣德年制款白釉盘　　　　图一四　明代白釉刻花盘

图一五　明代白釉菱花口盘　　图一六　明代白釉划花花口盘

图一八　清代康熙白釉暗花直
　　　　口瓶

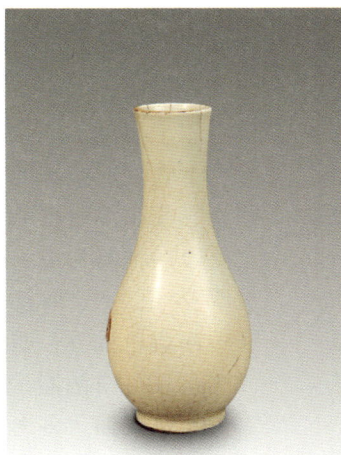

图一七　清代康熙白釉兽耳瓶

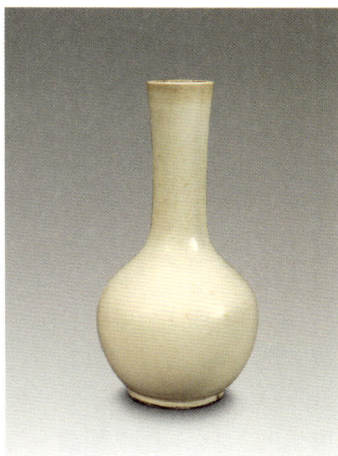

图一九　清代康熙白釉撇口瓶　　图二〇　清代乾隆白釉象耳瓶

明代白釉划花花口盘（图一六）：盘花口，圈足，内足墙外撇，施黄褐色釉，釉厚而光润，釉面开细纹片，盘内划竹纹，高 3.5、口径 18、足径 11 厘米。

清代康熙白釉兽耳瓶（图一七）：瓶唇口，短颈，长腹，圈足，施白釉，开细纹片，肩部饰兽耳，高 32、口径 8.7、足径 7.8 厘米。

清代康熙白釉暗花直口瓶（图一八）：口微撇，长颈，圆腹，圈足，胎质细腻，施白釉，釉色光亮。口沿下和颈的中部暗划回纹一周，高 31、口径 6、足径 9.5 厘米。

清代康熙白釉撇口瓶（图一九）：瓶撇口，细颈，垂腹，圈足，胎体厚，施白釉，釉色发黄，有开片。高 4.8、口径 3.2、足径 3.7 厘米。

清代乾隆白釉象耳瓶（图二〇）：瓶口微撇，溜肩，腹部下收，圈足。施白釉，肩部两侧贴塑象首耳。双耳之间暗划回纹带，高 19、口径 4、足径 4.3 厘米。

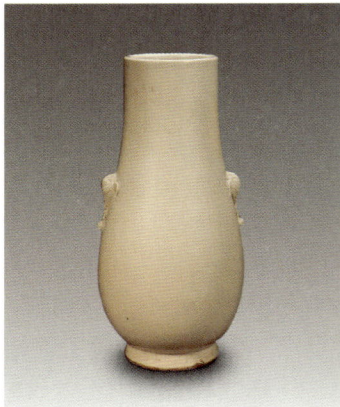

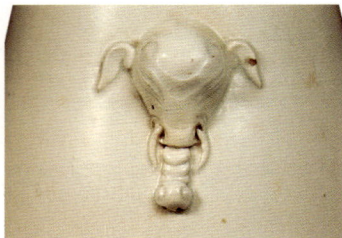

图二一　清代乾隆白釉象耳回纹尊

清代乾隆白釉象耳回纹尊（图二一）：尊圆口，直颈，圈足略高，足墙外撇，施白釉，釉色洁白而莹润。肩部贴象首耳，腰部暗划回纹一周，高 36、口径 10.5、足径 10.7 厘米，清宫旧藏，进贡品。同样的器物还有一件，也为进贡品。

清代乾隆白釉凸花松竹梅图观音瓶（图二二）：瓶口沿外撇，短颈，溜肩，长腹，圈足，施白釉，釉色较白，器腹凸雕松竹梅图，高 39.8、口径 14、足径 10 厘米。

清代白釉刻花瓶（图二三）：瓶唇口，微撇，束颈，溜肩，圈足，施白釉，肩部和腹部分别暗刻如意云头纹和竹纹，高 37.2、口径 11.5、足径 10 厘米。

清代白釉海浪蕉叶纹直口瓶（图二四）：瓶唇口，直颈，圆腹，圈足，外足墙无釉，施白釉。口下刻如意纹，腹暗蕉叶纹，近底刻海浪纹，高 30、口径 6.3、足径 8.7 厘米，清宫旧藏，进贡品。同样的器形也有一件，是收购品。

清代白釉瓶（图二五）：瓶撇口，宽肩，腹下收，施白釉，釉色均匀，略发黄，高 8.5、口径 4.9、足径 4.8 厘米。

清代白釉加彩花卉纹瓶（图二六）：瓶撇口，细颈，垂腹，圈足，胎厚。施米白釉，有开片，腹部绘红、绿、粉等五彩花卉纹。高 19 厘米 口径 4.3 厘米 足径 4.7 厘米。

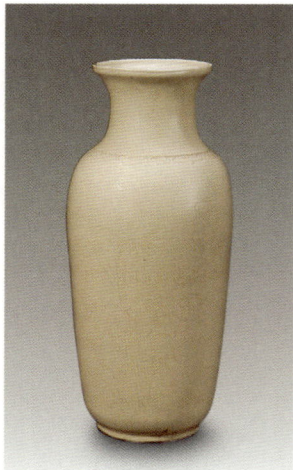

以上可见，北京故宫博物院所收藏的明清华安东溪窑产品主要以白釉器为主，也有少量的白釉加彩、米黄色釉等，明代的东溪窑白釉器，器形浑厚古拙，多为仿古器形，胎体略厚，胎色白中略带浅灰

图二二　清代乾隆白釉凸花松竹梅图
观音瓶

图二三　清代白釉刻花瓶

图二四　清代白釉海浪蕉叶纹
直口瓶

图二五　清代白釉瓶

图二六　清代白釉加彩花卉纹瓶

色，釉色白中发黄，多素面；清代器形较为清新雅致，多为本朝器形，炉、尊、瓶等器物的线条大方、流畅、刚柔相济，隽秀而古雅，对比明代器物，清代的胎体较薄，胎白细腻，釉色白净，器物装饰比前朝丰富，有松竹梅、花卉、蕉叶、如意云头、回纹、弦纹等，装饰手法有刻、划花、贴塑、镂雕、模印等。故宫博物院所藏的东溪窑白釉器在造型、釉色、装饰工艺等方面，堪称东溪窑精品，而贡品则以其古雅隽永的造型、洁白的胎釉、精湛的工艺，精致的装饰，代表了东溪窑的最高水平。

董健丽，北京故宫博物院研究馆员、古陶瓷专家。

浅析华安东溪窑及其白釉米色释迦牟尼雕像精品

张米

[摘　要]　漳窑是闽南地区历史上烧造成就较高、影响较大的一处民窑窑场，华安东溪窑是其最重要的中心遗存地，主要产品为白釉米色瓷器、青花和青瓷器。长期以来，人们即以白釉米色器或米黄釉瓷器作为"漳窑"的代表，亦称"米漳"。本文简单介绍华安东溪窑的遗址价值及其白釉米色器的瓷窑产地、窑业兴衰、制作工艺流程、产品特征等内容，并对其精品实例——万历四十三年释迦牟尼坐像作出浅要分析。

[关键词]　华安东溪窑　白釉米色器　万历四十三年释迦牟尼坐像

　　四百年前，在闽南山区华安县的西部，即漳州府古龙溪县二十五都升平社（今福建省华安县高安镇三洋村东溪头自然村），隐藏着一处引人注目的大型民间窑场——漳窑。漳窑是闽南地区历史上烧造成就较高、影响较大的一处民窑窑场，华安东溪窑是其最重要的中心遗存地，主要产品为米黄釉瓷器（即白釉米色器）、青花和青瓷器。米黄釉瓷器属于白釉品种（注：古代的大米是人工碾压而成的，米的表皮会残留大量的黄色维生素，呈现的颜色即为米黄色。华安窑瓷器因釉色白中泛黄加釉面细开片纹而闻名于世，所以又被称为糙米釉瓷），闽南人习惯称之为"米窑"、"米色器"，又称"东溪窑"，而外地人则称"漳窑"。长期以来，人们即以白釉米色器或米黄釉瓷器作为"漳窑"的代表，亦称"米漳"。20世纪90年代，经福建省博物馆、厦门大学、漳州市文物部门、华安博物馆等单位组织考查，认为漳窑米瓷产地"东溪"，一为南靖县龙山镇下东溪；二为华安县高安镇三洋村东溪头；三为龙文区郭坑镇东溪农场一带（原属漳州府龙溪县）[1]。有学者提出狭义的漳瓷指的是华安高安乡东溪头窑产的米黄色釉瓷器[2]。即本文主要探讨的漳窑瓷器。历史上该地聚集很多制瓷名师和大量外姓窑工，从事规模宏大的手工制瓷产业及商贸活动，华安东溪窑场具有"千百水碓、漫野窑烟"、"十里窑场、万里丝路"的盛况。如今，国内外各大博物馆和收藏家对漳窑瓷器均有珍藏，然而有关漳窑的窑口产地和白釉米色器的始烧年代、产品特征以及清朝晚期的漳窑烧瓷情况等问题，一直困扰着海内外专家和学者。

《闽书》记载："漳窑在龙溪东溪"。20世纪50年代，为了找寻白釉米色瓷器及其窑址，北京故宫博物院古陶瓷专家耿宝昌率领一支专题调查组到漳州市郊和龙海县郭坑东溪村等地进行调查，未获结果[3]。但自此揭开漳窑古窑址考古调查与研究的序幕。"漳窑"一度成为历史悬案，寻找漳窑窑址的具体位置成为文物考古界的一件大事。1986年底，当时的福建省文博研究员、考古所副所长栗建安及陶瓷专业人员会同华安县高安镇文化站邹财金在文物普查过程中，于华安县高安镇三洋村东溪头一带找到了烧造青花瓷的大窑场、作坊、窑炉、居住遗址和瓷矿点等遗迹。他们首次提出"漳窑"产自华安东溪头的观点。此后又深入东溪头复查22处地点，发现15处窑址和作坊遗迹，分布范围达10余平方公里，采集的窑瓷标本经国家级陶瓷专家鉴定确为"漳窑"产品[4]。经过国内外古陶瓷专家及考古工作者多次考查，最后断定东溪窑属明中期至代期民间大型瓷窑厂，是明清时期漳州地区最大的窑口之一，是"漳窑"遗址的典型代表，也是我国东南沿海重要的外销瓷产地之一[5]。

2006年5月，华安东溪窑遗址被福建省人民政府批准为第六批省级重点文物保护单位；2007年1月至2月福建省文物考古研究所对东溪窑的马饭坑和上虾形遗址进行考古挖掘，进一步明确了"漳窑"产地，揭露出两处横窑阶级窑炉遗迹[6]；2012年9月，"海上丝绸之路"漳州华安东溪窑史迹被国家文物局批准列入中国世界文化遗产预备名单。2015年12月29日，安家瑶（中央文史研究馆馆员，中国社科院考古研究所研究员、汉唐研究室主任、西安研究室主任）、樊锦诗（中央文史研究馆馆员，敦煌研究院名誉院长、原院长）、彭金章（敦煌研究院考古发掘专家，武汉大学考古教研室负责人）和郭旃（著名世界遗产专家、中国文物学会世界遗产研究会会长、国际古遗理事会前副主席）等11位专家组成福建省"海上丝绸之路"申遗专题调研组莅临华安东溪窑上虾形遗址考察时，挥毫题词留下"东溪瓷器、独树一帜"、"东溪瓷园、明清典作"的墨宝，对华安东溪窑遗址的文物价值、社会价值和历史地位作出褒奖。

漳窑创烧自明代中期。关于漳窑的创烧年代，早期文献有清光绪十二年（1886年）福建人郭柏苍的《闽产录异》卷之一货属条目，云："漳窑，出漳州。明中叶，始制白釉米色器，其纹如冰裂[7]。"清代杨巽从所著《漳州什记》又载"漳州瓷窑号东溪者，创始于前明，产品有瓶炉盘各种体式具备"，对漳窑白釉米色器的始烧年代、特征、产地等情况作出简单记载[8]。明代万历时期，政治动乱、国力衰减，景德镇瓷业受到严重影响，同时御窑场几乎停烧，窑工四散[9]。漳窑等民窑迅速兴起并进入繁荣时期，精品在明、清两代曾作为贡器进献宫廷。同时漳窑大量生产外销瓷，主要经由漳州月港（今龙海市海澄镇）远销日本、朝鲜、东南亚、南亚、欧洲和非洲等地[10]。清顺治十二年（1655年）重新颁布禁海令后，漳窑趋向衰落，于康熙二十二年（1683年）几近终结[11]。后又延烧至民国初期。

华安窑兴盛于明清时期的漳州地区。唐垂拱二年（686年），漳州建州于漳江之畔（今福建省云霄县境内），唐贞元二年（786年）迁至九龙江北溪上游，现辖云霄、华安、长泰、平和、龙海等县。华安与平和、南靖都曾是瓷业兴盛之区，后来逐渐形成"漳州窑"。漳州窑出产的青花瓷（欧洲人称之为"克拉克瓷"）和白釉米色瓷作为中国南部古瓷的两朵奇葩，在古陶瓷历史上占有重要的地位，享誉全球。近年来，欧洲陶瓷收藏机构编写的《中国瓷器》等专著将华安窑、平和窑的"漳窑"产品列为世界名瓷之一。漳州陶瓷业的快速发展与月港对外贸易的繁荣和海外陶瓷市场需求日渐旺盛密切相关[12]。月港兴起于明正统、景泰年间（1436年~1456年）[13]。隆庆元年（1567年），政府废除海禁政策，月港的私人海外贸易日益繁荣，至万历年间全盛[14]。明万历四十一年（1613年）张燮在《东西洋考》记载了漳州月港与世界主要港口几乎都有贸易关系。史载从月港出洋的商船"大者，广可三丈五、六尺，长十余丈；小者，广二丈，长约七、八丈"，"多以百计，少亦不下六、七十只，列搜云集，且高且深[15]。"由此可见一斑。

华安漳瓷文化内涵丰富，历史积淀深厚，造型和纹饰风格独特，绘画技巧洒脱奔放，融西方艺术与中国传统艺术为一体，具有浓郁的地方民族文化特色。据传华安东溪窑场曾有十里二十八窑。这里崇山峻岭，峰峦叠嶂，元明时期曾为龙溪县的"官山"。东溪窑地域河流纵横交错其间。地貌以山地、丘陵为主，矿产、水资源极为丰富，高岭土储量大，窑址大多依山傍水而建。水路运输便利，东溪自东北向西南流入归德溪、顺永丰溪而下入九龙江西溪。明清时期茶瓷运输除以北溪航道为主外，在华安东溪窑遗产点之一的扫帚石山旁，俗称"渡船头"的东溪下游，也是另一条运瓷航道。这里河面宽阔，水深流缓，曾也是漳窑瓷器水上运输的起点之一，这些优越条件使东溪窑场从明代中期开窑始烧，直至清朝未熄火，烧造时间长达400年。目前，在全县12处遗址上均采集到宋、元、明、清时期的陶瓷标本，并发现了一定规模的陶瓷遗址。米黄色釉瓷器标本主要发现于后坑寮、上虾形、牛寮、扫帚石、马饭坑、下东坑庵和封门坑等地，其中从扫帚石窑址中采集的最多。

华安漳窑瓷器有一套传统的制作工艺流程。水车碓土，利用周而复始的水车轮和轮轴，带动碓杆，连续捶打石臼里的瓷土、矿石，达到粉碎和增加黏性的目的。淘洗陈腐，经搅拌、过滤、沉淀，使瓷泥浆浓缩成泥。练泥，将陈腐池中的瓷泥翻拌成堆，边摔边拍或用人工脚踩，进行反复练泥。手工拉坯，将练泥处理后的泥团置于陶车中，靠脚蹬配以手力拨动陶轮，按器物形状，在转动过程中用拇指外压拉成坯体，然后再放入修整的陶车，用小弯刀、刮板、篾箍、签穿、笔刷等辅助工具进行修刮，使器物成型。修坯，使器物表面光洁，形体连贯，规整一致，达到所要求的尺寸。暗刻、堆贴，手拿工具在坯胎上刻出花纹、图案、文字等，并堆贴器物附件，粘贴成型。上釉，调到所需的浓度，上釉手法有沾釉、浸釉、浇釉、荡釉，做到釉层均匀一致，厚薄适当。匣钵装烧，使用时，通常用垫饼、垫圈垫烧，涩圈叠烧，也有细砂垫烧，因而有部分器物还粘有细砂，支钉垫烧较少见。匣钵有平底直筒形和"M"形，另外还有一种口沿内敛，折腹平底的匣钵等。烧窑，主要使用横式阶级窑，装窑完成后封堵各个窑门，选择时辰祭拜窑神，点火烧窑，温度控制在900℃至1300℃左右。出窑，瓷器烧成后，经两到三天冷却，打开各窑门，再经过两天深层冷却，即可依顺序取出匣钵，掀起匣钵盖，取出成品瓷器置于铺垫稻草的竹筐内。

胎釉颜色以淡黄色为主，还有浅灰色、浅褐色以及灰白色，其中以白釉米黄色最为典型。有的釉面莹亮，玻璃质感强，火候较高，有的釉面无光泽，显得火候较低。色相和色度的把握主要是通过釉料中各种原料的配比关系，调整铁氧化物的含量或烧成气氛的化学反应来达到的[16]。白釉米色瓷的釉有温度较高、瓷化程度好的，部分经过素烧，足底先施米色白釉第一次焙烧，再把绿釉或蓝釉施在未施釉的器物外壁第二次入窑烧成。釉面呈现米黄色深浅不同的原因，主要是釉中所含的天然矿物质及其他成分如石英、石灰等经高温产生化学反应，加上窑炉的结构、器物入窑所处的位置、温度的高低、气候的变化、气氛浓淡、施釉的方法等使得漳窑瓷器产生各种呈色、开片等。开片多为细小密集的冰裂纹，也有部分大开片，有的既有大开片又有细小开片，少数不开片或有极小开片，上部呈灰白色，近底部呈米色。这些烧造温度不高又呈开片的瓷器，原本属于烧造过程中出现的缺陷，后变为有意识的装饰，该工艺为北宋汝窑首创，其后官窑、哥窑等亦多模仿。

器型包括陈设器、日用器、文房用具和人物雕像等，以陈设和供奉的琢器居多。琢器是指不能在轮车上一次拉坯成型的器物，如瓶、尊、罐等。琢器业始于明代，时称印器，清代改称琢器。琢器行业下分十个行业，即：一、大件；二、粉定；三、雕镶；四、古坛；五、官盖；六、滑石；七、淡描；八、汤匙；九、博古；十、灯盏。各业的制品称为器，如粉定器、滑石器等。琢器以仿青铜器的炉、鼎和宗教人物等享誉中外。

纹饰多素面，部分纹饰简练。常见的装饰手法有堆贴、镂雕、模印、刻花、划花。纹饰包括动物纹、山石纹、莲瓣纹、蕉叶纹、卷草纹、回纹、弦纹、乳钉纹、牡丹纹、如意云头纹、八卦纹、杂宝纹、篦梳纹、兽形纹、夔龙纹以及多种纹饰结合而成的连续图案等。其中诗文盘和篆书的标本"东溪"二字铭文，为华安东溪窑的产地名称实证。

中国国家博物馆收藏的一尊万历四十三年白釉米色释迦牟尼坐像（图一、图二），是漳窑瓷器繁荣昌盛时期的一件精品实例。瓷雕为陈设供器，通高 62.6 厘米，底座长 25.2 厘米，宽 21 厘米。头顶螺髻，螺髻中央为一枚圆珠。脸型方中带圆，眉毛舒展，双目微闭，略带笑意。

图一　万历四十三年释迦牟尼坐像（正面）

图二　万历四十三年释迦牟尼坐像（底部）

左臂单肩批衽，袒胸露右臂，右上臂和双腕各戴一圈璎珞珠饰。胸部中央有"卍"字装饰。双手托珠，掌心向上结禅定印，跣足结跏趺坐于仰覆莲座之上。莲座下设镂空八角台基式须弥座。器物通体施米黄色釉，釉色莹润清亮，密布细碎冰裂纹开片，胎色淡黄，胎质较粗，胎体厚重。

瓷佛雕像采用的主要成型工艺是捏制和模制。先用瓷土模制人物躯干，共分三节，头和胸部上各一节，盘膝至胸部又为一节。再运用了刻、划、印、捏、堆、贴、雕等技法，对佛祖的面部、手、脚、衣饰等局部进行细雕。最下面的须弥座为镂雕而成，封底，八个底角处有装烧支垫痕迹，底部刷薄釉，上面可见清晰地席织痕，这是制作过程中胎土未干时留下的印迹。佛祖双腕各戴一圈璎珞珠饰，推测手部可能采用了套接方法，这是为了方便运输而采用的制作工艺。

漳窑白釉米色瓷雕大部分为腹体中空、无釉，有的封底，有的不封。封底的中心多见一圆孔，部分器物的孔周刻有铭文。万历四十三年释迦牟尼坐像正是如此，底心留一椭圆形孔，孔周刻有铭文，字槽内残有金彩，铭文为："开元寺"、"大明万历乙卯年漳州府东溪乡"、"冶子陈福成叩谢"，共23字。器底铭文明确指出瓷雕供奉地是福建省内规模最大的佛教寺院开元寺，烧造年代为大明万历乙卯年，即万历四十三年（1615年），制造者为陈福成，窑口位于漳州府东溪乡。该器印证了近年来考古调查和考古发现关于"漳窑"产地在华安东溪头的推论。无独有偶，福建博物院藏有一尊明代漳窑灰青釉如来佛立像（图三、图）[17]，器底刻有"开元寺"、"大明嘉靖丙辰年"、"漳州府澄海县南门外海村乡信士陈长春百叩"铭文。两者共同为研究漳窑瓷雕铭文体例提供参考资料。

图三　明代漳窑白釉米色如来佛立像

图四　明代漳窑白釉米色如来佛立像底款

瓷雕出自"冶人"陈福成之手。对陈福成传说有二：一说他是元末明初由德化县迁往升平社上坪保的陈姓支系，陈姓历三五世再移居东溪头的大洲定居的后裔贤人，是一名擅长作画、雕塑的秀才；二说他祖籍漳平县永福里，是宋末元初迁入归德社塘边的陈氏族系的后裔，年少时离家当和尚，中年受到名师指点，后还俗并定居东溪头，成为大窑主，晚年不幸卒于一次台湾海难。对其生卒不详，待考。该器造型典雅别致，纹饰匠心独运，富有艺术魅力，可知陈福成拥有高超的艺术造诣，作为瓷像雕塑大师名不虚传。据三洋村东溪族谱记载，华安东溪窑的烧造者主要是龙溪二十五都升平社芥坑保（今华安县沙建镇上坪内溪自然村）苏氏族人，他们于元末明初从德化苏坑迁至此地，因此认为漳窑米瓷生产技术师承德化[18]。繁衍十世后，于明中叶迁至归德保的东溪头、塘边等地，举族烧窑制瓷。除陈福成外，此地世代出过不少精通漳窑制胚、选釉药、施彩、敷釉、绘画、烧造等生产流程的能工巧匠。

闽南地区有浓厚的宗教文化，同时又以雕塑见长。"漳窑"雕像精品成功塑造了佛教创始人释迦牟尼佛的正觉的境界，在此境界，贪、嗔、痴与以经验为根据的我亦已灭尽，达到寂静、安稳和常在。释迦牟尼佛本姓乔达摩，名悉达多，被后世尊称为佛陀（Buddha、意为"觉悟者"）、世尊等，汉地尊称他为佛祖。释迦是其种族名，意思是"能"；牟尼意思是"仁"、"儒"、"忍"、"寂"。释迦牟尼合起来就是"能仁"、"能儒"、"能忍"、"能寂"等，即为"释迦族的圣人"的意思。万历四十三年释迦牟尼坐像造型端庄恬静，清丽秀雅，面容饱满安详，体态丰盈，衣纹简练洒脱，呈现明澈幽静的意境，兼备神、韵、味、趣之美，较好的诠释出"漳窑"道释人物"即俗即真，即凡即圣，即色即空"的超脱意蕴，凸显时人理念，弥足珍贵。

注 释

1. 张自忠：《月港：东溪窑瓷器输出的窗口》，《福建史志》2015 年第 4 期，40 页。

2. 王文径：《未曾失落的记忆——华安东溪窑的调查发现》，《闽台文化研究》2009 年第 1 期，136 页。

3. 林俊、赵美仙：《瓷海钩沉话漳窑》，《收藏界》2004 年第 2 期，25 页。

4. 栗建安：《东溪窑调查报告》，《福建文博》1993 年第 1、2 期合刊。

5. 参见：林涛、叶文程、唐杏煌、罗立华：《福建华安下东溪头窑址调查简报》，《东南文化》1993 年第 1 期；林涛、曾五岳、王文径：《华安东溪头窑和漳瓷》，《漳州师范学报·哲学社会科学版》1993 年第 1 期；叶文程、林忠干：《福建陶瓷》，福建人民出版社，1993 年版；王文径：《未曾失落的记忆——华安东溪窑的调查发现》，《闽台文化研究》2009 年第 1 期；张自忠：《月港：东溪窑瓷器输出的窗口》，《福建史志》2015 年第 4 期等。

6. 栗建安：《华安东溪窑址的横室阶级窑》，《2009 年古陶瓷科学技术国际学术讨论会论文集》，中国科学院上海硅酸盐研究所，2010 年 1 月。

7. （清）郭伯苍编著、胡枫泽校注：《闽产录异》，岳麓书社，1986 年，39 页。

8. 转引自福建省博物馆：《漳州窑》，福建人民出版社，1997 年 1 月，110 页。

9. 白焜：《晚明至清乾隆时期景德镇外销瓷研究》，《福建文博》1995 年第 1 期。

10. 张自忠：《月港：东溪窑瓷器输出的窗口》，《福建史志》2015 年第 4 期，38 页。

11. 林忠干：《月港与漳州窑系贸易陶瓷之初探》，《吴州赤绘与漳州窑系磁器》，爱知县陶瓷资料馆、关西近世开股研究会，1997 年 1 月讨论会论文集。

12. 邱承忠：《浅析漳州窑与月港的海外贸易》，《闽南古陶瓷研究》，福建美术出版社，2002 年 5 月。

13. 林忠干：《月港兴衰时期的东西方贸易与闽南陶瓷》，《厦门博物馆建馆十周年成果文集》，福建教育出版社，1998 年，157 页。

14. 郭上人：《漳州千年历史特点探索——自唐开漳至明清时期》，《论闽南文化：第三届闽南文化学术研讨会论文集（上）》，鹭江出版社，2008 年，202 页。

15.（明）萧基：《恤商厘弊凡十三事》，载（明）张燮《东西洋考》卷七《饷税考》，中华书局，1981 年，137 页。

16. 漳州市非遗保护中心提供，《闽南日报》，2009 年 9 月 16 日，第 C03 版。

17. 图片转引自欧阳桂兰：《慈颜妙相浅谈明清时期福建漳窑白釉米色人物瓷塑》，《收藏家》2005 年第 5 期，62 页。

18. 张自忠：《月港：东溪窑瓷器输出的窗口》，《福建史志》2015 年第 4 期，40 页。

张米，中国国家博物馆馆员，主要负责馆藏瓷器等文物的保管与研究工作，并参与中国文物咨询中心的文物普查。

福建博物院收藏的漳瓷

陈邵龙

[摘　要]　产于福建漳州地区的漳瓷，从明代中叶延烧至清末民初，其胎质粗松、釉色米黄、釉面开片，具有独特风格。福建博物院馆藏漳瓷数量众多，品种齐全.通过对其代表性漳瓷藏品的描述并结合史料分析，论证了漳瓷烧造的兴盛和衰落年代，得出漳州华安的东溪窑应是传统漳瓷窑口的结论。

[关键词]　漳瓷　种类　特征　烧造年代　产地

漳瓷，或称漳窑器，是指明代中期到清末民初约 400 年间在漳州东溪窑生产的以观音、佛像、炉、尊、瓶、罐、盘、碟、杯等琢器为主，釉色米黄、釉面开片的瓷器的总称。这种瓷器具有独特的风格，一般胎色灰白、胎质粗松、器壁稍厚、器表多素面无纹，或仅在外壁刻印浅淡的回纹、云雷纹、弦纹等。在我国的北京、天津、上海、辽宁、山东、福建（福州、厦门、漳州、晋江……）、广东等省市及香港、台湾地区，和东南亚、日本等许多国家的博物馆、美术馆都收藏有不少的漳窑瓷器，民间收藏数量更多。可见漳瓷在中国陶瓷史上占有一定地位。《福建通志·物产》有"漳窑在漳州……明中叶始制白釉米色器"的记载；《闽书》记载，漳窑在"龙溪东溪"。由于史料记载过于简略，至今为止考古调查研究工作进展缓慢，人们对漳窑的创烧年代、产品分期断代、窑址确切地点都缺乏基本了解。早在 20 世纪 50 年代，北京故宫博物院的耿宝昌先生曾专程到漳州郭坑、漳浦一带调查漳窑，可惜未有结果。近年来，随着漳州地区明清瓷器研究工作的深入开展，人们对长期以来一直悬而未决的漳窑问题也日益关注，各级文物考古部门多次深入到华安东溪头窑、郭坑磁窑等地进行考古调查，采集到一定数量的米黄釉佛像、炉、盘等标本，撰写调查报告和研究论文，对漳窑进行初步分析，取得阶段性成果。本文以福建博物院收藏的漳窑瓷器为基础，结合近年来考古调查收获，对漳瓷的有关问题作一探讨，希望得到指正。

图一　明嘉靖款漳窑如来佛立像

一　种类和特征

福建博物院是收藏漳瓷数量最多的单位之一。不仅数量多、种类齐全，而且不乏精品。例如如来佛立像，高达83，底部刻有"大明嘉靖丙辰年"字样，是有确切纪年的标准器。还有许多弥勒、炉、瓶、杯、盘、碟、洗、勺、尊、碗、罐、笔筒等器物，资料均未进行系统整理发表。现挑选一些有代表性的器物进行介绍。

1. 明漳窑嘉靖款如来佛立像。通高83厘米、宽25厘米。灰白胎，通体施灰青釉，釉面开细冰裂纹。头饰螺髻，螺髻头前正面缀一圆珠，长耳细目，面容端庄丰满，略含笑意。肩披帔、袒胸前饰一"卍"字纹；身着袈裟，下着长裙曳地，合手胸前，掌上挂一串念珠，赤脚立波座上，神态慈善静穆。像内中空、无釉，底部露胎，正中一圆孔，孔上方刻"开元寺"三字，两旁分别刻"大明嘉靖丙辰年""漳州府澄海县南门外海村乡信士陈长春百叩"楷体铭文。大明嘉靖丙辰年即1556年，该器是漳州府信士陈长春为进贡开元寺而特意订制的。像这样体量宏大、带有纪年款识的瓷塑作品仅在中国国家博物馆、台北鸿禧美术馆收藏有少量几件，具有极高的学术价值（图一）。

2. 明漳窑弥勒佛坐像。灰白胎，通身施米黄釉，釉面有细冰裂纹。坐姿，两耳垂肩，袒胸露腹，开口大笑。形态逼真，具有较高的观赏价值（图二）。

3. 明漳窑双螭耳炉。灰黄胎，内口沿及器表施淡黄釉，釉面有细密的开片，器内、足底露胎。平沿、束口、垂腹，圈足稍高，足底略外撇。肩腹部贴饰一对蟠螭形双耳。器内熏黑，粘有灰烬，经过长期使用（图三）。

图二　明漳窑弥勒佛坐像

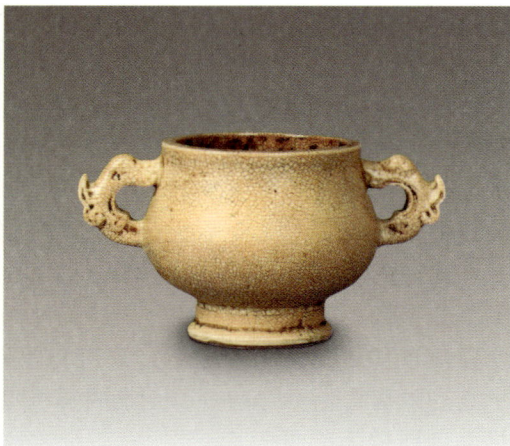

图三　明漳窑双螭耳炉

图四　明漳窑凤首柄瓢

图五　明漳窑花形盅

4. 明漳窑三足炉。灰胎，内口沿、器表施青灰釉，开片。撇口、束颈、扁鼓腹、底附三个圆柱状蹄形足，颈部凸棱一圈。

5. 明漳窑凤首柄瓢（勺）。灰白胎，胎壁较厚，施灰黄釉。椭圆形腹、曲形柄，柄尾弯弧刻成凤首状（图四）。

6. 明漳窑铜口暗花碟。撇口、浅盘、平底。灰白胎，通体施米黄釉，器壁较薄。器内刻印浅淡花纹，口沿包铜。

7. 明漳窑花形盅。花口，外壁刻划呈花瓣形状。近底部陪衬数片叶子，整个造型如同一朵盛开的白玉兰花，近底部附花枝状环形足。灰白胎，施灰青釉，釉层较厚（图五）。

8. 清漳窑回纹三足鼎形炉。宽平沿，沿上立双耳，垂鼓腹，圜底附三个圆柱足。灰白胎，器表施米黄釉，釉面开片。器内、足底露胎。外腹部有两道凸弦纹，弦纹之间刻印回纹、云雷纹。口径18、高35厘米。

9. 清漳窑回纹筒形炉。宽平沿，直壁，平底附三个倒梯形扁足。外壁上下有宽带状箍饰，中部堆贴两道凸弦纹、弦纹之间刻印回纹。灰胎，内口沿及外壁施米黄釉。口径16、高9.2厘米。

10. 清漳窑三乳足炉。钵形，造型扁宽。敛口，扁鼓腹，底附三乳足。器内露胎、外施米黄釉，开片。

11. 清漳窑双立耳三足炉。侈口，束颈，扁鼓腹，口沿立双耳，底附三个圆柱状足。白胎，施灰白釉。

12. 清漳窑双螭耳狮钮盖炉。直口，垂鼓腹，底附三尖足。外腹部贴饰一对扁宽状螭螭耳，耳上刻印回纹。弧形盖，盖面镂孔，盖顶饰狮形钮。灰白胎，外施米黄釉，釉面开冰裂纹。器内熏黑，狮钮微损，曾经长期使用。口径10.5、高11.2厘米（图六）。

13. 清漳窑双耳炉。束口，直壁，圈足。外腹贴饰一对蟠螭形耳，灰胎，施灰青釉。

14. 清漳窑绳耳三乳足炉。小圆唇，扁鼓腹，底附三乳足，口沿上贴附绳索状双耳。

15. 清道光漳窑仿成化象鼻耳三足炉。圆唇，微束颈，扁鼓腹，外腹贴饰象鼻状对

图六　清漳窑双螭耳狮钮盖炉

耳，平底附三个圆柱形足。

16.清光绪漳窑双铺首耳炉。宽平沿，束颈，斜肩，扁鼓腹，圈足。肩腹部贴附对称铺首耳。外施米黄釉，釉面莹亮，内口沿以下未施釉。器内粘有炭烬，有使用痕迹。

17.清漳窑刻螭虎瓶。直口，口沿下有宽带状箍饰，细长颈，颈部堆贴有螭虎装饰，垂鼓腹，圈足。底部有圆形塔状基座（图七）。

18.清漳窑细颈圆腹瓶。直口细长颈，圆鼓腹，矮圈足。灰黄胎，施黄褐釉，釉面有冰裂纹。

19.清漳窑瓶。口微侈，细长颈，溜肩鼓腹，矮圈足。外施灰白釉，有细碎冰裂纹。

20.清漳窑柳马图瓶。撇口，长颈，溜肩，深腹下收，平底，外腹刻划柳树、马群图案（图八）。

21.清道光漳窑双铺首耳瓶。圆唇，侈口，短束颈，溜肩，深腹下收，平底。肩腹部对称堆贴铺首啣环耳。内口沿及器表施青黄釉，釉面有冰裂纹。

图七　清漳窑刻螭虎瓶

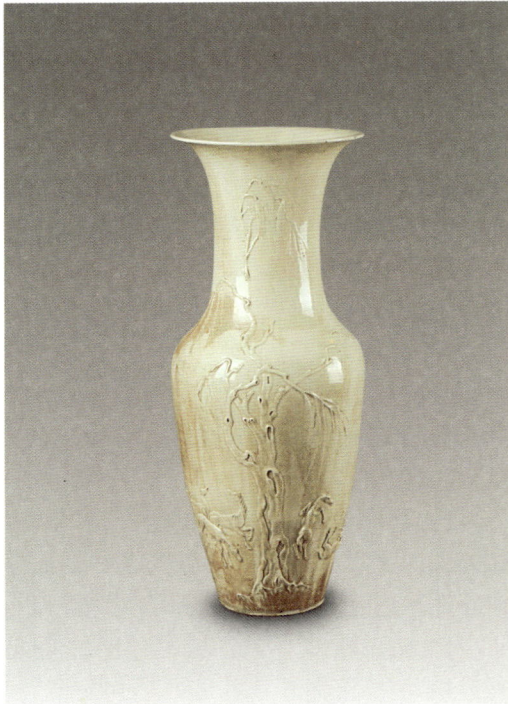

图八　清漳窑柳马图瓶

22. 清光绪漳窑蒜头瓶。蒜头形口，长束颈，颈部有一圈凸棱。溜肩，鼓腹，圈足，施米黄釉，开片。

23. 清漳窑叶形碟。一套6件，外形制成秋叶状，造型别致。通体施淡黄釉，釉面有细开片（图九）。

24. 清漳窑蚌洗。模仿海蚌形状刻制而成，器壁较厚，腹较浅，平底。通体施灰黄釉，有开片。长6、宽4.8、高2.8厘米。

25. 清漳窑碟。圆唇，宽折沿，浅弧腹，平底，矮圈足。灰黄胎，内外施米黄釉，釉面有开片。

26. 清漳窑方碟。花口呈长方形，浅弧腹，平底，矮圈足，内外施米黄釉。

27. 清漳窑秋叶碟。平面成秋叶形状，浅弧腹，平底，内外施青灰釉，有开片。长14.8、宽1.6～4.1、高2.1厘米（图一〇）。

28. 清乾隆漳窑莲花式盘。莲花口，宽折沿，浅弧腹，平底，矮圈足。灰白胎，内处施黄褐釉，釉面有冰裂纹。

29. 近代漳窑菊瓣杯。花口，器壁刻制成菊瓣状。矮圈足，灰白胎，内外施米黄釉。

30. 近代漳窑乳白釉雷纹盉。圆唇，束口，溜肩，扁鼓腹，矮圈足。灰白胎，外施乳白釉，肩部刻有一圈云雷纹。

此外，福建博物院还收藏一些其他造型的漳窑器，比如扁方壶（清乾隆）、橄榄式尊、花尊、花插（清同治）、碗（清光绪）、笔筒、罐等，与漳州市博物馆收藏的漳窑器类似。

二　漳瓷的年代问题

漳窑创烧于明代中叶，兴盛于明代晚期到清代初期，衰落于清末民初。这方面有史料和实物可以证实。《福建通志》有"漳窑明中叶始制白釉米色器"的记载，应该是可信的。考古发现的资料可以证明，在明代中期就有许多相当精美的米黄釉瓷器出现。如1996年山东兖州明弘

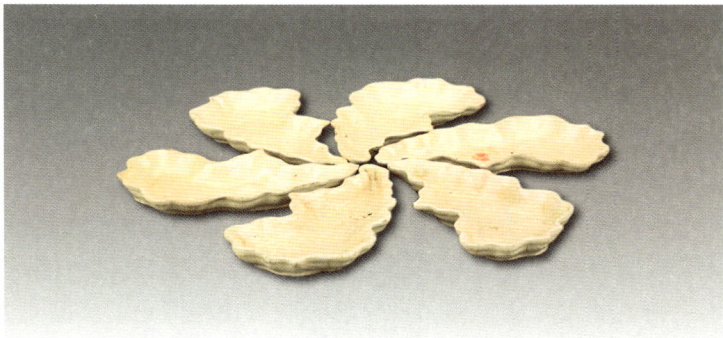

图九　清漳窑叶形碟（一套）

图一〇　清漳窑秋叶碟

治十八年（1505 年）巨野郡王朱阳壆墓出土的一件漳州窑白釉蟠螭尊。该器撇口，深腹，腹中部有一圈宽带状凸箍、堆贴有透雕蟠螭形饰，平底，镶铜口。壁厚胎粗，满釉，釉色白中闪黄，底露胎。高 27、口径 16、底径 11 厘米，原藏兖州图书馆[1]。此件漳瓷的出土，说明在明代中期，漳窑就已经开始生产米黄釉瓷器，并且因为制作精美、风格独特而进贡给朝廷。漳瓷与其他官窑瓷器一样，得到朝廷喜爱，以至作为王室成员死后的陪葬器物。

一些带有纪年款识的瓷器也可以帮助我们推定漳窑的生产年代。根据现有材料，除了本文介绍的福建博物院收藏的嘉靖丙辰年（1556 年）的如来佛立像外，在中国历史博物馆（现为国家博物馆）也收藏一件明代万历款米色釉释迦像。该器高 62.5、底长 25.2、宽 21 厘米，黄褐色胎，釉白中泛黄，有开片。器底无釉，有编织印痕。中空，底部中心有一圆孔，孔上方横刻"开元寺"三字，其左侧竖刻"大明万历乙卯年漳州府东溪乡"两行 13 字；其右侧竖刻"治子陈福成叩谢"一行 7 字，均为楷书体，有填金痕[2]。该佛像是漳州府东溪乡民陈福成于万历乙卯年（1615 年）为开元寺礼佛制作的。台湾鸿禧美术馆也收藏一件明万历乙卯年陈福成监制的米黄釉"天官赐福"（或"财福爷"）瓷像[3]。该像高 92 厘米，灰白胎，米黄釉。器底留有编织印痕，正中有一圆孔，上刻"开元寺"三字，左侧刻"大明万历乙卯年漳州府同安县东门外东溪乡"，右侧刻"信士林石氏百叩 闽南漳郡窑陈福成监制"从铭文款识看，这两件瓷塑作品都是漳窑制瓷大师陈福成于 1615 年为奉献开元寺而制作的。厦门华侨博物院也收藏一件高 66 厘米的漳窑黄釉观音像，年代为明末清初，也应是同一时期的作品[4]。如此大件的瓷塑作品，造型优美，比例适当，刻工精致，神态自然，表现出极高的制瓷艺术水平。由此可见，明代嘉靖、万历时期应是漳窑的鼎盛时期。到了清初，因朝廷在景德镇官窑大量烧造宫廷用瓷，征用东溪窑的工艺能手[5]，致使漳窑元气大伤，渐渐走下坡路。清朝中后期，由于政治腐败，月港封闭，经济衰落，人们的审美情趣发生变化等诸多因素，作为以生产摆设、供器等观赏器为主的漳窑也随之退化，窑场转向以生产青花、五彩等大宗日用瓷为主。此时漳瓷胎质较杂，胎土松散，釉色灰黑，多属粗制滥造之物，以至清光绪十二年（1866 年）郭柏苍发出感叹："（漳瓷）近制者，釉水胎体俱松"，大大影响了漳窑的声誉。到清末民初，终因产品质量低劣而被淘汰。

三　漳窑的产地问题

长期以来，关于漳瓷的产地问题，一直困扰着陶瓷研究者。尽管史书有"漳窑出漳州"、（漳窑）在"龙溪东溪"的记载；一些漳瓷的传统器物也有"东溪双耳络子尊""绿东溪石榴尊""三足二耳东溪炉"等称谓和名称；同时，许多器物有诸如"漳州府东溪乡""漳州府同安县东门外东溪乡"等铭文款识，可以初步判断漳窑生产地在漳州的东溪。但东溪在哪里——即漳瓷的具体窑口在哪里，仍没有得到彻底解决，以至连《陶瓷词典》"漳州窑"条目都这样记载："漳州窑的具体生产地点尚有待证实"[6]。可以说，漳瓷窑口问题，是长期以来悬而未决的学术课题，急待有关学者尤其是福建省的陶瓷研究者去解决。20 世纪 80 年代以来，省、市、县文物考古部门及有关院校多次组织人员深入华安、南靖交界的下东溪窑进行调查，采集到许多与传统漳窑特征相同的米黄釉瓷器标本。器型有炉、盘、瓶、罐、佛像、笔架等，并有多篇调查报告发表[7 8 9 10]。有的学者把调查采集的标本与传统漳瓷相比较，提出了"漳窑即东溪头窑"的观点[11]，应是有一定道理的。漳窑从明代中叶开始烧造，前后持续长达400年的时间，由于生产时间长、数量多、流传广，在国内外许多博物馆、美术馆及民间都有大量收藏，因此，作为在中国陶瓷史上有着重要影响的漳窑也一定有相当规模的窑场。由于息窑时间不长（不过百年左右），在窑场中一定有保存较为完好、数量不少的作坊、窑炉、废品堆积等遗迹、遗物。根据以上分析，在漳州郭坑、龙海石码、江东桥一带虽有一些明清窑址存在，但都是小窑址，并且都是生产青花、五彩等日用瓷，基本上可排除作为漳瓷窑口的可能性。从窑场的名称、规模、产品特征、烧造时间的延续性各项因素综合考虑，唯有华安的东溪窑才是传统漳瓷的窑口。这一带自然村有"东溪口""下东溪头"等地名，流经此地的河流叫"东溪"；窑场绵延数公里，已发现数十个窑址地点，是漳州地区明清时期最大的一个窑场，采集的标本从明代中晚期到清末民国均有，延续长达400年。米黄釉瓷器有炉、盘、碟、洗、佛像传统漳瓷器型，某些器物底部有"东溪□□"字样[12]。因此，华安县东溪头窑址应是文献上所说的东溪窑，也就是传统漳瓷的生产窑口。

对于漳窑的研究，包括生产窑口、年代、工艺等许多学术课题都值得更加深入细致的野外考古调查和考古发掘。我们相信，不久的将来，漳窑的学术课题一定会取得更多的成果。

（原刊于《福建文博》2001年第1期《漳州文物专辑》，此次重新整理，略有增减。）

注　释

1. 国家文物局主编：《中国文物精华大辞典·陶瓷卷》，商务印书馆、上海辞书出版社，1997年。

2.《国宝·庆祝香港回归文物展览》，香港，1997年。

3. 台北鸿禧美术馆藏品，由该馆舒佩琦研究员提供有关资料，在此谨致谢意。

4. 厦门华侨博物院藏品。

5. 熊寒江：《东溪窑与"漳窑"》，中共龙溪地区宣传部、福建省历史学会厦门分会编《月港研究论文集》1983年。

6.《简明陶瓷词典》，上海辞书出版社，1992年。

7. 林焘、叶文程、唐杏煌、罗立华：《福建华安下东溪头窑址调查简报》，《东南文化》1993年第1期。

8. 栗建安：《东溪窑调查纪略》，《福建文博》1993年第1期。

9、11. 林焘、曾五岳、王文径：《华安东溪头窑和漳瓷》，《漳州师院学报》1993年第1期。

10、12. 吴其生、郑辉《华安县东溪窑调查》，《福建文博》2001年第1期。

陈邵龙，福建博物院研究馆员，福建文博杂志社主编。

瓷海钩沉话漳窑

林俊

[摘　要]　"漳窑"的概念乃是出自古文献中至古近代学者的称谓，其器物的显著特征为"白釉米色器，纹如冰裂"，风韵别致，以实用、美观与艺术相结合。在日本、印尼、台北鸿禧美术馆、中国国家博物馆、上海博物馆、原山东兖州图书馆、福建省博物院、厦门华侨博物院及漳州博物馆等处海内外均有部分精品馆藏。"漳窑"瓷器精湛的形制技术在中国古代各窑瓷器中独树一帜。其典雅别致的造型和匠心独运的纹饰共同产生的艺术魅力，是"漳窑"精品为古今中外诸多鉴赏家、收藏家珍视的原因之所在。

[关键词]　东溪　漳窑　米色　冰裂　工艺

全国各地特别是闽南一带，至今仍流传着一类米黄釉小开片瓷器，其器物多属供奉陈设以及玩赏的佛道造像、香炉、瓶类、文房用具及一部分日常用具等，闽南人们习惯称之为"漳窑"或"东溪窑"瓷器。它曾远销海内外，被广为收藏。在日本、印尼、台北鸿禧美术馆、中国国家博物馆、上海博物馆、原山东兖州图书馆、福建省博物院、厦门华侨博物院及漳州博物馆等处均有部分精品馆藏。

关于"漳窑"产地，历来是人们所关心和寻找的一个热点问题。虽然在方志及一些散见文献杂记上有：清光绪十二年郭柏苍《闽产录异》卷一货属条："漳窑出漳州，明中叶始制白釉米色器，其纹如冰裂，旧漳琢器虽不及德化，然犹可玩，惟退火处略黝，越数年，黝处又复洁静"；明《闽书》记载："漳窑在龙溪东溪"；清杨巽从《漳州什记》："漳州瓷窑号东溪者，创始于前明，出品有瓶炉盘各种体式具备"等记载。但由于文献资料未明确指出窑址所在地，外国学者长期认为其"产地不明"。而其真正的窑场长期被埋没在偏僻的深山里，交通不便，人烟稀少，其窑址产地及文化内涵一直鲜为人知。也由于"漳窑"主要产品多供给本土也及外销日本、东南亚，较少在大地方展示其独特的风采，历史上也没有受过名人的赞颂，其影响受到一定局限。还由于"漳窑（东溪窑）""德化窑""潮州窑（枫溪窑）"三窑同期产品，地缘相近，几乎雷同或相似，客观存在着密切联系与师承关系，所以不少"漳窑"传世品常被一些文物商店误认为是"德化窑"、"潮州窑"（枫溪窑）或"土定窑"产品。凡此种种，以致"漳窑"瓷器长期被历史尘埃掩盖，其美名几近湮没无闻。

为寻找这种瓷器的窑址，早在20世纪50年代，北京故宫博物院古陶瓷专家耿宝昌先生等就曾专程来漳州市郊及龙海县郭坑东溪村等地调查。与此同时，漳州市文史资料研究会也曾进行过调查，但也都没有什么收获。"漳窑"窑址一度成为历史悬案。

1986年全省文物大普查，文物工作者才第一次进入华安东溪头实地考察。1989年底厦门大学叶文程、唐杏煌、罗立华和漳州市文物工作者曾五岳、林焘、王文径等人曾先后进入华安下东溪窑址调查，分别获得少量的米黄釉小开片标本，有炉、碗、盘、瓶、笔架等类型，其中就有代表性产品——模印夔龙回纹直壁筒炉。1992年，福建省博物馆考古工作者会同华安县博物馆人员深入窑场开展考古调查，采集大量标本并测绘了一些遗存的窑炉、作坊遗迹。这次调查还发现，下东溪窑场计有22个地点，15个窑址，遗物分布面积广，堆积厚，生产规模达10多平方公里。是一处以生产青花为主，兼烧青釉、青白釉、白釉、米黄釉、色釉和少量三彩、五彩瓷器的民间窑场。至此，对窑址面貌和文化内涵才有了较为系统的认识。

华安县高安乡下东溪头"漳窑"窑址的发现，"漳窑瓷"器物的出土，窑场的所在地名与历史上的文献记载相吻合。窑址采集到的米黄釉标本，与国内外文博单位和福建各地特别是闽南地区传世的各类器物相比对，均证明同类传世品实出自此窑。由此说明，经过半个世纪的探寻，在几代文物工作者和收藏爱好者的共同努力下，长期悬而未决的"漳窑瓷"的确切窑址问题终于有了定论，"漳窑"的调查研究和传世器物收藏整理取得了关键性的成果。

华安县自唐代以来便隶属漳州府龙溪县辖地，地处漳州市西北部，东与安溪县为邻，西与南靖县交界，属南亚热带湿流润气候区，地形以丘陵河谷地带为主，九龙江主流北溪贯穿全境，至龙海市与九龙江另一支流西溪交汇入海，入海口即明代名闻海外的商港——漳州月港所在地。位于县境西南部的下东溪头窑址西与南靖县龙山镇毗邻，山高林密，河谷湍流，丰富的林、水和高岭土等自然资源为发展窑业提供了有利的生产条件，且近傍九龙江上源的归德溪，可直达月港，水运畅通，又为产品的外销提供了便利的交通条件。通过窑址调查所获，结合整理民间传世品，我们对"漳窑"瓷器已经取得了一些初步的认识。

"漳州窑"与"漳窑"瓷器的区别："漳州窑"与"漳窑"究竟有何区别？一些收藏爱好者或文物工作者往往容易混淆，为此笔者觉得有必要明确两者的概念范畴。

"漳州窑"是泛指整个漳州地区的古窑址群体，包括目前已发现的25处漳州地区明清时期窑址。1992年，为界定漳州地区古窑的内涵与性质，明确它在中国陶瓷史上的意义和地位，学术界提出了"漳州窑"的概念。其大宗产品是器足粘沙，有"急就"风格，大量成为外销瓷的青花、五彩、素三彩瓷器。"漳州窑"的代表性产品为青花开光大盘、五彩瓷器和素三彩香盒，即在国外称为"芙蓉手"、"克拉克"、"吴须赤绘"、"交趾香盒"的瓷器。

"漳窑"的概念乃是出自前引古文献中一些古近代学者的称谓，其器物的显著特征为"白釉米色器，纹如冰裂"。从传世品上看，虽然它也属于漳州地区的窑口，但它们造型古拙，线条优美，釉色温润，格调典雅，修胎也较为规整，显然有别于漳州地区其他窑口。它们风韵别致，以实用、美观与艺术相结合，某些器物更富有观赏性，符合明清文人士族和地方缙绅阶层的审美意识，也满足了他们的生活需求和猎奇心理。这种米色釉小开片瓷器作为华安东溪窑的典型产品，深受喜爱，沿袭明清文人约定俗成的狭义概念，因出自漳州，长而久之遂被习惯地称为"漳窑"。

窑火始末："漳窑"瓷器始烧应不晚于明中叶，兴盛于明嘉靖、万历，明末清初有所衰落，清康熙、乾隆复苏，同治间遭劫掠，几至绝烧，清末民初尚有少量烟火。这些方面已有史料和实物可以证实，前后生产持续长达四世纪。整个兴衰过程与明代中后期我国东南沿海对外贸易交通中心漳州月港的骤起忽落、清廷的海禁政策、清末战乱、经济兴衰等息息相关。

烧成工艺："漳窑"瓷器窑烧主要使用阶级龙窑；装烧工艺以匣钵、垫圈方式为主，支钉为铺。烧成温度绝大多数是中温（900℃~1200℃），极少数胎质精细的是高温（1200℃~1350℃）。

胎、釉特征："漳窑"瓷器早期胎质细密，但胎体不够洁白，多呈灰白色或黄褐色，胎骨厚实，手感沉重，烧结程度较好。后期胎质粗松，有少量肉眼可视气孔，胎薄体轻。早期施釉较厚，釉层莹润。后期施釉稍薄，但釉层玻化度高。足底均满釉，只露出足端胎质。釉色白中泛黄或呈米黄色，色泽滋润明亮。釉面普通开冰裂纹，形成纵横交错，妙如天成的浅细片纹装饰。先辈陶工们巧用了缺陷化丑为神奇，使之焕发出鲜明的个性特征。

款识："漳窑"瓷器带有款识的器物较少。款识一般落在器底或腹面，常见的有釉上书写、釉下模印和刻画几种。内容有纪年、寄托、花押吉语、商号、工匠款和供养款等。

笔者多年来以酷爱"漳窑"瓷器，多次深入窑址考察，潜心搜集收藏与研究，到现在为止，收藏已成系列。下面介绍自己收藏的几件特色器物与读者共赏。

兽耳尊（图一），明嘉靖，高29、口径10.6、足径11.8厘米。

撇口，短颈溜肩鼓腹，外撇浅宽圈足平切。颈部对称贴兽耳为耳。釉色白中泛黄，开细小纹片。器壁中刻供养款："龙飞乙丑年四月吉日赛谢"。

此器造型规整，各部位比例协调，折角处线条流畅，凸纹清晰，胎质细腻，釉色纯正，由此可见，明代嘉靖期间漳窑烧造技术已达到了炉火纯青的境地。

堆塑蟠螭蒜头瓶（图二），明代，高15.8、口径2.3、足径4.2厘米。

瓶口呈蒜头形，细长颈，溜肩圆腹，浅宽圈足平切。釉色白中泛黄，开浅红色冰裂纹，釉面莹润，

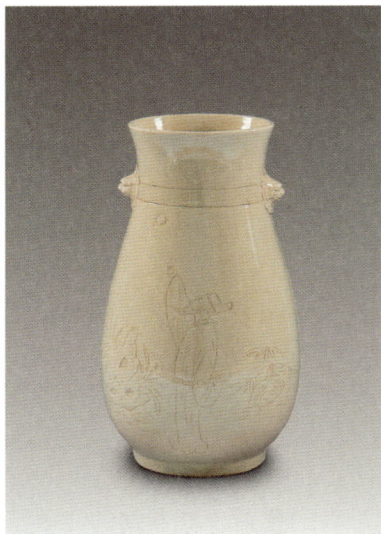

图一　兽耳尊

堆塑绕颈爬行的螭龙，充满神韵的眼睛最是生动。雕工细腻，制作精致，妙趣横生，线条流畅，显示了瓷工较高的造型艺术水平。

葫芦水注（图三），明代，高8、口径1、足径3.9厘米。

小口，溜肩，鼓腹，器为葫芦形，实心平足。釉呈米黄色，有细小均匀冰裂纹，釉面莹润。

该水注形体巧小，别具风韵。印度尼西亚苏拉威岛曾出土同类器物。

螭耳三足炉（图四），明代，高7.8、口径10、足径7厘米。

斜直口，扁圆腹，圈足，下乘三兽足。炉身两侧贴附对称螭龙为耳，肩部堆贴花纹一周，炉身凸起弦纹数道，圈足外墙堆贴复蕉叶纹一周，三兽足上堆贴人首纹。釉呈米黄色，开细小纹片，

图二　堆塑蟠螭蒜头瓶

釉面莹润。胎细体薄，胎质坚密凝重。迎光透视，呈淡红色，质感如象牙般温润。

该炉的造型、纹饰均仿青铜器，充满古朴韵味。属漳窑炉中的上乘之作。

魁星踢斗立像（图五），明代，高25、足长9、足宽5.5厘米。

怪面獠牙、生皮甲胄，左手握元宝，右手执笔，彩斗在首上方，脚踏鱼化龙。足底平切，胎色灰白，胎骨坚细沉重。釉色米黄，开细小冰裂纹。釉层玻化强且温润。武魁星造像在漳窑瓷器中较罕见。

暗刻人物纹盘口尊（图六），明末清初，51.8、口径20、足径19厘米。

盘口圆唇，短颈微束，弧腹向下缓收，圈足双刀斜削平切。盘口外壁拍印浅细缠枝花草纹，颈肩部压印上仰蕉叶纹；器腹刻画戏曲《西厢记》中人物及《红楼梦》中《黛玉葬花》图纹。图案题材与刻法符合顺治一朝特征。釉色白中泛黄，开细小纹片，釉面肥润。

图三　葫芦水注

图四　螭耳三足炉

这瓶大器造型端庄，线条流畅纤细，纹样清晰。从口沿至腹下，釉下刻画功力深厚，是以古戏曲人物纹装饰瓷器的

图五 魁星踢斗立像

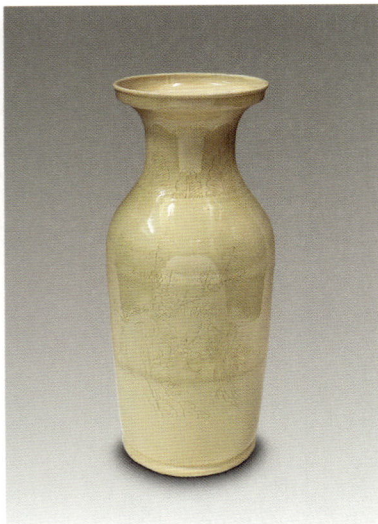

图六 暗刻人物纹盘口尊

佳作。

堆贴如意杂宝纹瓶（图七），明末清初，高30.6、口径8.8、足径10厘米。

喇叭口，长束颈，丰肩，鼓腹，胫外撇，圈足平切。颈部刻画两组各两条弦纹，弦纹间模印回纹，并塑贴两如意为耳。肩、腹交接处堆贴凸纹一周，凸纹上下堆贴七组仰、覆花叶纹。下腹部堆贴杂宝纹，其中方孔圆钱的钱纹一为"顺治通宝"，一为满文"通宝"。胎灰白，壁薄体坚，釉色白中泛黄，开细片纹，玻化强。这是一件有纪年款的外销瓷，弥足珍贵。

象鼻三足鼎（图八），明末清初，高16.7、口径14、足距10厘米。

方唇，折沿，短束颈，扁圆腹，腹下承三象鼻足。折沿上对称置方耳留孔，耳中模印曲带纹。腹壁刻画两道浅细弦纹，间压印寿字纹一周。底足刻划象鼻，象额模印菊纹，额边有两眼，眼旁一对长耳，鼻头饰如意纹。外底模印椭圆形釉下楷书"文璧"款。整体施釉，釉色白中泛黄，开细小纹片。釉面温润如玉。

该器古朴端庄，器身集刻画、模印、工匠款及堆塑之大成，观赏性强，是一件漳窑的杰出作品。

图七 堆贴如意杂宝纹瓶

图八 象鼻三足鼎

粉彩花篮（图九），清代，高 8.6、口径 16.5、足径 4.8 厘米。

圆唇，撇口，口沿呈盘状，短束颈，丰肩圆腹，圈足微撇。盘状正中镂一大圆孔，供插花。孔旁有六小孔可连接提梁用。外底塑一凸扁带形，正中有孔可装坠饰。口外壁粉彩绘蝴蝶、花卉、雀、梅等，腹外壁彩绘八宝及菱纹。整器施釉，釉呈米黄色，开细小冰裂纹。

此花篮造型精巧，彩绘精致，色泽鲜艳，是漳窑的佳作之一。

五彩博古图笔筒（图一○），清代，高 14.5、口径 13、足径 9.8 厘米。

圆唇，撇口，斜直壁，底外侈，二层台足。外腹中刻画两道弦纹，纹边各压印浅细回纹及圈足纹一周。弦纹间堆贴三组绿彩团夔龙纹。器壁釉上五彩绘博古图案，有盆景、松树、金鱼、花架、鱼缸、珊瑚、花卉等。唇下绘绿彩边饰。外底脐内蓝彩楷书"宣和年制"，属仿款。整器施釉，釉色白中泛黄，开浅红色冰裂纹，釉面肥润。此器集堆贴、刻画、模印、年款、彩绘于一身，有较高的工艺观赏价值。

综上所述，"漳窑"瓷器精湛的形制技术在中国古代各窑瓷器中独树一帜，至今仍叹为观止。器物装饰运用了拍印、刻画、堆贴、透雕、镂雕、彩绘等多种工艺和艺术手段，植根于传统，融汇了新机，弥补了他窑产品自身缺少层次变化和节奏感，单调雷同等不足，使单色釉瓷器形貌丰富多彩，更趋完美。其典雅别致的造型和匠心独运的纹饰共同产生的艺术魅力，是"漳窑"精品之所以能贡给朝廷，得到朝廷喜爱，并远销日本、东南亚国家和地区历近四个世纪不衰，且为古今中外诸多鉴赏家、收藏家珍视的原因之所在。

图九　粉彩花篮

图一○　五彩博古图笔筒

林俊，中华传统工艺大师、福建省工艺美术大师、中国文物学会会员、非物质文化遗产项目漳窑（米黄色瓷）传统制作技艺代表性传承人。

古代漳州高安东溪窑茶具赏析

郭榕飞

[摘　要]　华安东溪窑具有烧造时间长、窑口面积大、器形品种丰富的特点。东溪窑所产的米黄釉、青釉瓷器品种有花瓶、花觚、仿青铜鼎形器等大件陈设摆件及祭祀器、文房用品、日用品等，其中茶器、茶具在日用品中占据较大的比重，在漳州地产茶具中占有重要的地位。

[关键词]　东溪窑　茶具　分类阐述

东溪窑址位于现漳州市华安县高安镇三洋村东溪头。明清时隶属漳州府龙溪县二十五都升平保，清乾隆至光绪年间属华丰分县，1929 年至 1957 年归属华安县坪治乡，之后又分别隶属沙建区、高安区管辖，直至 2001 年为华安县高安镇三洋村管辖；现 98% 以上的遗址在华安县境内，其余部分位于今南靖县域。

1983 年，时任高安镇文保员邹财金在植被茂密的深山丛林中发现了许多遗弃在山坡地面上的各类釉色各异，形状多样的碎瓷残片，敏锐地感觉有可能是古代重要窑址。此后报请福建省博考古队进行多年的一系列田野考查实地考证，得出重大结论：在此地约十平方公里的范围内，四面环山，被九龙江上游归德溪支流环绕着的密林山间，分布着 20 多处烧制各种器形及釉色的陶瓷窑址。清代文献《漳州杂记》中记载的"漳州瓷窑号东溪者，创烧于前明"终于被证实。由此"漳窑"米黄釉瓷器的身世之谜终于被解开了。

东溪窑遗存的各种品类瓷器标本，与漳州一带数量品种众多的存留在收藏家手上所收藏的茶器、茶具高度吻合。

以下就华安东溪窑茶器具的使用功能、形状和釉面釉色进行分类阐述。

一　茶壶

1. 青花茶壶（图一）。

2. 米黄釉茶壶。米黄釉也称为"漳窑"瓷器，

图一　清嘉庆青花茶壶

迄今发现极少（图二）。

二　盖碗

1. 米黄釉盖碗。漳州人俗称盖瓯、盖盅。米黄釉盖碗数量迄今极少。

2. 青花盖碗。青花纹饰有洞石牡丹纹、鸳鸯水鸭戏水荷叶纹、山水人物纹、花鸟草虫纹、缠枝花卉、夔龙不断线纹等。青花盖碗存世较多，其釉色及精美程度稍逊于同时期的江西景德镇盖碗品种。青花盖碗时间上限为雍正、乾隆时期。形状有高低敞口、束口大小之分（图三）。

3. 粉彩盖碗（图四）。

三　茶杯

1. 米黄釉茶杯。样如"若深杯"马蹄形状（图五）。

2. 青花茶杯。样参考青花盖碗，存世数量多。

3. 青釉茶杯。数量极少，釉面俗释"铁秋"秋纹。

4. 粉彩茶杯。

四　茶浅

茶浅为放置茶壶、盖碗用的平式、碟式、碗型瓷盏托，为壶承使用。漳州人俗称为"茶浅仔"。

1. 粉青釉茶浅。内绘有青花山水，花鸟等图案。

2. 豆青青花茶浅。内绘有青花山水人物、花鸟等吉祥图案。

3. 清泉茶浅。清泉为借用原指清代龙泉窑瓷器的简称"清泉"命名，有缠枝刻花、划花露筋花卉纹图案等（图六）。

4. 青釉茶浅。从釉面来分可分为釉面开片釉面（仿哥窑釉面）和未开片釉面两种。直径从10多厘米至20多厘米不等，形状可分为碗形茶浅仔、平面式茶浅仔两

图二　清中后期米黄釉茶壶及杯

图三　清嘉庆洞石牡丹纹青花盖碗

图四　清道光粉彩盖碗

图五　清早期米黄釉茶杯

图六　清泉平形刻划花茶浅

图七　青釉碗形开片出唇形茶浅

图八　清中期青花茶盘

图九　青釉开片茶盘

大类（图七）。

碗形茶浅仔又可分为碗型外壁上沿环状出唇形与碗型外壁平直行两种。平面式茶浅直径一般十几厘米以内，形状如平面盘形，无沿无边，由外边至中心呈弧形下沉式凹陷，器形简洁。

5. 米黄釉茶浅。有阔沿盘形茶浅和平面式茶浅。阔沿盘形茶浅器物盘上外沿有环形阔沿，由此沿至中心呈大弧形下沉式凹陷，脚线宽底呈平切状。平面式茶浅脚线有宽脚线，底呈平切状。

此类碗形米黄釉茶浅，潮汕地区也有制作，是否仿制自漳窑有待今后厘清，可用脚线及釉面来区隔。

五　茶盘

1. 青花茶盘（图八）。

2. 豆青釉青花茶盘。

3. 米黄釉茶盘。

4. 青釉茶盘（图九）。

综上所述，漳州古代茶具中的华安东溪窑所制茶具，是漳州有证可考的茶具物证，这些古代茶具的发现，有力地佐证了明清时期漳州茶文化的繁荣，为进一步研究漳州古代茶文化打下了坚实基础。

郭榕飞，中国古陶瓷学会会员，漳州市收藏协会副会长。

冰裂之美话漳瓷

张芙蓉

[摘　要]　本文是在前人关于漳窑、漳瓷的研究基础上，从美学角度对漳瓷的釉色和冰裂纹进行的赏析与论述。此外，笔者还将漳瓷特有的米黄釉瓷器与官窑、哥窑、汝窑、龙泉窑等几大窑口生产的具有开片或冰裂纹的瓷器进行了简单比较。笔者希望通过本文的点滴研究，引发更多人研究漳瓷的兴趣，更期待对漳瓷米黄釉的研究在不久的将来能够有重大突破。

[关键词]　漳窑　漳瓷　米黄釉　冰裂纹

自 20 世纪 80 年代福建华安东溪窑窑址被陶瓷考古专家调查发现后，收藏界、考古界、文博界等很多知名专家学者开始把目光聚集在这里，尽管古代文献中关于东溪窑的资料，但是随着考古发掘的进行，采集的东溪窑标本在不断增加，这一切均为漳瓷的研究提供了可靠基础。本文就是在前人研究的基础上对漳瓷从美学角度展开的赏析。

所谓漳瓷，就是目前史学界关于漳窑的一种狭义界定，即漳瓷是专指代表产地漳州、原龙溪县的东溪村古窑瓷器，也就是"东溪窑瓷"。因此，在没有特别指明时，史学界笔下的漳窑或者漳瓷均是在采用明清文人约定俗成的狭义概念。漳瓷之美在哪里，漳瓷被国内外收藏家及学者所痴迷的独特风格是什么？下面笔者从其釉色、纹饰的角度来进行解析回答。

漳瓷最主要的品种是白釉米色器或称米黄釉瓷。正如清光绪郭柏苍《闽产录异》一书所记载："漳窑，出漳州。明中叶，始制白釉米色器，其纹如冰裂。旧漳琢器虽不及德化，然犹可玩。惟退火处略黝，越数年，黝处又复洁净。近制者，釉水、胎地俱松"。又清末民初杨巽从《漳州瓷窑谈》之《漳州什记》亦记有："漳，潮汕地区紧邻漳州，两地语音相近、血缘相通、风俗博华者是龙溪二十五都内溪保（今华安县的建镇上坪内溪自州瓷窑），号东溪者创始于前明，出品者炉瓶盘各式俱备"。以上有限的两则史料再辅以不断确证的考古发掘研究报告，我们可以明确知道漳窑白釉米色器的始烧年代、瓷器的种类、特征、质量及清晚期的漳窑烧瓷情况等信息。

　　漳瓷有别于其他窑口产品的明显特征是釉色。漳瓷釉色层次也变化多种，有的微闪青，有的偏至淡褐，或黄褐、灰褐，但其标准釉色为白中泛黄的色调。史料所载"白釉米色器"，通常又称"米黄釉"，即釉面白中泛黄或呈米黄色。其上佳者釉水玻璃度极高，釉面晶莹、透亮，多数釉层温润，质感有如温玉一般。漳瓷米黄釉清新秀致、格调典雅，仿佛古代佳人的一席高贵长裙。这种素净的米黄色调柔和、不张扬、充满静谧之感，深受明清时期文人雅士青睐。更让世人爱不释手并为其痴迷之处是她的釉面普遍开细小冰裂纹，其纵横交错，看似杂乱却又体现了秩序之美。这种浑然美妙的独特意境与风格，充满着丰富的艺术想象力，令观赏者的思绪自由驰骋。一定程度上可以说，漳瓷是凭借冰裂之美在中国陶瓷文化史上占有了一席之地。釉面开裂原本是瓷器烧制中的缺陷，但是后来人们掌握了开裂的规律，有意识地让它产生开片，从而产生了各种独特的美感。

　　冰裂纹原是陶瓷纹片的一种，是在烧制过程中因釉面似冰开裂而得名的。其特点是无论角度大小倾斜，均为直线。这种始于自然纹理而后被古人规律化的、具有立体感的、巧夺天工的装饰纹，就是所谓的冰裂纹。历史上最著名的冰裂纹，当数宋代哥窑，其釉质饱满莹润，通体被或粗深或细浅的两种纹线层叠交织，构成了别样的纹饰。明代《格古要论》中记载："哥窑纹取冰裂、鳝血为上，梅花片墨纹次之。细碎纹，纹之下也。"是故，素有"哥窑品格，纹取冰裂为上"的美誉。而官窑品格，又基本上与哥窑相同。可见自宋代开始，冰裂纹的独特美学价值就已被充分肯定，就已博得古人的厚爱，作为一种文化风尚，一种审美情趣，一种创新技艺，绵延不断。漳瓷的冰裂纹，虽也有大有小，但多为细碎开片，有的开片疏朗交错有致，有的浅密均匀如鱼子纹，甚至最微小的开片纹如芝麻，数量动辄上万；其纹理仿佛冰面破裂，瞬息间层层叠叠的纹路自然地布满器身釉下，此等艺术无刀削斧凿生硬之感，尽显浑然天成自然之美。

　　鉴于此，笔者认为，漳瓷最典型的米黄釉产品是将形、意、神三方面恰如其分地进行了调和，最终达到了科学技术与工艺美术表现的高峰。尽管东溪窑是一座民窑，工匠们在没有固定样式限制和思想束缚的状态下自由创作，充分发挥了想象力与创造力。窑工们把原本属于窑伤的开片，创作出妙趣横生、美轮美奂的冰裂纹作品，建构出一个清静无为、典雅洒脱的哲学理念。其米黄釉冰裂纹饰朴素动人，雅俗共赏；其透迤交错的冰裂纹展现了独特的空间感；其釉色和纹饰也直接体现了当时人们的思想意识和审美观念。由上可知，漳瓷鼎盛时期，社会稳定、经济繁荣，人们的思想观念和宗教信仰呈多元化发展，从而器物纹样装饰得以摆脱传统观念的束缚，进而更好地迎合了海内外消费群体的审美情趣。

　　中国古代名窑：官窑、哥窑、汝窑、龙泉窑等窑口中都生产部分具有开片或冰裂纹纹饰的瓷器其中特征与漳瓷白釉米色器的渊源联系值得深入研究。

　　官窑（图一）：因其产品必须符合皇家的审美观，客观上限制了陶瓷工匠的艺术发展，所以清乾隆之后，官窑产品就逐渐没落了。北宋官窑传世品很少，形质与工艺与汝窑有共同处。北宋官窑所造瓷器，釉色有淡青、粉青、月白等，釉质莹润温雅，尤以釉面开大裂纹片著称，不同于南宋官窑和汝窑及龙泉窑瓷器。南宋官窑器，釉面乳浊，釉多开片不透明，釉色有粉青、淡青、灰青、月白、米黄等。因器口中施釉稀薄，微露紫色；而采用刮釉垫烧时，足上露胎而呈偏赤铁色，故有"紫口铁足"之称。

哥窑（图二）：哥釉瓷的重要特征是釉面开片，这是发生在釉面上的一种自然开裂现象。釉面有大大小小不规则的开裂纹片，俗称"开片"或"文武片"。纹片纵横，飘逸流畅。纹片有多种多样，细小如鱼子的叫"鱼子纹"，开片呈弧形的叫"蟹爪纹"，开片大小相同的叫"百圾碎"。所谓百圾碎是指，以纹道而称之有鳝鱼纹、黑蓝纹、浅黄纹；以纹形而称之有纲形纹、梅花纹、细碎纹、大小格纹、冰裂纹等等。其中仿北宋官窑的瓷器为黑胎，胎色黑褐，釉层冰裂，釉色多为粉青或灰青。由于胎色较黑及高温下器物口沿釉汁流泻而隐显胎色，故也具有"紫口铁足"。此外，哥窑釉属无光釉，腴润如脂，犹如"酥油"般的光泽，色调丰富多彩，翠美清新，有月白、灰黄、粉青、灰青、油灰、深浅米黄诸色。釉面光泽如肤之微汗，是为上品。哥窑瓷最显著的特征是，釉质纯粹浓厚，不甚莹澈，瓷釉中蕴

图一　官窑

图二　哥窑

含的气泡如同聚沫攒珠，凝腻的釉面间迸裂有大小不一，或密匝或疏落的冰裂状网纹，其网纹之色浅黄者宛若金丝，细黑者如铁线，二者互相交织，故有"金丝"、"铁线"之说。

汝窑（图三、图四）：其产品以青瓷为主，釉色有粉青、豆青、卵青、虾青等，汝窑瓷胎体较薄，釉层较厚，有玉石般的质感，釉面有很细的开片。汝窑的青瓷，釉中含有玛瑙，色泽青翠华滋，釉汁肥润莹亮，有"雨过天青云破处"之誉。因其釉色独特，后世对于汝窑瓷器又有"宋瓷之冠"的美誉。汝窑传世作品不足百件，因此非常稀有珍贵。如北京故宫博物院藏：北宋汝窑大盘，是北京故宫博物院镇馆之宝，为存世汝窑盘中最大的一件。釉色天青纯正，内外均开冰裂片，底足外撇，满釉，五支钉支烧，是标准的汝官窑器物。宋汝窑盘，制作工细，盘身满釉，釉质纯净，开细碎冰裂纹片，是宋代汝窑瓷器中的上品；宋汝窑天青釉弦纹樽，器里外满施淡天青色釉，釉色莹润光洁，浓淡对比自然，釉面开细碎纹片；宋汝窑天青釉三足樽承盘，器里外施天青色釉，釉呈淡天青色，柔和温润，釉面开细碎纹片；宋汝窑天青釉碗，通体满釉，釉面开细小纹片，釉色呈淡天青色，莹润纯净，如湖水映出的青天，堪称精美的稀世珍品；宋汝窑天青釉圆洗，通体施淡天青色釉，釉色莹润。釉面开细碎片纹；宋汝窑天青釉盘，通体内外施天青色釉，釉质莹润，其质感似丝绸般柔美，釉面开细碎片纹。以上几件珍瓷虽都有开片，但不表示汝窑瓷均有开片。台北故宫博物院就收藏一件北宋汝窑青

图三　宋汝窑天青釉弦纹樽

图四　宋汝窑盘

瓷素面水仙盆,是传世唯一无开片纹路的水仙盆,器形完整,足以呼应明代鉴赏家曹昭眼中"有蟹爪纹者真,无纹者尤好"的鉴赏观。

龙泉窑:文献资料中有一种说法,即龙泉青瓷就是哥窑。龙泉窑以烧制青瓷而闻名,也的确炮制过一些被史学界称为仿哥窑的瓷器。在南宋时已烧制出了晶莹如玉的粉青釉和梅子青釉,标志着龙泉青瓷达到了巅峰,青如玉、明如镜、薄如纸、声如磬,赏之让人心情畅然。龙泉窑的釉和胎在每个时代都有它特定的成分及相应的烧造工艺,不同时代胎色的呈色、质地的粗疏和细腻、釉的色泽和质地,都不尽相同。但是,可以肯定其瓷器中确有如上文哥窑中所述精美的冰裂纹。

与上述瓷器相比较,我们可以发现漳瓷米黄釉的冰裂纹,以其优雅的釉色、独树一帜的冰裂纹,成为能够与中国古代几大名窑相媲美的俊瓷。漳瓷那淳厚质朴、含蓄秀丽、浪漫不羁的艺术风格在中国陶瓷发展史上占有重要地位。漳瓷之美在冰裂,冰裂之美话漳瓷。

参考文献

1.林焘、叶文程、唐杏煌、罗立华:《福建华安下东溪头窑址调查简报》,《东南文化》,1993年第1期。

2.林俊、赵美仙:《瓷海钩沉话漳窑》,《收藏界》2004年第2期。

3.黄江华:《漳窑米色釉瓷及其特征辨识》,《收藏界》2004年第9期。

4.马泓蛟、杨征、朱剑:《漳州窑研究综述》,《福建文博》2009年第2期。

5.吴其生:《蜚声海内外的漳州窑外销瓷》,《东方收藏》2010年第11期。

6.张国靖:《月港东溪窑兴衰简述》,《福建史志》1992年第6期。

7.薛静:《冰裂纹的美学特征及设计应用研究》,《视觉美学研究》2011年6月。

8.王珍慧:《艺术设计中的中国传统纹样"冰裂纹"》,《盐城师范学院学报(人文社会科学版)》第4期,2012年8月,第32卷。

张芙蓉,福建博物院陈列交流部馆员,中国民主同盟会会员,中国古代史专业硕士研究生。

厦门市博物馆藏漳窑人物造像赏析

宋叶

[摘　要]　近年，在"海上丝绸之路"研究及东溪窑调查、发掘的推动和影响下，学术界及陶瓷界更多地开始关注和研究"漳窑"的相关问题都有了较多的研究，而对于其具体器型的专题研究还是比较薄弱，尤其在人物造型方面，人们更多的是关注同时期德化窑的白瓷作品，本文基于前人的研究，结合历年来的考古调查，重点介绍厦门市博物馆馆藏漳窑的人物造像，并进行相关问题的探讨。

[关键词]　厦门市博物馆　漳窑　人物造像

引　言

目前考古发现漳窑米黄釉器的主要产地在华安的东溪窑，窑址的采集、出土的器形种类繁多，以日用器皿为多数，如碗、盘、洗、盅、杯、盆、罐、勺、匙、烛台等，也有陈设器有炉、瓶、觚、鼎、人物造像等。但民间传世品及博物馆的馆藏中则以陈设品居多。厦门市博物馆是收藏漳窑瓷器较多的博物馆之一，种类有瓶、鼎、炉、觚、盘、兔形水器、人物造像等。

而对于漳窑的相关研究，目前在产地、历史渊源、产品介绍、烧造工艺等方面都有了较多的探讨，但对于其具体器型的单独研究还是比较薄弱，尤其在人物造型方面，人们更多的是关注同时期德化窑的白瓷产品，本文基于前人的研究，结合历年来的考古调查，重点介绍厦门市博物馆馆藏漳窑的人物造像，并进行相关问题的探讨。

一　馆藏人物造像介绍

人物造像是漳窑中成就较高的产品，颇具代表性，也是目前相对保存较好、数量较多的漳窑器形之一。而且很多人物造像都带有纪年铭文，如：收藏于上海的明成化漳窑佛像、国家博物馆明万历漳窑释迦牟尼像[1]、福建省博物院的明嘉靖漳窑如来佛[2]、台湾鸿禧美术馆的明万历漳窑财神爷像等。这些人物造像在造型、胎釉、装饰、铭文等方面都显示着漳窑制瓷的水平，成为漳窑的标准器。厦门市博物馆馆藏的漳窑人物造像的数量较多，虽然没有纪年款的标准器，但也多制作精良，具有代表性，可为漳窑中的典型器。

1. 清米黄釉布袋和尚像（图一）

通高24.4厘米。灰白胎，胎质较粗。通体施米黄釉，釉色不均匀，下颌、腹部、右手衣襟等部位釉色较深。釉面有冰裂纹，外底露胎，底部有窑裂痕迹。布袋和尚呈立像。面目含笑，双耳垂肩，身披裂裟，袒胸露乳，大腹便便，右手持佛珠，左手拖布袋，跣足于立云头上。其形态逼真，具有较高的观赏价值和艺术价值。在漳州市博物馆也有一件类似的器物，但器物应属于有烧成缺陷的。

2. 清米黄釉寿星立像（图二）

通高26.7厘米。灰白胎。施米黄釉，釉色均匀，釉面洁净莹亮，通体开片均匀，底露胎。寿星为高颅老寿星，呈站立姿，中空。面容含笑，眉目慈祥，右手持带有两片叶子的寿桃，着长袖宽袍。整体造型比例协调，长

图一　清米黄釉布袋和尚像　图二　清米黄釉寿星立像

袍褶纹自然、流畅、飘逸。此件立像不论在釉色、釉质、开片等制作工艺方面，还是人物整体造型的艺术工艺上都属漳窑器中的精品。漳州市博物馆藏有一件寿星立像，造像上虽不一样，整体特征是异曲同工[3]。

3. 清米黄釉披巾观音（图三）

通高32.3厘米。灰白胎，胎坚致，厚重，釉面莹亮，有均匀冰裂纹，釉色呈米白色，唯底座釉色更深，即为文献中的"略黝"。观音立于云座之上，头顶披巾，别发髻，面目平静安详，双眼低垂凝思，俯视众生。胸前堆贴璎珞，身着宽袖长衣，衣纹简约流畅、洒脱飘逸，露一足，底座刻划卷云纹。但两手已缺失。漳州市博物馆馆藏一件如意观音立像与此件相类似，但器物完整，釉面更为洁净。

4. 清米黄釉立云观音（图四）

通高35.9厘米。灰白胎。

图三　清米黄釉披巾观音　图四　清米黄釉立云观音

施米黄釉，冰裂开片。器体多处棕眼。观音呈站立姿。头绾螺髻，面形长圆，双睑低垂，身着通肩宽袖大衣，双手持物于胸前，双手有残缺，所持物残缺不可辨认，长裙曳地，跣足立于海水。头部衔接部位明显。

5. 清米黄釉关公骑马像（图五）

通高 38.7 厘米。灰白胎，胎质细密。施米黄釉，底座有细小开片，外底露胎。关羽头戴冠帽，蚕眉凤目，脸丰腴，须长及腹，身着战袍，左手拉缰绳（缰绳残缺一段），右手持青龙偃月刀，坐于赤兔马上，踏于云头上。人物的造型没有以往威严肃穆的形象，反具亲和力，而赤兔马也没有威猛高大，却是拙朴率真，栩栩如生，很有漳州地方民俗的特色。在闽南陶瓷中的关公造型多为关公像，尤其德化窑的关公像数量多且制作精良，而骑马关公比较少见的造型。

图五　清米黄釉关公骑马像

二　漳窑人物造像与德化白瓷人物造像

明清时期漳州地区的窑场从一定意义上说可以分为以平和南胜、五寨窑为中心和以华安东溪窑为中心的两大窑场，从地域上看，东溪窑处于漳州窑与德化窑的中间地带，其产品特点及烧造技术等具有相互传承与影响的因素。漳窑器尤其受到当时德化白瓷畅销海内外的影响，与德化白瓷既有着较多的相似之处，同时也有着自己的地方特色。而人物造像是漳窑和德化窑产品中的代表类型之一，集中体现了两地能工巧匠的雕塑艺术水平。

1. 从类型上看：两者人物造像都以佛道教人物为主。但德化白瓷人物造像种类要远比漳窑的丰富，其人物取材十分广泛，有佛教和道教人物、神话传说、历史典故及民间故事中的人物，还有远销国外的西洋人物造型。其中佛教人物居多且种类繁多如达摩、如来、观音、罗汉、弥勒、文殊等等，这些佛像人物造像或坐，或立，或卧，形态迥异。其中仅观音造像就有诸多变化，是德化窑瓷塑中数量最多的。漳窑的人物造像类型种类较少，主要以弥勒、观音、寿星、关公、仙姑等，形态变化不多。

宗教人物瓷塑是德化窑、漳窑人物造像中数量最多，且最具代表性的类型。这与当时的社会需求有着极大的关系。漳窑与德化窑地域上同属闽南地区，自古思想信仰相接近。儒、释、道等宗教信仰在陶瓷造型上有着很好的体现，同时这些人物造像也将人们的宗教信仰以一种世俗化、艺术化的方式展现出来。宗教信仰活动的频繁培育了雕塑释道人物的艺术，尤其在德化民间出现了一批绘画大师和雕塑名匠。各类绘制工艺的融会贯通，各种宗教活动的旺盛，是德化瓷雕技法崛起的源泉，而德化技工和陶瓷世家技艺的交流及德化营销海内外的大背景，漳窑人物瓷塑也的产生了一定的影响。

漳窑与德化窑的人物造像中以佛道造型居多，如上述关公瓷塑。福建是关公信仰的主要地区之一，闽南地区尤为盛行。关公在官方和民间信仰中都有着极高的地位，或为财神，或为忠义之神，或为护佑之神，成为横跨儒、佛、道三界的真神，尤其在闽南地区更将之信奉为"第十八代玉皇大帝"。据不完全统计，关帝庙的数量泉州就有49座，漳州29座（见表一）[4]，可见关帝信仰的影响力。作为陈设、供奉之用的陶瓷产品，关公瓷塑在德化白瓷和漳窑中的产品数量较多。但是德化窑中关公的造型多

表一　福建省关帝庙数量调查表

地区	福州	泉州	厦门	漳州	莆田	龙岩	三明	宁德	南平
数量（座）	4	49	2	29	5	7	3	2	8

（注：泉州、南平两地增加了2008年12月以来第三次全国文物普查期间新登记的关帝庙，相较于其他地市的信息更为详细，数量有所偏多。）

为关公像，而厦门市博物馆馆藏的这件漳窑关公骑马的造像（图五）是较为少见的。

2. 在造型风格方面，两者的艺术造诣各有所长。

德化窑的人物造像制作更为严谨、细腻。德化窑人物造像表情生动，动作优美，肢体准确线条细腻到位，衣着自然，时代特点强，纹理线条讲究。尤其何朝宗制作的人物塑像"注重人物举手投足的动静形态，用犀利流畅的刀法，体现衣褶纹理的层次和深浅变化，正所谓疏可跑马、密不透风，大有曹衣出水、吴带当风的旋律、具有动静相乘的艺术韵味。"[5] 造像都根据不同的人物形象进行构思，整体比例协调、准确，即使手足等细节也都非常到位，表现出极高的艺术造诣。整体造型比漳窑人物造像要矜持秀美，如厦门市博物馆馆藏的清德化窑"博及渔人"款观音立像（图六）。

漳窑人物造型虽有德化窑的影响因素，如整体造型上比例适中，造像形神兼备，尤其佛教人物雕像和蔼可亲，端庄慈祥，而衣饰的制作手法熟练到位，褶纹自然、流畅、飘逸。但其整体造型风格有其自身的特色。如器物形体轮廓线条简练洒脱，表现出疏朗、生动的独特艺术风格。造型更显得古拙、敦厚。

3. 制作工艺方面，两者有着极为相似的特征。两者的人物造像成型工艺主要为模制，兼少量捏制。尤其中空的造像一般都是模制成型，一般头部、躯干、底部分为三段，待器物脱模后，进行修正黏合，并利用捏、雕、镂、堆、贴等技法对头部、手、脚、底座、衣饰等具体部位的细致修整。各部位进行拼合时往往会留下拼合的痕迹，一般制作较好的表面看不出来，有些会在烧制过程中会出现烧成缺陷。如图四清米黄釉立云观音，观音像的头部与躯干衔接十分明显，细节见图七。但德化窑白瓷的造像修胎更为工整，加

图六　清德化窑"博及渔人"款观音立像

上胎土的作用，其整个制作工艺更为精细。

4. 在胎釉方面，两者差别较大。德化窑白瓷与漳窑瓷器最大的区别即在其胎釉方面，其人物造像也是一样。德化白瓷的胎质坚实致密、洁白细腻，釉面光泽晶莹，釉水均匀洁净，胎釉结合紧密、玉质感高，釉面少有冰裂纹者。而漳窑米黄釉瓷胎质稍粗、浅黄胎或者灰白胎，釉色偏黄，釉面多呈冰裂纹，火候偏低，玉质感要差一些。

图七　清米黄釉立云观音（局部）

但正是米黄釉开片的独特性，符合了明清文人士族和地方缙绅阶层的审美意识，也满足了他们的生活需求和猎奇心理，因而在流传中深受喜爱。

福建是古陶瓷的主要生产地域之一，加上陶瓷的对外贸易的推进作用，福建各窑口在长期进行陶瓷生产不断交流学习，积累经验。漳窑的产品在种类、造型、制作技术方面受到德化白瓷的影响很大，但在后期的窑业技术上，漳窑所在的东溪窑很可能在明末吸收了漳州窑的横室阶级窑技术，并于明末清初传到德化窑，对德化窑的窑业技术产生了很大的影响。

注　释

1. 国家文物局主编《中国文物精华大辞典》，上海辞书出版社、商务印书馆，1998年，411页；中国国家博物馆网站：http://www.chnmuseum.cn/tabid/212/Default.aspx?AntiqueLanguageID=222

2. 陈邵龙：《福建省博物馆收藏的漳瓷》，《福建文博》2001年第1期，106页。

3. 叶文程主编、吴其生著《中国古陶瓷标本——福建漳窑》，岭南美术出版社，2002年，42页。

4. 李双幼：《福建关帝庙的分布与信仰状况浅探》，《福建史志》2013年第2期。

5. 叶文程、林忠干、陈建中著：《德化窑瓷鉴定与鉴赏》，江西美术出版社，2001年。

6. 栗建安：《华安东溪窑址的横室阶级窑》，《09'古陶瓷科学技术7国际讨论会论文集》，上海科学技术文献出版社，2009年，711页。

宋叶，厦门市博物馆馆员，从事教育培训、文博研究、数字化建设等相关工作。

略谈晋江市博物馆收藏的几件漳州窑瓷器

何振良

[摘 要] 漳州窑是明清时期中国外销瓷的一处重要窑口，通过文献考证和考古发掘，发现国外许多遗址和博物馆中出土和收藏有漳州窑瓷器，但国内较为少见，其在国内藏品弥足珍贵。晋江市博物馆收藏的十余件明清时期漳州窑瓷器，器物特征明显，造型优美，釉色莹亮，颇具代表性，是难得的漳州窑典型器，为漳州窑的研究提供重要实物资料。

[关键词] 明清时期 漳州窑 晋江市博物馆 瓷器研究

漳州窑，在宋元时代已成为福建乃至华南地区一处重要的贸易陶瓷生产地，明清时代是它最繁荣发达的时期，其产品主要销售国外市场。近年来，在日本、菲律宾、印度尼西亚、泰国、越南、马来西亚等国以及非洲东部地区的许多古遗址中都大量出土它生产的瓷器；另者，在东南亚地区海域发现的 17～18 世纪的沉船"白狮号"、"圣迭戈号"等也有它成批的产品；在日本、菲律宾、新加坡、马来西亚等国的博物馆中也收藏着它不少的产品。由于漳州窑的瓷器主要是外销，供应国内市场较少，所以在国内的遗址和墓葬中还很少发现，甚至在博物馆的藏品中也较为罕见。目前，从公开发表的材料来看，只有福建省博物院、厦门市博物馆、漳州市博物馆和上海博物馆等少数博物馆有其藏品[1]，因此，从某种意义上来说，在国内其藏品弥足珍贵。晋江市博物馆自 1986 年建馆以来，已收藏 10 多件明清时期的漳州窑（华安）瓷器，由于未曾公诸于世，还鲜为人知。现遴选 9 件较为完好的予以介绍，请专家学者指正。

一、明白釉竹节三足樽（炉）：1 件，直口、宽沿、圆筒腹，呈竹节状，平底，外底模压一圈、稍凹，附三如意云头状矮足，足底粘砂。胎体厚重，胎质呈灰白色。外通体施白釉，内不施釉，底部模压圈内和三足露胎。釉丽莹润、清亮，带有冰裂纹。腹部模印花纹，足部模印螺旋纹，由于印痕太浅，以致腹部花纹不明显。口径 17、腹径 168、底径 15.2、高 10 厘米。（图一）

二、清白釉双铺首耳炉：1 件，微敞口、宽沿、颈稍束，扁圆鼓腹，矮圈足，足露胎、足底粘砂。颈部附对称铺首耳。外施白釉，内口沿以下未施釉，釉呈洁白色，釉面莹亮。

图一　明白釉竹节三足樽（炉）

图二　清白釉双铺首耳炉

图三　清白釉荷叶洗

胎体厚重。口径 11.2、腹径 10.5、足径 6.5、高 7.8 厘米。（图二）

三、清白釉荷叶洗：1 件，花口、斜弧腹，四茎足，足露胎、足底粘砂。器外模印荷叶脉纹，通体施白釉，釉色洁白，釉面透亮，满布冰裂纹。胎质细密坚致，呈白灰色。口径 13.5×16,5、底径 5.5×7、高 7 厘米。（图三）

四、清白釉长颈小瓶：1 件，口稍敞、长颈、削肩、圆鼓腹、矮圈足，足露胎、足底粘砂。外施白釉，内口沿以下未施釉，釉色呈灰白色，釉面莹亮，满面冰裂纹。胎体较薄，胎质细密，呈灰白色。口径 3.7、腹径 7.5、足径 5、高 16.3 厘米。（图四）

五、清白釉玉壶春瓶：1 件，敞口，长束颈，溜肩，垂腹，高圈足，足底粘砂。外施白釉，内口沿以下未施釉，釉色呈灰白色，釉面莹亮，满布冰裂纹。胎体较厚，胎质细密，呈灰白色。口径 7.8、腹径 15.8、底径 11.2、高 36 厘米。（图五）

六、清黄釉玉壶春瓶：1 件，平口微撇，细长颈，鼓腹，高圈足，足露胎，足底粘砂。外施米黄釉，内口沿以下未施釉，釉层较薄，釉色透明，莹亮。

器身布满细碎冰裂纹。胎质紧密厚重，呈灰白色。口径6、腹径9.2、高30.8厘米。

七、清米黄釉双铺首耳瓶：1件，圆口、短束颈，溜肩，腹部下内收，矮圈足、足底粘砂。颈、肩之间有一道凸棱，肩、腹交接处对称堆贴一对狮首含环耳，并模印一周连体回纹。器外施米黄釉，器内仅口沿、颈部施釉，釉色淡黄，釉面晶莹透亮。器身布满细碎冰裂纹。胎体厚重。口径8、腹径17.2、底径9.8、高40厘米。（图六）

八、清青白釉瓶：1件，敞口、长颈，削肩、鼓腹，矮圈足。外施白釉，内口沿以下未施釉，足露胎、足底粘砂。釉色呈青白色，器身布满细碎冰裂纹。胎质细密坚致，呈白色。口径7、腹径12.7、底径8、高33厘米。（图七）

九、清黄褐釉瓶：1件，敞口、细长颈，削肩；圆鼓腹，矮圈足，足露胎、足底粘砂。通体施黄褐釉，釉色黄灰，釉面有冰裂纹。胎质较粗，呈灰黄色。口径4、腹径7、底径4.5、高17.3厘米。

这9件瓷器，它们大体具有漳州窑瓷器胎体厚重、开细碎冰裂纹、砂底足的基本特征。其中米黄釉玉壶春瓶和米黄釉双铺首耳瓶是属漳州窑的典型产品，是为"漳瓷"

图四　清白釉长颈小瓶

或称作"漳窑器"，其具体产地之一在华安县高安镇三洋村的东溪头；即"东溪窑"，址系古龙溪二十五都升平堡的辖地。据清光绪年间郭柏苍所著的《闽产录异》记载："漳窑出漳州，明中叶始制白釉米色器，其纹如冰裂。旧漳琢器虽不及德化，然犹可玩，……"[2]这两件米黄釉瓷，它们的胎体虽不如德化窑坚密、洁白，然而其造型颇为优美，釉色也较为均匀、透明、莹亮，陈设起来，令人赏心悦目，堪称是"漳窑器"之佳品。从米黄釉玉壶春瓶、米黄釉双铺首瓶、白釉刻划牡丹纹双狮首耳瓶、青白釉长颈瓶和白釉竹节三足樽、白釉双铺首耳炉这几件器物来看，其造型和装饰都深受德化窑的影响。

这9件漳州窑瓷器，是1987年缴获的文物走私品，它们基本上是从民间收集的传世品。其中有些器型如玉壶春

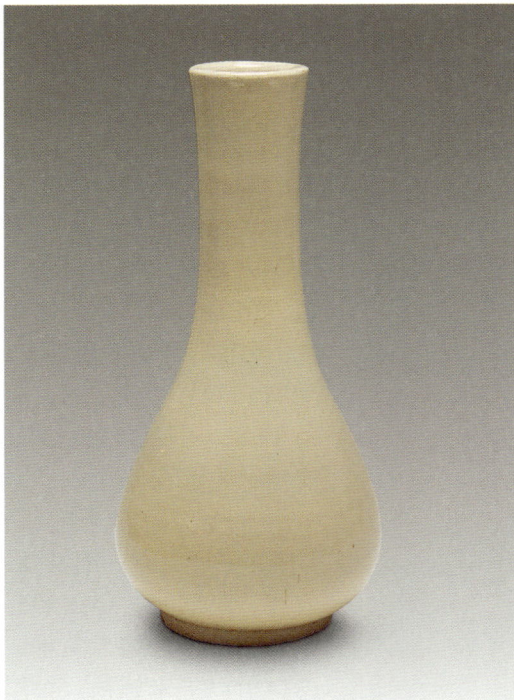

图五　清白釉玉壶春瓶

图六　清米黄釉双铺首耳瓶

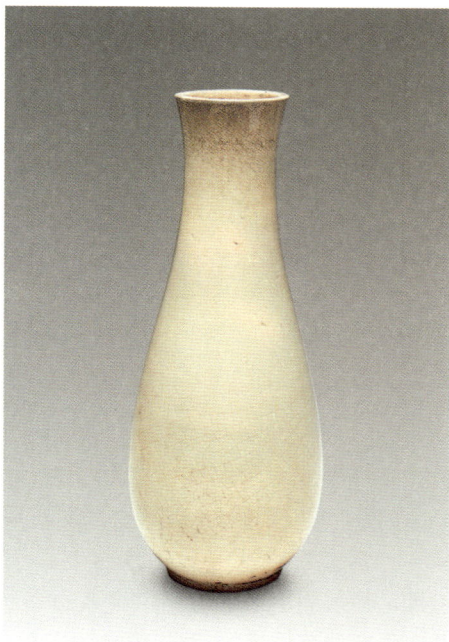

图七　清青白釉瓶

瓶、双铺首耳瓶、双狮首耳瓶、荷叶洗等，在迄今漳州窑的考古调查和发掘中还未曾发现。因此，晋江市博物馆的这几件藏品，为漳州窑的研究提供了新的实物资料。

（原载《福建文博》1999 年增刊）

注　释

1. 福建省博物馆：《漳州窑》，福建人民出版社，第 109 ～ 110 页。

2.（清）郭柏苍：《闽产录异》卷一"货属"条。

何振良，泉州府文庙管理处主任、研究馆员。

福建漳州地区明清瓷器略探

张增午

[摘　要]　福建漳州地区发现明清时期的瓷窑遗址，出土了大量的瓷器标本。本文对这批出土瓷器进行了一定的综合分析与探讨。被称为 "白釉米色器，其纹如冰裂"的漳州窑典型器物，由于出土量较少，还不是命名的时候。但近年在华安县东溪窑发现的标本与"漳窑"相近，是探讨漳窑的地方。

[关键词]　漳州　瓷器　明清

近年来，由于在福建漳州地区发现了一批明清窑址，引出了学术界对"漳州窑"的热烈讨论。本文就漳州地区明清瓷窑的发现、特色及"漳州窑"命名等诸问题初步作一些探索，并就教于有关专家。

一　漳州明清瓷窑的发现

据近几年已发表的考古调查报告，在漳州地区发现约有 29 处明清瓷窑址。这些窑址大多集中在九龙江流域。

采集到有那种米黄釉瓷器标本的东溪头窑位于华安县高安乡三洋村，釉色主要为青花瓷，次为白瓷、青瓷、米黄釉瓷、酱釉瓷，最少为彩绘瓷。器形有碗、碟、杯、壶、炉、盆、烛台、鸭形水注、羹匙、勺、鼻烟壶、烟斗及瓷塑。其中鼻烟壶、烛台为闽南其他窑少见，而乳头状足和桥形足为该窑产品典型特征。初步推断烧造年代约为明代中期至清代中期[1]。东溪窑遗址的代表性产地有马饭坑、上虾形、扫帚石及东溪圩仔。华安县的另 7 处青化窑址为：高安乡白叶坂窑、新圩乡官畲村窑、华山村窑、内宁窑、高车乡石示头窑、马坑乡甲塘窑、东坡窑。

作为闽南古代重要瓷器产地之一的平和县，近年来考古工作者对该县南胜、五寨等窑址进行专题调查和发掘。窑址有通坑、后巷、田中央、大垅、二垅、狗头山、花仔楼、洞口、九峰赤草埔、文峰山兜等[2]。平和窑以生产青花花瓷为主，有少量的彩绘瓷、青瓷、白瓷及蓝釉、酱釉等。器物大多为盘、碗、碟之类日用品，其他有瓶、罐、香炉、盒等。但做工略粗糙、均砂足。其中以青花锦地开光大盘尤具特色，此种盘欧洲与日本分别称为"克拉克瓷"和"芙蓉手"。窑址年代大多上限至嘉靖早期，下限至明末清初。另通坑窑标本以青瓷为主，器形主要为碗，其口沿转角处有"出筋"现象，整体有元代遗风，但足为明代特征，其产品具有时代连续性，年代当起点于元代中晚期[3]。

田坑内窑是 1992 年发现的，它以素三彩瓷而独树一帜。产品经模印成形，器形主要烧造有盒、小罐，也有器形稍大的小瓶、小碟、碗、盘等。纹饰以牡丹、菊花、莲花、花果等作为主题花纹，并配以蕉叶、如意头、缠枝莲、仰莲或覆莲等图案。釉色有紫、孔雀绿为地，涂填黄、绿釉，日本称之为"交趾瓷"。该窑产品经第一次高温烧制的各种器物内壁多施釉，釉色多泛米黄，呈小开片。年代在嘉靖早中期，盛于万历清初。

漳浦县的一处青花窑，位于石榴乡坂龙村坪水山区。器形有碗、盘、炉、洗、器盖，少量暗花影青。花纹有团花、龙首、三角纹、卷草。款误用有"福、寿、玉、雅、井"等。时代为明代中晚期。

南靖县明清青花窑址 7 处，即船场乡碗坑盂窑、奎漳乡仙师公窑、罗坑村东闪窑等。据介绍，其产品与传世的"漳窑"瓷器十分相似。

20 世纪 50 年代，由漳州市文史资料研究会调查的东溪窑，位于龙海县郭坑镇的东溪村。器形主要有樽、炉、花瓶、水盂、笔筒以及观音、弥勒瓷塑。其特色是胎厚、质硬、纹细。釉色有米色、绿釉、白釉三种。时代止于清初。

另在长泰县有林溪岩仔尾窑，诏安县有秀篆窑，以及龙岩、漳平（明代系漳州府辖区），也有发现青花窑址。

漳州地区所见出土明代米黄釉瓷器砚 6 个，先后出土于漳浦县赤土乡明万历纪年墓、旧镇高厝明墓、沙西明崇祯墓、漳浦县医院隆庆童介庵墓。传世品有米黄釉斗炉。三节炉、缕花器盖等。清代米黄釉瓷有：花觚、广口瓶、双圈足炉、长方形盒、薄绿釉炉，出土于乾隆年间吏部侍郎墓中的四件小杯。在漳浦县博物馆还收藏有小水罐、荷叶花盆；还有茶盘以及绿釉、灰釉小洗；民国时一件堆塑鱼蟹花盆为捐献品。

二 漳州明清瓷器的装饰特色

漳州明清时期各窑址多为民窑，在平和五寨乡、南胜乡的窑址绝大部分为青花器外，还发现有彩绘瓷（红、绿彩），日本称之为吴须赤绘；华安下东溪头窑除青花外，还有彩绘，主要为釉上红彩，有少许米黄釉、白瓷等。

各窑产品少量青花发色浓艳鲜丽，但大部分呈青灰色，有的出现晕散，色深蓝的往往出现流散。图案多来自景德镇蓝本，少量图案独具地方特色，内容以吸取大自然界和现实生活中最典型，最喜闻乐见的素材，形式变化多样，主要有人物故事、植物、动物及款识相互融合。植物纹中，习见于器物的内外壁上，卷草多作为边饰纹样。岁寒三友（松竹梅）有作为主题纹饰，还有牡丹、瓜果、梅花、菊花、兰花、芭蕉、葡萄、瓜果、蔬菜等。动物纹和人物故事常饰于器物的内底或外壁。动物纹有龙凤、狮子、乳虎、麒麟、鹿、马、喜鹊、鸳鸯、蜜蜂、鱼虫等。人物方面主要有天官赐禄、东坡乘船、老叟隐居、顽童扑蝶、玩童踢球、仕女图等。款识多书于器内心，有"福、禄、寿"、"万古长青"等吉祥语以及"明月松间照，青泉石上流"之类的诗句。还有表现宗教的八宝、八卦、杂宝、如意、梵文等。花纹有用粗笔描绘，省略较多。关于米色器的特征："釉色米黄、或白泛黄、或带淡褐色；或外施钴蓝色、草绿色釉、釉层较薄、布满小冰裂纹，胎体较厚，胎质较松，器物以琢器居多，器足矮、宽、满釉、沙足；胎体上仅见模印几何纹、拍印回纹、云纹、纹饰细小浅淡、常被填平，以致难以分辩"。

三　关于"漳州窑"的探索

最早记载"漳窑"的是清光绪十二年（1886年）郭柏苍编著的刊本《闽产录异》；"漳窑，出漳州，明中叶始制白釉米色器，其纹如冰裂。旧漳琢器虽不及德化，然犹可玩。惟退火处略黝，越数年，黝处又复洁净。近制者，釉水胎体俱松"。在漳浦县几座明墓出土的米黄釉圆砚，清乾隆年间吏部侍郎墓出土的四件米黄釉小杯。反映了明清时期在闽南一带人们的心目中，这种瓷是作为名瓷受到重视而作为随葬珍品的。

由清人的记述与出土遗物相互印证了"漳窑"在明清作为名瓷存在的史实。那么"漳窑"在哪里？长期以来，有关学者专家为此孜孜求索。早在20世纪50年代，北京故宫博物院的耿宝昌先生等就在漳州、郭坑等地调查古窑址。漳州市文史资料研究会也同时作了调查，调查报告认为"漳窑"在龙溪乡的东溪村。1985年以来，文物考古工作者对下东溪头窑进行了多次调查，采集了一些标本、包括一些米黄釉瓷标本。近年来，随着漳州地区古窑址调查范围的扩大及部分古窑址的科学发掘，获得了许多新资料和新发现，也促使了关于"漳州窑"命名问题的热烈讨论。

关于"漳州窑"的命名问题，目前存在五种说法。一种是以漳州学者提出"所谓的漳瓷应有几层含义，广义的漳窑，指漳州地区的各民窑产品，狭义的漳窑指华安乡下东溪头窑产的米黄釉瓷器"。另一种意见认为"（生产过漳窑的）东溪窑已找到，即在华安县高安乡下东溪一带分布的窑址"。第三种观点是提出"漳州窑"的概念，把漳州地区的所有窑址归为"漳州窑"。第四种是把"汕头器"、"吴须手"青花、"吴须赤绘"、"五彩、琉璃地"均定为漳州窑产品。第五种说法则认为"还不是命名的时候"，笔者比较赞成这一看法。

我国历史上有很多烧造名瓷的瓷窑。它们的称谓由来也极不一致，大致以地方、经营性质、方位、姓名等不同方面命名的。人们多年来已习惯于这些历史上遗留下来的名称。新中国成立后，许多新发现的古代瓷窑所定的名称，都取于窑址所在地，再冠以所属县名。这些名窑也多以釉色或装饰为特征。如汝窑的天青色釉，定窑的白釉，德化的乳白釉，建窑的黑釉，磁州窑的白地黑花，钧窑的天蓝、月白、紫红多种色调，耀州窑的青釉刻花、印花，哥窑的青釉开片等。当然这些名窑址也多有与其他类型的瓷器同窑合烧的混合堆积。依照清人的记述和传世的"漳瓷"是以"白釉米色"或称为"米黄釉"，并"纹如冰裂"为特色而有别其他类型的名瓷。那么首先应寻找到能出土这种类型标本的窑业遗存，经过考古发掘，对窑址遗存类型的确认之后，才可具备对窑址命名的条件。有鉴于出土标本还未能确认"漳瓷"的时候，所以第一种说法中"狭义的漳瓷"的含义和第二种看法都还不能成立。

"瓷窑体系的划分，即不能用自然地理空间作为分界，也无法用行政区划取代"。"窑系可以是相对广阔的地域范围、拥有共同的工艺特征和文化内涵的若干窑址群、组的联结"，或"若干单个窑系的联结"。"某一窑系的瓷业遗存，也并不绝对地集中分布于共同的遗存区域之内"。从发表的材料来看，漳州地区出土的青花瓷与泉州地区以及广东饶平窑出土的同类器风格雷同，共性大于异性，应看作同一窑系。故第一种"广义的漳瓷"含义与第三种意见也是不应受到赞同的。

"汕头器"（或称"华南瓷"）是西方的陶瓷研究者，推测不同于景德镇的青花瓷，是广东汕头地区的产品。种类有单色釉瓷器、青花瓷器和彩瓷，以青花瓷器最为多见，瓷胎较粗，色为灰白，装饰风格草率、粗犷，底部不施釉，粘有粗沙，是其显著特点。日本称这种青花为"吴须手"，称有红、绿彩的瓷为"吴须赤绘"，这种瓷器在漳州地区有生产，但在泉州以及广东、日本、越南也有生产。所以把上述这类瓷器及琉璃地均明确为漳州窑产品的看法，也是不应得到确认的。

从田坑内窑素三彩的研究资料中，笔者了解到该窑产品多小件精制的香盒、文玩之器、小罐、瓶等类制品，纹饰为模印、阴刻，多数釉色泛米黄，呈小开片，这种制作风格也有类于传世"漳瓷"。笔者由此推测，素三彩的上段或下段是否与漳窑发展的渊源或流变也有关系，是值得今后研究调查的一个课题。

1995 年，当地文物工作者再次深入东溪窑进行调查，于东溪头扫帚石一带采集一批米黄釉小开片标本。1999 年又于高（安）龙（山）公路地表剖面中获得较为典型的"漳窑"标本，有炉、瓶、罐、盘、碟、瓟、印盒、勺、碗、洗、花盆、砚台、仙姑立像共 20 多件，为探索漳窑产地提供了难得的材料。

（原载《福建文博》1996 年第 2 期）

注　释

1. 林涛、叶文程、唐杏煌、罗立华：《福建华安下东溪头窑址调查简报》，《东南文化》1993 年第 1 期。
2. 朱高键、李和安：《平和南胜窑调查报告》，《中国古陶瓷研究会 1996 年年会专辑》，《福建文博》1996 年第 2 期。
3. 林尊源：《福建平和青花装饰艺术及时代特征》，《中国古陶瓷研究》第四讲，紫禁城出版社，1997 年。
    冯先铭：《中国古陶瓷的对外传播》，《故宫博物院院刊》1990 年第 2 期。

张增午，河南省林州市文物管理所所长。

古代华安青花瓷鉴赏及相关问题的探讨

陈建中

[摘　要]　华安位于漳州西北部九龙江的中上游。据考古资料记载，华安明清时期是一处陶瓷生产的大窑场，其产品远销东南亚及世界各地。华安（东溪窑）瓷器商品凭借漳州港及周边港口的优势，而成为"海上丝绸之路"的大宗商品，远销世界各地。本文拟从华安青花瓷的特征、鉴赏及与周边窑口青花瓷的关系等相关问题进行探讨。

[关键词]　华安　青花瓷　鉴赏　探讨

华安地处九龙江中上游[1]，是漳州西北部一个历史上以农耕经济为主的山区小县。古代为漳州府龙溪县二十五都地，境内山岭耸峙，群山重叠，河流纵横交错，地貌以山地、丘陵为主，大小溪流密布，水资源丰富；华安地势西北高，东南低，由西北向东南呈阶梯状降落，依次可见中山、低山、丘陵、台地作有规则的排列，瓷土矿藏资源丰富；气候为南亚热带与中亚热带过渡地带，冬季冷空气南下阻隔，夏季暖湿海洋性季风入侵，气候温和多雨，四季常青，森林资源丰富。在具备了矿藏、水源、燃料等陶瓷生产所必需的原材料背景下，勤劳朴实的华安人用自己的智慧创造陶瓷文明的历史。

一　田野考古获取的资料

漳窑以华安县高安镇三洋村的东溪窑遗址得名[2]，主要文化内涵为米黄釉系列器物产品，器物釉面多呈均匀的细微开片冰裂纹，生产年代为明中期至清晚期，遗址主要分布在高安镇归德溪两岸的小山坡地，在义祠、白路坂山、马饭坑山、扫帚石山、东溪圩仔（牛蚕山）、松柏下、掉拱山、崩圹湖山、虾形仔（二分场）、蜈蚣后、后坑寮、墓坪洋、东坑庵等处发现有窑址遗址22处，遗存面积约10平方公里；器物有炉、洗、盘、碗、盒、瓷像、花瓶、笔筒、笔架、鼻烟壶、杯、盅、匙、水注等；釉色有米黄釉瓷、白瓷、绿釉瓷、酱釉瓷等，其中米黄釉瓷最具特色。

明清时期，华安青花釉下彩绘技术在周边窑场的影响下，成为一处生产青花瓷的区域特色大窑场，民窑青花异军突起，产品以品质优良、装饰简朴大方、图案生活气息浓郁、造型经济实用而成为"海上丝绸（瓷）之路"的大宗商品，并大量销往东南亚、欧洲、非洲等地的国家和地区。

根据田野考古资料[3]可推断，华安窑的青花瓷生产年代为明清时期，历次考古调查发现的主要窑场有新圩镇华山村的花山瓷窑址、官畲村的官畲瓷窑址、五岳村的思塘瓷窑址、高安镇三洋村的东溪头的瓷窑址、白叶坂瓷窑址、扫帚石瓷窑址、虾形溪瓷窑址及墓坪洋瓷窑址、高车乡磜头村的外洋瓷窑址、马坑乡下垅村的下垅瓷窑址、草仔山村的东坡瓷窑址等[4]；青花瓷器型以日常用器为主，有罐、碗、盘、杯、碟、盂、盆、盖碗、茶盏盏托、盒、器盖、汤匙、茶壶、灯盏、插器、花盆等。青花纹饰题材丰富，大致可分为花鸟虫草纹、人物故事纹、文字纹三大类。花鸟虫草纹有夔龙、玉兔、松鹤、鹭禄、石上花卉、洞石山水、松竹梅、缠枝花卉、多子花果、简笔兰花、牡丹菊及灵芝等纹饰；人物故事有山水隐逸、庭院婴戏、牧童、耕读、仕禄等纹饰；文字有"玉"、"文"、"满"、"正"、"福"、"禄"、"寿"、"喜""和"、"元"、"魁"、"仁"、"义"、"青"、"东溪"、"月记"、"东玉"、"太平年兴"和纪年款等纹饰。（图一、图二）

图一　清漳州华安三洋村的东溪窑青花花卉纹碟
（泉州市博物馆藏）

图二　清漳州华安三洋村的虾形溪窑青花带字纹
碗、盘（泉州市博物馆藏）

二　鉴赏与辨别

民窑青花瓷的鉴赏与辨别一直是古陶瓷专家、学者探讨的一个重要课题。华安窑属民窑，产品、产量应市场需求[5]，自主开发、自主经营。因此，在器物上几乎没有留下可辨别生产年代的纪年款识，但大部分留有堂号、商号、吉祥及笔者等款识，这给华安民窑青花瓷的年代断定带来了困难。为了解决这一问题，笔者根据采集的标本进行反复的辨别、对比、探讨，获得了许多信息。现就所获的初步认识探讨如下：

1.地域特征：华安窑位于九龙江上游，与漳平窑、安溪窑相连，两地文化习俗相通，青花瓷生产方式相同。华安青花瓷以日用产品为主，造型粗大，中高圈足，胎质灰白或灰，胎土略含杂质，釉色白中微泛青或微泛灰褐色，釉下装饰图案简单，多带民

图三　清安溪尚卿乡翰苑窑青花套碗（泉州市博物馆藏）

间生活气息。（图三）

2. 年代特征：根据窑址采集标本的分析[6]，华安窑青花瓷明代早期兴起，造型较为粗大，中高圈足，以手拉坯器型为主，足底露胎；明代晚期兴盛，清代早期和中期全盛；其生产技术并延续到民国和20世纪60、70年代的仙都镇区又进行重造大型龙窑而复烧。华安窑口的器物造型较为精细，线条优美，圈足满釉，民国开始使用注浆胎。

3. 工艺特征：华安窑青花瓷器型的地域、年代特征较明显，明代青花器型较为粗大，圈足，底露胎有乳突，与同时期的米黄釉瓷器型的制作工艺相同；明末清初生产工艺有了明显的进步，烧成工艺采用一钵一器，以圈足、底施釉为主；清代中期青花瓷处于全盛时期，需求量大，烧成改用大窑、大匣钵装烧，有时一个匣钵装烧好几件器物，间以同类型器物"对口烧"。

4. 装饰特征：华安窑青花瓷的釉下装饰图案纹饰区域性较强，早期青花料搭配处于初始阶段，青花发色暗灰或淡褐色或灰褐色；到兴盛、全盛期，青花料搭配成份比例适当、科学，发色青亮，层次感较强，积料处有锡斑点沉积；装饰图案由早期的简单发展到题材丰富，但大多数器物所画青花图案较为精美，艺术含量较高。

三　相关问题的探讨

根据考古资料记载，华安自宋元时期开始建窑烧瓷，生产青白瓷器，在漫长的发展过程中，与周边的窑场学习、交流，形成具有自己特色的窑业生产工艺，华安窑青花瓷是中国民窑青花瓷的重要组成部分。为了更好地认识华安窑民窑青花瓷，笔者拟就其起源、发展、氧化钴色料、外销以及周边窑场的关系等相关问题探讨如下：

1. 关于华安窑青花瓷的始烧年代

宋元时期，随着泉州古刺桐港"海上丝绸之路"的兴盛[7]，闽南地区窑烟四起，各地先后出现一大批窑场，地处九龙江上游的华安凭借拥有的矿藏、木材燃料、水源等陶瓷生产所需的自然资料，在与周边窑场的学习和交流中，开始建窑烧造青白瓷[8]。受景德镇窑、龙泉窑、德化窑和漳州平和窑制瓷窑工的影响，华安窑在宋元青白瓷生产工艺的基础上，明代早期已开始在瓷胎上运用钴料进行彩绘，后上釉烧制青花瓷。华安明代烧制青花瓷，起因主要是朝廷对沿海县市实施海禁，居民内迁，沿海窑场荒废、停烧，窑场转向九龙上游的华安。从华安窑址考古调查和文献资料分析，华安民窑青花瓷的始烧年代应为明代早期。

2. 关于华安窑青花瓷的技术传播

从考古采集标本的制作工艺和青花发色比较，华安窑青花瓷的生产工艺技术主要受景德镇和漳州平和窑的影响。明嘉靖《安溪县志》记载[9]："磁器 色白而浊，昔时只作粗青碗，近则制花又更清，次于烧磁。……皆外县人氏业作之云。"明代县志所说的"外县人氏业作"应为景德镇或与安溪交界的漳州华安窑的青花瓷工匠到安溪烧制青花瓷，并传教烧制工艺。因此，明代华安青花瓷的生产工艺自景德镇、德化窑和漳州平和窑工传入后，又向周边的安溪等地外传。（图四、图五）

3. 关于华安窑青花瓷的氧化钴色料

从光绪刊刻的乾隆版《泉州府马巷厅志》记载[10]："碗青，金门古湖琼林掘井口取之，江西景德镇及德化、宁德各窑所需。"这说明明清时期，至少是乾隆时期，金门青已在闽南各地窑场使用。从华安考古采集的青花瓷标本比较，华安青花瓷的氧化钴色料，有含铁成分较高的土钴、金门青、江浙料、云南珠明料及进口的苏麻黎青等。（图六）

4. 关于华安窑青花瓷的款识

从采集的标本上看，华安窑青花瓷在明代早期一般为单字吉祥款，在器内中心，器外圈足露胎。明代中晚期至清代，大多器物的圈足内都有堂号款、商号款和记号款等。供外销的产品，器底一般设有款识，即中性产品（不标产地或款识记号）。

5. 关于华安窑青花瓷的外销

明清时期，华安窑青花瓷的官方外销通道主要是漳州月港和厦门港，华安窑商品经陆路至九龙江中游码头及分渡口后，即可用水路沿九龙江运到漳州月港外销。大批

图四　清安溪镇西窑青花寿字纹大碗（泉州市博物馆藏）

图五　清安溪商卿科名琵琶仑窑青花蝶恋花纹盘（泉州市博物馆藏）

图六　清漳州华安三洋村的东溪窑青花花卉纹汤匙（泉州市博物馆藏）

图七　"泰兴号"沉船出水华安窑青花瓷器

的华安窑（高安镇的东溪窑）青花瓷在国内外遗址的出土和水下沉船考古发掘的出水，证实了华安窑青花瓷外销的史实，其中，南中国海的"泰兴号"沉船[11]，就有出水华安窑青花瓷器物。（图七～图一一）

6. 华安窑青花瓷与周边窑口的关系

从考古采集的青花瓷标本及志书记载[12]，华安窑青花瓷与泉州窑青花瓷关系最为密切，华安窑青花瓷[13]生产工艺的传入和烧制比泉州早。华安与泉州的安溪县交界，从青花瓷的成型工艺和釉下青花彩绘的工艺和青花装饰图案风格看，笔者认为华安窑青花瓷对安溪窑青花瓷的生产工艺影响最大，应有技术传承关系。

华安窑青花瓷在器型、胎质、风格、款识等方面与周边的安溪、永春、德化、三明、莆田、永泰等地青花瓷窑场有一定的相同之处，但经细致比较又有自己个性的特征，尤其是青花的绘画风格、图案结构和款识等的个性特征最为明显，易于鉴别区分。

总之，华安窑青花瓷是我国民窑青花瓷的重要组成部分，其生产、烧制工艺讲究，产品朴素大方，作为明清时期"海上丝绸（瓷）之路"的外销商品，在中外文化交流发挥了重要的作用。

图八 泰兴号"沉船出水华安窑青花瓷器

图九 泰兴号"沉船出水华安窑青花瓷器

图一〇 "泰兴号"沉船出水华安窑青花瓷器

图一一 "泰兴号"沉船出水华安窑青花瓷器

注 释

1.华安县地方志编纂委员会编：《泉州府志》，厦门大学出版社，1996 年。

2.粟建安：《东溪窑调查纪略》，《福建文博》1993 年 1 ～ 2 期。

3.福建省博物馆、漳州市博物馆：《华安东溪窑 1999 年调查》，《福建文博》2001 年第 2 期。

4.国家文物局主编：《中国文物地图集·福建分册（下）》，福建省地图出版社，2007 年。

5.吴其生、郑辉：《华安县东溪窑调查》，《福建文博》2001 年第 1 期。

6.林涛、叶文程、唐杏煌、罗立华：《福建华安下东溪头窑址调查简报》，《东南文化》1993 年第 1 期。

7.陈建中：《泉州的陶瓷贸易与东西方文化互动：以德化窑外销瓷为例》，《海交史研究》2004 年第 1 期。

8.吴其生、李和安：《华安窑》，福建美术出版社，2005 年。

9.（明）嘉靖《安溪县志》。

10.叶文程、林忠干：《福建陶瓷》，福建人民出版社，1993 年。

11.Nigel Pickford & Michael Hatcher: The Legacy of the Tek Sing ,2000.

12.（明）嘉靖《安溪县志》。

13.吴其生、李和安：《中国古陶瓷标本大系——华安窑》，福建美术出版社，2005 年。

陈建中，福建泉州市博物馆馆长、市考古队队长、文博研究馆员。长期从事文化文物工作，泉州市文化名家。主要社会兼职有：华东理工大学硕士学位导师、华侨大学人文与公共管理学院客座教授、泉州师范学院南音文化传承与发展协同创新中心特聘研究员、中国古陶瓷学会理事、中国博物馆协会城市博物馆专业委员会常务副秘书长、中国博物馆协会丝绸之路专业委员会常务理事、福建省文物保护工程专家库专家。

海外藏漳窑（华安）瓷器

陈斯蓓

[摘　要]　随着华安地区东溪窑的考古发掘，漳州米黄釉瓷器逐渐被了解。但和漳州窑五彩和青花瓷器情况类似，漳窑器在国内藏品数量有限。本文选取几件海外藏漳窑瓷器，分析其特点与来源渠道，以期能丰富目前的漳窑研究。

[关键词]　漳窑　米黄釉　月港　海外

福建、东南亚和欧洲都可见一种米黄釉细小开片的瓷器，早期常与德化瓷器混淆，曾被西方称作"Dongke 瓷器"[1]，后被称为"漳窑器"。史料中记载的漳窑器属福建特产，明中叶时开始烧造，米黄色的釉面布满细小开片。清末杨巽从在《漳州什记》中说："漳州瓷窑号东溪者，创始于前明，出品有瓶、炉、盘各种体式具备。"漳窑器的产地正是漳州华安县高安镇、毗邻南靖县龙山乡的东溪窑，器型多为摆设器，因窑址所处地理位置偏僻，地处山区，交通不便且人烟稀少，虽规模达 10 平方公里，却长期未被发现，以致漳窑器的产地在很长一段时间是一个谜[2]。这里陆路交通不便，但水上交通十分便利发达，与月港联系密切，这也成就了漳窑瓷器外销的繁荣。

一　漳窑与海上贸易

早在唐代，中国的瓷器就经由海上丝绸之路销往世界，当时最大的港口是广州，瓷器已远销东南亚各国、地中海沿岸、埃及和叙利亚等[3]。宋元时期的瓷器外销更加繁荣，海上贸易范围继续扩大，此时，泉州港也逐渐成为对外贸易的大港口，南宋至元代时期更是凌驾于广州港之上[4]。在利益的驱使下，正德九年（1514 年），葡萄牙人来到广东，试图建立起中葡贸易[5]。1522 年，明朝颁布海禁，外国人在华的合法贸易中断，转为秘密的民间海上走私贸易[6]。在这一历史背景下，漳州月港取代了辉煌一时的泉州港。

月港地处九龙江下游入海口，是南、北、中三溪的汇合处，水陆交通都较便捷，因民间走私贸易的兴起于明景泰年间（1450~1456 年），至明万历年间（1573~1620 年）

属全盛时期[7]，到了天启年间（1621~1627 年）极速衰落[8]。闽南人自古靠海为生，拥有较好的水性和航海技术，以致在海禁期间，周边港口均被关闭的情况下，月港的民间海上走私贸易异常红火。据《海澄县志》记载："饶心计者，视波涛为阡陌，倚帆樯为末耜。盖富家以财，贫人以躯，输中华之产，驰异域之邦，易其方物，利可十倍。故民乐轻生，鼓枻相续，亦既习惯，谓生涯无逾此耳"[9]。但仅过了不足两个世纪，月港便因沿海战乱不断和河道泥沙淤积导致衰败，厦门港逐渐取代月港，成为对外贸易的大商港[10]期间，其产品也经广州"十三街"代理外销。

东溪窑始烧于明中叶，此时的月港正步入正轨，并且即将开始它的全盛时期，外销氛围浓厚。华安地区东溪窑具备了海上贸易的先天地理条件，陆行 2 公里即可到达归德溪，再经永丰溪、芗江，便可至九龙江[11]，最终由月港销往亚欧非各国。此外，东溪窑兴盛于明嘉靖和万历年间[12]，这又与月港的繁荣时期不谋而合。在明末清初后虽略有衰落，但在清康熙和乾隆时期再度复苏，此时的厦门港又处在繁荣时期，东溪窑的外销仍相对便利，最终，这种特别的漳窑器于同治年间衰败，清末民初尚有少量烟火[13]。在印尼苏拉威西岛曾出土过一件瓜形水注，是目前海外出土的唯一实例。但可以说，华安东溪窑的发展与海上贸易的关系是密不可分的，但仍有待更多考古发掘以证实。

二　海外藏漳窑器

国内的漳窑器主要还是藏于福建省内，漳州博物馆、晋江市博物馆、厦门市博物馆、厦门华侨博物院、福建博物院和地方的华安县博物馆、云霄县博物馆、龙海市博物馆等都有一些藏品，此外国内的还有故宫博物院、中国国家博物馆和上海博物馆等有少数藏品，民间亦有部分藏品。在国外，藏有漳窑瓷器的博物馆不少，有大英博物馆、英国国立 V&A 博物馆、英国牛津大学阿什莫林博物馆、美国大都会博物馆、旧金山亚洲艺术博物馆、荷兰普林西斯霍夫博物馆、雅加达国立博物馆等，还有一定数量的海外民间私人收藏，这当中还不排除在一些博物馆内漳窑器被误归为德化窑或者枫溪窑瓷器。

1. 大英博物馆（British Museum）

大英博物馆成立于 1753 年，是世界上历史最悠久、规模最宏伟的综合性博物馆，博物馆藏有世界各地的珍贵文物 800 多万件。中国文物数量众多，包括了东晋顾恺之《女史箴图》、汝窑器和敦煌壁画等。通过对大英博物馆电子库房的搜索，可得知馆内藏有一定数量的漳州窑瓷器，囊括了青花、五彩、单色釉等，这当中就包括米黄釉漳窑器，且收藏器型较为丰富，包括了瓶、尊、罐、盂等，其中不乏做工相对精致，应属漳窑烧制出的较为上乘的瓷器。

象形香座（1 对）（图一、图二、图三），清乾隆时期，高 18、长 28.5 厘米。
该对象形香座背上有带莲花纹饰的鞍布，鞍布边沿饰以回纹，底部流苏纹自然下垂。象背上有一圆形孔，圆形孔口沿位置亦有回纹饰，孔内插有一可拆卸的景泰蓝香座。景泰蓝香插上缘同样饰有回纹，顶部有 5 个大小一致的插香孔，底部刻有款识"乾

图一　象形香座（正面）

图二　（侧面）

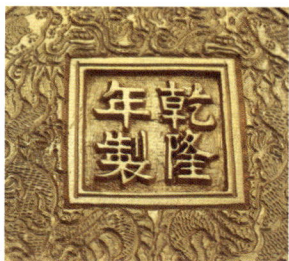

图三　（底面）

隆年制"。象鼻自然下垂并往右上方翘起，象身背有缰绳，整体造型栩栩如生，细节刻画精美，巧妙地将实用性和观赏性结合一起。藏品来自大维德基金会。据官方记载，米黄釉象身由漳窑烧制，判断最初应是作为油灯，而景泰蓝香插产自北京，但无法确定香插与象身配对的准确时间。国内的传世品中亦有造型类似的象形油灯，但这对藏品做工精美，加之有带款的景泰蓝香插做搭配，非常特别。

香炉（图四、图五），明末清初，高 7.2、宽 17.2 厘米。

唇口，鼓腹，腹部有对称铺首衔环，环已遗失，整体模仿青铜器簋的器型。藏品来自大维德基金会。这件香炉上的铺首装饰刻划逼真，生动有趣，富有立体感，整体造型具有美感，兼具实用性与观赏性。堆塑的装饰手法在漳窑器中较为常见。

2. 荷兰普林西霍夫博物馆（Princessehof Ceramics Museum）

漳州窑的瓷器，包括漳窑器，在荷兰有一定数量，这是因为荷兰东印度公司在华曾经的贸易垄断，也是因为荷兰与东南亚各地的联系密切。荷兰普林西霍夫博物馆坐落于吕伐登，这里也是荷兰一个重要的港口城市，1731 年由荷兰玛丽女王成立，以收藏东方陶瓷著称，如今是荷兰东方陶瓷艺术研究中心，馆藏中国瓷器达 18 万件，更是世界上收藏漳州窑瓷器最多的博物馆之一[14]。馆内漳州窑的藏品主要包括了大盘、碗和罐[15]，其中米黄釉大盘格外显眼，体积较大，数

图四　香炉

图五　香炉

图六　米黄釉大盘

量较多，有 20 件 [16]。

大盘（图六）明末，直径 48、深 11.5 厘米。淡黄色胎骨，斜弧腹，高圈足，沙足底。

根据登记入库的编号可知，这件米黄釉大盘是来自荷兰人范比克先生（Reinier Dirk Verbeek，1841~1929 年）的捐赠，而普林西霍夫博物馆馆藏的漳州窑瓷器大部分都来自他的捐赠。范比克先生是位采矿工程师，热衷于远东文化，尤其喜爱中国和日本的瓷器，1868 年至 1873 年期间，他三次前往印尼旅行，并在当地购得大量的漳州窑瓷器 [17]。1918 年，在当时的馆长奥缇玛的鼓励下，范比克将他的个人收藏在博物馆展出 [18]。1929 年，范比克先生逝世，其后人将家族藏品捐赠吕伐登市政当局，市政又将这批瓷器转赠给西林希霍夫博物馆 [19]。

这件大盘是在印尼苏门答腊岛西部海岸购得，被当做传家宝和地位的象征 [20]。确实，当时在多数印尼当地家庭里，中国瓷器是富有人家身份的象征，在重要场合使用以示富有 [21]。且苏门答腊岛正处于明清福建瓷器外销的一条重要航线"澎湖航线"上 [22]，漳窑器因此可外销至此，并影响当地人的生活与文化。

但如此大的实用器在目前了解到的漳窑器中十分罕见，是否是东溪窑烧制的，还需更多东溪窑的发掘标本支持。

3. 英国国立维多利亚与艾伯特博物馆（V&A）

V&A 成立于 1852 年，馆藏有从公元前 3000 年到现代的中国艺术品，文物数量超过 1.8 万件，包括丝织品、陶瓷、金属器、画、家具等。

茶壶（图七）明末清初（1620~1650 年），高 13 厘米。

茶壶整体造型圆润，盖上饰以松鼠型钮，茶壶釉面可见细小开片。在 1650 年左右，其被镶上德国镀金包银附件 [23]，可能是因为边沿有损坏，或是做预先保护。这是件瓷化程度较高、釉色较白，做工精美的瓷器，单就图片而言十分接近德化窑，不易分辨。

值得一提的是，这件茶壶虽在 V&A 的出版物《中国外销瓷》中明确为漳窑器，但在其官方网站的电子库房内显示的信息却是德化窑瓷器。同样，在同一本书中另一件米黄釉香炉（图八），在官方电子库房内也是显示为德化窑瓷器。由此可见，最初这两件瓷器可能都被误以为是德化窑烧制的。

漳窑的米黄釉瓷器大体呈色偏黄，但在烧成温度较高的情况下，器物呈色较白，类

图七　茶壶

似于德化窑。且其造型与德化窑也接近，器型
也涵盖了人物塑像、碗、盘、碟、瓶、罐、炉
等[24]，有模仿德化窑之嫌，但随着东溪窑的考
古发掘和对米黄釉更多认识，这两类瓷器也渐
渐区分开。因此，也不排除其他馆藏的漳窑器
被误归类为德化瓷，误判的情况在水下考古中
都有存在的可能性。这极有可能是因为当时的
德化窑和漳窑器都有经漳州月港外销，且德化
窑瓷器已有一定的名气，商人或许为了方便，
或许是为了利益，将漳窑器归到德化窑瓷器里进行外销。

图八　米黄釉香炉

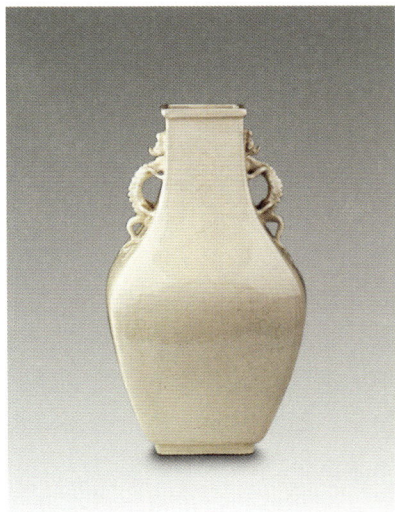

图九　双耳四方瓶

双耳四方瓶（图九）明末清初（1600~1700 年），
高 33.7、宽 18.4 厘米。

方口，溜肩，鼓腹，模仿青铜器四方瓶的造型，
瓶身饰以菊花纹和莲花纹刻花，颈部两侧贴附对
称螭龙为耳，做工精美，

据官方资料记载，这件四方瓶来自于卜士礼
先生（Stephen Wootton Bushell）藏品系列。布
修先生是一名英国医生，并且热衷于研究中国文
化与艺术，1868 年至 1899 年在北京担任英国驻
华使馆的医生。任职期间，他受托于 V&A 博物
馆在中国购买文物，并且，在回到英国后，于
1905 年出版了《中国艺术》一书（共两册），随
后又出版了《中国瓷器》（1908 年）和《中国瓷
器图说》（1910 年）。他的妻子和他的孙女在
他去世后分别向英国的博物馆捐赠了部分中国文
物，包括了 V&A 博物馆和大英博物馆。

除了上述几件漳窑器，仍有一定数量的疑似漳窑器。例如，英国剑桥大学菲茨
威廉博物馆藏有一件双铺首瓶（图一〇、图一一），胎釉、器型和装饰风格均与漳
窑器十分相似，凭图片几乎可以确定为漳窑器。但是，官方资料显示并未确定窑口，
可能是由于该馆对漳窑的关注和研究有限。在法国吉美博物馆也有一件清代铺首弦
环瓶，器型与漳窑器十分接近，被官方定为南方窑，没有明确指出窑口。

还有一件美国旧金山亚洲艺术博物馆藏的观音像（图一二），官方资料记载为漳
州窑奶白釉瓷器，就图片看应该是漳窑器，釉面偏黄，也带有细小开片，器型与装饰
风格也较吻合。最重要的是，这件观音像的底部是带年份款识，显示该器烧于 1615 年，
与中国国家博物馆藏的明万历释迦牟尼坐像年代一致，若能确定为漳窑器，将是十分
难得的又一件纪年款器物。且陆明华在其发表文章中曾提到，在该馆见到一件类似于
国博纪年款米黄釉释迦牟尼坐像的明万历漳窑佛像[25]，极有可能指的就是这件。

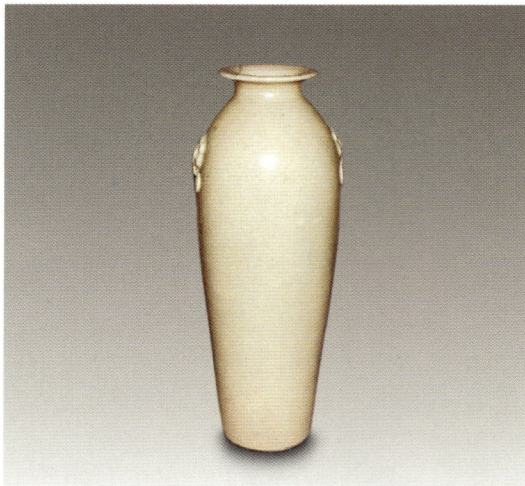

图一〇　双铺首瓶（正面）

图一一　双铺首瓶（侧面）

图一二　观音像

三　结　论

首先，漳窑的发展伴随着当时月港兴起和海上走私贸易繁荣的时期，而欧洲刮起的瓷器热促使葡萄牙人和荷兰人不远万里、扬帆远行，将中国瓷器销往世界各地。在这一大背景下，尤其是利益的驱使下，漳窑，乃至整个漳州窑系才得以繁荣。

其次，漳窑器与德化窑瓷器在器型和装饰手法上相对类似，虽胎釉差别明显，但还是有混淆的可能。目前已发现在海外一些博物馆，漳窑瓷器被误归为德化窑瓷器，所以是否还有更多的漳窑器未被正确定义仍有待发现。

此外，漳窑器在海内外均不乏做工精良、兼具艺术性与实用性的藏品，可见当时漳窑是具备烧制上等瓷器的技术，甚至在某些东南亚地区，漳窑属于十分珍贵的传家宝。

注　释

1. 柯玫瑰，孟露夏：《中国外销瓷》，上海书画出版社，2014 年。

2. 林焘、叶文程、唐杏煌、罗立华：《福建华安下东溪头窑址调查简报》，《东南文化》1993 年第 1 期。

3、4. 叶文程：《试论中国古代外销陶瓷的航线》，《古代外销瓷器研究》，故宫出版社，2013 年。

5、6. 甘淑美：《葡萄牙的漳州窑贸易》，《福建文博》2010 年第 3 期。

7. 陈自强：《明代漳州月港续论》，《漳州职业大学学报》1999 年第 3 期。

8. 唐天尧：《试论明代月港兴衰的原因》，《福建师大学报》1982 年第 3 期。

9. 陈锳：《（乾隆）海澄县志》卷一五《风土志·风俗考》。

10. 唐天尧：《试论明代月港兴衰的原因》，《福建师大学报》1982 年第 3 期。

11. 林焘、叶文程、唐杏煌、罗立华：《福建华安下东溪头窑址调查简报》，《东南文化》1993 年第 1 期。

12. 林俊、赵美仙：《瓷海钩沉话漳窑》，《收藏界》2004 年第 2 期。

13. 林俊、赵美仙：《瓷海钩沉话漳窑》，《收藏界》2004 年第 2 期。

14. 黄忠杰：《荷兰普林西霍夫博物馆藏漳州窑瓷器》，《紫禁城》2011 年第 4 期。

15. 甘淑美：《荷兰的漳州窑贸易》，《福建文博》2012 年第 1 期。

16、17、18、19. 黄忠杰：《荷兰普林西霍夫博物馆藏漳州窑瓷器》，《紫禁城》2011 年第 4 期。

20. 甘淑美：《荷兰的漳州窑贸易》，《福建文博》2012 年第 1 期。

21. 林清哲：《明末清初福建陶瓷文化在东南亚的传播及影响——以漳州窑系为中心》，《南方文物》
    2013 年第 3 期。

22. 叶文程、林忠干：《福建陶瓷》，福建人民出版社，1993 年。

23. 柯玫瑰，孟露夏：《中国外销瓷》，上海书画出版社，2014 年。

24. 曾莹、彭维斌：《珠光青瓷、德化白瓷、克拉克瓷》，鹭江出版社，2013 年。

25. 陆明华：《晚明福建瓷器窑业的发展》，《南方文物》2010 年第 1 期。

　　陈斯蓓，硕士研究生，2011 年毕业于英国利兹大学。2013 年 9 月至今任职于厦门市博物馆，是中国古陶瓷学会会员，从事外销瓷研究、博物馆数字化、文化交流等相关工作。

大维德基金会藏漳窑瓷器选介

叶志向

[摘　要]　大维德基金会收藏大量中国陶瓷精品，漳窑米黄釉白瓷达到85件，占所有陶瓷藏品的5%，可见独具特色的米黄色漳窑（华安）瓷器深得大维德爵士的喜爱，也体现了漳窑瓷器在福建乃至中国陶瓷史上的重要地位。本文选取几件大维德基金会藏漳窑瓷器，介绍其特点，与同好共赏。

[关键词]　漳窑　米黄釉　大英博物馆　大维德基金会

大维德基金会（Percival David Foundation of Chinese Art）展示了举世闻名的斐西瓦乐·大维德爵士（Sir Percival David，1892~1964 年）所收藏的中国艺术品，包括近1700 件中国陶瓷和一卷《古玩图》，时代跨越 10~18 世纪。大量藏品带有年号款识与纪年铭文，很多藏品属于清宫散失文物，不乏举世公认的珍品。

大维德爵士所藏中国陶瓷是世界上最精彩的收藏之一，而大维德爵士也是一位非凡的人。他从 1914 年 22 岁时开始中国陶瓷收藏生涯，掌握中国语言、考察中国各地、结交著名学者与收藏家朋友，研读中国古代文献资料，经过 40 多年孜孜不倦的努力，成就了世界上最可观的私人中国陶瓷收藏。1950 年，他将全部藏品捐给伦敦大学亚非学院以建立中国陶瓷学术研究体系，并于 1952 年在布卢姆伯里（Bloomsbury）一座19 世纪的公馆中正式对公众开放展出。又于 2009 年集中陈列在大英博物馆的何鸿卿爵士陶瓷研究中心，向世界各地的人们持续展现中国陶瓷的永恒魅力。

笔者于 2011 年 4 月份到大英博物馆考察德化窑瓷器，发现大维德基金会收藏建盏、德化窑、平和窑和（华安）漳窑等四个福建窑口的瓷器，共有 5 个展柜。德化窑的塑像和器皿分别陈列在两个展柜中，建盏、平和窑和（华安）漳窑各一个展柜。展示了福建窑口瓷器的重要地位。现从大维德基金会选择部分漳窑瓷器进行介绍，与同好共赏。

一　陈设礼器

礼器之名始见于司马迁的《史记》，指礼乐、祭祀中所用的器皿，是使用者的身份、等级与权力的代表。在新石器时代的陶器和商周时期的青铜器皿中，鼎、鬲、豆、簋、尊、瓠等器皿成为当时贵族祭祀、丧葬、朝聘、征伐、宴享和婚冠活动中的礼器。秦汉时期，出现了原始青瓷仿制青铜器造型的礼器。唐代，郊祀宗庙用了瓷尊祭祀，这是文献中有关瓷制礼器在祭祀中出现的最早记录。南宋后，瓷制礼器已经有了较多地使用。

洪武二年定"祭器皆用瓷"，而且在各种祭祀活动中，明朝对瓷制礼器的用色、数量、形制、纹饰等都有明确的规定，所以，明代是大量使用瓷制礼器的朝代。在明代帝王尚古、礼教、礼制思想的指导下，不仅景德镇窑、德化窑在大量生产瓷制礼器，华安东溪窑也和全国其他地方窑口一样，由于地方官府的进贡和各地宫殿、宗庙建设的需求，开始生产陶瓷礼器。

1. 清代三足双耳饕餮纹鼎炉（图一）

编号：PDF 434

年代：清，19 世纪

尺寸：高 155 毫米，直径 91 毫米

描述：古代青铜器"鼎"的造型，带两个环形手柄，底下三足。表面有冰裂纹，在腹部雕刻有回字纹。

2. 清代钟（图二）

编号：PDF 411

年代：清，18~19 世纪

尺寸：高 118 毫米

描述：钟造型白瓷，内部中空，手柄上有双龙戏珠。外观上有双层云领纹。刻"大明嘉靖年制"款。

3. 蒜头型花瓶（图三 ）

编号：PDF 155

年代：清， 18 世纪

尺寸：高 203 毫米

描述：蒜头型长颈陶瓷花瓶，瓶口处向下变为球茎形状。花瓶釉面呈冰裂纹，瓶身上有模制龙纹，底部刻有回形纹

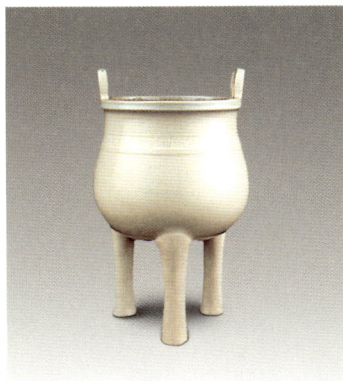

图一　清代三足双耳饕餮纹鼎炉　　　　图二　清代钟　　　　图三　蒜头型花瓶

4. 三足香炉（图四）

图四　三足香炉

编号：PDF 168

年代：清，17~18 世纪

尺寸：长 42 毫米，直径 64 毫米

描述：陶瓷香炉呈球形，直口、鼓腹、有三个矮足。米黄釉，釉面呈冰裂纹。边缘有如意纹，底部有铭文"大宋熙宁年造"。配木制底座。

5. 八卦纹香炉（图五）

编号：PDF 112

年代：清，17~18 世纪

尺寸：高 63 毫米，直径 124 毫米

描述：圆柱型陶瓷香炉，三足，米黄色釉，釉面呈冰裂纹。上半部分刻有八卦图样，下半部分刻仿古龙纹图案。

图五　八卦纹香炉

二　文房用具

中国历朝历代的文人墨客喜欢各式各样的文房用品。到了明代，文人对文具爱好之风更盛，书房的陈设高雅成为品评文采的标准。文房用品的文化品位越来越被人们所认识，因此，各种式样精美的文具应运而生，华安东溪窑也适时制作生产砚台、砚滴、印盒、笔洗等文房用品。

6. 印泥盒子（图六）

编号：PDF A.480

年代：清，19 世纪

图六　印泥盒子

尺寸：长 35 毫米，宽 81 毫米，深 61 毫米

描述：陶瓷盒子，带盖。通体白色，有釉裂。顶部有龙跃沧浪的造型，底座和边缘刻有回形纹。底部有款识。

7. 水盂（图七）

编号：PDF 407

年代：清，18~19 世纪

尺寸：高 22 毫米，直径 62 毫米

描述：陶瓷水盂，白色，在罐口附近刻有两排方形花瓣纹样，内部有黑点，底部有釉。

8. 笔洗（图八）

编号：PDF A102

年代：清，18 世纪

尺寸：长 87 毫米，宽 148 毫米，深 110 毫米

描述：陶瓷笔洗，呈半茄子型，配有木架。口沿用铜包边。釉开片发黄。笔洗内部、茎、叶雕刻着滚动的菊花。口缘没有上釉。

9. 象形香座（两只）（图九）

编号：PDF 134

年代：清，乾隆时期

尺寸：长 180 毫米，深 285 毫米

描述：香座呈大象造型，米黄色釉，中间套有景泰蓝花型底座。鞍座上刻有莲花图案，底部有"乾隆年制"款。

三 日用器具

人类在生产生活过程中需要各种各样的用品，在日常生活中人们接触最多，也最熟悉的就是瓷器，如餐具、茶具、酒具等。华安县博物馆藏东溪窑出土标本中就有大量的日用陶瓷。

10. 罐子（图一〇）

编号：PDF 119

年代：清康熙年间，1662~1722 年

尺寸：高 45 毫米

描述：瓷罐，肩部有凸起线条装饰，3 个把手。米黄色釉。底部有三处窑烧痕迹。

图七　水盂

图八　笔洗

图九　象形香座（两只）

图一〇　罐子

11. 杯子（图一一）

编号：PDF 448

年代：清朝，18~19 世纪

尺寸：高 89 毫米

描述：陶瓷杯子，米色釉，有浅棕色染色裂纹。刻有一对凤凰和一对五爪龙的图案。

12. 杯子（图一二）

编号：PDF 142

年代：清康熙年间，1662~1722 年

尺寸：高 48 毫米，直径 87 毫米

描述：陶瓷杯，米色釉。外部刻有牡丹花，底座上有款识。

13. 盘子（图一三）

编号：PDF A.438

年代：清，1700~1800 年

尺寸：高 48 毫米，直径 268 毫米

描述：瓷碟，通体白色米黄釉，釉有开片。边缘刻有经典花纹，凹弧处刻有花纹及凤凰。

14. 碗（图一四）

编号：PDF 122

年代：清～民国年间，1700~1933 年

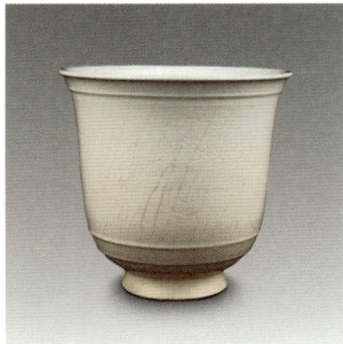

图一一　杯子

图一二　杯子

图一三　盘子

图一四　碗

尺寸：高 65 毫米，直径 195 毫米

描述：白瓷碗，带黑色滚边。刻有两条鱼在水草中向中心游去，边缘刻有牡丹等经典花纹。

15. 长勺（图一五）

编号：PDF 199

年代：清，1700~1911 年

尺寸：深 125 毫米

图一五　长勺

图一六　鼻烟壶

描述：曲柄陶瓷长勺，釉有开片。柄端刻有叶子，有五处小凸点。

16. 鼻烟壶（图一六）

编号：PDF A.471

年代：清，19 世纪

尺寸：长 33 毫米，宽 72 毫米，深 26 毫米

描述：陶瓷鼻烟壶，狮子衔锦球造型，通体白色，釉有开片，裂痕呈浅棕色。狮子的眼睛有上色。

纵观大维德基金会藏漳窑白瓷，具有以下特点：

1. 品种丰富、品相良好。涵盖了陈设礼器、文房用具、日用器具等类型，所有藏品都较为完整。既体现了大维德爵士严谨的收藏风格，也反映了漳窑具备较高的生产水平。

2. 造型古朴庄重、纹饰简洁素雅。漳窑部分礼器仿商周青铜器造型和纹饰，部分文房用具造型仿自宋代官窑，集实用价值和美学价值于一体。端庄稳重的造型，简练自然的纹饰，给人一种古朴典雅、敦厚稳重的感觉，也体现了漳窑白瓷精湛而成熟的生产工艺。

3. 都是单色釉，施米色白釉，釉面莹亮，开细小冰裂纹。2015 年 11 月 26 日，笔者陪同故宫博物院董健丽老师考察漳州市华安县博物馆，并实地探访东溪窑，发现大维德基金会藏品和馆藏标本及窑址残片和的特征基本相符。

大维德爵士的用心收藏，为漳州陶瓷文化保留了可贵的财富，为漳州陶瓷研究提供了难得的样本。期待漳州与大维德基金会加强联系，开展对口的系统研究工作，使漳窑米黄釉白瓷这一独特的陶瓷品种进一步为世人所认识，能得到恢复和发展，重新确立华安县在"海上丝绸之路"的重要地位。

参考文献

1. 康蕊君、霍吉淑：《大英博物馆大维德爵士藏中国陶瓷精选》，文物出版社，2013 年。

2. 朱琰：《陶说》。

3. （明）李东阳等纂：《大明会典》卷之二百一。

4. 吴其生：《明清时期漳州窑》，福建人民出版社，2015 年。

5. 林瀚：《海外珍藏中华瑰宝 —— 白瓷》，北京工艺美术出版社，2011 年。

叶志向，中学高级教师，福建省收藏家协会，全英华人收藏家协会会员。

荷兰普林西霍夫（公主）博物馆旧藏华安窑米黄釉瓷器研究

黄忠杰

[摘　要]　荷兰普林西霍夫博物馆（公主博物馆）是荷兰最大的瓷器艺术博物馆，其前身是著名的荷兰公主玛丽莲·路易斯收藏的瓷器走廊。作为荷兰皇家瓷器的创始人之一，公主玛丽莲对于对中国瓷器的收藏与仿制，催生了荷兰代尔福特的现代瓷业。笔者通过大量的第一手资料和珍贵文献对公主所收藏的中国华安窑米黄釉色瓷器展开系统与深入的比较研究，涉及收藏历史、收藏清单和博物馆发展史，力主通过实证还原 17 世纪中西文化艺术交流的盛况。

[关键词]　荷兰　吕伐登　公主博物馆　华安窑　米黄釉

荷兰北部的吕伐登（Leeuwarden）是一座具有 700 多年悠久历史的港口城市，这里因风景秀丽、气候怡人而深受历代荷兰皇室的青睐。1711 年，荷兰国王威廉四世辞世，王后玛丽莲·路易斯[1]带着早年丧夫的悲痛来到荷兰北部的弗里斯兰省，同年生下了威廉五世。1730 年，王后玛丽莲·路易斯在完成了对小威廉的辅政后，只身一人来到吕伐登，居住在普林西霍夫（公主）宫殿。

出于对中国瓷器的酷爱，晚年的玛丽莲王后开始大规模收藏远东陶瓷，并设想将普林西霍夫宫殿建设成荷兰最大的远东瓷器博物馆。1731 年，荷兰吕伐登普林西霍夫博物馆（Princessehof Museum）正式成立，来自中国和日本的精美瓷器被源源不断地送往博物馆；1765 年王后玛丽莲·路易斯去世之前，普林西霍夫博物馆已拥有上千件的中国瓷器。如今普林西霍夫博物馆已成为荷兰国立陶瓷艺术研究中心，馆内珍藏的中国明清时期各大窑口的精美瓷器已达十八万件，这些令人眼花缭乱且爱不释手的中国瓷器不仅是中荷两国古代贸易的见证，同时也是研究中国外销瓷重要实物与佐证。

有数据表明，普林西霍夫博物馆也是迄今为止世界上收藏漳州窑瓷器最多的博物馆之一。馆藏资料表明，该馆所珍藏的漳州窑瓷器大部分来自于一名叫雷尼尔·德瑞克·范比克（Reinier Dirk Verbeek 1841~1926）的采矿业工程师。范比克家族从 17 世纪开始便对远东文化产生了浓厚的兴趣，尤其是对中国和日本的瓷器更是不惜重金从荷兰和英国的商队中购得。1868 ~ 1873 年期间，雷尼克·范比克先生 3 次前往印度尼西亚旅行，在此期间他购得了大量的漳州窑瓷器[2]（图一、图二）1918 年，在时任

图一　雷尼克·范比克先生的漳州窑瓷器收藏
　　　 1891 年出版授权普林西霍夫博物馆。

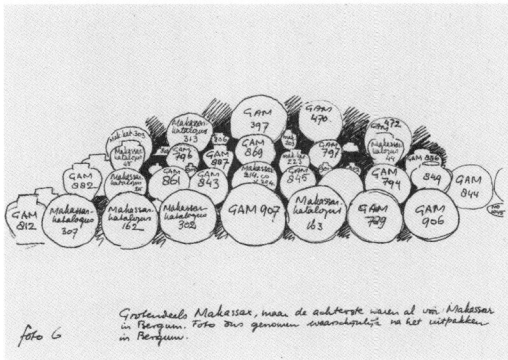

图二　雷尼克·范比克先生的漳州窑瓷器进入博
　　　 物馆时的编号手稿。1921 年出版授权普
　　　 林西霍夫博物馆。

荷兰普利西霍夫博物馆馆长的兰妮·奥缇玛（Naane Ottema 1874 ~ 1955）的鼓励下，雷尼克·范比克先生将他的个人收藏带到了吕伐登普林西霍夫博物馆展出。1929 年，雷尼克·范比克先生逝世后，其后代继承遗志将家族的藏品悉数捐献给了吕伐登市政当局。此后，吕伐登市政又将瓷器转赠普林西霍夫博物馆，并联合吕伐登大学持续不断地资助和完善博物馆，最终于 20 世纪 70 年代将普林西霍夫博物馆建设成为荷兰国家公共陶瓷艺术研究中心。

　　两百多年来，普利西霍夫博物馆对不同时期的漳州窑瓷器都予以了翔实的记载，这些记录都以一些简写的英文字母来区分和表示。经过对 820 件藏品的细致甄别，我们将其分为几种类别，分别是 GRV、GAM、GMP、NO、OKS、BP：

　　瓷器底部手写英文字母 GRV，G 代表市政厅（Gemeente），RV 则是雷尼尔·范比克（Reinier Verbeek）的简写，它表明该瓷器是范比克家族在 1841~1926 年间在印度尼西亚购得并捐赠给市政厅，而后又转赠博物馆；瓷器底部手写英文字母 GAM 表明该瓷器来自于范·德梅伦先生（图三）。范·德梅伦（A.Tj. van der Meulen 1862~1934），作为荷兰东印度公司在 1895~1900 年期间的负责人，他将自己的收藏爱好带到了印度，并将触角伸向了印度市场上的中国瓷器。在博物馆档案室查阅东印度公司的相关资料时，我们意外地发现了范·德梅伦的个人手记，他谈道：“在巴达维亚（印度尼西亚首都雅加达），只要是工作之外的空余时间，我都会摸向古董地摊，在街头巷尾向当地人打听有关古玩的消息，或者直接进入店铺，环顾四周，然后买下最有价值的一些瓷器……”[3]（图四）。在印尼的短短的 5 年任职期间里，范·德梅伦收藏了 430 件的中国古代瓷器并将它们一一捐给了普利西霍夫博物馆。

　　瓷器底部手写英文字母 GMP 则代表该瓷器是王后玛丽莲·路易斯的私人收藏（Museum het Princessehof），她的大部分藏品来自于 19 世纪中期的阿姆斯特丹古

图三　范·德梅伦

董市场交易，这些瓷器也是博物馆成立之初的藏品；

NO 是 1910 年代普利西霍夫博物馆馆长兰尼·奥缇玛（Naane Ottema）的简称，奥缇玛馆长是一位资深的中国瓷器研究专家，他曾于 1910 年代数次前往印度尼西亚和中东，从当地土著居民和古董商手里买下了数百件的中国瓷器，啬己奉公的他在辞任之时将收藏捐给了博物馆。

OKS 代表了荷兰奥缇玛·巾马（Ottema — Kingma）基金会，它表明这些瓷器原属于奥缇玛家族，该家族从 19 世纪初便开始收藏中国和日本瓷器。1957 年，因博物馆研究和展示需要，家族成员将瓷器捐赠给普利西霍夫博物馆。

瓷器底部手写英文字母 BP，它标明这件瓷器长久借展于普利西霍夫博物馆，这些瓷器大多来自荷兰的私人收藏和姐妹博物馆。

20 世纪 80 年代中期，荷兰远东陶瓷研究专家巴布拉·哈里逊曾对这批漳州窑瓷器展开研究，并编撰成书。然而，由于当时中国大陆对漳州窑的认识尚处于起步阶段，虽有少量传世品在日本、印度尼西亚、马来西亚、菲律宾、越南等国发现，但欧洲学者普将称此类带"沙足"底的明代瓷器统称为"汕头瓷"或"汕头器（SWATOW）"；日本学者则称之为"吴须赤绘"，并将其生产窑址定在广东省东部至福建省南部。

图四　左图案桌上陈设的漳州窑米黄釉带盖
及底座仿宣德冲天炉

漳州窑的米黄釉瓷器、青花瓷器和素三彩也被称为"交趾瓷"，误认为是越南的产品（图五）。

幸运的是，1983 年以来，福建省博物院先后对华安县高安镇下东溪头窑址（1986年）、南胜的花仔楼窑址（1994年）、南胜田坑窑址（1997年）、五寨洞口窑址（1998年）进行了考古发掘，发现明清时期窑址数十处，出土瓷片数万件。漳州华安东溪窑与平和克拉克古窑址的发现，使

图五　20 世纪 20 年代的普林西霍夫博物馆。中国宫出版授权普林西霍夫博物馆。

我们获得大批的实证资料，从而揭示了长期以来海内外所谓的"汕头器（SWATOW）"、"克拉克瓷"、"交趾瓷"、"华南三彩"等瓷器产地就在漳州的华安、平和、漳浦、南靖等地，而创烧的年代则集中在明代晚期至清代初期。

21 世纪初，漳州华安东溪窑发现 "汕头器（SWATOW）"的窑址和实物标本的消息开始不胫而走。国内外陶瓷界欣喜万分，众多目光顿时投向平和这个平素不为人所知的闽南山区县，然而漳州本土的发现仅仅是冰山一脚，远在地球一端的荷兰吕伐登，数以百计的漳州窑瓷器正陈设于普林西霍夫博物馆。2010 年 4 月，笔者受荷兰普林西霍夫（公主）博物馆瓷器部主任伊娃·斯特索伯（Eva Strober）博士的邀请，对该博物馆藏福建漳州窑瓷器进行考辨，现从公主旧藏中选择部分华安窑米黄釉瓷器进行介绍，与同好共赏。

1. 米黄釉冰裂纹大盘

米黄釉瓷器是明代漳州窑生产之大宗，其胎体一般呈淡黄色，偶有浅灰色。胎体相对坚硬厚实，烧成温度较高。普林西霍夫博物馆的漳州窑米黄釉盘，体形较大，数量较多，共有 20 个；其中以底款手写符号 GRV 1910.29 的米黄釉开片大盘最为突出，该盘口径 48.5、高 9.6 厘米，淡黄色胎骨，斜弧腹，高圈足，沙足底。该盘是范比克先生在 1883 年旅居印度尼西亚时所购。有趣的是，我们在普林西霍夫博物馆档案室查阅资料时，还发现了范比克先生在印尼拍摄一张大盘原主人的照片。

2. 米黄釉饕餮纹竹节炉

香炉口径 17.5、高 9.2 厘米，为圆唇、直口玄纹竹节式，炉身仿商代青铜装饰饕餮夔龙纹，玄纹轮廓清晰，层次分明；矮圈低腰，古拙大气，底部手写英文 GMP142，说明是（Princesshof）公主在 18 世纪的皇宫旧藏。20 世纪 90 年代，福建省考古队曾先后在华安上虾形、马饭坑等窑址发现米黄釉饕餮纹竹节炉的碎片本，而如此完成的米黄釉饕餮纹竹节炉在欧洲皇室的收藏中并不多见。

明代礼部尚书吕震撰书《宣德彝器图谱》载，香炉是盛放香料燃烧的熏香器具，

其功能可分为四种[4]。其一，用于祭祀神佛和祖先，给人一种清香、宁静、肃穆之感。其二，文人读书、写字时烧香使空气芬芳，起到提神醒脑的作用。其三，熏香衣服，增加舒适感。其四，作为文玩欣赏，供文房摆设。

3. 米黄釉仿宣德冲天炉

炉高 19.7、口径 9.6、底径 8.8、底座直径 10.2、盖子直径 12 厘米，底款编号 N.O 1564. 此件香炉样式来源于明宣德炉，以瓷胎制成，通体施米黄釉，炉身形制规整。敞口，两侧置冲天提耳，包浆沉稳，色泽典雅，敦厚之中不失灵巧精致，是为书房陈设雅器。有意思的是，华安窑米黄釉瓷器不仅外部造型上效仿宣德炉，其内腔亦有考究，笔者在博物馆库房内测量尺寸，能够明显地感觉到工匠同时也注重内腔的造型设计，尤其想表达炉腔的纵深感（横向的和竖向的）。横向的纵深感以弧线大来体现，竖向的纵深感以炉腔深来表达：炉壁不等厚，上下厚，中间薄；炉口壁直，向内腔过度有棱角；内腔底低；内腔底面径小；内腔的最凸处低于外形的最凸处。此等细心的设计与制作，无不体现明代漳窑瓷器之考究。试想当年，焚香其内，历史的厚重之感随香外溢，仿若置身其中，随香而止，怅然若失。

4. 米黄釉仿宣德三足鼎式炉

香炉高 32、口径 12.3、底径 9.6 厘米，底款编号 GRV 1929/185，意为 1929 年由雷尼尔·范比克（Reinier Verbeek）家族在巴达维亚购买，并捐赠给普林西霍夫（公主）博物馆。华安窑仿宣德三足鼎式炉，在国内博物馆颇为常见，其造型可以追溯到商周时代的"鼎"。我国古代青铜鼎有烹煮肉食、祭祀等用途，祖先倾其所有，向天祈福，让神灵祖宗保佑自己的部落和国家平安。然而此炉并非鼎，其式样上为明代匠人仿商周铜鼎而造，是民间烧香拜佛之日常用物。此器形有商周遗风，阔口圆足，以饕餮、云雷作为主要纹饰，炉鼎身呈长方形，立耳方腹，四足中空，轮廓方直，庄重大气。

5. 米黄釉双兽铺首胆瓶

高 29.4、口径 3.6、底径 6.8 厘米，底款编号 GMP 155，属于 18 世纪玛丽莲公主的旧藏。其米黄釉设色淡雅古朴，胎体素白，为垫饼烧制，余施满釉，釉层光润，开片稀疏；造型上，直口短颈，抹肩收腹，小平底，下有圈足；肩饰宝相花纹及蕉叶纹，两侧堆贴一对兽首，皆施釉米黄，造型古朴，工艺讲究，整体扁方，保存完好。该器物应为荷兰东印度公司贸易所得，是明末华安窑米黄釉陈设瓷之精品。

6. 米黄釉布袋和尚像

布袋和尚，高 13.5 厘米，底款 N.O 1874.05。面目含笑，双耳披肩，身披袈裟，袒胸露乳，大腹便便，右手持佛珠，左手拖布袋，跣足于立云头上。端详底部，其胎体呈黄褐色，胎质较松，白瓷微泛黄，不甚光亮。该佛像通体施米黄釉，冰裂开片，外底露胎。人物盘腿而坐，盘瓣发式，着长袖衣服，袒胸处无装饰。右手搭在向上弯曲的右脚的膝盖内侧，左手自然下垂挨地，左脚斜插在右脚里面。头下垂，脸部修长，象征性地捏塑出五官，但显得沉静慈祥。

瓷器作为古人生活世界的认知与诉求，以表现那些有趣、生动且是百姓耳熟能详、朗朗上口的故事、传说起到娱乐与教化的作用。作为一种物质与精神生产的结合体，古代瓷器无论是外在形态，或内在理论都被打上区域文化的烙印。明代漳州华安窑瓷器既是现实生活的写照，也是人们精神生活的家园，人们在其中休养生息，其思想从此出发，遨游于理想与现实，幻化与实在的境界。但是，不管它遨游多远多久，终究还得回到这个一切都是那么熟悉，那么亲切的现实世界。事实上，生活的世界也就是民俗的世界，它与福建沿海地区的民间习俗、地理环境、生活方式息息相关，是浓厚闽地文化的真实写照。

在普林西霍夫博物馆，每天都有来自世界各地在游客和专家在此驻足，一位比利时在游客在与我交谈时说："这些中国瓷器（漳窑·华安瓷）与前厅的瓷器有所不同，它们的作者必然是一群画家而不是工匠，因为所有的线条都是有弹性的，没有重复和交叉，工匠是凭直觉和情感来画的……"

的确，用笔走龙蛇和随情适性来形容馆藏的明代漳窑瓷器再贴切不过了。漳州窑的画师不仅善于捕捉地域和人文题材，而且能采用不同的技法，表现出不同的神情意态，画风虽粗犷放浪却自然洒脱，率真而富有情趣。明代晚期的福建沿海，社会与经济结构的变化和思想文化的发展，书画艺术也出现了变革的潮流，加剧了近古绘画史上画风转变的力度和进程，致使本土画坛上出现了写意和写实截然不同的艺术倾向和审美追求，存在着宫廷、文人、民间三大社会层面的创作力量，取得了山水、花鸟、人物、版画、民间绘画五个艺术门类的相应发展。漳州本土尤其是诏安一带涌现出一些努力变革和锐意创新的画家。他们在思想上接受了来自西方的民主意识，具有与众不同的政治倾向和审美情怀，因而能够突破陈规陋习的束缚，创作出一些富有时代气息的优秀作品，这不仅在明代晚期在闽南绘画流派上表现得比较普遍，而且在标新立异的克拉克瓷器上更为典型，特别是深受漳州民间版画和东南亚伊斯兰教艺术的影响，表现出自然朴实的生活气息，突破了北方官窑那种烦琐拘谨的羁绊，也没有宫廷瓷器富丽堂皇的意味，以自然洒脱，活泼朴素见长，蕴含着浪漫和情趣，形成了构图简洁舒展，笔法自然奔放，画风单纯朴实，粗犷大方的典型特点。这种审美观念来源于生活，来源于民众，又为中外民众所接受、珍视。实质上，非官即民，漳州窑的瓷器既属于民间艺术范畴也属于文人艺术的范畴。

"十里长窑，万里丝路"，从漳州华安到月港，再到荷兰的吕伐登，明代月港的空前繁荣，似乎还历历在目。1621 至 1632 年间，荷兰东印度公司三次在漳州收购瓷器，数量动辄上万，究竟还有多少家珍散落海外，我们尚不知晓。清初实行"海禁"，月港走向没落，漳州窑也因销路受阻而颓废，米黄釉瓷器从此在海外销声匿迹，给后人留下一连串遥远而美丽的遐想。然而，可以肯定的是，以平和窑为主的漳州窑瓷器对欧洲 17~18 世纪的工艺美术产生了深刻的影响，欧洲贵族对漳窑瓷器的追捧，使得传统中国文化渗透到欧洲上层阶级的审美情趣中，以至于荷兰的艺术家和学者已无法厘清究竟是中国古代艺术影响了巴罗克艺术，还是巴罗克艺术影响了中国的瓷器。但是我们有理由相信，随着漳州窑系瓷器的进一步调查和发掘，中欧陶瓷烧造技术和文化交流方面的研究会取得更大的进展。

注 释

1. 玛丽莲·路易斯，1688 出生于黑森州的卡塞尔，海赛·查尔斯·路易斯之女。荷兰国王约翰·威廉四世的王后。1765 年卒于吕伐登。

2. 18~19 世纪，荷兰人控制了印度尼西亚，当地土著居民世代以来视为传家宝和可移动资产的瓷器被卷入了疯狂的古董贸易中，这些传说中来自于中国南部汕头港的瓷器被欧洲贵族争相抢购，普林西霍夫博物馆的大部分漳州窑瓷器正是在世纪之交的印度尼西亚获得的。

3. 原文：'I lived in Batavia from 1895-1900. In my free time I would go to the "undercity" "[...] and nosy around in the backstreets and alley, wandering into junkshops. [...] "Good Afternoon sir, what are you looking for?", I was always asked. Indeed, what I was looking for I could not say – I just wanted to look around. And so, looking around, I would find some remarkable things that surprised me with their beauty……。笔者翻拍于普林西霍夫博物馆档案室，卷宗号 1880-1900。

4. 国家图书馆《四库全书总目》收录，早在 1936 年，PaulPelliot 便详细论证了《宣德彝器图谱》是后世的伪作。根据 Pelliot 的考证，最早提及此书的是清乾隆时期的杭世骏，他在 1776 年发表的一系列短文中提到了《宣德彝器谱》一书。同时期，《四库全书》的编委也见到了和杭世骏所述书名略不同的《宣德鼎彝谱》的文稿。该书分为八章，带有 1428 年的序。到了 19 世纪该书被扩充到 20 章。在 1928 年，该书最终定名为《宣德彝器图谱》，应也就是我们如今所看到的版本。尽管该书声称宣器器形仿自宋代的《考古图》和《博古图录》，然而从传世的实物看，很少器物类似《考古图》和《博古图录》所载。

黄忠杰，福建德化人，福建师范大学美术学博士，德国海德堡大学东亚艺术史博士后；现为福建师范大学美术学院副教授，硕士生导师。

漳窑米黄釉瓷的传统烧制技艺

彭维斌

[摘　要] 米黄釉瓷是明清时期漳州地区窑场生产的一种浅黄胎、米白色釉的瓷品，华安东溪窑是核心生产窑址。漳窑米黄釉瓷器型多样，装饰技法丰富，釉色独具特色，对周边潮汕地区的窑场也产生了一定的文化影响。在林俊大师的努力下，米黄釉瓷的传统烧制技艺得以传承，并被列入漳州市非物质文化遗产名录。

[关键词] 漳窑　米黄釉瓷　传统烧制技艺

米黄釉瓷，也称"漳窑器"、"漳瓷"、"漳窑白釉米色器"等，专指明清时期漳州地区生产的浅黄胎、施米色白釉，釉面呈开片状的瓷器。华安东溪窑是米黄釉瓷的核心生产窑场。从东溪窑的考古调查与漳窑米黄釉瓷传世器物的研究来看，漳窑创烧期为明代中期、明晚期至清初，米黄釉瓷的形制趋于多样化，装饰手法也日渐丰富，此时是漳窑米黄釉瓷烧造的鼎盛时期。到了清中期，大型琢器，大型人物雕像逐渐少见，日用器、文房杂器增多，总体质量大不如前，胎质粗松、杂质含量多，修坯不规整。自此，漳窑米黄釉瓷产品开始走上衰败之路。

2008年，漳州民间古瓷工艺研究所所长林俊在平和文峰镇宝桥村创建了陶瓷研究基地，致力于包括米黄釉瓷在内的漳州窑各种瓷品传统技艺的传承与创新，其烧制的米黄釉器物既有明清漳窑器的典雅大气、端庄古拙，又有现代陶瓷的时尚创新。在林俊大师的努力下，漳窑米黄釉瓷得以重现昔日风采。

本文试在全面梳理考古发掘、传

图一　明代米黄釉弥勒佛塑像（漳州市博物馆藏）

图二　清代寿星立像（漳州市博物馆藏）

图三　清代象形油灯（漳州民间藏）

世器物资料的基础上，探讨米黄釉瓷传统烧制技艺与现代传承。

一　烧制技艺

东溪窑位于华安县高安镇三洋村，并延伸至与南靖两县的交界处，窑址大多邻近溪流或山涧而建，水路运输方便，顺水可直达漳州月港和厦门港。东溪窑从明代中期开始烧窑，窑场中烧制米黄釉瓷的窑址有四处：寨仔山窑址、洪门坑窑址、东坑庵窑址和松柏下窑址。寨仔山窑址面积约 3000 平方米，窑炉为阶级窑，宽约 2.2 米，采集的米黄釉瓷标本数量最多，可推断它是漳窑米黄釉瓷生产的主要窑址。洪门坑窑址北与寨仔山窑址一涧之隔，窑址分布面积约 300 平方米。没有发现窑炉和作坊遗址。东坑庵窑址北与寨仔山窑址相距 500 米，分布面积 2000 平方米。窑炉建在溪边的山坡上，长约 10.8 米，宽 1~1.5 米，炉膛保存较好，平面呈截圆形，直径约 1.5 米，窑底分阶级，已知有四个阶级，各阶级均为平底。

东溪窑采用的是匣钵装烧法。匣钵有平底直筒形、"M"形、凸底形，另外还有一种口沿内敛，折腹平底的匣钵，用来装烧盘、碟、盒等器物。使用匣钵装烧时，通常用垫饼、垫圈垫烧、涩圈叠烧，也有细砂垫烧，因而部分器物出现粘细砂的现象。

二　器物类型

华安米黄釉瓷的器物类型可分为陈设器、日用器、文房用具。陈设器有炉、瓶、鼎、觚、人物造像等；日用器有碗、盘、洗、盅、灯盏、烛台、杯、罐、缸、盒、盆、勺、匙、壶、鼻烟壶、烟嘴、绣墩等；文房用具有砚、砚滴、笔架、盂等。

陈设器中的人物造像是米黄釉瓷成就较高的产品。人物雕像形神兼备，佛像造像多清丽秀雅，面部刻划端庄慈祥，形态丰腴，表情和蔼可亲，衣饰褶纹飘逸、自然、流畅。常见的有如来佛像、持寿桃弥勒佛像、持念珠弥勒佛像、莲花座观音坐像、持书观音坐像、高髻坐式观音像、寿星像等。日用器中的象形油灯把实用性与观赏性巧妙地结合起来，富有创意。兔形水器塑造了一只肥硕可爱、蓄势待发的兔子形象，兔子背部器口处一圈花形装饰带刻划对称菊花纹，周围刻划较简单的叶纹，纹饰粗犷简朴。文房用具中的鸭形砚滴模印成型，鸭子张嘴为滴水口，鸭子身上镂一小孔为进水处，整个砚滴的造型充满了乡土气息。这种动物形制的日用器物在漳窑米黄釉瓷中还比较多见。瓶、瓴、罐等琢器形式多样，较多地吸收与借鉴古代青铜器的风格，尤其大型器物，线条多大方流畅、刚柔并济，加之铺首和衔环以及其他的装饰，显得高古隽秀、典雅端庄。（图一～图六）

三　胎釉艺术

华安米黄釉瓷的胎以呈淡黄色为主，还有浅灰色、浅褐色以及灰白色。年代较早的瓷器胎体烧成温度相对较高，胎质较坚实厚重，年代较晚者胎体趋薄，胎质较粗松，而且烧成温度偏低。由于瓷土洗练加工不精细，杂质含量较多，从器物露胎处可见许多微小空隙。从整体来看，由于入窑煅烧温度不够高，漳窑米黄釉瓷大多瓷化程度不高，敲击声音沙哑、沉闷，但也有少量器物胎质致密，胎色较白，特别是明代的竹节炉及清中期的部分器物，瓷化程度较高，釉面莹亮、敲击声音清脆。

施釉的方法有多种，有的施在生坯上，有的施在素烧过的素坯上，有二次烧造的，如一些罐、盘、碟等的生坯内底先施白釉烧造，而后在未施釉的外壁施绿釉或蓝釉第二次入窑烧成。米黄釉瓷的白釉泛黄，有深浅之分，也有泛青或较白的釉色。釉面普遍呈现细小密集的冰裂纹，也有部分大开片，有的大开片中又有细小开片，亦有不开片的现象。有的器物釉面呈色不同，上部呈灰白色，近底部呈米色。这种釉面颜色深浅不同、开片等情形的产生，除了因釉里含石英、石灰等天然矿物质，在烧造过程中发生反应，坯土的成分对釉的明度、浓度、耐高温度、膨胀收缩有影响之外，窑炉的结构、器物入窑所处的位置、温度的高低、烧造气氛的变化、施釉的方法等都是不能忽视的因素。

图四　清代鸭形砚滴（漳州市博物馆藏）

图五　明代米黄釉堆贴变体螭龙耳瓶
（漳州民间藏）

图六　清代米黄釉兔形水器
（厦门市博物馆藏）

四　装饰艺术

华安米黄釉瓷多素面，即便有纹饰也很简练。纹饰主要有铺首、动物、山石、莲瓣、蕉叶、卷草、回纹、弦纹、乳钉纹、牡丹、如意云头纹、八卦、杂宝、篦梳纹、兽形纹、夔龙纹及多种纹饰结合而成的连续图案，其中铺首耳、回纹、夔龙纹是仿铜器纹饰。

瓶、罐、炉、鼎、绣墩及文房用具上一般采用镂雕、堆塑、贴塑、压模、印模、刻划花等装饰技法，其中，瓶、罐、鼎、绣墩上多堆贴双铺首，铺首造型古朴大方，雕刻精细。器物的近口沿、近底处或足根旁采用压模、印模、刻划花的手法进行装饰，在器物腹部则采用如"三羊（阳）开泰"、"双龙戏珠"、"花卉图"等主题纹样及多圈的弦纹进行装饰。也有部分盘、碟、水注、匙等的口沿或底部采用模印手法进行装饰。另有部分盘、碟、小罐的内底在上了米色白釉烧造之后，再上绿釉或蓝釉，进行二次施釉二次烧造；有的口沿施酱釉，其他部位施米色白釉；有的器物施米色白釉高温烧造之后，用红绿彩进行釉上彩绘，再进行二次低温焙烧，但这与传统的漳窑米黄釉瓷的气质已完全不同。（图七、图八）

漳窑米黄釉瓷常见的装饰技法有堆塑、贴花、镂雕、刻花、划花、印花等。

堆塑法多使用在

图七　清代米黄釉铺首耳方瓶（漳州市博物馆藏）

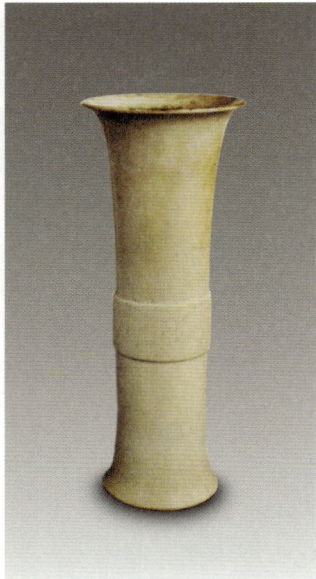

图八　清代米黄釉回纹觚（漳州市博物馆藏）

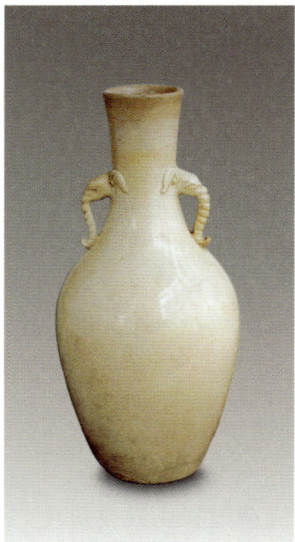

图九　清代米黄釉象耳瓶（漳州市博物馆藏）

图一〇　清代米黄釉高台盘（厦门博物馆藏）

瓶、炉等上。先将用手捏或模印的立体动物、植物等粘贴在器物的主要装饰部分，再进行必要的雕刻修饰。如一件象耳瓶的颈部近肩处堆塑对称的象头为铺首；现珍藏于厦门博物馆的螭龙撇口瓶的颈部堆塑着一个绕颈爬行的螭龙；还有一件造型奇特的高台盘，模印成型，盘为花口，腹部为四瓣南瓜形，两侧贴塑双铺首；现藏于漳州博物馆的一件方瓶上仿铜器作风贴塑一对铺首耳。（图九～一二）

　　贴花是将模印或捏塑的动物、花卉、山石、树木等纹样的泥片用泥浆粘贴在已成型的器物坯体表面，然后施釉入窑焙烧。贴花也称模印贴花或塑贴花，既具有堆塑法的立体美感，又不失淡雅温婉。贴花技法是漳窑米黄釉瓷上最常见的装饰技法，典型者可见一件收藏于漳州博物馆的"三羊（阳）开泰"贴塑瓶。在瓶的腹部贴塑一棵桂花树，树旁有兰草、珊瑚石以及三只形态各异的山羊。贴花法也常与堆塑法一起使用，如现藏于厦门市博物馆的一件盘口瓶颈部上用泥条捏成梅枝状，堆塑成瓶耳，在两耳下方贴塑小枝梅花绽放在瓶的腹部，梅枝耳与梅花

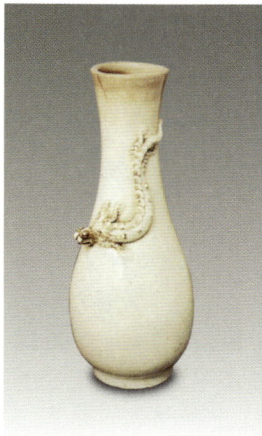

图一一　清代米黄釉螭龙撇口瓶（厦门市博物馆藏）

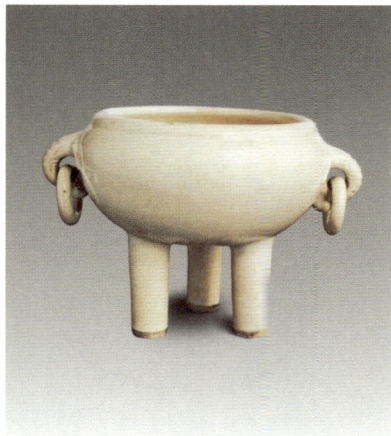

图一二　清代米黄釉象鼻耳炉（漳州市博物馆藏）

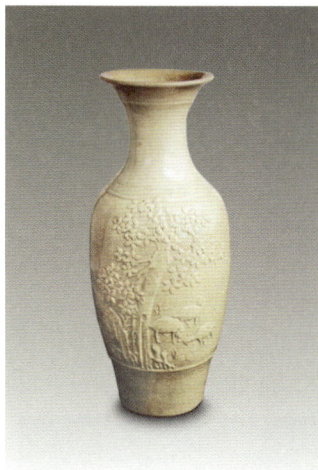

图一三　清代米黄釉三羊开泰瓶（漳州市博物馆藏）

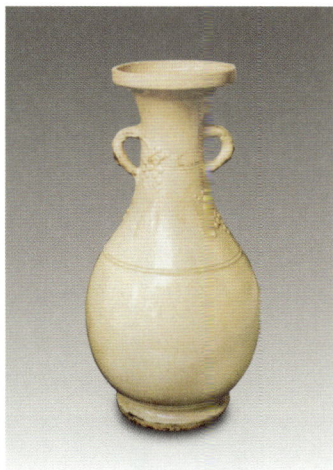

图一四　清代米黄釉盘口瓶（厦门市博物馆藏）

图一五　清代米黄釉螭虎盂（漳州市博物馆藏）

图一七　绣墩上的镂空狮面铺首衔双环

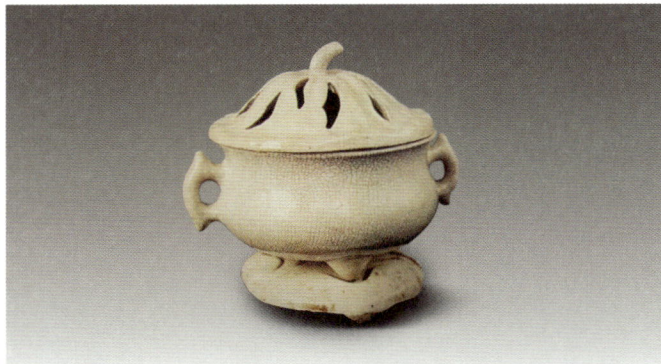

图一六　明代米黄釉绣墩（漳州市博物馆藏品）

图一八　清代米黄釉双耳炉（厦门市博物馆藏）

图一九　明代米黄釉大口罐（漳州市博物馆藏）

装饰使得整件器物雅趣益然。（图一三～一五）

镂雕法是在器物坯体还未干透时，将装饰花纹的部分根据需要雕通，然后直接或施釉入窑烧制。镂雕的纹样一般较简单，多为几何图案。如收藏于漳州博物馆的绣墩外壁上的对称狮面铺首所衔双圈，即用镂雕法制作，绣墩为鼓形，圆鼓腹，外壁上下各饰一周鼓钉纹，以及一道突起的弦纹，在绣墩外壁上部装饰对称狮面铺首衔双环，环内镂空。（图一六～一八）

刻花是利用竹、木、铁片等在器物的坯体上刻划各种纹饰，然后施釉入窑焙烧。漳州市博物馆藏的一件大口罐的颈部即用刻花法刻一圈如意云纹，近底处还刻了一圈海水纹，刻划手法流畅自如。（图一九）

划花与刻花相同，都是在半干坯体上用竹、木、铁钎等工具刻划纹饰，但划花法多用于绘制花朵等的轮廓线，线条比刻花浅显纤细。漳州博物馆所藏一件足底铭刻"大清乾隆年制"篆书款的花觚腹部鼓凸处即用划花法刻划牡丹花的轮廓线，纤细灵活、流畅自然的划花线条使牡丹花显得清雅高贵。另一件喇叭口的花觚中部鼓腹上下装饰的两道弦纹，及整个器身上的对称蕉叶纹亦用划花法制作，从手法上看，用刀犀利，线条流畅，使得纹饰与器物的古朴造型相得益彰。（图二〇）

印花也是米黄釉瓷装饰的常见技法之一。一般用做好花纹图案的陶制印具在半干的器物坯体上印出花纹，或用有纹样的模子制坯，然后入窑或施釉入窑烧制。印花规格统一，操作简单，节省工时，生产效率较高，瓶、瓿等琢器上的回纹装饰带多用印花法制作。（图二一）

米黄釉瓷上的开片也可看作其装饰技法之一。开片原为瓷器烧制中的缺点，后被有意识地利用为装饰手法。米黄釉瓷的开片可随着气候湿热干燥变化，浸染或接触到不同的颜色，而在其釉面开片的纹线上呈现出不同的色彩。呈色重者与白黄色的底釉形成对比；呈色浅者则显得含蓄淡雅，增加了器物的朦胧美感。（图二二）

图二〇　清代米黄釉花瓿（漳州市博物馆藏）

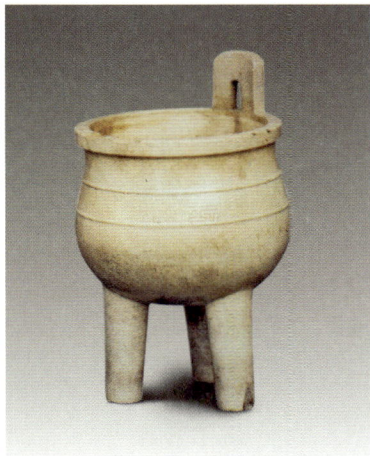

图二一　明代米黄釉夔龙纹三足鼎（漳州民间藏）

图二二　清代米黄釉开片小口罐（漳州市博物馆藏）

五　款　识

华安米黄釉瓷器款识多见于佛教造像瓷塑底座。这些瓷塑多收藏于国内外各大博物馆中。现最早纪年款见于上海博物馆的"成化"款如来佛像。福建省博物院收藏的一件如来佛立像的底部正中一圆孔上方横刻"开元寺"三字，两旁分别刻"大玥嘉靖丙辰年"、"漳州府澄海县南门外海村乡信士陈长春百叩"楷体铭文。该器是漳州府信士陈长春为进供开元寺而特意订制的佛像；中国国家博物馆收藏一件释迦像的底部中心圆孔上方也有横刻"开元寺"三字，其左侧竖刻"大明万历乙卯年漳州府东溪乡"，其右侧竖刻"治子陈福成叩谢"，均为楷书体，有填金痕迹，该佛像是漳州府东溪乡民陈福成为开元寺礼佛而订制的佛像；台湾鸿禧美术馆收藏一件"天官赐福"或称"财神爷"瓷像，其底座正中圆孔上刻"开元寺"三字，左侧刻"大明万历乙卯年漳州府

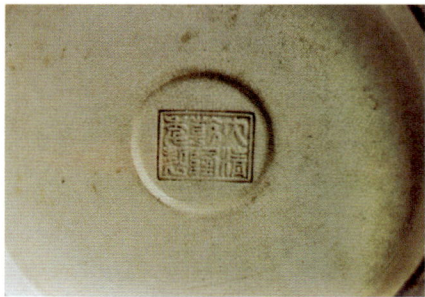

图二三　清代花觚底足上的"大清乾隆年制"年号款

同安县东门外东溪乡"，右侧刻"信士林石氏百叩、闽南漳郡窑陈福成监制"，从铭文款识来看，该器是信士林石氏订制，漳窑制瓷大师陈福成监制为开元寺礼佛而专门制作的人物瓷塑。此外，花觚、盘、碟等上也见印章纹篆书年号款识。如漳州市博物馆藏的一件清代花觚底足上阴刻印章纹篆书年号款"大清乾隆年制"。盘、碟上常见阴刻"宣德"或"宣德年制"等清代晚期所制的伪托年号款等。（图二三）

六　文化影响

明清时期漳窑米黄釉瓷的烧制对潮汕地区产生了一定的文化影响。从潮汕地区窑址生产的与漳窑米黄釉瓷非常相似的瓷器传世品来看，二者相似度较高，但还是存在些细微差异。潮汕地区的产品釉色呈白中泛黄，色调多偏黄褐，同样开冰裂纹，器物造型与漳窑米黄釉瓷产品相同，但这些器物大多胎薄器轻，胎质呈粉白，像石膏一样轻巧；釉层也没有"漳窑"的莹润亮泽，初看带有粉状腻感；开片较细浅，有些没有"漳窑"特有的浅红色纹缝，而且，由于大量运用镂雕、堆塑等装饰手法，器物装饰纹样变得烦琐、刻板与细碎，全无"漳窑器"的庄重朴素，应该是潮汕地区一些窑口如枫溪窑仿漳窑米黄釉瓷的产品。从地缘关系来看，潮仙地区紧邻漳州，两地语音相近、血缘相通、风俗相似，可归为同一文化区域。而从相邻窑口间的生产交流来看，漳窑米黄釉瓷作为当地较有影响的地方产品，潮汕地区对其进行模仿也不足为怪。

七　现代传承

林俊是漳州知名的古陶瓷传统技艺的传承者。为了恢复米黄釉瓷的生产工艺，自1997年开始，林俊就自费到全国各地的博物馆考察馆藏漳窑瓷传世品。他比照纪年款藏品，从漳窑瓷的玻化程度、成型工艺、烧成特征等入手研究明清漳窑典型器，同时，他还通过研究古窑炉结构、古瓷残片胎釉的化学成分，实验研制米黄釉瓷的生产工艺。在不懈努力下，2009年林俊大师终于恢复了漳窑的传统生产工艺，并烧

图二四　米黄釉象鼻三足鼎

制成功一批漳窑瓷。当年 6 月，漳窑传统制作技艺被列入漳州市第三批非物质文化遗产名录。林俊大师烧制的漳窑米黄釉三足鼎、篮式炉、兽耳尊、橄榄瓶、弥勒佛立像等器物继承了明清时期漳窑器典雅大气、端庄古拙的特点，加之器物的胎土淘洗细致、修坯规整、釉水肥润、纹饰匠心独运，因此，每一件都堪称艺术精品。在林俊大师的孜孜追求中，漳窑米黄釉瓷得以重现昔日风采。（图二四～二六）

图二五　米黄釉弥勒佛立像

图二六　米黄釉堆贴龙纹方壶（获得 2012 年中国工艺美术 "百花奖" 金奖）

参考文献

1．吴其生：《中国古陶瓷标本·福建漳窑》，岭南美术出版社，2002 年，第 1~31 页。

2．吴其生、李和安：《华安窑》，福建美术出版社，2005 年。

3．栗建安：《东溪窑调查纪略》，《福建文博》1992 年第 1/2 期。

4．傅宋良：《闽南陶瓷概述》，《闽南古陶瓷研究》，福建美术出版社，2002 年，第 10 页。

5．叶文程：《闽南地区古代陶瓷的生产与外销》，《闽南古陶瓷研究》，福建美术出版社，2002 年，第 22 页。

6．郑东：《福建闽南地区古代陶瓷生产概述》，《东南文化》2005 年第 5 期。

7．曾莹、彭维斌：《珠光青瓷、德化白瓷、克拉克瓷》，鹭江出版社，2013 年 3 月，第 141~153 页。

彭维斌，厦门市博物馆文博副研究馆员。

漳瓷烧造工艺的现代传承与创新

程玲

[摘　要]　失传近百年的漳瓷传统烧造工艺被成功复原，并列入福建省级非物质文化遗产。漳州民间古瓷工艺研究所成功利用传统工艺烧制出高仿真度的漳瓷，本文通过分析现代漳瓷的艺术风格、制作工艺，探讨米黄釉瓷传统烧造技艺在现代的传承与创新。

[关键词]　米黄釉瓷　烧造工艺　传承

漳瓷传统烧造工艺于2009年被列入福建省第三批省级非物质文化遗产，为保护和传承这项传统技艺创造了有利条件。漳瓷，又称漳窑器、米黄釉瓷、白釉米色器等，是明清时期以漳州华安东溪窑为核心窑口生产的一种釉色米黄，釉面开细小冰裂纹的瓷器，因其釉色独特，造型古朴，内涵深邃而被广为珍藏，并经由海上丝绸之路而远销海外。然而，由于种种原因，延烧400余年的窑场走向衰落，米黄釉瓷烧造工艺逐渐失传。近些年来，漳州民间古瓷工艺研究所所长林俊先生召集一批制瓷艺人潜心研究漳窑器标本，经过反复实验，终于复原了漳瓷烧造工艺，成功烧制仿真度极高的米黄釉瓷，使这项珍贵的文化遗产得以传承和发扬。

一　漳瓷艺术风格的传承

漳州民间古瓷工艺研究所（以下统称"古瓷研究所"）根据传统手工技艺烧制出高仿真度的米黄釉瓷，这批瓷器从釉色、造型到装饰纹样都带有明清时期漳瓷的艺术特点。

漳瓷最显著特征在于釉面，古瓷研究所制作的瓷器釉面呈米黄色，颜色柔和纯净，釉面开细密的冰裂纹，纹路纵横交错，浑然天成，具备传统漳瓷的典型特征。

在造型方面，对漳窑常见器型多有仿制，如：炉、瓶、鼎、觚、尊、香薰、人物造像等陈设器，笔筒、笔架、砚、印盒、水注等文房用具，特别是兽耳尊、直壁斗炉、象耳瓶、撇口长颈瓶，鬲式炉等器型，造型简洁大方，线条流畅，显示出古拙敦厚的气质。而人物雕像也多借鉴传统作品，如这件弥勒佛坐像（图一），弥勒倚靠岩石，双腿盘曲，袒胸露背，一副闲适的姿态，两耳垂肩，微笑示人，左手拿着念珠，右手持葫芦，造型敦实浑厚，人物形象生动传神，与漳州市博物馆藏一件清代米黄釉弥勒佛像十分相似，异曲同工。

在装饰手法上也遵循传统，以素面为主，突出米黄釉瓷古朴沉静的特质，仅在颈、腹等特定部位以堆贴、模印、刻花、划花、印花、镂雕等技法进行装饰，纹饰题材也是传统漳瓷上常见的竹、桃，卷草、蕉叶、如意、山石、乳钉、回纹、弦纹、八卦、杂宝、夔龙、云雷、兽面等。纹饰大多简单，亦有仿青铜器的纹样，展现出古朴、神秘的风格。传统米黄釉陈设器的钮、铺首、兽首、颈腹部的动物纹饰，多采用堆塑的手法，如这件螭龙耳乳足炉（图二），将人工捏制的立体螭龙造型粘贴在炉的口沿和上腹部，雕刻技艺精湛，整个造型巧妙，立体感十足。这件如意杂宝纹瓶（图三），颈部刻划两组弦纹，弦纹间模印回纹，颈部贴塑如意耳，肩、腹部堆贴仰、覆花叶纹、杂宝纹，整个瓶子采用堆贴、刻花、模印等多种装饰手法，工艺复杂。又如蕉叶纹觚（图四），呈喇叭口，长颈，直筒腹，高胫，近底处外撇，二层台平切圈足。颈、胫部以流畅自然、纤巧灵活的线条划出蕉叶纹四组，在腹部中部宽不足2厘米的微凸处，用模印一排规整的回纹作为该器物装饰带，造型和纹饰

图一　米黄釉弥勒佛坐像

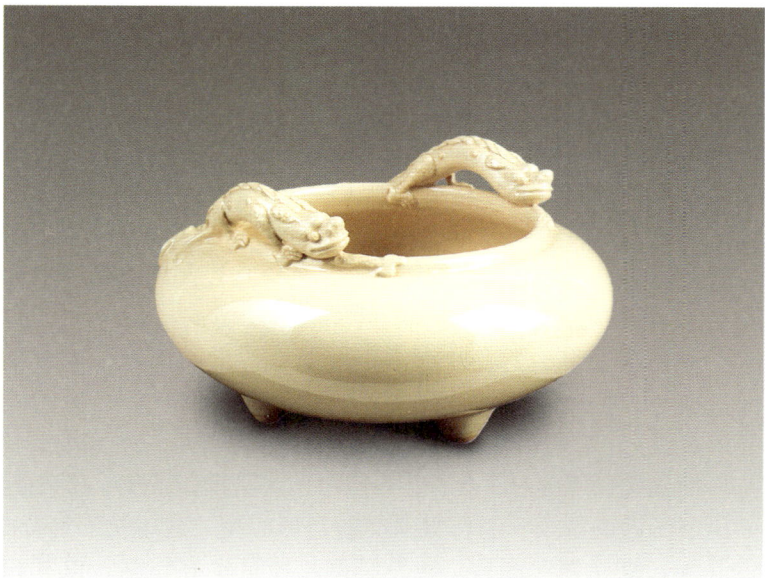

图二　米黄釉螭龙耳乳足炉

均借鉴传世米黄釉觚，古朴典雅，是一件较为精美的陈设用瓷。

二 漳瓷烧造工艺的复原

古瓷研究所实地考察了生产米黄釉瓷的古窑址，采集窑址附近的瓷土进行配方实验[1]，通过观察古窑炉结构，分析古瓷残片、釉的化学成分，最终研究出与明清漳

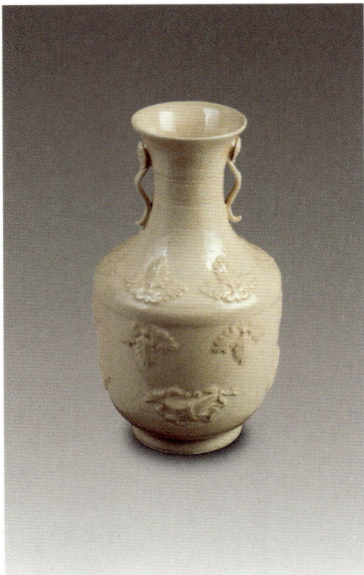

图三　米黄釉如意杂宝纹瓶　　　　图四　米黄釉蕉叶纹觚

瓷相仿的胎釉配方，结合已知的传统制瓷工艺，最终复原了漳瓷的烧造工艺。

1. 复原瓷土加工工艺

瓷土加工工艺分取土、粉碎、洗练、脱水、炼泥等五道工序。首先将成块的颜色发黄、发黑的劣质高岭土剔除，选取优质瓷土以备加工，然后使用水车撞打"生土"。未经撞打的瓷土被称为"生土"，必须经过"打熟"才能用于制坯。现代人为了节省人力提高效率，往往使用机械进行瓷土加工，如使用机械球磨粉碎瓷土，用炼泥机练泥。古瓷研究所坚持使用古老的水车撞打生土，这是因为"高岭土的分子形状是三角形的，只有用木杵舂出来的瓷泥，其分子结构才不会改变。如果引用现代工艺，则会使其分子结构变成圆球状，失去胶质力，可塑性差"[2]，为保证质量，必须使用传统工艺，具体步骤是利用水流冲击水车使其运转，水车在进行圆周运动时带动下面的木杵，使其上下运动以粉碎瓷土，这个步骤通常要持续24小时左右。经撞打后的土，即所谓"熟土"，其黏性和可塑性均得到极大提高。经过粉碎的瓷土要进行洗练，滤出最细腻的瓷土，放入布袋晾晒脱水，再经过2个月以上的陈腐方可用于制坯，这种原生态的工艺最接近传统漳窑的瓷土加工工艺，为成功烧制高仿真度米黄釉瓷奠定了基础。

2. 复原制坯工艺

从调查采集到的瓷片标本以及漳窑传世品来看，米黄釉瓷制坯工艺包含快轮拉坯、模制、捏塑等方式。据观察，许多漳窑瓶、炉、罐的外壁光滑平整，内壁有明显的旋纹[3]，这是手工拉坯留下的痕迹，特别是一些大型琢器，由于器体大器壁厚，拉坯痕迹尤其明显。而盘、碟类器物大多是模印成型，在东溪窑址采集到不少的模具，如压制汤匙的匙模、制作盘碟类的盘形印模，这些模子刻有曲折纹、回纹、菊瓣纹、鱼纹等，纹样繁而不褥，雕刻精细。漳窑也有轮制、模制相结合的制坯方法，如制作瓶、炉、壶、鼎等器物时，器身采用手工拉坯，而铺首、耳、足等部位采用模制，

然后将各部位黏合而成。人物、动物瓷塑主要采用捏制和模制，一些传世米黄釉人物瓷雕腹体中空，可见捏塑痕迹。（图五）

古瓷研究所依然采取以上几种制坯工艺制作米黄釉瓷，不过，在保证质量的前提下，为了提高效率，放弃传统人力驱动的拉坯陶轮，而是使用电动拉坯机。然而制坯仍然依靠制瓷艺人手工操作，手工拉坯时，工匠的手要随时和坯体保持接近的湿润度，过干则不利于旋转滑动，过湿容易导致泥土过软坍塌，不容易出型。坯体成型之后再进行修坯，这是制坯中的一项重要工序，其目的是使器形线条流畅，器物表面光洁，成为能够适应施釉操作和入窑烧成的精坯。（图六）

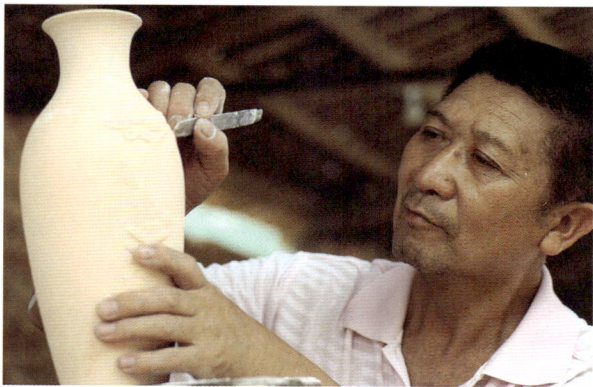

图五　刻花（图片来自闽南日报 C3 版《漳窑"米黄釉瓷"传统制作工艺》）

3. 施釉技术复原

施釉是指在成型的瓷器坯体表面施以釉浆，明清时期东溪窑主要采用浸釉，荡釉和刷釉这几种上釉方法，古瓷研究所制作米黄釉瓷仍然沿用这几种方法：浸釉是指将坯体浸入釉浆中片刻后取出，利用坯体的吸水性使釉浆均匀附着在坯体表面，有的把坯体全部浸入釉浆，则器物通体施釉；有的只将部分坯体浸入釉浆，从调查采集到的标本可见施釉不及底现象，必要时要进行刮釉修胎[4]。（图七）对于中空的器形，如瓶，壶、罐、缸等，对其内部施釉，则采用荡釉法，"把釉浆灌入坯体内部，然后将坯体上下左右旋荡，使釉浆满布坯体，再倾倒出多余的釉浆，随后坯体继续回转，使器口不留残釉。"[5]。刷釉是指"用毛刷或毛笔浸釉后再涂刷在坯体表面。"一些棱角比较明显的器物，或是局部补釉常常采用刷釉的方法。（图八）

4. 装烧工艺复原

古瓷研究所复原漳窑装烧工艺，以匣钵装烧为主。20 世纪 90 年代，福建省博物院考古队、漳州市博物馆曾多次深入下东溪头考察，采集到 M 型匣钵、凸底匣钵、平底匣钵、垫饼、垫圈、托底等窑具，可知东溪

图六　手工拉坯（图片来自福建省非物质文化遗产保护中心官方网站）

图七　浸釉（图片来自闽南日报 C3 版《漳窑"米黄釉瓷"传统制作工艺》）

窑的装烧方式以匣钵、垫圈为主、支钉为辅。使用匣钵装烧时，为"正置仰烧，装烧时于器物下置放垫饼，而不是采用粗砂隔离，故足底少有粘砂。"[6]漳窑少见支钉垫烧，但并非完全没有，中国国家博物馆藏的（华安）漳窑释迦牟尼像，须弥座底部无釉，八个底角上均有装烧支垫的痕迹。

漳州地区的窑口多使用横式阶级窑，目前已知明清时期烧造米黄釉瓷的窑址有四处：寨仔山窑、洪门坑窑、东坑庵窑和松柏下窑[7]。寨仔山窑发现一座阶级窑窑炉，宽 2.2 米；东坑庵的窑炉遗址位于溪边的山坡上，长约 10.8 米，宽 1~1.5 米，炉膛保存较好，平面呈截圆型，直径 1.5 米，窑底分阶级，已知有四个阶级。2007 年，华安县高安镇的下洋坑、马饭坑两个地点揭露 3 座横室阶级窑，为后期复原东溪窑横室阶级窑的结构、装烧形式提供了依据[8]。古瓷研究所复原横式阶级窑：前后窑室之间的隔墙是双层的，各间窑室均有自己的前后壁，每间窑室两侧均有窑门，前后窑门外侧有护窑墙，平面呈弧形。每间窑室前壁下方有燃烧沟，后壁下方有一排通火孔。窑底为斜坡式，满置 M 形匣钵。出烟室与窑室同宽，顶部结构为前后起券。窑炉加长，窑室变宽，窑炉的体量比较大。（图九）

三　漳瓷烧造工艺的发展和创新

古瓷研究所在继承漳瓷传统烧造工艺的基础上，还对制瓷设备、加工工艺、漳瓷类型进行了改良和创新，大幅提高米黄釉瓷的质量和产量。

1. 改良制瓷设备

为了保证瓷器的质量，就必须使用传统的工艺，然而传统的工艺费时费力，效率不高，所以古瓷研究所从设备入手。首先将水车的材质从原来笨重的木头，改成了轻便的铁质结构，并增加了隔板

图八　荡釉（图片来自闽南日报 C3 版《漳窑"米黄釉瓷"传统制作工艺》）

的密度等。而在龙山厂区由于缺水，水车的运用不能实行，古瓷研究所把电运用到木杵当中，大大提高了生产效率。

2. 瓷土加工精细化

据文献记载，明代漳窑米黄瓷虽不及德化瓷，但质量尚可，到了清朝时期，质量下降"釉水胎体俱松"[9]，从窑址采集的标本以及民间传世品可知，传统米黄釉瓷胎以淡黄色为主，少数浅灰色、浅褐色和灰白色，多数胎质疏松，重量较轻，包含较多杂

图九　横室阶级窑（图片来自闽南日报 C3 版《漳窑"米黄釉瓷"传统制作工艺》）

质，器底、器足等露胎处常见微小孔隙，这是由于瓷土洗练不够精细造成的。

古瓷研究所十分重视瓷土加工，采用更加精细的加工工序，包括淘洗、汇淀、脱水、陈腐、踩泥、揉泥等多道工序。具体步骤是：将撞打完的泥料倒入淘洗池，利用淘洗工具进行搅拌，使瓷土渣与粉末分离，泥料经过四个依次降低的淘洗池后，较大较重的颗粒沉入水底，而浮在水面上泥料则比较细致，可用于制瓷；淘洗后的泥料要进行12小时沉淀。淘洗池与沉淀池由一条水沟相接，淘洗后的泥料可直接流入沉淀池；再将沉淀后的泥料装袋晾晒以便脱水；晾晒后的泥土用塑料膜包好，放置 2 个月以上进行陈腐，进一步增加泥土的可塑性；最后是"练泥"工序，又分踩泥和揉泥两个步骤。踩泥要求由上往下，由四周到中间，全部踩下去后，叠起来重复刚才的动作，反复十次左右才能踩均匀。揉泥是将还有一些气泡的泥土再次揉捏，挤出气泡。经过以上几道工序，才能保证瓷泥光滑、细腻、无杂质，以此制成的米黄釉瓷胎质更加细腻。

3. 烧造环境更稳定

漳瓷区别于其他瓷器的显著特征是它的釉面：釉色米黄，釉面呈现细小冰裂纹。然而现实可见的漳瓷，釉色颜色深浅不一，有的白中泛黄，有的偏浅褐、黄褐或灰褐。开片情况亦有区别，有的细小如芝麻，有的开片大，有部分不开片，甚至在同一件器物的不同部位，釉色和开片情况也有不同。这是因为古代瓷工对釉料配比、胎釉色膨胀系数掌握不准确，对烧造环境控制不均而造成的。

现代瓷工对釉料的明度、浓度、耐高温度、膨胀收缩系数有更科学的认识，凭借现代化学知识改良了米黄釉瓷的釉浆配方。由于窑炉结构、器物在窑炉中所处位置、烧造气氛的变化都可能影响釉面颜色，所以瓷工通过调整铁氧化物的含量，以及交替、转化氧化气氛、还原气氛，使之获得相应的色度和色相。传统米黄釉瓷烧成温度绝大多数是 1200℃以下，少数胎质精细的使用是高温 1200℃以上，而现代瓷器烧造温度更高且对窑炉温度的控制更加精准而稳定，因而，与传统米黄釉瓷相比，现代米黄釉瓷的胎釉结合紧密，烧结程度高，釉色柔和，釉面均匀莹亮，玻璃质感强，极少出现流釉现象，釉面开片自然、细密，纹路纵横交错，因入窑煅烧温度高，所以瓷化程度高，

敲击声音清脆、响亮。

4.艺术风格创新

古瓷研究所不仅继承传统，烧制了一批典雅大方，端庄古拙的米黄釉传统器，还大胆创新，创烧一批新器物。无论在器形设计上，还是装饰手法上都有所创新，把新的元素注入传统技法当中，使米黄釉瓷器的面貌更加丰富多彩，且具有时代感。

在传统器形的基础上进行创新，如这件如意百寿纹筒炉（图一〇），直口宽沿，直筒腹，腹部凸起三道弦纹，磬式三足，这是漳窑的典型器物，然纹饰上有所创新：在第一道弦纹下方堆贴如意纹一周，腹部堆贴寿字纹一周，寓意吉祥，这种装饰纹样在传统漳瓷中未见。因其造型古朴，纹饰独特，雕刻精细而被漳州市工艺美术馆收藏。又如堆贴土楼纹盂（图一一）：圆唇直口，折腹，圈足，属于传统的器型，然在瓷盂

图一〇　米黄釉百寿如意纹筒炉

图一一　米黄釉堆贴土楼纹折腹盂

的腹部堆贴世界文化遗产南靖土楼形象以及"福建土楼、故里南靖"八个字，具有浓郁的地方文化特色。

烧制传统漳窑器中未见的仿古器，如海棠瓶、琮式瓶、抱月瓶等，其中以堆贴夔龙纹方壶最为精彩（图一二），该器仿青铜方壶，壶身为方体，从口沿至圈足共有四组纹饰，从上到下依次浅浮雕凤鸟、螭龙、兽面、卷草纹和回纹；腹部四条棱脊上各立一条螭龙；壶盖做覆斗状，带钮，盖的四条棱脊上也各立一条螭龙，器物造型高大规整，纹饰精美绝伦，工艺极为复杂，曾获2012年中国工艺美术"百花奖"金奖。

此外，创烧一批富有时代气息的人物塑像，如孙中山像（图一三）、毛泽东像、林语堂像等现代人物雕塑，表达出传统瓷艺必须以现代生活融合的理念。

总而言之，漳州民间古瓷工艺研究所为传统漳瓷和漳州米黄釉瓷及其传统烧造工艺是珍贵的文化财富。成功复原米黄釉瓷烧造工艺，不仅使明清盛极一时的漳瓷重现光彩，还为研究明清漳窑的烧造工艺、发展演变等提供重要资料，具有重要的学术价值和现实意义，而传承和创新米黄釉瓷烧造技艺，则是对传统文化的更积极的保护和尊重。

图一二　米黄釉堆贴夔龙纹方壶

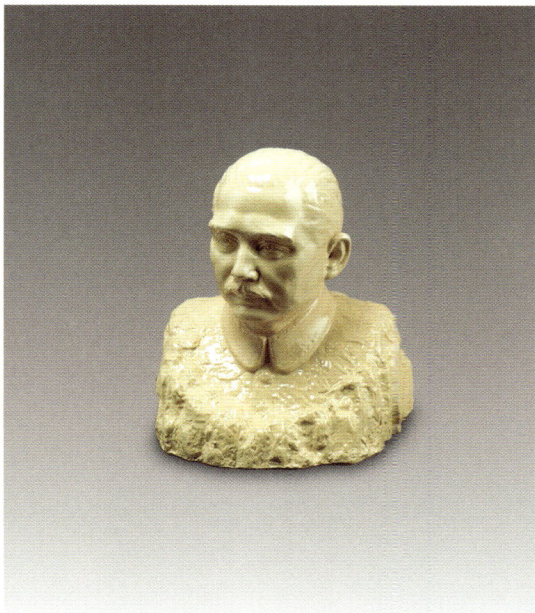

图一三　米黄釉孙中山像

注　释

1. 田永寿：《林俊：将漳窑文化呈现给世界》，《中国产经新闻报》2012 年 10 月 29 日。

2. 福建电视台都市频道《瑰宝》栏目《执瓷之手，与瓷偕老——专访福建省工艺美术大师林俊》，2012 年 7 月 10 日。

3. 福建省博物馆、漳州市博物馆：《华安东溪窑 1999 年度调查》，《福建文博》2001 年第 2 期。

4. 吴其生、李和安：《中国福建古陶瓷标本大系·华安窑》，福建美术出版社，2005 年，第 6 页。

5. 冯先铭主编：《中国古陶瓷图典》，文物出版社，1998 年。

6. 钟武艺：《华安东溪窑和"漳窑"传世品》，《漳窑瓷器鉴赏》，国际华文出版社，2001 年，第 13 页。

7. 吴其生、李和安：《华安窑》，福建美术出版社，2005 年，第 16 页。

8. 栗建安：《华安东溪窑址的横室阶级窑》，《'09 古陶瓷科学技术 7 国际讨论会论文集》，上海科学技术出版社，2009 年，第 711 页。

9. （清）郭柏苍：《闽产录异·卷一·货属》，清光绪十二年刻本。

程玲，厦门市博物馆馆员。

从中国"漳窑"地理坐标点看华安东溪头窑业与外销瓷文化

林艺谋

[摘 要] 东溪窑古遗址位于华安县高安镇的东溪头,是"漳窑"遗址的典型代表,是明清时期的民间大型窑场,是漳州地区明清窑业中产品最具特色、延烧时间最长的窑场,也是我国东南沿海重要的外销瓷产地之一。东溪窑的历史源流与明代中后期我国东南沿海对外贸易交通中心——漳州月港的兴衰起落、明末清初政局、经济文化发展息息相关,是海上丝绸之路的重要史迹之一。

[关键词] 东溪头窑址 漳窑 内涵 外销

中国"漳窑"地理坐标点——华安东溪窑古遗址,是明清时期闽中南地区重要的窑场。《福建通志》五十一卷之六百十一分卷中和清光绪十二年(1886年),侯官学者郭柏苍著《闽产录异》一书,该书卷一货属条云:"漳窑,出漳州。明中叶,始制白釉米色器。其纹如冰裂。旧漳琢器虽不及德化,然犹可玩也。惟退火处略黝。越数年,黝处又复洁净。近制者釉水、胎地俱松。"[1]的记载;清末民初杨巽从《漳州瓷窑谈》也载:"漳州瓷窑号东溪者,创始于前明。出品者,炉瓶盘各式俱备。"

依据历史文献的线索,考古学者在九龙江畔的华安县高安镇三洋村的东溪头及相邻地带发现了一系列窑址,出土大量的明清瓷器,并被证实是蜚声海内外的外销瓷,漳瓷其中东溪头窑址的米色釉瓷器被确认为传世漳窑的产地,因而确定为中国漳窑的地理坐标,就窑系名称来说,漳州窑指漳州地区生产瓷器的窑址,以克拉克类型瓷器为代表。漳窑则专指米色瓷,以东溪头此类遗存为代表。东溪头窑址还包括有部分克拉克类型等的瓷器。

一 东溪头窑址的发现与分布

1986年底文物普查,考古学者又在华安东溪头找到了一处烧造青花瓷的大窑场及几处作坊、窑炉、居住遗址等遗迹,初步确定了漳窑产自华安东溪头。二十多年来,经省、市文物部门对华安县高安镇三洋村东溪头自然村的东溪窑遗址开展多次调查工作，已考察 22 处地点，发现 15 处窑址和作坊遗迹，分布范围约近 10 平方公里。可以确定，东溪窑遗址是漳窑遗址的典型代表，属明中期至清末民国初期的民间大型瓷窑场，是明清时期漳州地区最大的窑口之一，也是我国东南沿海重要的外销瓷产地之一。

华安东溪窑遗址地处华安县西部乡镇高安镇的南部三洋村，系博平岭南端西侧支脉延伸形成的高安山谷盆地的南部，群山连绵不绝。三洋村水路、陆路交通方便。境内河流溪涧密布，以归德溪主流为中心贯穿全村，东面塘边溪支流流经大坪后洋，与大坪后溪、铁坑溪支流汇合；南面罗必坑溪、东溪等河道支流；西面由坪水村流下的沙溪等众多水源，汇入下东溪，并归德溪流，再经永丰溪汇入九龙江支流西溪，最后由九龙江汇入漳州月港转交由厦门港或经广州十三街转运出口。古代华安人以北溪航线为主要交通要道，九龙江主流北溪贯穿华安县全境，宋代进士杨汝南诗形象地描写华安的水陆交通为"江流如箭路如梯"，明崇祯改元戊辰之春（1628 年）和庚午春（1630 年），明代地理学家徐霞客于曾二次游历华安，称："从华丰入郡，朝发夕至"，北溪龙潭段"上下游舟次鳞集，熙攘者以此为最"[2]。这些溪流为东溪窑瓷器运输提供了极大的便利。

东溪窑窑场生产区域属南亚热带湿流润气候区，地形以丘陵河谷地带为主。不仅水力资源丰富，而且森林密布，已探明的东溪头窑域内的瓷土储藏量大，是造就东溪窑陶瓷历史文化遗产的优越条件。从地理位置看，三洋村为龙溪县二十五都西北边界，东面与半岭村和高车乡、沙建镇接壤，西与西洋村、坪水村相邻，南部的东溪头与南靖县交界，北与高安村相连，自古可称之"三不管地带"，少为外人涉足，官府鞭长莫及，适合明清民间海外贸易之外销瓷的生产与销售。经过调查、发掘得重要窑址有如下几处：

高安镇三洋村东溪窑遗址，为漳窑遗址，属明中期至清晚期民间大型瓷窑场，窑址规模约 10 万平方公里，主要集中在高安镇归德溪的岸滩、小山包或高龙公路两旁的白路坂山、马饭坑山、扫帚石山、牛崇山、掉拱山、崩圹湖山、虾形仔、牙公后、后坑寮、墓坪洋、东坑庵、封门坑等处。发现有窑口近 22 处和作坊，堆积层十分丰富，不少器物和残件被考古界视为具有漳窑典型特征，也有与"漳州窑"的"克拉克类型"产品相似的大量标本。

另外 9 处明清窑址分别着落于其他乡镇，即沙建宝山窑，窑址分布范围为 2600 平方米左右，堆积层厚约 0.3 ～ 0.6 米。采集的标本有青花瓷的碗、盘、碟、盒、匙等。胎质坚硬致密，胎釉薄厚均有，胎呈灰白色或白色，施白釉. 釉面莹亮，有的白中泛青或蓝灰。一般通体施釉，圈足刮釉，部分足底粘沙。青花纹饰有团花、印花、竹叶纹、杂宝华纹等。

沙建湾桥清代窑址，窑址占地面积约 1500 平方米，主要以青花瓷为主，采集有青花盘、碗等。

马坑下垅清代窑址，窑址面积约 100 平方米，采集有青瓷片、白瓷片、青花瓷片，器形有碗、罐、碟、笔架等。饰纹多为花草，也有"仁"、"义"、"青"等文字。

马坑东山明代窑址，窑址面积约 500 平方米，采集到青瓷片、白瓷片、青花瓷片，器形有碗、罐、碟、笔架等。饰纹多为人物和花草、鱼、龟，也有"福、禄、寿、喜、魁"等文字。

高车外洋明清窑址，面积约 800 平方米，采集到青花瓷盘、碗和白瓷器物。青花纹饰有山水、花草、龙凤及"太平年兴"字样。

新圩内宁明代窑址，面积约 200 平方米，覆盖低矮灌木丛，海拔 238 米。在山丘的东南坡散布着碎瓷片，有青花碗、碟以及窑具，碎盘盘心有方印章款，盘内壁有印花纹，年代待考。

新圩官畲明清窑址，分布面积约 120 平方米。1986 年，采集发现有厚 1~2 米的文化层堆积，采集到青花碗、碟、盘等。

新圩华山寨顶山明清窑址，约 800 平方米，地表及地下散布着碎瓷片，以青花瓷碗及窑具，碗心有方印章款，初步断定为清代瓷窑址。

湖林吉土石示北头、石示北脚 2 处元明时代窑址，在山体东坡采集到元至明清代青花碎瓷片。

二 东溪头窑的内涵与年代

1. 窑业技术

东溪头一带，在东溪窑兴盛之前约 400~500 年间，时龙溪县二十五都（今华安）人已掌握了相当的烧造瓷器的技术，包括施釉、制坯工艺已达到相当高的水平。再者，华安东溪窑的窑炉也有别于其他地方的窑炉，东溪窑皆为阶级窑，窑底为斜面，一般分三室，往往宽大于长，总长约十几米。此种窑炉容易控制火势，节省燃料，在每一个单窑中形成热量循环，根据需要在每一个窑炉中可烧不同的品种，每窑烧成的时间比龙窑短，适合于快产的需要。总之东溪窑在烧制青花瓷之前，在坯、釉、窑等工艺方面都已具备相当高的水平。特别是阶级窑，它是漳州地区包括东溪窑制瓷艺人独创的技术，此技术还远播日本，对日本的窑业产生重大的影响。

2007 年 1~2 月，由福建省考古队发掘虾形溪上虾形、马饭坑两处窑址。上虾形揭露窑炉遗迹一座，马饭坑揭露有叠压打破关系的窑炉遗迹三座，为了解漳窑的窑业技术提供了重要依据。

上虾形窑位于虾形溪二分场内。窑头被破坏，为横室阶级窑。残长约 20 米，残存六个窑室和出烟室，窑室内宽 5.7 米、进深 2.75 米，隔墙厚 0.78~1.2 米。每个窑室均独立起券，前端底部均有燃烧沟，沟宽约 0.3、深 0.2 米，后部有 13 个通火孔，孔宽 0.11 至 0.20、高 0.28 米。燃烧沟的两端均有窑门，宽 0.4-0.5 米。窑壁残存最高约 2.6 米。每室置九排匣钵，每排 22 个。窑底为斜坡式。出烟室进深 0.4 米，与窑室等宽。窑室外均有近似半圆形的护窑墙，为砖或砖石混砌，中间填土。现窑炉裸露，基本保存揭露原貌。

马饭坑窑，位于归德溪的东岸山坡上。已揭露的窑炉遗迹可分三期，从早至晚分别编号为 Y1、Y2、Y3。且 Y2 打破 Y1，Y3 打破 Y2。每个窑室均独立起券，前端底部均有燃烧沟，后壁底部有通火孔。Y1，仅揭露两个窑室，残存窑门、护窑墙等。窑室内宽 6.5、进深 2.6 米，残存窑壁最高约 0.72 米。窑门宽 0.4 米。护窑墙仅存基底，为长条形，用砖砌成。Y2，揭露 4 个窑室，窑室内宽与 Y1 同、进深 2.7 米、隔墙厚 1 0 米。每室

明 米色釉象鼻鼎

明 米色釉龙耳簋式炉

明 米色釉蟠螭耳乳足炉

明 米色釉堆贴螭虎水盂

明 米色釉夔龙纹三足炉

图一

置十排匣钵，每排 25 个。前端底部均有燃烧沟，沟宽约 0.35、深 0.2 米，后部有 16 个通火孔，孔宽 0.13 至 0.20、高 0.27 米。窑底为斜坡式。出烟室与窑室等宽，进深 0.32 米。窑室两旁有护窑墙，呈圆形或长方形。窑炉西侧和后面的工作面遗迹还保存较好，放置成排的窑砖和匣钵。Y3，未全部揭露，残存 3 个窑室和窑头，窑室内宽与 Y1 同、进深 2.7 米、隔墙厚 0.8 米。窑室两旁有护窑墙，呈圆形或长方形。窑头分四间，每间进深 1.1、宽 1.3 米。每间后壁有 4 个通火孔，出烟室与窑室等宽，进深 0.32 米。

扫帚石窑，位于华安县高安镇三洋村，窑址所在地山麓的扫帚石坪地发现了一批结构较清楚的窑炉和作坊遗迹；并有大量的标本，暴露于地表。遗址面积约 19.46 公顷。窑炉皆建在溪边的山坡上，方向 350°，窑炉斜长 10.80 米，实测长（水平长）10 米，宽 1~1.15 米，窑底坡度（按底部台阶面测量）约 15°。火膛保存较好，平面呈截圆形，直径约 1.5 米，点火口宽 0.6 米，火膛护墙残高 1.55 米。窑室顶部已坍、窑墙残高 0.25~1.95 米，窑墙用单砖平铺错缝砌筑，在东侧窑墙发现门一个，宽 0.6、高 1.2 米，东窑墙上还有三个投柴孔，方形，约为 0.25×0.20 米大小。窑室底部分阶，已知的部分有四阶，前三个的进深分别为 1.25、1.60、1.20 米。各阶均为平底，置放平底匣钵（匣钵一般口径 34、高 17 厘米）。采集的标本主要是瓷器，可分为青花瓷、白瓷、青瓷、和色釉瓷（包括酱釉、五彩等）。

从这些窑口遗迹，大致可以复原漳窑的窑业特点：从窑炉、作坊和村落遗址关系看，当年"千百水碓、漫野窑烟"的盛景，这其中既有"各自制坯、合作装窑"的联合生产，也有独立经营的手工业作坊，形成众多的个体窑场。从纹饰装饰手法上看，采用回文、夔龙、X 纹、蕉叶纹，而且堆塑、堆贴、镂雕、刻划、印花等多种技法并用，精美程度达到了官窑的水准。（图一）

2.陶瓷内涵

根据考古调查及发掘，华安窑业烧造的产品较多，瓷种以青花为主，兼烧青瓷、白瓷、青白瓷、米黄瓷、酱釉瓷，另有少量粉彩、五彩瓷。东溪窑产品器形繁多主要可分为三大类，即单色釉瓷、青花瓷、彩绘瓷。（图二）

单色釉瓷类最为丰富多彩，主要有青瓷、米黄釉瓷、白瓷、绿釉瓷、酱釉瓷等等，其中米黄釉瓷最为经典。器形多为陈设品，以观音、弥勒、炉、罐、盒、瓶、盆为主，也见少量的盘、杯、碗。釉面有细纹隐现（其质地与广东潮州枫溪所产瓷类相似），胎厚、质硬、纹细，色彩有纯白、纯黄、纯红、米色、绿色、白底三彩等多种。尽管东溪窑并非官窑，但其质优产品被列为贡品，选送朝廷。有少量精品收藏在北京的故宫博物院、国家博物馆，较常见于闽南地区。（图三）从米黄釉

明　太极砚

明　辟雍砚

图二

与青瓷等并存来看，米黄釉瓷甚为精细，一些仿青铜、仿宋官瓷造型的米黄釉瓷之精美可与同时代的景德镇官窑妣美。这就给我们提示：在烧造过程中，米黄釉瓷与青瓷、青花瓷绝非出自同一窑工之手，米黄釉瓷有可能是原来传统官窑工匠的弟子在烧造，从精良的瓷器中已清晰地流露出官窑的制瓷痕迹。它的出现被世人认可，还有可能被

图三　华安东溪窑部分单色釉瓷器

官方认同，这从山东兖州明朝弘治十八年巨野郡王朱阳墓出土的漳窑米黄釉蟋蟀纹尊就可以得到证实。华安县沙建镇上坪一带至今仍流传较多的米黄色小开片器物，其中一件茄形壁瓶上以红彩行书"苏月局主人"款，即表明了窑场主的身份。另有一些为供奉神明或先贤而定制的瓷器文字款，例如由爱国华侨康荣茂先生捐赠，漳州市博物馆收藏的一件青釉刻划花瓶，清喇叭口、束颈、丰肩、斜弧腹往下渐收、圈足，足与足内底呈褐色。胎厚重，胎色洁白。施青釉，釉呈粉青色，部分泛淡褐色，釉面莹润，胎釉结合紧密。瓶身颈部刻划蕉叶纹，肩部与近底处各模缠枝牡丹纹，瓶的腹部有用青花钴料书写"兴宝楼，太保公，嘉庆二十三年吉置，东溪弟子苏成胡答谢"款识。口径13.1、底径11.7、高38.8厘米。此器物造型线条简练，装饰手法刻、划、印花并用，布局繁密，纹理自然酣畅，弥足珍贵。华安漳州窑佛像底部的均为"麻布胎"，而今诸位专家考研收藏于国家博物馆的一尊明万历带座释迦牟尼坐像，有铭文"开元寺"、"大明万历乙卯年（1615年）""漳州府东溪乡""治子陈福成叩谢"，收藏于台湾鸿禧美术馆的一尊明万历财神坐像，有铭文："开元寺"、"大明万历乙卯年（1615年）"、"漳州同安县东门外东溪乡"、"信士林石氏百叩，闽南漳郡陈福成监制"，所珍藏的"漳窑"造像竟为同一人所制，"治子陈福成"是"漳郡窑监制"者，也可以说明"漳窑"的生产经营方式。产品中出现了大量的商号款，如"东溪"、"东玉"、"东兴"、"永和"、"利春"、"振成"、"振阳"、"月记"是东溪窑的记号，反映了商业竞争意识。

青花类的器形见有碗、盖碗、茶盏盏托、杯、盒、器盖、罐、盘、碟、汤匙、茶壶、水盂、灯盏、动物形插器、花盆等。华安县博物馆馆藏。青花秋叶诗文盘，宽浅腹圈足，胎体细白坚致，釉水洁白莹亮，足根粘砂，其余满釉。内底绘画构图疏朗，一枝秋叶和折枝玉兰花，右上方草书诗句"一叶得秋意，新春再芳菲"，中央方章框内篆书"东溪"二字铭文（秋叶或洞石题词纹，流行于清顺治时期及康熙初年。），此盘"东溪"铭文，为华安东溪窑的名称实证。与秋叶诗盘同样胎釉形制的青花洞石牡丹纹盘，发色淡雅，亦为清初所常见。另在越南南部孔塔沃岛打捞出土的1690年（康熙二十九年）沉船瓷器，1992年在荷兰阿姆斯特丹展出，其中青花盘口径30.5厘米，内绘秋叶玉兰花，题诗"一叶得秋意，……"，并印方章，还有口径12厘米的青花简易山水碟，形制皆与华安东溪窑的产品风格相同，可视为该窑的输出品。

清 五彩人物纹瓶

清 瓜瓣形壁瓶

图四

彩绘瓷数量较为稀少，主要器形有盖罐、汤匙等。（图四）

3. 装饰艺术

白釉米色器在崇文风尚盛行，民间艺术、书画艺术繁荣的特定条件下，从明中叶开始，漳窑产出的瓷器具有以崇尚含蓄质朴、造型清纯、高古又隽秀、装饰手法多变的特点。其器物外形往往通过大方、流畅、刚柔相济的线条来塑造，加上相关部位的堆塑、镂雕、贴塑、模印、刻划等工艺加以装饰点缀，器表施米色白釉，釉色柔和，釉面纯净，大小不一的开片，原是烧造工艺的缺陷，却以其独特的风格为人们所青睐。有的精雕细刻，有的简朴大方，人物雕像和动物捏塑更具高超艺术水平。

漳窑器的瓶、炉多采用堆塑装饰技法。一般是先将手捏或模印的立体动物、植物等粘贴在器物的主要装饰部位，再进行必要的雕刻修饰。如象耳瓶：小口微敞，尖唇，长颈，溜肩，弧腹；颈部近肩处堆塑对称的象头为铺首，象头的形象刻划逼真，使该器物别具一格，生动有趣，富有立体感。珍藏于厦门市博物馆的漳窑螭龙撇口瓶，在器物的颈部，堆塑一个绕颈爬行的螭龙，螭龙塑造精雕细刻，栩栩如生。

贴花亦称"模印贴花"、"塑贴花"，是漳窑白釉米色器主要的装饰技法之一。一般将模印或捏塑的动物、花卉、山石、树木等纹样的泥片用泥浆粘贴在已成形的器物坯体的表面，然后施米色白釉入窑焙烧。这种手法为漳窑器最常见。例如收藏于漳州市博物馆的漳窑白釉米色器"三羊（阳）开泰"贴塑瓶，腹部印塑一棵桂花树，树旁立兰草、珊瑚石，精雕细刻的三只小山羊神态各异，富有情趣。

镂空，亦称"镂雕"、"透雕"。在器物坯体未干时，将装饰花纹雕通，然后直接或施釉入窑烧制。镂空的纹样一般较简单，多为几何图案。例如收藏于漳州市博物馆的漳窑器绣墩，造型硕大，外壁上下各饰一周鼓钉，外壁中部贴对称狮首衔圈，两圈镂空，器物装饰手法丰富，风格古朴凝重，集观赏与实用为一体，颇具时代特征。

刻花利用竹、木、铁片等制成利器，在器物的生坯上根据所需的纹饰刻制成形，然后施釉入窑焙烧。例如收藏于漳州市博物馆的大口罐，颈部刻一圈如意云纹，近底处刻一圈海水纹，刻划刀法流畅自如，使该器物显得更加古朴大方。

在器物生坯半干时，在器物的表面用竹、木、铁扦等工具浅划所需图案花纹，然后施釉入窑焙烧。收藏于漳州市博物馆足底铭刻"大清乾隆年制"篆书款的花觚，在中部鼓凸处用流畅自然、纤巧灵活的线条划出牡丹的纹样，使该器物显得高雅动人。

用花纹的陶器质料印具，在尚未干的坯体上印出花纹，或用有纹样的模子制坯，直接在坯体上留下花纹，然后入窑或施釉入窑烧制。印花规格统一，操作简单，节省工时，生产效率较高。收藏于漳州市博物馆的Ⅱ式觚，喇叭口，圆唇，直筒腹，中部有一圈宽6.5厘米微凸处，用模印五排排列规整的回纹作为该器物装饰带，使该器物显得古朴典雅。

青花瓷以日用瓷为主，依据纹饰题材可以分为人物故事类、花鸟虫草类及文字类三类。人物故事类多见明末清初流行的隐逸山水故事题材、庭院婴戏、打坐人物故事及高官厚禄等。花鸟虫草类多见夔龙文、兔纹、鹤纹、鹭纹、洞石花卉纹、松竹梅纹、缠枝花卉纹、花果纹、简笔兰花、菊纹及灵芝纹等。文字类的见有"东溪"、"月记"、"东玉"、"玉"、"文"、"寿"、"满"、"正"、"福"、"和"、"元"、"魁"、"仁"、"义"、"青"、"太平年兴"等字样。（图五）

图五　青花东溪款盘

4.烧造年代

从目前的实物和当地的姓氏谱牒可以看出"漳窑"瓷器始烧应不晚于明中叶，兴盛于明嘉靖、万历，明末清初有所衰落，清康、乾复苏，同治间遭劫掠，几至绝烧，清末民初尚有少量烟火。这些方面已有史料和实物可以证实，前后生产持续长达四个多世纪。整个兴衰过程与明代中后期我国东南沿海对外贸易交通中心——漳州月港的骤起忽落、清朝政局、经济兴衰等息息相关。

从已知现存最早的"漳窑"传世品看，他们在成弘时期已能成功地烧制"白釉米色器"，这与文献记载的时间相吻合。又据清道光十八年戊戌(1838年)岱山《郭氏族谱》记载，在明清时期，升平保里有制茶、烧窑、制釉等手工作坊业，崎脚碗窑坑里有十几处烧制瓷器以及其他器具的瓷窑。还有精于制瓷和作画的名师"十二世祖志猜公、讳志、型圭公之子，承祖业，心思工巧，制瓷器精致而丹青尤擅长"。现藏于上海市博物馆的漳窑佛像，为明朝成化产品，这是目前已知漳窑白釉米色器传世品中年代最早的藏品。现藏于中国国家博物馆的漳窑器释迦牟尼像，是明代漳州府东溪乡民陈福成于万历乙卯年（1615年）为开元寺礼佛而制的。"黄褐色胎，釉白中泛黄，有细开片。释迦螺形鬈发，含目俯首，结跏而坐，双手叠放脚上，掌心置摩尼宝珠。身着肩衫，右胸袒裸，衫襟绦带束于胸上凸雕的'卍'字之下，右臂与手腕饰珠串，莲台下的须弥座呈长方八角形，中部八面皆有海棠式的壶门，下部边沿各刻一如意云头纹。座底无釉，有坯泥未干时印上的偏纺痕，八个底角上均有装烧支垫的痕迹。釉色温润均匀，塑形比例适当，神态庄严慈祥"。此外，米黄釉瓷发现落有"宣德年制"、"成化年制"、"乾隆年制"、"大清乾隆年制"等印章或刻划款，及漳州博物馆收藏的米黄釉花觚，底有"大清乾隆制"竖长方形阴刻六字篆书款。可资烧造年代佐证资料。

三　东溪头窑的外销及在闽南社会经济生活中的地位

明永乐年间航海家郑和、王景弘（漳州府漳平县香寮人）率领庞大的船队七次下西洋，带去大量的瓷器、丝绸、茶叶等物品，深受世界人民的喜爱。郑和、王景弘所到之处的国家和人民无不对中国的瓷器、丝绸、茶叶十分青睐，为后来世界各国使臣、商人来华进贡和贸易往来奠定了基础。青花瓷以其清新秀丽、娇翠欲滴、清白相映、幽靓雅致而著称于世，深受世人的珍爱。17世纪以前，西方人日常使用的器皿以陶器、木器、竹器和金属器为主。尤其是陶器成为日常生活广泛使用的器皿，和当时精美雅致、诗情画意般的青花瓷相比，陶器便显得粗糙、厚重而笨拙。因此当时欧洲上层贵族将收藏中国青花瓷的成了一种时尚，包括教皇、国王、君主、公侯都把中国的青花瓷作为贵重物品加以珍藏，只有在重要的宴会上才会拿出来象征性地使用，以此来炫耀自

己的财富和地位。有些贵族还
把中国青花瓷作为嫁妆，可见
他们都被当时青花瓷的艺术魅
力深深吸引。1600 年英国查理
二世与葡萄牙王室联姻，就将
中国青花瓷作为葡萄牙公主的
嫁妆。（图六）

　　由于中国青花瓷美丽而精
致，使得欧洲人对中国青花瓷
的需求急剧膨胀。1603 年，
荷兰人第一次在马六甲海峡俘
获了一条葡萄牙商船，船号为
"The Carrack Catherira"，船

图六　《中国戎克船》，绘于明万历二十四年（1596 年），
收藏在荷兰西菲士兰博物馆。

上载有大量的丝、瓷器和漆器等货物，荷兰人把缴获的瓷器带回阿姆斯特丹，以三千
多万荷盾的价格拍卖，引起强烈的反响。荷兰人对当时葡萄牙的货船称呼为"克拉克
（Kraad）"，船上的瓷器也被称作"克拉克"瓷。此后西方人把船上中国明朝万历时
期及其类似风格的瓷器统称为"克拉克"瓷，其中一大部分是漳州瓷窑生产的青花瓷。
嘉万时期，葡萄牙首都里斯本和著名港口安特卫普成为欧洲出售中国瓷器的中心。葡
萄牙王室还设有专门陈列中国瓷器的展室。正是欧洲各国对青花瓷的极大需求，致使
当时的葡萄牙人热衷贩卖中国青花瓷。此后西班牙人、荷兰人、英国人、也疯狂地加
入到贩运中国瓷器的行列。从万历开始，销往欧洲的瓷器差不多全是青花瓷。以荷兰
一国来说，1602~1682 年的 80 年间，经荷兰东印度公司输入外国的中国瓷器竟达 1600
万件以上，其他国家贩运的还未计及。"克拉克"瓷的产地在中国江西景德镇和福建
漳州地区，而东溪窑场作为漳州地区最大的瓷器烧造中心，大量的产品凭借月港贸易

的地理优势，输出海外，并对世界各
国社会生活产生了广泛而深远的影响。
正是因为漳州窑青花瓷在 16 世纪下半
叶至 17 世纪上半叶，在国际市场上倍
受欢迎，供不应求，刺激漳州窑最大
的生产中心东溪窑的迅猛发展，国际
市场对青花瓷的巨额需求是东溪窑兴
起的外因。（图七）

　　荷兰北部的吕伐登（Leeuwarden）
是一座具有 700 多年悠久历史的港口
城市，这里因风景秀丽、气候怡人而
深受历代荷兰皇室的青睐。1711 年，
荷兰国王威廉四世辞世，王后玛丽
莲·路易斯[3] 出于对中国瓷器的酷

图七　（翻拍自《国家人文历史》
杂志）

爱，晚年的玛丽莲王后开始大规模收藏远东陶瓷，并设想将普林西霍夫宫殿建设成荷兰最大的远东瓷器博物馆。1731年，荷兰吕伐登普林西霍夫博物馆（Princessehof Museum）正式成立，来自中国和日本的精美瓷器被源源不断地送往博物馆；1765年王后玛丽莲·路易斯去世之前，普林西霍夫博物馆已拥有上千件的中国瓷器。这些令人眼花缭乱且爱不释手的中国瓷器不仅是中荷两国古代贸易的见证，同时也是研究中国外销瓷重要实物与佐证。

有数据表明，普林西霍夫博物馆也是迄今为止世界上收藏漳州窑瓷器最多的博物馆之一。该馆所珍藏的漳州窑瓷器大部分来自于一名叫雷尼尔·德瑞克·范比克（Reinier Dirk Verbeek 1841～1926）的采矿业工程师。范比克家族从17世纪开始便对远东文化产生了浓厚的兴趣，尤其是对中国和日本的瓷器更是不惜重金从荷兰和英国的商队中购得。1868~1873年期间，雷尼克·范比克先生3次前往印度尼西亚旅行，在此期间他购得了大量的漳州窑瓷器[4]。（图八、图九）1918年，在时任荷兰普利西霍夫博

图八　雷尼克·范比克先生的漳州窑瓷器收藏，1891年出版授权普林西霍夫博物馆

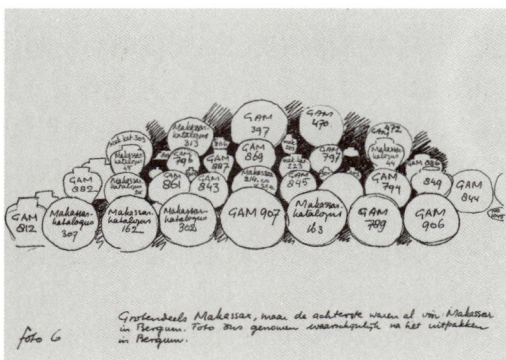

图九　雷尼克·范比克先生的漳州窑瓷器进入博物馆时的编号手稿，1921年出版授权普林西霍夫博物馆

物馆馆长的兰尼·奥缇玛（Naane Ottema 1874~1955）的鼓励下，雷尼克·范比克先生将他的个人收藏带到了吕伐登普林西霍夫博物馆展出。1929年，雷尼克·范比克先生逝世后，其后代继承遗志将家族的藏品悉数捐献给了吕伐登市政当局。此后，吕伐登市政又将瓷器转赠普林西霍夫博物馆，并联合吕伐登大学持续不断地资助和完善博物馆，最终于20世纪70年代将普林西霍夫博物馆建设成为荷兰国家公共陶瓷艺术研究中心。普林西霍夫博物馆的漳州窑青花克拉克瓷器不计其数，由于没有确切的数量清单，因而无法得知其准确库藏，但从已有的数据库分析，总量应在1800件左右；漳州窑米黄釉盘在普林西霍夫博物馆的体形较大，数量较多，共有20个；其中以底款手写符号GRV 1940.29的米黄釉开片大盘最为突出，该盘口径48.5、高9.6厘米，淡黄色胎骨，斜弧腹，高圈足，沙足底。该盘是范比克先生在1883年旅居印度尼西亚时所购。在之后的1914年，时年22岁的英国爵士大维德（1892~1964年）先生开始收藏大量中国陶瓷精品，目前在其基金会里收藏漳窑米黄釉白瓷达到85件，占所有陶瓷藏品的5%，

可见独具特色的米黄色漳窑瓷器深得大维德爵士及欧洲人的喜爱，也体现了漳窑瓷器在福建乃至中国陶瓷史上的重要地位。（图一〇）

图一〇　荷兰东印度公司 Logo

明朝中叶至清初，名传海内外的漳瓷，出自福建省漳州府龙溪县二十五都归德保的（今华安县高安镇）东溪窑场。当年，漳瓷除内销外，并取道石码从月港出口，外销南洋诸岛国、又从日本转销欧美各国。

"泉漳商民，贩东西二洋，代农贾之利，比比皆然"。据：张燮《东西洋考》、《顺风相送》等书记载，月港的海舶到达东西洋的许多国家和地区中。西洋方向的主要有：交趾、占城（以上在越南境内）、暹罗（今泰国）、柬埔寨、大泥（今泰国南部）、吉兰丹、丁机宜、彭亨、柔佛、马六甲（以上皆在马来半岛）、旧港、阿齐（以上在苏门答腊岛）、爪哇、诸葛担篮、文郎马神（以上两个在加里曼丹南部）、吉思地闷（今帝汶岛）等。东洋方向的主要有：大港、彭家施兰、吕宋、三宝颜、棉兰老、苏禄、猫里务、沙瑶、民都洛（以上皆在今菲律宾）、美洛居（今马鲁古群岛）、渤泥、文莱（以上在加里曼丹岛北部）鸡笼、淡水，以及日本、荷兰等地。在这些国家和地区中，吕宋居首位。因为其地距漳最近，故贾舶多往。"民初贩吕宋，得利数倍。其后四方贾客丛集，不得厚利，然往者不绝也。"⁶许多商人往往久居不返，渐至数万。在前往日本进行东溪窑等瓷器买卖的众多华安商人中，就有明嘉靖华安县仙都人林尊岩。据清道光伍年乙酉（1821年）手抄本《西河仙都林氏族谱》记载：林尊岩，系仙都林氏宗鲁公第十世孙（三房），名美（1515年~？），谥景庵。生于明朝正德十年正月十一日，娶妻蒋氏大娘，生英烈、英泰、英琥三子。他为人慷慨、耿直，生活安逸，"外家族不犯义，则伦理筱明；待亲故有相周，则内外方圆"。"阄分田业"，家有千余金，充纳漳州府，任府吏员。他置中巷地基一片，筑楼一座。明嘉靖二十五年（1546年），林氏第十世尊岩，任府吏员时变卖田产，去日本国经纪瓷器、茶米。

漳州窑作为海外贸易众多商品中的一个重要组成部分，也随着月港、厦门港、广州港的扬帆通商而遍及海外诸邻。印度尼西亚的苏拉威西岛上就曾出土了一件葫芦形的漳瓷小罐。今又据台湾成功大学陈信雄教授调查：台澎出水、出土的7例华安窑瓷器，其中有3例为华安东溪窑的瓷器。

东南亚与我国隔海相望，作为中国传统的文化圈，与我国有着密不可分的贸易关系。是中国陶瓷走出亚洲，销往世界各地的重要转运、集散中心。据史料记载：从月港起航的商船在万历十七年之前，出航东西洋各限44艘，东洋吕宋一国因水路较近，定位16艘，"后以引数有限，而愿贩者多，增至百一十引矣"。加之占城、郊止州等处共117艘，万历二十五年再增20艘，共达137艘。这只是明确的记载，尚不包括其他港口及民间走私的数量。西班牙占领吕宋后，开辟了一条横渡太平洋的"马尼拉大帆船"航路，而荷兰也占领巴达维亚（今雅加达），并以之为据点作转运中心之后，"漳泉海商趋之若鹜"，东南船家中亦流传着"若要富，须往猫里务"之语。印度尼西亚被誉为中国古陶瓷的仓库之一，根据苏马拉·爱迪文《印度尼西亚发现的 16~17 世纪的漳州窑瓷器》一书的介绍，印尼发现的漳州窑系陶瓷主要有青花瓷、彩绘瓷、单色瓷、色釉瓷、"汕头器"等类型。器形有盘、碗、碟、罐、瓶、军持与盖盒等。漳州窑系陶瓷不仅见于东南亚的田野考古调查发掘以及博物馆收藏，在沉船考古中也有不少发现。1983~1985 年，英国人米歇尔·哈彻在印尼宾坦岛外发现一艘明代"中国平底帆船"，打捞出 2.7 万件瓷器，其中主要是明末青花瓷，主要器形为漳州窑系的开光大盘、执壶、瓶、罐、盒、军持等。1985 年，法国"环球第一"探险队在菲律宾巴拉望岛西面海域发现了一艘明代商船——"皇家舰长"暗沙二号沉船，打捞出明代万历年间陶瓷器 3768 件，其中有不少是属于漳州窑系的产品。西沙群岛北礁 3 号沉船遗址出水大量青花瓷碗、盘、碟、罐等器物，其器形特征与漳州窑场发现的器形相一致。

在印尼苏拉威西岛曾出土过一件瓜形水注。在东非坦桑尼亚的基尔瓦岛"大清真寺"、"大房子"遗址出土了许多明清时期的瓷器实例，其中就有晚明漳州窑青花。1912 年对埃及福斯塔特的发掘中已出土数十万片瓷片，其中可以确认有漳州窑瓷器的残片；1971 年在埃及的沙姆沙伊赫和沙德万红海海域发现两处含有 18 世纪中国货船的沉船遗址，1995 年埃及海洋考古研究所对其进行了水下考古调查，发现有漳州窑青花瓷器；土耳其伊斯坦布尔托普·卡普，撒莱博物馆所收藏的奥斯曼土耳其帝国遗留下的大量中国瓷器中也有漳州窑系的制品，1517 年奥斯曼土耳其帝国征服埃及，可以推测这些瓷器应是 1517 年以后作为战利品从埃及运到伊斯坦布尔的，漳州窑瓷器大概也是沿着这条路线经由埃及被运进托普·卡普·撒莱宫的。

据调查：目前，国内的华安漳窑器主要还是藏于故宫博物院、中国国家博物馆、上海博物馆、原山东兖州图书馆、福建省博物院、台北鸿禧美术馆、厦门华侨博物院、厦门市博物馆、晋江市博物馆及漳州市博物馆、龙海市博物馆、云霄县博物馆、华安县博物馆等处均有少量精品馆藏，民间亦有部分藏品。在国外，藏有漳窑瓷器的博物馆不少，有大英博物馆（大维德基金会）、英国国立 V&A 博物馆、英国牛津大学阿什莫林博物馆、英国美国大都会博物馆、旧金山亚洲艺术博物馆、荷兰普林西斯霍夫博物馆、雅加达国立博物馆等，还有一定数量的海外民间私人收藏，这当中还不排除在一些博物馆内漳窑器被误归为德化窑或者枫溪窑瓷器。足以证明漳瓷的销售足迹。（图一一）

综上所述，海内外发现的出水、出土或传世瓷器中，都包含有东溪头窑所生产的青花瓷和漳窑米色器等产品。

东溪窑制瓷业的发展和出口带动了人们从事经商贸易，在北溪各分渡口和归德溪下游出

青花瓷古船纹标本　　　　华安东溪窑瓷器标本

图一一

永丰溪上，络绎不绝的平底船转换木帆船源源不断地把当地生产的瓷器、茶叶、大米和大宗竹木材等土特产运到漳州、月港出售，又从月港运回的海盐和一些日用品等舶来品。土特产进出频繁，大大地促进了地方商品经济逐渐发展，二十五都的西陂、华丰（茶硎）、新圩（岭兜）、天宫、下樟、沙建、汰口、潭口、丰山等成为龙岩州、漳平、宁洋、大田、永安、安溪、南靖等县份的进出口转运基地。明代万历年间，漳州沿海生产的海盐均运到月港，然后再由月港销售到内地，贩运私盐产生巨大利润，东溪头至今还存留当年内河航运的古码头遗址和客栈遗址。

据万历癸丑年（1613年）《漳州府志》中记载：万历三十九（1611年）年，漳州知府闵梦德就实行计口售盐，"龙溪之二十五都人烟稍众量定一千二百包，通计新旧难似加增，而实裁万二千余包，与其阴从之以蠹法何如明宽之，以惠民乎……"[7]。茶烘市"每年的商税就有银五百多两"。由于人口的增多，经济的发展，明廷为了加强对归德溪出入口的管理，收取税款。或者统一在九龙江畔的香洲渡设税课尾收税（香洲渡地处芗城浦南镇与华安县丰山镇、龙文区交会处）。据嘉靖《龙溪县志》所载："香洲税课局岁办各色课钞三千九十八锭四贯三百文，……窑冶钞一百□十八锭三贯三百四十文，……窑冶钞加一十二锭一贯八百二十文。"明万历元年的《漳州府志》载"龙溪县香洲税课居岁办……窑冶钞一百四十八锭三贯三百四十文，……窑冶钞加一十二锭一贯八百二十文。府志又载："每发办商税窑冶等，一万四千五百一十九锭三贯七百八十一文"；《正德》、《嘉靖志》俱同。[8]"说明对经龙溪县香洲税课出口的窑冶瓷器等进行收税，更证明至少从嘉靖、万历年间，从华安出口的窑冶瓷器数量不少。主要是漳平永福窑、安溪龙涓窑和华安东溪窑及其他窑口的瓷器，均由内河（九龙江北溪段）船运抵月港。

明朝中叶龙溪二十五都地（今华安）东溪窑的手工业兴起，形成资本主义萌芽状态，并对当地的经济文化产生了巨大的影响。首先，在经济上，东溪窑的大量生产作坊的开工，改变了当地的经济模式。烧窑需要大量的窑工，作坊除了需要从景德镇、德化、龙泉外聘的名师傅指点或者言传身教之外，还必须请当地的一些临时工做一些粗活，如挖瓷土矿、浇瓷土、洗瓷土，当搬运工，到山上伐木、砍柴、割草和烧窑等等，即时人发出"烧肥 hui（瓷），吃破碗"的叹词！经几代人的磨合，聪慧东溪人冲破了自给自足的狭小范围，扩大了社会再分工，小生产者逐渐改变了往日的经营方式，开始出现了商品化经济的趋势。农村家庭副业生产日益扩大，从唯一从事农耕经济，到慢慢有一些人在农闲的时候逐渐脱离土地，成了季节性窑工群体，间或成为一支貌似东溪各窑厂的后备大军。商品经济的快速发展，在东溪窑的生产和流通中已经出现了若干资本主义的特征。其次，在商业经济活动中，开始出现掌握货币资本的大商巨贾即握算持筹的窑主，他们开办制窑作坊，雇佣能工巧匠，在具有一定规模的窑场里进行生产，另外一些失去山林、土地的农民以出卖劳力为生，他们和作坊主之间的生产关系成了最初的资本主义萌芽性质的雇佣关系。

"方寸瓷片映出十里长烟，石墩残垣刻写商贾传奇"。华安东溪头窑是"海上丝绸之路"漳州段最重要史迹之一。以大型民间窑场——华安东溪窑为代表的漳州瓷窑在明代极为兴盛，是月港海外贸易主要出口产品的生产基地。不仅继承了同时代景德镇、

收藏漳州·华安东溪窑瓷器的欧洲博物馆

国家	城市	博物馆名称
德国	柏林	东亚艺术博物馆
	法兰克福	法兰克福应用艺术博物馆
	科隆	科隆应用艺术博物馆
	杜塞尔多夫	赫琴斯博物馆
	莱比锡	GRSSI– 国立民族学博物馆
	德累斯顿	茨温格尔宫国立博物馆
比利时	布鲁塞尔	布鲁塞尔郊区的中国宫和日本塔
荷兰	鹿特丹	Boijmans van Beuningen Museum 伯艾曼博物
	阿姆斯特丹	荷兰国家博物馆
	吕伐登	普林西霍夫博物馆
	格罗	格罗宁根博物馆
丹麦	哥本哈根	丹麦国家历史博物馆
瑞典	哥德堡	哥德堡历史博物馆
	斯德哥尔摩	斯德哥尔摩东方艺术博物馆
挪威	奥斯陆	奥斯陆国家博物馆
法国	巴黎	吉美东方艺术博物馆
英国	伦敦	大英博物馆
	牛津	牛津大学阿斯莫林博物馆
	剑桥	剑桥大学菲茨威廉博物馆

备注：此表系德国海德堡大学东方艺术史系博士后、福建师范大学美术学院副教授黄忠杰先生于 2009 年—2014 年期间先后多次到西欧（8 个国家 19 个国立博物馆）田野调查以及图片和文献资料，整理出的漳州·华安东溪窑瓷器收藏清单，他调查所得的结论，极大地丰富福建古陶瓷的外贸史与美术史。

德化、龙泉的工艺传统，而且得益于海外市场对中国漳州陶瓷的需求暴涨，以自身的独特产品特色，抢占了海外各国市场，成为我国民间海上贸易中的重要输出商品。迄今为止，中国乃至世界很多国家的博物馆都收藏有东溪窑瓷器。与此同时，番银大量入华，也逐渐改变着人们的社会经济生活。东溪窑遗址等文化遗存，是 15~17 世纪由漳州出发的海上丝绸之路对人类文明、文化交流和共同繁荣作出巨大贡献的主要见证。这与"海上丝绸之路"漳州史迹——华安东溪窑的上述特点是不可分割的整体，具有突出的价值和文化代表性。

　　总之，漳州窑之中心窑遗址——华安东溪窑诠释放出厚重的四百年，作为明清时期闽南地区民间大型手工业生产基地，它在中国制瓷史上，在促进中外文化交流史上和海洋贸易史上写下了光辉灿烂的一页。

注　释

1.（清）郭伯苍编著、胡枫泽校注：《闽产录异》，岳麓书社，1986 年，第 39 页。

2. 明天启元年间（1621~1627 年），龙溪进士陈天定写给漳州知府施邦曜的《北溪纪胜》。

3. 玛丽莲·路易斯，1688 出生于黑森州的卡塞尔，海赛·查尔斯·路易斯之女。荷兰国王约翰·威廉四世的王后。1765 年卒于吕伐登。

4. 18~19 世纪，荷兰人控制了印度尼西亚，当地土著居民世代以来视为传家宝和可移动资产的瓷器被卷入了疯狂的古董贸易中，这些传说中来自于中国南部汕头港的瓷器被欧洲贵族争相抢购，普林西霍夫博物馆的大部分漳州窑瓷器正是在世纪之交的印度尼西亚获得的。

5. 摘自福建师范大学美术学院副教授黄忠杰《荷兰普林西霍夫博物馆的漳州窑瓷器艺术研究》一文。

6. 陈自强：《论明代漳州月港》，《福建论坛》1982 年第 2 期。

7. 万历癸丑《漳州府志》修成于万历四十一年（1613 年），闵梦得修，共 38 卷。

8. 明万历元年癸酉（1573 年）的《漳州府志》卷五·赋役志·财赋·税课。

从华安古碑上的货币称谓查考早期"番银"的流通

林南中

[摘 要] 位于九龙江上游的新圩古渡，史上曾是九龙江北溪航道的重要渡口。华安著名的外销瓷东溪窑瓷器等正是通过新圩码头，并通过贸易辗转而运销海外，换回了各种海外"番银"。不同时期的"番银"在华安一带存在不同的称谓，这由清初到民国时期华安寺庙桥梁碑刻就能得以印证。这些"番银"称谓，记录了不同时期"番银"在华安的流通及演变，也是华安作为福建"海上丝绸之路"重要节点的历史见证。

[关键词] 石刻碑记 番银 货币称谓 民俗用途

一 华安是史上福建"海上丝绸之路"的重要节点

16 世纪，随着东西方新航路的开辟，将世界进入环球大航海时代。随着隆庆元年（1567 年）漳州月港开放"洋市"，以及中国—马尼拉—美洲大帆船贸易航线的开通，西班牙货币大量流入我国东南沿海。明方志学家何乔远说："渡闽海而南，有吕宋国……多产金银，行银如中国行钱。西洋诸国金银皆转载于此以通商，故闽人多贾吕宋焉。"[1] 明代月港的"加增饷"就是专门向吕宋载银归来的商船所课征的税赋。明末思想家顾炎武所著《天下郡国利病书》载："西班牙钱用银铸造，字用番文，漳人今多用之"[2]。《漳州对外经济贸易简史》记述："万历年间（1571~1619 年）经吕宋流入漳州的银元，每年有 30 万比索，最高年份达 50 万比索。"[3] 此时，漳州的海外贸易进入了一个繁盛的时期，从月港往返吕宋的商船延续不断。当时运往吕宋的中国货物大多被西班牙人转贩至墨西哥阿卡普尔科港及南美洲各地，这条贸易航线被称为"大帆船贸易"航线。西班牙人从美洲运出大量的银元抵达吕宋，用于购买中国的丝绸、茶叶，瓷器以及农具等商品，这些"番银"绝大部分又被转运到我国的东南沿海。

清代王潭的《闽游纪略》云："番钱者，则银也，来自海舶，上有文如城堞，或有若鸟兽人物者，泉漳通用之"[4]。"番"在漳州泛指海外，由于华侨主要聚集于南洋一带，因此漳州人将南洋统称为"番爿"，出洋到海外的叫"过番"，从海外回来的侨胞称为"番客"，而从海外流入国内的银元民间便称之为"番银""洋番""番钱""番镭"等等。从 16 世纪到 20 世纪初的 400 年中，大量的海外货币通过"海上丝绸之路"源源不断地流入漳州一带，位于漳州北端的华安同样流通广泛。

漳州辖属有华安毗邻龙岩漳平、泉州安溪。明清时期属龙溪县二十五都，1928 年始置华安县。华安地处偏僻，高山阻隔，在古时交通十分不便，九龙江北溪水路是华安与外界的主要通道。尽管如此，海外"番银"仍然是通过各种渠道流入华安，这从现存部分华安寺庙、桥梁等碑记上所使用的货币名称即可得到印证。

二　华安古碑上的"番银"符

九龙江在华安境内全长达 107 公里，位于九龙江上游的华安县新圩码头，在历史上曾是九龙江北溪航道的重要渡口，是当时闽西北通往闽南地区的交通要道，也是福建"海上丝绸之路"的重要码头遗址。华安著名的外销瓷东溪窑瓷器等正是借道新圩码头，经由漳州沿江、沿海的码头、港口而运往海外，换回了各种海外"番银"。

不同时期的"番银"在华安一带存在不同的称谓，这从清初到民国时期华安寺庙桥梁碑刻上的货币符号及货币称谓就能反映出来。这些"番银"称谓，记录了不同时期"番银"在华安的流通及演变，也是华安作为福建"海上丝绸之路"重要节点的有力佐证。

华安仙都慈西庵

慈西庵乾隆壬寅年（1782 年）碑记

图一

根据华安县博物馆馆长林艺谋提供的一份华安历代石刻碑记目录以及笔者在华安部分寺庙桥梁的调查，现节录出与货币有关的部分石刻碑记如下：

在乾隆壬寅年（1782 年）慈西庵碑记中，镌刻有："十三郎公银二中、太学生刘锡良二中、树喃四中、底天三中、见龙三中、吾受三中、绢老三中……树箭百六、树整八中另钱百七"（图一）。同为慈西庵还存有一块光绪丙申年的碑记，内镌刻有："巨扬捌拾贰中、清训壹拾捌中、钦旭柒拾贰中、枚箍壹拾捌中、清曾陆拾肆中……钦志捐壹拾中、清斧壹拾陆中、钦达捐壹拾中、清缀壹拾陆中、钦泉捐壹拾中、溪西钦进捐壹拾中、清拱捐壹拾中"（图二）。

在嘉庆七年（1802 年）所立的"大地蒋氏"重修廷宗祠

堂记中也有如下记载："十五世孙登丹出银拾大员、世招出银伍大员、在阔出银伍大员、在赤出银陆大员……华燎孙等出银伍员"。

在漳州市华安县丰山镇威惠庙有一通清嘉庆十五年（1810年）叁月"丰山威惠庙原有公置绿园贰殿奉祀"碑，碑文内容有"住持僧如明自备佛头银柒拾柒大员"字样（图三）。

在嘉庆廿三年（1818年）"重修达摩岩碑记"中有："谨将捐银名次开列于左，信士梅园蒋隐耕派下孙子共捐银贰佰伍拾三大员半、士龙出银肆拾大员、士熊出银壹佰零柒员、贞恺出银贰拾肆大员、登瀛出银贰拾大员、登丹出银壹拾大员、泰看出银壹拾大员……"。

在光绪十四（1888年）的《重兴云水溪桥碑记》碑文有这样的记载："大凡举行善事，必先书定善策，乃能决其有成，否则靡不有初，鲜克有终矣。刿造千万人来往之桥，需费巨万者哉。华对三里许，有云水溪焉。上达汀龙下通漳厦，为行李货物必经之地，诚通衢要道也。……凡七拱长二十四丈六尺，中拱高三丈六尺，累累焉如七星之联珠。计用番银贰万余元……"。

在民国十八年（1929年）真武公桥"重修碑记"中有如下内容："荣听奉银三十六元、荣邦奉银二十四元……"（图四）。

图二　慈西庵光绪丙申年（1896年）碑记

漳州市华安县丰山镇威惠庙

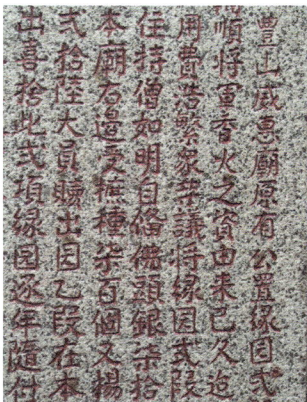

丰山镇威惠庙碑记上的佛头银字样

丰山镇威惠庙清嘉庆十五年"丰山威惠庙原有公置绿园贰殿奉祀"碑

图三

上述的石刻碑记内容，很直观地描述了清乾隆以来，华安的货币流通从"银两制"向"银元制"嬗变的过程。在我国传统"银两制"制度下，白银的重量称两、钱、分、厘等，铜钱称文（枚）、串、吊。白银兑换流通时，需经称重和检验成色等复杂的程

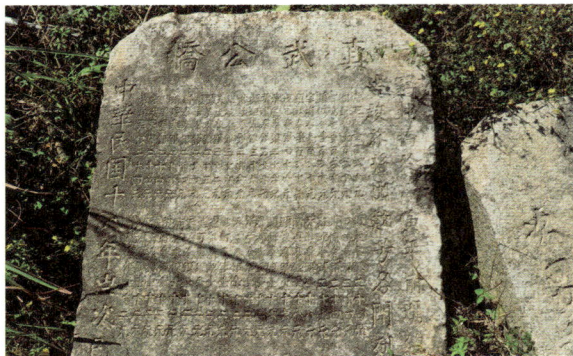
真武公桥 1929 年碑记

真武公桥

图四

序。其"用之于市肆，则耗损颇多，有加耗，有贴费，有减水，有折色，有库平、湘平之异，酒平、规平之殊，畸轻畸重，但凭市侩把持垄断，隐受其亏。"[5] 而"番银"使用的则是"银元制"。其重量、成色标准化，且样式精美，适应了商品经济发展的需要，因而逐渐主导了闽南一带的货币流通市场。因此"番银"在一定的程度上弥补了货币市场流通的不足，"番银"还配套铸有辅币，在闽南民间被称为"银角"，由此发展出辅币单位"角"而沿用至今。

在乾隆壬寅年（1782 年）慈西庵碑记中，上面镌刻的捐款数额除了用"捐银"多少"中"（"中"又称"中员"，当时指"半员"。）外，还使用了"捐银"多少"钱"，如"树箭百六、树整八中另钱百七"。这表明乾隆年间的华安，传统的"银两制"与近代的"银元制"并行，但使用"番银"，"论枚计值"，按"元"使用在华安已成为货币流通交换的主要方式。

清嘉庆年间，"番银"的流通使用更加广泛，仅重兴云水溪桥就有"计用番银贰万余元"，同时期的"重修达摩岩碑记"，上面的捐款已经是清一色的使用"番银"多少"员"。在丰山威惠庙的一块嘉庆十五年的石刻碑记中，碑文内容有"住持僧如明自备佛头银柒拾柒大员"字样。"佛头银"也称"佛银"，民间也有称之"鬼仔面""烛柱"

图五　西班牙的"块币"（正、背）

等，指的是当时在漳州一带流通最广的西班牙国王双柱银币。西班牙银元自 1535 年始铸的"块币"（图五）开始，到 1732 年铸造的"双柱双地球"（图六）银币，再到 1772 年开始铸造的"西班牙国王双柱银币"（图七），一直是当时世界贸易中使用的主要货币，通过海外贸易流入漳州一带的货币中数量最大的也是西班牙货币。"西班牙国王双柱银币"流入时，当时人们并不认识银币上面的人物，其实这个头像是西班牙国王卡洛斯三世及后来的卡洛斯四世及菲律迪南七世国王，但民间大都将他们视为佛祖的头像，因此就形像称其为"佛银"。《清朝文献通考·钱币考》乾隆十年条云："至于福建、广东近海之地，又多行使洋钱。其银皆范为钱式，来

图六　双柱双地球银币（正、背）

图七　西班牙国王"头像币"（正、背）

自西南二洋……凡荷兰、佛朗机诸国商船所载，每以数千万元计。"[6]可见当时"番银"在闽东南地区流通甚广。

随着鸦片战争后清王朝的日渐衰落，墨西哥"鹰洋"、日本"龙洋"、英国"站洋"、美国"拿花"、法国"坐洋"等银元又相继流入闽南。随着海外银币的盛行，漳州民间货币流通中传统银两的使用反而退居次要地位，华安当时隶属于龙溪县，其货币流通情况与漳州基本相同。在民国十八年真武公桥"重修碑记"中，当时捐献的银元已经是近现代形式的"元"，非清早中期的"员"及"圆"这样的称谓。华安一带"番银"的流通，其版式和国别虽没有沿海地区的货币品种丰富，但仅从现存已发现的古代石刻碑记看，"番银"的流通已是不争的事实。

三　"番银"的民俗用途及影响

明清时期,地处山区的华安大都处在自给自足的农耕时代,对外埠的货物需求不多,除了贩回象牙、胡椒、鱼翅、药材等等海外物产外，只能进口大量的银元用于满足人们对于白银的需求。

在漳州，人们到市场购买东西，询问价格的时候常会问这东西是多少"镭"，这个"镭"字与汉语有很大的区别，其读音又是来自何方呢？为何我们比较少说多少"钱"，而是大多说多少"镭"呢？实际上，"镭"是由西班牙语的货币单位"REAL"（瑞尔，

也有翻译为雷斯等）演化而来的。西班牙货币在明末开始币流入漳州，当时使用的货币最多的就是西班牙在拉丁美洲所铸造的货币，西班牙货币一元型的叫8 REAL（瑞尔），此外还有4 REAL、2 REAL、1 REAL 等不同币值，各种不同币值的REAL （瑞尔），极大便利了商品交易和流通。于是这种叫作"瑞尔"或者"镭"的银元就逐渐流通开来。随着西班牙的这种"镭"在漳州民间使用的增多，人们问价时就大都采用多少"镭"的称谓。

海外"番银"的流通和使用，对漳州的社会经济产生了巨大的影响。从清中叶至民国初期，漳州也包括华安在内的广大地区，官方以及民间交易、纳税、商业记账等的经济活动，大多以"番银"作为结算币，这从当时的银票、借据、地契（图八）以及文书中货币名称大量使用"佛银""佛头银""英银"等名称可以得到印证。

番银除了用于经济活动外，还被融入了许多民俗文化元素。目前华安的丰山镇一带的农村，仍留存着制作佩带一种用银元制作的被称为"七连贯"的银链的习惯（图九），"七连贯"上面要用7个大小银元焊成，所以俗称"七连贯"。由于当时市面流通的大都是"番银"，因此存留至今的"七连贯"也成了"番银"在当地大量流通的又一佐证。据了解，在当地农村人们订婚的时候，就要去打金店制作一条"七连贯"银链，然后还要去上香，甚至还在上面刻字，农村有很多寺庙，当地村里面的寺庙，

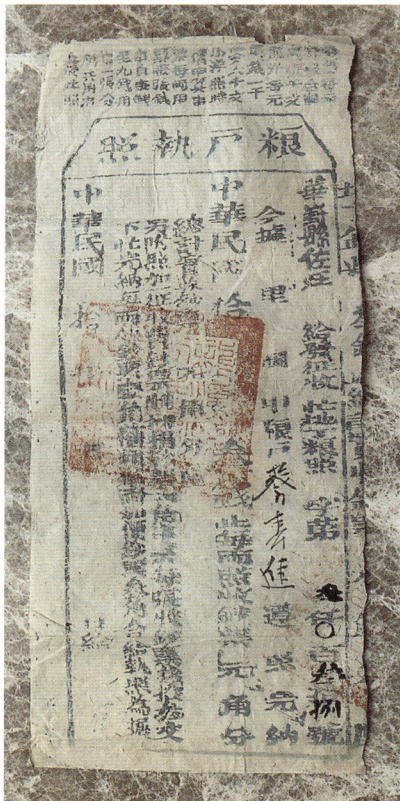

图八　民国初期华封户粮执照，上有龙洋字样

图九　"七连贯"银链

有大众爷公庙、谢王公庙、妈祖庙等，人们就将寺庙所祀奉的神灵名字刻在这些货币上面，一般到小孩子满月的时候，将这条"七连贯"银链挂在小孩子的身上，寓意吉祥，寄托让小孩健康成长的美好祝愿。

漳州民间历来崇尚藏金藏银，鉴于银元本身具有的保值功能，币面上又大多铸有帝王头像，百姓认为可以镇灾驱邪。民间风俗还有：女子出嫁时，要在装嫁妆的箱子里放置银元来"压箱底"；有的用银元"滚床"；还有用银元煮水给小孩喝，用以"压惊"。"番银"还被改制成头饰、纽扣等民俗用品，此外"番银"也常常被用于陪葬和窖藏。以上这些风俗，在华安同样存续至今。

货币具有充当价值尺度和流通手段的基本职能，它不仅便利人们的生产和生活，也促进商品经济的发展。有学者说"货币是贸易之血，贸易是货币文化交流的基础"，每一时期流通的货币，都带有时代特色和地域特征，可以说是当时政治、经济、文化的一个缩影。

遗存于华安古代寺庙、桥梁等碑记上的"番银"称谓，记录了华安开展海外贸易以及人员交往的历史，对研究古代福建"海丝"文化及明清时期华安地区的经济、金融、文化、民俗等均具有重要的史料价值。

注　释

1.（明）何乔远：《闽书》卷一五〇《岛夷志》，福建人民出版社，1995年。

2.（明）顾炎武：《天下郡国利病书》，商务印书馆《四部丛刊》三编影印本。

3.陈侨森主编：《漳州对外经济贸易简史》，鹭江出版社，1992年。

4.（清）王潭：《闽游纪略》。

5.（清）郑观应：《盛世危言·铸银》。

6.（清）张廷玉等编著：《清朝文献通考》卷十六《钱币考四》。

林南中，福建省钱币学会理事、漳州市政协文史研究员。

北溪文明与漳州海丝探微

林武昌

[摘　要]　福建省被定位为"21世纪海上丝绸之路核心区"，漳州在"一带一路"建设中占据重要的地位。位于九龙江中上游北溪的历史文明。本文以北溪水运和船民为起点，深入分析北溪文明基本内涵，及其在传承海丝文化中发挥的积极作用，进一步阐述保护弘扬古厝、古桥、古窑、古书院、古石刻等物质文化遗产的重要性和紧迫性。

[关键词]　北溪文明　文化遗产　漳州海丝

江河湖海是人类文明的摇篮。从明朝永乐三年（1405年）郑和下西洋开始，漳州海商活跃于历史舞台，到月港兴盛时期，达到顶峰，在世界海上交通史上写下了辉煌篇章。九龙江是福建第二大河流，其中上游北溪是重要的闽中通道，从这里走出了明代大航海家王景弘、明进士赵德懋、太仆陈天定和近现代著名作家杨骚、电影导演汤晓丹等一批乡贤名士，留下了古厝、古桥、古窑、古书院、古石刻等大量物质文化遗产和代代相传的非物质文化遗产，造就了灿烂辉煌的北溪文明，北溪水运连接海上丝绸之路，共同奏响了"山海协作曲"。

一　即将消失的船影

"九龙江水闻来久，打开源头天际流"。地处北溪中游的华安县水运历史悠久，据《龙溪县志》记载，自唐朝初期刘氏三兄弟，开发九龙江北溪航道，就有木排放运和船只运输，至今1300多年历史。宋元至明朝中叶，新圩古渡及九龙江沿岸各个渡口十分繁荣。明代商贸尤其频繁，著名的东溪窑瓷器就是通过新圩古码头走向世界的。

《华安县志》记载，自古以来，华安交通极不发达，货物往来主要靠肩挑，古代的运输方式在华封以上除了原始的漂放筏运外，还可行木船，新圩以下有木质船装袋配斜篷（竹制的），后改为风帆、木桨、木舵、竹篙为助航工具，运输费时费力。除人力挑运外，主要的客货运输全靠九龙江北溪水道。九龙江是当时闽南与闽西北的交通要道，龙岩及江西、广东等省份的货物都要经过新圩古渡口，转水运通往厦门、泉州、台湾及南洋地区[1]。

九龙江北溪上段水运以木排、竹筏、货物为主。1956 年前，由于没有铁路、公路，木排放运十分繁忙，每年放运木材 3000 立方米左右。历史上该段河道主要承运龙岩、漳平、宁洋等地到闽南漳州、厦门等地货物或土特产上下运输。在华丰设有许多转运站，下运货物以纸、笋干为大宗，石灰、香菇、松香、香饼次之。上运以食盐、煤油、棉布、食糖及工业品日用百货为主。船夫多系漳平人，强壮勇敢，有"纸船铁代公（船夫）"之称。顺流从漳平到华丰半日可达，逆流从华丰返回漳平需两天。松坂头码头为上段最繁荣的货运码头，每天总有二三十只木船停靠卸货。1956 年鹰厦铁路通车，上段货物水运因航道艰险而日趋萧条。

北溪中段为江面狭窄，水流湍急，布满暗礁，人称"小三峡"，仅是运木排不通船的河道。漳平放下来的木排在兴洋坂、福里、赤溪、罗溪等社靠岸改装转运，大排须折成小五排，才能通过代公濑等险滩。放排工人多来自罗溪、福里、赤溪、下坂、华丰。抗日战争前有 100 多人从事排运；抗日战争期间只有 60 多人。木排工人凭着熟练的操作技术，裸着身体，挽着救生藤进行木排流放。1940 年由木排工人自发组织成立了木排工会，从此，工人有组织的进行木排流放。正常年景放一排的工资可买到 60 至 80 斤大米。1956 年鹰厦铁路通车后，木材虽有部分通过火车运输，但中段木排运输仍不贬其值。1980 年后，华丰大坝截流，河床干涸，自此停止了水运。

北溪水运最繁荣的是下段，河道宽阔，水流较缓慢，设有新圩、溪南坂、汰口、沙建、丰山等许多码头。新圩航运公司、沙建航运公司这两个水运企业就设在该段内。木排经中段流放后至岭兜泊岸，将小五排重新绑为大排放运，以节省人力。木排上可兼放一些货物。这段放排工人来自黄枣、新圩、岭兜和罗溪。1949 年与县境接壤的浦南设有"浦南排馆"，是木材交易所，亦是本县木排流放的终点站。新中国成立前，从新圩下运至浦南、石码、漳州、厦门的主要货物是：龙岩、漳平出产的纸，约占货运量的 40%，粮食、茶叶、陶瓷、柴炭次之。从外地北上的货物以食盐、煤油、工业品、肥料、糖类、大豆、水果等。在新圩往下运称为"渡"，并有纸渡和透渡之分。纸渡系资本家经营，船只航行雇佣伙计，以载纸为主，每逢农历一、六（俗称礼拜船，船到新圩）；每逢三、八（又称圩船），由新圩开往浦南，一般不受季节影响。透渡是小个体经营的船，10 天一个航次，淡季几乎近于停运。1948 年，下段木帆船 168 艘，其中，新圩 56 艘，沙建 112 艘，年货物周转量仅为 11 万吨左右。新中国成立后，下段水运货运量逐年增加，货物下运以粮食为大宗，还有木材、柴炭、茶叶、陶瓷等。上运货物以食盐为主，肥料、工业品、日常用品等为次。1951 年至 1961 年，货物周转量由 53.69 万吨增长到 152.79 万吨，以后基本保持不变。1978 年以后，由于机动船的使用，水运量再次上升，货物周转量为 186 万吨，达到历史最高。

在九龙江北溪，历代就有着许多的连家船。疍民也称"疍户"，是旧时对分布在东南沿海地区的水上群体的称呼。历史上的疍民自成一族，后来由于与当地汉族的融合程度过深，基本上失去了作为一个单独民族的特色，被称为"连家船民"、"水上居民"。闽南人一般称疍民为"船民"、"船底人"。早期的船民从事着捕鱼、捞蛤子、捞沙及运输，生活条件极其艰苦。早年的时候，可以看到江中竖着风帆的船只来往不绝，一派繁忙的景象。住在古渡口长安街尽头的年近八十的黄吾田，自 12 岁就随父亲在古渡口营生，做的就是跑船生意。他回忆说，"当时跑船生意很好，古渡口有上百条船从事运输业，主要负责运输物品来往华安至芗城浦南及龙海石码"、"每天都有船双向对开，早上发往石码的船，如果顺风的话，当晚就能到达石码还赶得上看戏；逆风或无风时，则要三五天才能到"。20 世纪 60 年代，这里设立了古渡口港务站。在 82 岁的林乌仙家中，仍保留着一块"漳州港务局新圩港务站"的牌子，这是一个历史见证。20 世纪 80 年代，华安摄影师李金城以江上连家船为景创作拍摄《水上人家》作品还获得全国摄影大奖。我市知名作家张亚清对连家船作了深入调查和研究，出版了《即将逝去的船影》专著，引起较大反响。

九龙江北溪经过华安境内 94 公里，沿途经过华安四镇一乡 22 个行政村。在改革开放初期，北溪自上而下设有 12 个码头，停靠许多连家船，主要有木帆船、梭仔船、小型平头船、机动船、三肚船，疍民就住在这些船上，据初步调查，各码头停靠连家船最多时的数量分别是：西陂码头 30 艘、华丰码头 35 艘、草坂码头 20 艘、仓空码头 20 艘、金山码头 20 艘、新圩码头 40 艘、沙建码头 40 艘、柑橘厂码头 25 艘、汰口码头 45 艘、丰山码头 35 艘、浦口码头 25 艘、龙径糖厂码头 30 艘等，其他沿江村也有靠岸船，如绵良、黄枣、溪南坂、天宫、鹅山、利水、金色坂、银塘、玉兰等各有 20 艘左右，共约 545 艘连家船，疍民（船民）约有 3200 人。《华安县交通志》记载，1945 年，新圩、沙建、浦南水运企业，合并成立水上保，1947 年在水上保的基础上又成立"华安县船民工会"，当时有会员 107 人，此为水运企业的前身。1949 年，改水上保为水上村，之后又改"新码海员工会"、"沙码海员工会"。1952 年成立水上乡，1955 年成立船民协会，1960 年改为"地方国营华安县航运公司"。到八十年代初，新圩航运公司有 128 户，总人口 625 人，船民职工数 331 人，除住在船上外，分住在新圩、金山、溪南坂三处搞各种经营。沙建航运公司总户数 154 户 891 人，船民职工数 435 人，另有 81 人到外地工作（户口已迁出）[2]。随着陆路交通的发展，水运逐渐退出历史舞台，"上岸"后的渔民也开始了新的生活。县里早在九十年代末就规划建设新航、汰口两个居委会，统一安置船民。市政府也出台《关于"连家船"民上岸定居安置工作的会议纪要》，世代居住在连家船上的船民将整体上岸定居。船只由政府按每平方米水泥船 400 元、铁壳船和木质船 320 元，船上附属物每平方米按照好的 100 元、中的 70 元、差的 40 元给予补偿，同时由政府提供经济适用房或廉租房进行安置。连家船是一道独特的风景，即将消失，但连家船所承载的是厚重的历史，将载入史册。连家船的船民们曾经对北溪水运所做出的贡献，是应该永远铭记的。连家船作为一种文化记忆，更是应该得到保存和保护的。

二 大山里走出大航海家

2010 年，由于工作的关系，我第一次知道明代航海家王景弘是郑和下西洋的副手，当时福建省委宣传部要拍摄《郑和下西洋》，由马骁执导，罗嘉良、唐国强、杜雨露、于小慧及杜剑领衔主演。据省委宣传部文艺处魏处长说，这部电视剧要冲中宣部"五个一"工程奖，福州、长乐、泉州、厦门都力争作为联合拍摄单位。马导演曾向省领导建议"其实漳州最有资格，明代那时的厦门是个小渔村，挂上名很勉强，而王景弘是当时漳州府的人，漳州作为拍摄单位最合适"。后来，《郑和下西洋》获得第十一届"五个一"工程奖，省委宣传部、福州、长乐、泉州等获得组织奖，虽然漳州最终错过这次获奖机会，但我对从大山里走出的航海家王景弘在世界航海史上的杰出贡献和历史地位更加关注，并引以为荣。

《漳州府志》明确记"王景弘，集贤里香寮人"，也就是现在的漳平市赤水乡香寮村³。2012 年南京考古工作者在赛虹桥街道凤凰村发现"王景弘地券"的青石板，高 41 厘米、宽 40.8 厘米、厚 6 厘米，保存完整，上面字迹清晰。券文共 18 行、350 字，头尾分别以楷、篆两种字体题刻"高上后土皇地祇卖地券文"，专家由此推测，基本确定王景弘属鸡，出生于洪武二年（1369 年）⁴。永乐三年（1405）第一次下西洋时，他正好 37 岁。陈学霖先生在《明王景弘下西洋史事钩沉》一文中，推测王景弘应于正统二年（1437 年）逝世，其时他应为 68 岁。至于王景弘何时，为何离乡和何时离开老家并前往北京成为燕王朱棣的随从并得以重用，至今有待考证。

史学专家认为，王景弘是漳州府人，漳州人因以海为田，视渊若陵，久而成为习惯，故在明代东南沿海一带，善操舟航海者，多数皆漳州人。漳州人这种冒死犯禁、出洋贸易的习俗在明代的月港一带表现很是突出，正如明朝人冯璋所说："漳泉风俗，嗜利通番。今虽重以充军、处死之条，尚犹结党成风，造船出海，私相贸易，恬无畏惧"⁵。由此可以推断，王景弘从家乡漳平香寮村南下，经九龙江北溪，沿江过古道、古渡口，乘木船到月港沿海，再转道到南京。

王景弘走出大山必经之地的华安山峦重叠，地处闭塞山区，古时筑道者旨在县际之间求得担挑通过方便而已，为此仅是崎岖小径，素有"拂草求蹊"、"满途泥泞"之称。《华安县交通志》记载，有华崶至岭兜古道，此古道始建于宋，全长三十华里，石块铺筑，宽一至二米，每五华里曾建一凉亭，经龙凤坪、牛屎岭脚、云水溪桥（俗称温水溪桥）、葫芦丘、半岭亭、大弯底和崩头至新圩。这条路是华丰人力运输通往漳州、厦门的必经之路。至今还流传一首方言歌谣："翻山越岭三十里程，白天黑夜自在行，脚底踏出草鞋印，肩挑货担笑盈盈"。可见，王景弘和许多乡贤一样，正是沿此古道从大山走出，走向更广阔的人生舞台的。

据《宁洋县志·中官》（康熙三十一年版）记载："王景弘，集贤里人，明永乐间随太宗巡狩有拥立皇储功，恩赐嗣子王祯世袭南京锦衣卫正千户"。王景弘于洪武年间入宫为宦官，侍奉燕王朱棣。因在靖难之役中立下大功，深得朱棣赏识。所以，夺取帝位之后，朱棣要派船队下西洋的时候，除了郑和，想到的另一个最佳人选就是他。

王景弘与郑和一起率领船队下西洋是他一生的辉煌时期。《明英宗实录》1435 年载："请以各卫风快船四百艘作为战船，令都督陈政操江。上敕守备太监王景弘计议行之。"大明船队先后七次往返西洋，先后到达今天的越南、泰国、印度尼西亚、马来西亚、斯里兰卡、孟加拉、文莱、印度等东南亚各国，以及伊朗、沙特、也门等西亚国家，最远到达东非埃塞俄比亚等地。"云帆高张，昼夜星驰"，据船队同行者马欢在《瀛涯览胜》中有关第四次下西洋的记载，船队有 27670 人，其中官 868 人，包括正使太监 7 人、监承 5 人、少监 10 人、内使 53 人。1433 年 3 月，郑和在第七次下西洋中卒于印度古里后，王景弘成为整个船队的"总兵官"，并且在 1435 年独自率领船队完成第八次下西洋活动，这就是为什么王景弘在海外又被称为"总兵"的原因，创造了中国乃至世界航海史、外交史上的奇迹。明宣宗朱瞻基赞王景弘"昔时将命尔最忠"，并为其撰写长诗《赐太监王景弘诗》，诗录文如下：

> 南夷诸国蟠海中，海波险远迷西东。其人习性皆颛梦，浮深泳浅鱼鳖通。自昔不与中华通，维皇太祖天命隆。薄海内外咸响风，中兴功烈维太宗。泽及远迩如春融，明明皇考务笃恭。至仁怀绥靡不容，三圣相承盛德洪。日月所照悉服从，贡琛纳赞来无穷。昔时将命尔最忠，大船摩曳冯夷宫。驱役飞廉决鸿蒙，遍历岛屿凌巨筑。覃宣德意化崆峒，天地广大雨露浓。覆戴之内皆时雍，朕今嗣统临外邦。继志述事在朕躬，岛夷仰望纷喁喁。命尔奉使继前功，尔往抚谕敷朕衷。各使务善安田农，相与辑睦戒击攻。念尔行涉春与冬，作诗赐尔期尔庸。勉旃尔庸当益崇。

三　月港兴盛与北溪水运

明朝政府于隆庆元年（1567 年）批准福建巡抚涂泽民的建议，即"请开市舶，易私贩为公贩"。随即正式开放漳州月港为对外通商口岸，月港的地位得到了政府的确认，从此月港就正式作为我国东南沿海一个外贸港口迅速地繁荣起来，到万历年间（1573 ～ 1620 年）走向全盛。据《海澄县志》记载，中外商船"皆往漳州府海面地方私自驻扎"。月港"风回帆转，宝贿填舟，家家赛神，钟鼓响答，东北巨贾竞骛争弛"[6]。正德年间，当地"豪民私造巨舶，扬帆外国，交易射利"。到嘉靖末年（1506 ～ 1566 年），月港逐步发展成为福建最大的民间海外贸易港，私造的双桅过洋大船来往于暹罗、马六甲、日本、琉球等国"与番舶夷商贸贩方物"，葡萄牙、日本等国商船亦常常抵达月港门户浯屿、南澳等处"辄往贸易，禁之不可"。

月港兴盛促进了海外贸易。"船引"即为官方发给商民出海贸易的执照。起初仅有 50 份，万历三年（1575 年）增加到 100 份。"后以引数有限，而私贩者多，增至二百十引矣。"见录于张燮《东西洋考》的进口商品达 114 种。如此盛况，使月港扬名东西商港，"我穆庙时除贩夷之律，于是五方之贾，熙熙水国，刳舻艒，分市东西路。其捆载珍奇，故异物不足述，而所贸金钱，岁无虑数十万，公私并赖，其殆天子之南库也。"月港兴盛增加了进口关税。海外贸易以输出丝绸品换取白银为主，造成银钱内流。根据官方数字的统计，在此征收进口关税，初开禁时，月港的舶税仅三千多两，而万历四年（1576 年）"额至万金"，万历四十一年（1613 年），福建税银近六万两，而这年月港舶税逾三万五千两，占全省税银的大半。月港在世界大航海时代占有重要的历史地位，它的兴盛掀开了中国海外贸易史新的一页，在"海丝"时空链条中，月港的地位十分重要，影响深远。厦门大学杨国桢教授曾作过评价："在拉开全球经济一体化序幕的大航海时代，以漳州月港为起点的中国与东西洋贸易网络，为世界市场的形成和西方的兴起，做出过不可磨灭的贡献"。

月港兴盛带动了港口经济的发展。据遗址考察，明清时期月港设 7 个码头，"即饷馆码头、路头尾码头、箍行码头（又名中股码头）、容川码头、店仔码头、阿哥伯码头、溪尾码头"。有 7 个港市：县口市、港口市、旧桥市、新桥头市、芦沈港市、下尾街市、南门外市[7]。月港繁荣之后，带动了龙溪石码、浦头、东山等周边港口，商船四通八达，商业繁华兴盛，形成了九龙江口海湾和诏安湾地区两大经济繁荣带，漳州的商品市场因月港的兴起得到空前发展。从华安、漳平甚至江西境内，无数的货物顺着九龙江北溪，经上段水运在华丰中转，到达新圩古渡口，转用大船，沿江直达浦南码头，最终转运聚集月港，等待出洋。带着浓郁异国情调的商品同样云集于此，大米是当时进口货物之一，被称为"番米"。到月港的洋船，除货物外，大都同时运载大米，或多或少数量不等。到了明代后期，粮食和银元逐渐成为月港的主要进口货物。九龙江北溪的华安、龙岩山区，大批被砍伐的杉松木以木排流放，沿北溪顺流而下，一批造船高手聚集月港。当时建造一条大商船，所需的造价高，每年的维修费用几乎是造价的一半。造的船高大如楼，宽达 3 丈，长 10 多丈，载重数千担。船于每年北风起时出发，于第二年或第三年趁南风归航，于九、十月间，进行修船，做再次远行的准备。花费如此巨款打造商船的人被称为"舶主"，周边地区的农民纷纷到万商云集的月港从事体力劳动。"人市"上聚集了许多等待出卖劳力的"打工仔"，等待着被船主看中，在码头上当搬运工或上船打杂。由此可见，月港兴盛带动了北溪航运经济的发展，九龙江北溪水运也对月港对外货物贸易发挥了重要作用。

月港繁华促进了多元文化融合。顾炎武曾在《天下郡国利病书》一文中提到，明人通藩皆自漳州月港出洋，月港也因其繁盛之名被冠以小苏杭的称号。当时海上丝绸之路达到了前所未有的繁荣，为闽南文化与域外文化的传播和融合提供了很好的物质基础。闽南建筑、信俗、戏曲、歌谣等得到较大的传播。月港船民《送船歌》："风流总被雨打风吹去，彩船到水走如龙，鸣锣击鼓闹喧天"。它从水上人家宗教信仰的层面，反映了船民"行船走马三分命"的社会现实和以此祈求保佑平安的心态。建于明万历年间的晏海楼、建于明隆庆五年（1571 年）城隍庙，是月港的重要标志性建筑，豆巷家庙群、月溪公园、临江古街等历史建筑也是古月港繁华的见证。这时的漳州地区经济空前繁荣，九龙江沿岸的一些内河商埠也成为发达的商品集散地，如浦头港（今漳州市区盐鱼市）"鹭岛贾船咸萃于斯，四方百货之所从出"；石码埠（今龙海市石码镇）"贾肆星列，舟楫纷集"。此时期的瓷器文化得到极大弘扬，漳窑烧制技艺逐渐进入佳境。华安东溪窑所产瓷器便是从归德溪、永丰溪以平板小船装载，在九龙江西溪与平和、南靖等地的产品一并从水路运输，也有部分瓷器经北溪水运，由新圩古渡口转运抵达月港后实现对外输出的。根据《瓷器与东印度公司》一书的统计，仅荷兰东印度公司在 1602~1682 年就从中国运出 1600 万件瓷器。该书还具体地提到：1621~1632 年间，荷兰东印度公司曾三次在漳州收购瓷器，数量甚至达上万件[8]，这种情况下，漳州窑作为其中规模较大的窑址群体，保持着一股强盛的势头。漳窑曾作为朝廷贡品通过海上丝绸之路远销东南亚等国家和地区达 4 个世纪而不衰，近年南澳一号打捞 1 万多件瓷器，80% 是漳州窑瓷器，就是月港繁荣的有力佐证。漳州地区"蕃船客航聚集之地"所到之处，几乎兴建庙宇祀奉海神妈祖，祈求保护海船一帆风顺。随着贸易的发展，佛教、伊斯兰教、天主教、基督教等也相继渗入，成为今天"海丝"遗迹的重要佐证。

特别是菲律宾几乎是漳泉一带的闽南人，"很自然地把文化传播到那里，在语言、饮食、陶瓷、农业、印刷、雕刻、建筑等方面生产深刻的影响，如闽南方言对菲律宾国语——他加禄语的影响也比较大。"琉球国的方言、文艺、手工、建筑、陶瓷、宗教也受闽南地区影响，如日本学者中本正智所分析："琉球列岛是受福建以南为主体的南方文化的影响"。长崎"漳州寺"的创建均是两地文化传承与融合的很好体现。随着月港社会经济的发展，海丝文化、妈祖文化、漳窑文化、闽南建筑文化、民俗文化在此交相辉映。

四 "世遗名片"与北溪"五古丰登"

福建省有武夷山、福建土楼两张世界文化遗产名片，华安大地土楼群，包括"国保"二宜楼、南阳楼和东阳楼，2008年7月列入世界文化遗产名录。2012年10月，国家文物局发文，把漳州与其他8个城市一起纳入《中国世界文化遗产预备名单》，华安东溪窑遗址、龙海月港遗址、平和南胜窑遗址等三个海丝遗址列入申遗点，标志着漳州"海丝"申遗工作取得实质性的进展。如果申遗成功，华安将成为福建省唯一、全国少有的拥有两个世界性的文化品牌与旅游资源，世人关注度和发展潜力都是空前的，对于区域经济社会发展将产生重要而深远的影响。

对于土楼，特别是圆土楼，笔者情有独钟，从小就住在清嘉庆年代的圆土楼——隆兴楼里。20世纪90年代，由于工作需要，我还与县里申遗办的同志赴永定参观土楼，对方形、圆形、五角形、八角形、日字形、回字形、吊脚楼等多种土楼进行实地查看，一下子看了近100座土楼，最著名的有承启楼、振成楼、振福楼等，至今印象深刻，对福建土楼满票通过列入《世界遗产名录》感到自豪和欣慰。到市里工作后，对土楼的关注热情不减，拜读了黄汉民、谢重光、曾五岳等古建筑专家的《中国圆楼研究》、《漳州圆楼甲天下》等大作。土楼申遗成功后，还与曾老先生一起考察了新圩鹅山的鳌凤楼，高车的雨伞楼，高安的联春楼，上坪村的齐云楼、日新楼、升平楼等土楼，曾老还给土楼叫了好听的名字，土楼之母齐云楼、土楼之王二宜楼，土楼之仙雨伞楼，有感于曾老耄耋之年出版《土楼起源史研究》，我应邀写了篇序《自有知音后，忘年共琴箫》。

多姿多彩、多元文化交融的北溪文明，有封闭而神秘的方面，也有江海一样的开放和壮阔，悠远的历史文化积淀，使华安大地散布、遗存许多宝贵的物质和非物质文化遗产，典型的有古厝、古桥、古窑、古石刻、古书院等"五古丰登"，而且这些"五古"遗存，与漳州海丝有着紧密的联系。走进"五古"，也使人们记住了浓浓的乡愁。

华安古厝，最具代表性的是各具特色的土楼，现存才68幢，数量虽然不多，但是以其鲜明的地域特色与特殊的历史价值、艺术价值与科学价值，在福建土楼中占据特殊的不可替代的重要地位。二宜楼是华安闽南民系土楼的典型代表，是福建土楼的杰作，是中国传统民居的瑰宝，学术界公认有八大特点：环境最宜居、布局最独特、防卫最周密、外墙最厚实、设计最科学、壁画最丰富、保存最完整、国保最早列等[9]。其选址、造型、格局处处体现"天人合一"，神形兼备，其独特的形成与发展历程、建筑形式、工程技术和文化内涵。二宜楼建造者蒋士熊，始祖蒋景容在明嘉靖四十四年（1565年）因倭寇累患，海盗骚扰，由海澄（今龙海市）吾养山迁到大地村肇基。蒋士熊勤奋创业、经营致富，妻子魏颜娘，据传为"九龙三公"后裔，能持家操节、贤惠内助，婚后家道日旺，资财殷实，号称蒋百万。加之九龙江北溪自唐以来已成为闽西南交通要道，明朝月港繁荣，华安之瓷器已由北溪西溪外销。粮食、茶叶、坪山袖、柑橘、山珍也成大宗商品，蒋士熊祖先居海澄，经商之道相当稔熟，贩运就成为必然之举，因为华丰地为古圩集，又是北溪必经之道，蒋士熊早与官府有来往，加上其妻为华丰人，龙岩漳平之杉木干果可放排至华丰，厦门、漳州舟楫可到新圩，华丰新圩两码头就成蒋士熊用武之地，巨资由此而聚。所以，二宜楼的建造与月港海丝也有直接的密切的经济关系。

调查发现，华安具有百年以上历史、传统建筑风貌完整、选址和格局保持传统特色、具备非物质文化遗产活态传承的古村落有 21 个。2014 年夏，为了解古村落现状，我与市住建局、规划局、文广新局的同志，在县旅游局、文化局领导陪同下，深入被誉为"闽南小西藏"的福建省历史文化名村——马坑乡和春村。马坑乡政府、和春村委会很重视古村落保护，经过不懈努力，和春村被评为中国传统村落。和春村为闽南海拔最高的行政村，海拔 1030 米，这里云雾缭绕，青山环抱，风光旖旎，植物生态保存完好，名木古树和古宗祠及杜鹃花繁多，文化内涵丰富，自然景观奇特，是旅游避暑、艺术创作的好地方，闽南最美乡村之一。目前该村已发现的名木古树有 20 多棵，较名贵的有红豆杉、福建柏、罗汉松、桂花树、杉木、杜鹃花、茶树、杜英、含笑等 9 棵名树。还有 15 座古宗祠、5 座古土楼、3 座古庙、1 座古桥、1 座古悬棺等等景点。其中"安仁堂"楼后古宗祠，厅堂上的木雕、彩绘、壁画非常精美，特别是那 18 只精巧狮子，令人赞不绝口，难怪人们说和春安仁堂是宗祠之瑰宝。还有二房"崇源堂"宗祠，大房"崇远堂"宗祠、"龙兴堂"宗庙"等等，其建筑之精美、保护之完好、文化底蕴之深厚，有极高的研究与观赏价值。还有和春乡土民俗风情浓厚独特，每年农历二月初六的大宗祭祖和正月初十日或七月二十七日举行的邹应龙民间文化艺术节，为和春民间两大盛会，每当这两大盛会的到来，和春村民都穿上节日盛装，彩旗飘扬、红灯高挂、舞龙舞狮、鸣响铳、走古事、游龙艺、芗剧表演、锣鼓表演等等，举行各种活动，祈佑来年平安，五谷丰登，场面十分壮观有趣。谈到古村落，还要说说我的家乡利水村。利水古称"热水"（因江滨溪埔有许多温泉而得名），"二水"（九龙江与高层溪交汇）。九龙江蜿蜒南下，鹰厦铁路贯穿而过，设有利水火车停靠站。利水是龙岩、漳平到厦门、漳州的交通要道，有"一江两岸三通衢"之称。开基祖是上平郭氏四祖同生、隆生公。古庵已有百年历史，供奉观音、帝君、九指公等。利水圆楼建于清嘉庆辛酉年（1801 年）孟冬，有门匾记载确切纪年，占地近 3 亩，直径 50 米，有 25 间房，属单元式圆土楼，至今保存完好，有较高文物价值，正在申报县级文保单位。历史上，利水还有上楼、电山土楼、南坑土楼，莲花墟远近闻名。1968 年建成的大礼堂，面积近 1500 平方米，至今仍是村民活动场所。建有古庵戏台、廉政文化公园、阳光计生公园，是生态建设示范村。利水古村落主干道与九龙江平行蜿蜒而下，选址格局科学合理，依山傍水。村里有 485 年树龄的古樟树，450 年树龄的古榕树，还有数株百年古树。利水电站建成后拦坝形成千亩平湖，总库容 2656 万立方米，湖面总面积 120 万平方米（约1800 亩），2014 年第十五届省运会水上皮筏艇比赛在利水平湖基地举办。西面紧邻国有利水林场，北面是九龙江流域万亩生态林，水质清澈，超国家二类以上标准，天然温泉多处，水温高达 71℃，出水量大 4 升／秒。平湖四周青山环绕，山清水秀，白鹭成群，风景优美，是典型的"闽南水乡"。

华安古窑最著名的是漳窑，俗称"米窑"，被誉为海上丝路的奇葩，漳窑瓷釉面呈米黄色冰裂纹，有大开片、小开片之分，器型古朴大方，是中国民间一种特色陶瓷艺术。据《漳州杂记》记载："漳州瓷窑号东溪者，创始于前明，出品有瓶、炉、盘各种体式具备"。清末《闽产录异》也说："漳窑出漳州。明中叶始制白釉米色器，其纹如冰裂"。2015 年 12 月 8 日，厦门大学李金明教授在首届月港海丝文化论坛上强调指出："漳窑"、"漳州窑"是两个不同概念，"漳窑"就是华安东溪窑。"漳州窑"泛指九龙江水域的窑址群体，包括目前已发现的 25 处漳州地区明清时期窑址。1992 年，为界定漳州地区古窑址的内涵与性质，明确它在中国陶瓷史上的意义和地位而提出。其大宗产品是器足粘沙，具有"急就"风格，大量成为外销瓷的青花瓷器。"漳州窑"的代表性产品为青花开光大盘和五彩瓷器。"漳窑"特征为米黄釉开片，"纹如冰裂"。调查发现有秋叶玉兰纹"东溪"款青花大盘和"漳窑"典型产品"竹节炉"。采集的标本中，炉、瓿、瓶、罐、洗、盘、碗、盆、杯、勺、笔架、圆砚瓷塑等器型众多。产品中出现了大量的商号款，如"东玉"、"东兴"、"永和"是东溪窑特有的记号。"漳窑"纪年款传世品有：上海博物馆收藏的明代"成化年制"的释伽佛坐像、福建省博物馆收藏的明釉释迦佛立像"嘉靖三十五年（1557 年）制"、漳浦县博物馆收藏的清米黄釉小杯、明辟雍圆砚（六件）、山东兖州博物馆的明蟠螭纹花瓿"弘治十八年（1505 年）制"、聚粹阁收藏的明铺首狮耳尊"龙飞乙丑年四月吉日赛谢"（嘉靖四十四年，1565 年）、台湾鸿禧美术馆的明赵公明财神立像"开元寺"、"大明万历乙卯年（1615 年）"、"漳州同安县东门外东溪乡"、"信士林石氏百叩、闽南漳郡窑陈福成监制"等。在窑址发现的窑炉、作坊和村落遗址，还可以看出东溪窑当年千百水碓、漫野窑烟的盛景，属明中期至清晚期民间大型瓷窑窑厂，是我国东南沿海地区重要的外销瓷产地之一。窑址规模约 10 平方公里，主要集中在高安镇三洋村。华安此次申报世界文化遗产的 3 处窑址分别为马饭坑、上虾形和扫帚石。

华安古桥有石板桥和石拱桥，最长的 81、宽 4、跨径 6.6 米 7 孔。有的古桥桥面上筑有凉亭。有的古桥（石拱桥）改建为公路桥，为交通运输发挥了作用。据统计，全县有古桥 9 座，总长 163.5 米[10]。其主要古桥有：1. 状元桥，位于马坑乡福田村口，此桥为二条尺许宽石板横架，长二米半，宽不足一米，桥面铭文曰："信士马始哥奉舍钞二十两为亡姑祇荔四十娘早至界"。据查证为元至正五年（1345 年）所建，是华安境内现存的第一古桥。2. 上洋桥，位于高车乡高车村。此桥始建于清雍正年间。拱桥跨距 6 米，能通过机动车辆。靠桥左立碑，碑记云："清溪之上洋有桥焉。溪流发源自际头，由高车而汇流于斯。水势冲急，陡然浩激。至若滂沱碎涨，一川之阻，隔如千里，往来病涉者盖有年矣。时清雍正六年八月始建造之，越明年讫工。萦址于渊，鲫水为桥门二道，梁空以行。其长四十尺，丈有七尺之高，广制六尺。架梁之石板，各道三焉。靡金钱一百二十一千余。适夏季洪水，中柱及拱深纪，更为难其慎，抵厥告成。董其事者乃际头童仁山，童维壁暨诸子姓等。时会聚于此，阛视志云："上洋梁桥，往来络绎，西北通衢远通捷域。川流激湍，厉揭艰历；担肩负背，咳心丧魄，轸念显急，鸠工砌筑，巨材锁架，坚垒固壁；平葺其堤，联互其脉，赛不涉，蹴踏利迹，于已何功，仗众之力，桥功告成，勒之于铭"雍正七年（1728 年）十一月吉旦同立。

3.云水溪桥（俗称温水溪桥），位于县城南 4 公里的九龙江北溪重要支流云水溪出口处。此桥建于明嘉靖三十三年（1554 年），桥全长 81、宽 4 米，六墩七拱石桥。乔墩长 6.6、宽 2.3、2.5 米不等，中间两墩离水面 10 米，前锋呈舰首状，桥中心段有座"溪月亭"，供奉"观音菩萨"，桥面成徐阶状，两旁有石栏杆，栏杆柱头有十面体或雕有莲花，为园林式拱桥，是全福建省唯一的明式七孔条石砌成的石拱桥，是历史上闽西南的三大通道之一。《龙溪县志》记载：陈天定为之记云："云水桥于明嘉靖甲寅年（1554 年）由县民黄宗继募建"。华安、漳平、安溪等地商贾于清及民国时期曾多次集资维修，竖碑多座镌名号及献款数，碑已在新中国成立前毁。此桥于 1984 年列为县级文物保护单位。1990 年间再次拓宽省道 208 线云水溪桥时，将 440 多年历史的古文物石拱桥拆毁。与古桥同庚的平安寺，原来是一座土木结构的寺庙，寺内耸立一尊石雕如来佛祖，身高 2.08 米，腰围 2.08 米，体重 1.45 吨，右手垂直，左手平胸捧一石珠，是国家二级文物，是华安石雕文化的宝贵遗产，华安宗教发展的见证。4.流长桥（又称刘塘桥、流塘桥），位于良村西埔社尾，云水溪中段。此桥始建于明嘉靖年间。传系筑云水溪乔匠师之徒所建，为一墩两拱石桥，长 36 米，现改为公路桥。1979 年，桥两边各加宽 60 厘米，加厚 80 厘米。民国间《省民政厅各县、市名胜古迹调查报告》载："云水溪桥、流长桥，桥造于清道光年间，相传师徒两人，师造云水溪桥（在县治东南六里处），以生铁片填隔，取其锈而易塌也。徒造流长桥（复元乡良村），以碎石填隔，取其坚而耐久也。桥成，师怪其徒过于忠实，不留后日工作余地，师徒乃以跳崖竞技而毙徒"。5.真武公桥，位于良村良埔村圩底社口，为石拱桥。始建于明嘉靖四年（1525 年），侃庵黄公募众造，清雍正九年（1731 年）五世孙静轩公，次男祚重修，修造时有桥亭，上层供奉玄天上帝，现在仅存有桥的平面，可供人行通道，桥体是东西走向，总长度 21 米，阔 6 米，高 16 米。在桥东有天然石簇，五颜六色，面积约 200 平方米，俗称 18 罗汉，为真武公桥的一衬景。此外还有坪水桥，位于畲族钟姓聚居地坪水村。创建于清同治年间，长 7.5、高 2.5、宽 2 米，为单孔石桥，两端跨距为 4.35 米。水尾桥，位于马坑乡马坑村社尾。此桥建于元至正十四年（1354 年）桥长 21.5、宽 4.5 米，离水高度 9.5 米，为单孔石桥。原桥心有亭，内供一石佛。两端左右各竖雕龙石柱。龙柱、桥心亭、石佛已被毁，桥体尚坚固。当前特别要修缮好位于古村落中的石拱桥和廊桥，保护好这些古朴风貌的古桥、古桥碑，使之成为记载先人前进足迹的岁月见证。

华安古书院、古祠堂众多，彰显着历代人才辈出、文风鼎盛的荣耀。华山古称"花山"，花山书院始建于明末，现存清代风格。建筑由院门、围墙和三座建筑（忠义庙、方氏祖厝、孝裕堂）组成。忠义庙 1948 年于原址重建，作为书院。庙坐东南朝西北，单体建筑，砖木结构，单檐歇山顶，抬梁式结构，面阔三间，进深三间。方氏祖厝坐东南朝西北，为单体建筑，墙体由生土夯制，双坡顶，山墙直接承檩。孝裕堂坐西北朝东南，单体建筑，面阔三间，进深三间带前廊。传说当时有一年科举，十七个考生赴省城考试，结果十八人中举，原来是书童也偷偷报名参考，于是"十七考十八中"流传至今。

书院南边有石刻，"入夜不知暑至，长年坐看花生。雾作山留混沌，仙来俗启文明。"是书院学生方进为赞誉老师陈天定而做，像这样的明清石刻在村里还有完好保存十多处。超英书院（又称文昌书院），清光绪二十六年（1900年），由二十寨林沸川为首之乡绅倡建于仙都乡岩坂村蝶霰山文昌庙。境界清幽，远离尘嚣，为办学胜地。院宇仿祠堂格式而建，主体为一高耸平房，后有一列10余间房屋作为师生宿舍。正堂门楣挂院名金字大匾。二十寨民众送其子弟到此就学深造。清末生员林通浦、林仲谦曾长期在书院执教。该院在当时交通阻塞、文化落后的九龙江北溪地区，曾起了"开通风气"的作用。凌云书院，俗称义学。明嘉靖三十三年（1554年），由李捌才在今华丰镇下坂村玛瑙山（温水溪岭尾）所建，先后文人百出，科甲题名。祀朱熹配祀先儒陈淳、王东湖三位宋儒。书院教师一般由举人、贡生担任，且多有著述名人，南靖、长泰、漳码一带儒生纷纷慕名前来就学，书院有建立"讲会"制度，毁于"文革"，遗址尚存。

祠堂，又称家庙、家祠、宗祠，是宗族成员祭祀祖先的场所，明嘉靖以后，宗族祠堂开始迅速盛行。祠堂也是维系族人情感之所在，是族亲们商议族内事务、过年过节活动的会聚场所，祠堂也因此能够得到较好的保护和及时的维修，如丰山银塘村的赵氏宗祠等，构成闽南农村中一道奇特的风景线。赵氏宗祠在丰山银塘村。南宋后期，有称"太祖派"的宋太祖嫡系后裔，避兵入漳至此开基，其子孙即世代相传聚居于此。崇本堂即赵氏宗祠，明万历三十年（1602年）赵德懋建，祠坐西南向东北，面积750平方米，整座建筑为石砖木结构，是面阔三间二进悬山顶燕尾脊式的建筑，至今已经400多年了，依旧保存十分完整。由前厅、天井、两长廊和正堂组成。前厅大门挂"赵氏祖庙"额匾。正堂面阔三间、二进悬山顶。高挂"崇本堂"匾。走进宗祠，只见斗拱横梁等构件雕刻精细，图案丰富多彩，有香草龙纹、花鸟纹，装饰简繁有度，风格雍丽大方。堂内今尚藏有自宋沿袭至清的《赵氏族谱》七部，谱中既有文字记述，又有宋十八帝画像等图，还有许多名家墨迹。堂内还存有出土的赵德懋墓志铭。据赵氏族谱记载，赵氏族人还有一支迁到浙江的苍南，一支迁到莆田，在清朝时也有一支迁到台北，如今，赵氏宗祠成为重要的涉台文物，是赵氏家族的扎根地，成为漳台宗亲谒祖会亲的联络点，具有十分密切的涉台渊源关系。仙都镇先锋村凤凰山麓的仙亭与林氏祖祠群，南宋开禧年间（1205~1207年）始建，历代多次维修。由上、下亭组成，占地面积100平方米，坐西向南。上亭称"桃津宫"，建筑面积44.5平方米。砖木结构，砖砌墙，木构架，檐下斗拱出挑，重檐四角翘脊，中脊两端双龙相向，中置金葫芦。宫内四支梭柱正中施螺旋式藻井，设神坛，排列三尊仙母、一尊太保元帅。墙壁上有彩绘。宫门外施横栏杆，下台阶是埕院，右侧有一圆摸门和一"仙泉"水槽。下亭称"七宝殿"，供奉"神农古帝"，建筑面积66平方米，重檐歇山顶。殿中设坛置佛。四支圆柱，木构架，悬挂"七宝殿"木匾，系清代太学士官献瑶于清乾隆三十八年（1773年）题。仙亭保存有三架精工细雕饰金的"辇轿"和数十面的刺绣"蜈蚣旗"及钟、鼓各两个。

古石刻是先民有意识的对岩石进行有意义的刻画。内容涉及布告类、法律类、民间记事类、民俗类、宗教类等，许多是史前文化遗存，华安境内就有上百处，最著名的是国宝级单位华安仙字潭摩崖石刻。被民间传为神仙的笔迹，称"仙字"、"仙书"、"仙篆"，地名遂为"仙字潭"。石刻现存 50 多个符号，似字似画，形状奇特、大者长 74 厘米、宽 35 厘米；小者长 15 厘米、宽 9 厘米，分布范围约 200 平方米。仙字潭古石刻，清《漳州府志》、《龙溪县志》等书均有记载。1915 年，岭南大学黄仲琴教授到此考察后，撰写《汰溪古文》一文，始启"仙字潭"科学研究之门。他认为汰溪摩崖石刻"疑即古代兰雷民族所用，为爨字或苗文的一种"。今年是黄仲琴教授于 1915 年 8 月 27 日考察仙字潭摩崖石刻 100 周年，7 月 4 日，中国岩画学会年会在北京举行纪念活动，称之为中国岩画现代研究保护的始端。黄仲琴被评为"中国岩画现代研究保护者突出贡献十大人物"之一。华安仙字潭摩崖石刻是全省唯一入选中国岩画遗存地首批认证单位名单。1984 年《福建文博》第一期林蔚文《福建华安仙字潭摩崖石刻试考》，可通读为："（部落）二师（征）伐（敌）酋（首）俘伏（敌）酋（首）"。即在部落征伐越某一部落（氏族）的一次战斗记功石刻。可另有一些人却认为，石刻反映的是处于奴隶社会时期古越人庆贺收成、祭祀祖先的场面。同样的画面，却能读出差别迥异的解释，这正是仙字潭之神奇。华安古石刻著名的还有银塘杠潭口的龙潭摩崖石刻，北岸"龙潭"楷书，高 30、宽 25 厘米；"断石渔灯"，赵鲲飞举人书，0.2 米；"中流砥柱"紫绶楷书，仅 0.12 米见方；北岸最高处有"南无阿弥陀佛"，赵怀玉进士书，0.5 米见方；"九龙戏江处"，赵德懋举人书，行草，0.3 米见方；"江风山月"楷书，横幅 0.2 米见方；"月到风来"楷书，0.2 米见方，"潭影宜人心"草书，无落款。马坑乡的草仔山石刻，1984 年发现，刻在海拔 1000 米的天然石面上，图形高 0.54 米、宽 0.50 米，为两条既不相交又不相连的曲线，其间有一不规则的椭圆形，似蛇形。湖林乡的石井摩崖石刻，石刻幅高 1.67 米、宽 1.80 米，圆穴右边有一个类似动物的图像，右上方有 7 个似"天""王""不""一"字的图形和似骑动物者的图像。华丰湖底村石门坑的涡纹石刻，面积约 20 平方米。纹样右边是套在一起的蹄印纹，下边是 11 个较密集的蹄印，有的呈弧形，有的弧形下加一横，有的弧形另短凹槽将蹄分为两半。石块上方有一圆圈，右下方有形如奔跑羊形的石刻。有人认为是一幅蹄形岩画，也有人认为是涡纹石刻，据推测可能是史前石刻。在文稿落笔之前，县博物馆林艺谋馆长介绍，丰山古佛塔有很高文物价值，也是海丝的重要物证。调查发现，丰山龙径遗存有东西石塔，东塔坐东北朝西南，西塔坐北朝南。两塔相距 23.8 米，底部周长为 5.22 米，塔高 4.5 米，底部、中部均为正方形，为青色花岗岩经幢式七级结构，塔顶部四面均有浮雕佛像 1 尊，神态各异大小不一，腰部有石鼓、莲花坐，有浮雕双狮戏球等图案和花纹。初步断定该塔石基以上部分可追溯至宋元时期，为古时指引过往船只上岸礼拜佛寺的导航性标志性建筑，该石塔为研究华安以至漳州佛教历史渊源与雕刻艺术具有较大文物价值。此处为一处渡口，古时丰山民众乃至长泰民众在此登船，由九龙江水运，转道月港或漳州其他港口，下南洋，至台湾，东西古石塔正是民众走上海丝之路的历史见证。

最是乡愁道不尽，文学大师林语堂曾说，"我的家乡是天底下最好的地方"，故乡的山水也始终萦绕着每一个华安人的心。悠远的北溪文明，辉煌而神奇，犹如一部厚重的史书，需要我们去探寻、去发现，北溪文明与漳州海丝这一课题，更需要我们不断深入去研究、去解读，并以此将海丝文化发扬光大。

参考文献

1.《华安县志·交通篇》。

2.《华安县交通志·水运企业篇》。

3.《漳州府志·武勋》。

4.祁海宁、龚巨平:《王景弘,一位不能被忽视的伟大航海家》,《南京日报》2012 年 3 月 14 日。

5.李金明《闽南文化与漳州月港的兴衰》《南洋问题研究》2004 年第 3 期。

6.《海澄县志》卷 15《风土志》、《舆地志》。

7.《漳州市志》卷 5《港口码头·月港码头》。

8.钟武艺:《华安东溪窑和"漳窑"传世品》。

9.黄元德:《走进二宜楼》。

10.《华安县交通志·古桥篇》。

林武昌,漳州市互联网新闻中心主任、市委宣传部办公室主任、市委宣传部研究室主任。

浅析九龙江华安段在月港内河交通中所扮演的角色

——以内河"海丝"起点新圩古码头为例

林艺谋

[摘 要] 九龙江华安段绵延 147 公里。从元明至清中叶新圩、岭兜古码头的华安河段为华安海上"丝绸之路"重要史迹，是内河交通的始支点。海洋商贸发达，水运"从华丰入郡，朝发夕至"，当时华安县的前身龙溪县二十五都地的茶烘、仙都、升平、归德的姓氏族人和很多来自不同省分的商人出入，有力地促进华安海洋商贸的发展。

[关键词] 九龙江 华安段 茶瓷 月港 内河贸易

华安县位于漳州市北端，与芗城、长泰、南靖、安溪、漳平接壤，自古为龙溪县二十五都属地。清乾隆年间设县丞厅，道光年间设华丰分县，1928 年正式建县，地属九龙江北溪中游，是"海上丝绸之路"漳州史迹重要节点，文化积淀丰厚。明清时期，华安先民积极参与茶叶和瓷器贸易，其中内河新圩古码头为"海丝"起点的重中之重。明赵德懋《辟路记》以"……龙潭径路，往来络绎；四海通衢，万人过迹"，描绘华安临江古道（图一）。

一 地理形势和历史沿革

华安县地势较高，境内群峰嵯峨，有 V 型峡谷兀峰突起，雄踞于九龙江北溪上游。自古华安"八山一水一分田"，优质的气候土壤适宜垦植茶叶、烧造瓷器，享有"九龙山"、"茶磕"、"仙都茶米"、"龙潭"、"仙字潭"、"漳窑"、"东溪瓷"、"九龙璧"等雅名。九龙江干流北溪蜿蜒穿越华安县境 107 公里，是福建第二大江。上半段落差极大，奇峻险要，

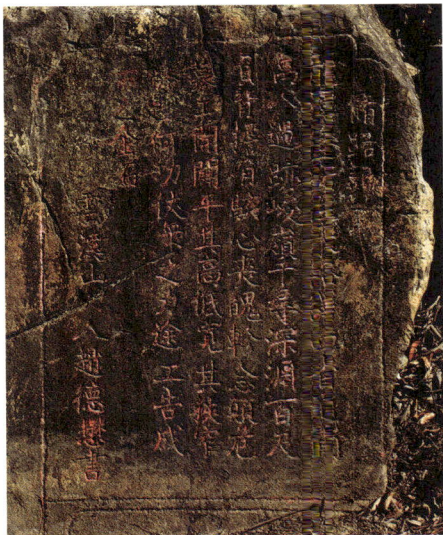

图一 明·赵德懋《修路记》勒石

滩濑遍布，奇石争雄，飞瀑长歌；下半段溪面开阔，缓谷漫流，碧水平沙，渔舟唱晚，号称"九龙小三峡"。宋代进士杨汝南用"江流如箭路如梯"描写华安水陆交通；明崇祯元年（1628年）和三年，地理学家徐霞客曾两次游历华安，在《闽游日记》留下水石胜景的优美篇章，称"从华丰入郡，朝发夕至"，北溪龙潭段"上下游舟次鳞集，熙攘者以此为最"（注：《龙溪县志·艺文志》）。这些溪流为东溪窑瓷器和"茶砫"、大坪、仙都乌龙茶叶等运输提供了极大的便利。东溪窑和永福窑、龙涓窑等瓷器即经由九龙江北溪、西溪，输往九龙江口漳州月港，再由此启程扬航东西洋，出口到世界各地（图二）。

西晋王朝时，华安县境地属晋安郡晋安县，南北朝梁天监中遂析晋安郡置南安郡。隋朝又割建安郡，即今龙海、长泰、华安及漳浦部分建立龙溪县。唐初福建分泉州（今福州）、丰州（今泉州）、建州（治今建瓯）3州，今漳州盘陀岭以北属丰州龙溪县。贞观初废丰州入泉州，龙溪县又隶属于泉州，故仙字潭峭壁间有"营头至九龙山南安县界"石刻楷书10字、字径6寸。唐垂拱二年（686年），武则天诏准陈元光建置漳州，领漳浦、怀恩2县，设州署于今云霄火田境内。华安原属龙溪县，而龙溪县唐武周（690~705年）属武荣州（今泉州），开元二十九年（741年）改属漳州，龙溪县故称泉南。唐天宝十年（751年）隶属岭南道，上元元年（760年）割属江南东道。时华安地广人稀，散居兰雷氏畲民和少量汉族先民。华安属地由潭内二十五都11个保，潭外二十三四都12保组成。漳州建制以后，华安一直归州属古龙溪县。《龙溪县志》载：清设保甲制，在乡村都下辖保。龙溪县设3隅3厢10都，共102图124保。乾隆十一

图二　光绪府志·名迹图之八——龙潭、马歧

年（1747 年），龙溪县丞厅移驻华丰设县丞衙门，又称华丰分县；民国后改称县佐；1928 年立华安县，治所设于华丰至今。

二 北溪华安段的历史地位

九龙江主流北溪是福建省最深入内陆腹地流程最长的河流，在漳州月港交通和军事方面极为重要，为"漳窑器"、乌龙名茶"茶烘""仙都"及竹木等转运的集散地，并通过新圩水路运销国内各地和东南亚国家。旧龙溪县华丰分县位于九龙汇北溪中游，罗溪以下有许多滩濑，落差都在 10 米以上，尤以二碛濑堪称绝险。经考察，茶（瓷）古道有茶烘（华丰）至岭兜（新圩码头），茶烘至仙都、安溪，石井至湖林及大坪（金德寮）至西陂，华丰至大官田，茶烘至福田、和春及永福，归德至塘边社、东溪头社、下樟渡、沙建圩渡、汰口码头，朝营至沙建圩渡或潭口等 10 多条。再由水路运至浦南、月港（经石码，出海澄）、厦门，由金门驶向台湾或者广东、潮州等地和日本、苏门答腊、爪哇等港埠转销。时收购附近山地茶担和瓷器的华封市集，"每年的商税就有银五百多两"。故"茶烘"、"仙都乌龙茶"、"北溪陶瓷"、"东溪窑"成为地方代名词，"斤茶可换斤金"、"白釉米色器"于闽南家喻户晓。

1. 华安北溪河段的繁荣得益于月港的海外贸易

陈天定《北溪纪胜》称："大抵龙潭地处十字之中，直者为江，驾庐北入，可上宁洋（今漳平县双洋）；放掉南下，即抵海澄。横者为陆，西列峰通于南靖；徂东平畴，便驰长泰。……属溪（龙溪县）之廿五都（华安）。上由永安，北趋浦城，出仙霞。西赴邵（邵武府）、汀（汀州府），出光泽，南走天兴。每军兴，由龙潭掠丹以发。……炉伴（今吴贯）有二道通漳平，安溪（泉州属县）。……浦口（即浦咀口或叫浦仔脚）……北连华封（今华安县城），南倚炉伴，东负龙涓（安溪县境）。……然舟车所通，北翕江浙，南梯粤东。"（注：《龙溪县志·艺文志》）可见北溪与漳州月港的交通，延展地区非常广袤。

据《龙溪县志·职官志》，陈天定是明天启五年（1625 年）进士，他居官前后曾多次考察北溪，作《北溪纪胜》。文中提到的天兴，是郑成功在台湾建立承天府的一个属县。文章虽多谈军事形势，但知北溪是清朝对郑成功用兵的一条道路。而此路滩险潭深，是前明商旅常行之道，如"漳之纱绢……无日不走分水岭及浦城小关，下吴越如流水。"[注：王世懋《闽部疏》。王世懋（1536~1588 年）字敬美，别号麟州，时称少美，汉族，江苏太仓人。嘉靖进士，累官至太常少卿，是明代文学家、史学家王世贞之弟，好学善诗文，著述颇富，而才气名声亚于其兄] 从北溪去的明代月港商人，利用此路运输货物。

2. 北溪对月港与国内交通运输至关重要

从月港发船，乘涨潮循南港西上三叉河，向西北进入北溪。溯北溪上行郭坑，有一水从安溪龙涓经长泰县坊洋、岩溪、县城来会，溪船可溯流上岩溪，陆行经坊洋入安溪县，又循北溪上溯，经浦南、潭口进入龙潭，其中经炉伴、到浦口之上，下溪船可畅通。从华封（安）以上至漳平、宁洋，改用薄木板制造的上溪船航行。舍舟陆行，从"宁洋北有坑源隘道出永安"，接"永安有林田隘道出宁洋"。[注：清张廷玉《明史稿·福建宁洋县和永安县条》。张廷玉（1672~1755 年）。清代文臣，字衡臣，号砚斋，安徽桐城人。清康熙时任刑部左侍郎，雍正帝时曾任礼部尚书、户部尚书、吏部尚书、保和殿大学士（内阁首辅）、首席军机大臣等职。康熙末年，整治松弛的吏治，后又完善军机制度。先后任《亲征平定朔北方略》纂修官，《省方盛典》《清圣祖实录》副总裁官，《明史》《四朝国史》《大清会典》《世宗实录》总裁官。死后谥号"文和"，配享太庙，是整个清朝唯一一个配享太庙的汉臣。] 只两天行程，可到永安县城。船从闽江上源沙溪的中游永安溯沙溪而上，经清流可到宁化。从宁化向南陆行，两天即到我省出江西省的要冲汀州，西出瑞金可达赣州，北趋抚州。从永安下沙溪，经沙县可到延平府（今南平市）。

从延平溯闽江上源建溪北上，到建宁府（今建瓯县），再上溯至丰乐，入向北支流南浦溪，直上浦城。舍舟陆行，逾仙霞关出浙江省，经衢州，放棹富春江达杭州。从丰乐西入支流崇阳溪，经建阳到崇安，逾分水关，出江西省。再从延平西南沙溪口西入闽江支流富屯溪溯江而上，经顺昌达邵武、光泽，越过杉关，可出江西、下抚州。由江西赣江、抚河和信江下鄱阳、出长江，畅通湖广至中原各地。从浙江杭州接运河，可通我国东部北方各省，而直达北京。因此北京京货、北方药材、苏杭绸缎、湖嘉生丝、江西景德镇瓷器、江右苎和麻苎布、四川蜀锦，以及我省福延铁、顺昌纸等，部分从闽北商路运到月港出海贩洋。明李鼎《李长卿集》写道："燕赵、秦、晋、齐、梁、江、淮之货，日夜商贩而南；蛮海、闽、广、豫章、楚、瓯越、新安之货，日夜商贩而北。"

九龙江北溪和南溪、西溪支流都通月港而汇于海，又深入福建省内陆腹地。特别是北溪与闽江支流沙溪中游相近，联络方便。利用沙溪通闽江上源三溪，使月港的交通运输网遍及闽南、闽西、闽中、闽北，远及于粤、赣、浙省和国内各地，将洋货运销各地，又将各地物产运进月港，以贩东西洋，使月港成为"夷艘鳞集、人烟辐辏"，五方贾客云集的对外贸易港。

3.“海丝”起点华安新圩古码头贯通月港内河

华安新圩古码头位于九龙江北溪沿岸新圩镇，是龙岩、漳平、安溪等地货运客运往来厦门、漳州的熙攘必经之路，素有"小月港"之称。从前由古码头至芗城浦南全长 47 公里，为省属六级航道。明清时期，上下游茶叶、瓷器等物品都要用肩挑进出古码头和古渡口，再通过木帆船运出。《华安县志》载："据传唐代开始，仙都、茶烘（华丰）、珍山（今湖林）已有产茶。"当时华安有上万名华侨，旅居安南交趾（现越南）、暹罗（现泰国）、印尼、新加坡、菲律宾、美国、德国、日本等国家。随华安先民迁徙的庙宇分炉今已对接：台湾的庙宇有嘉义县布袋镇崇拜的九龙三公（嘉义庙），嘉义市的玄天上帝庙，台北县中和市的董将军庙；分炉印尼的都统舍人公等等（图三）。

宋元以降，明清两朝由于东溪窑、磜头窑、下垅窑、东坡窑、绵治窑、华山窑、官畲窑、吉土窑及龙涓窑、永福窑的瓷器和珍山（湖林）大坪乌龙茶及仙都茶叶闻名遐迩。大批量茶叶、瓷器经由茶烘（现华丰）肩挑至新圩古榕渡口，免检就可外运出口，茶叶、瓷器作为家乡特产，由华侨带出传至南洋，而名扬海内外。光绪十四年（1888 年）十一月初五日，漳州府立碑于岭兜古渡口（今竖立在红旗山电厂道旁）《钦加二品衔署理福建等处都转盐运使、司盐法道加十级纪录十次司徒为》（纵 174、横 69、厚 15 厘米）释文：

图三　新圩古港湾

出示严禁事，据石码课厘局委员详称，案据龙岩帮、（漳）平、宁（洋）帮代商林、黄经禀称，窃经承办龙岩平宁帮务，悉照旧章请照，载盐到码驳换小船转运各埠销售，此项小船向由各帮发本置造，各帮门领舵工水手俱由帮自雇，免致贻误配运，恐地方衙门兼充例差，历经各前商于嘉庆、道光年间禀蒙示禁，同治四年龙漳郡被匪，大兵云集，不论何项船只均听差使，亦经前商禀请慎重课运，蒙前督宪台批准，盐船免供官差。迨后，日久弊生，粤甲巡差，每藉封差为名，常时勒索，同治十一年间复经前商禀请，前运宪裕批准给示严禁各在案，迄今历有年所，前贴示谕为风雨剥蚀，字迹无存，近来差役等故智复萌，遇有封差之事，辄与盐船为警，藉公勒索，故意刁难，甚有船已装盐或载至半途被其扣留，阻扰种种，为害莫可尽言，实于运务大有窒碍，况沿溪一带，向有渡船充当官差，今该粤甲巡差等应当差船，则得贿卖放禁封盐船，则反被勒索，若不重申禁令，势必贻误配运课。叹民生关非浅鲜，历情禀乞，转详示谕，俾得勒石永禁，并乞檄饬地方官从严谕止等情。据此查此案业经卑前局员据情详请，前宪台批准示禁，饬遵在案。兹据该代商禀称，前情应请循章准予勒石示禁，并檄饬地方官从严禁止，庶课运得免贻误，理合据情详请察核示遵，实为公便等由到道据此查商人承办盐务上供国课，下济民食，全赖船只辗转转运以资接济，该处盘驳小船系由商捐资置造，名为门领，以备该帮轮运盐觔，向准免充例差节，经各前道出示严禁在案，岂容粤甲巡差人等日久弊生，藉差封留贻误课运，兹据前由，除给示严禁，并分札饬遵外合行出示严禁，为此示仰该处粤甲巡差人等知悉，须知商设门领盘驳小船，专为轮运课盐，不得藉差勒封致误课运。自示之后，倘敢故违，仍有勒封滋扰情事，一经该商禀控，定行饬拿究办，决不姑宽，各宜凛遵，毋违，特示。　光绪十四年十一月初五日给。

元明时期，黄枣洲的饶金川发展北溪航运而成巨富，其后裔饶子周承祖业并荫及女婿黄宗继成为明中叶的段美谈，义士黄宗继的善举被载入《福建省志》、《漳州府志》、《龙溪县志》。清朝初期，江夏黄氏也在九龙江开办航运，早期主要在九龙江西溪，通过停靠于漳州龙眼营、洋老洲一带的帆航营运农副产品。清中晚期，黄氏"圆窗派"四甲、八甲宗支向九龙江北溪发展货运，有众多帆船来往于龙海石美、芗城浦南、华安新圩航线营运瓷器、茶叶。据漳州市芗城区《交通志》载："浦南镇"境内北溪航道，起白金沙村 713 油库至浦南蓬洲，长 19.7 公里，处于九龙江北溪下游航道。该处江面开阔，有 400~500 米，水流平稳。"清末民初，北溪华安新圩、沙建等各港口木帆船有 100 多艘，1948 年有 168 艘，年货运量约 1.10 万吨。新中国成立初期多达 250 多艘，其中新圩港 72 艘，航行新圩—浦南—石码航线，客货兼营；沙建港 99 艘，航行沙建汰口—浦南—石码航线，以货为主，年货运里 8 千吨至 1 万吨。1953 ～ 1956 年兴建漳州机场和鹰厦铁路，每日运输木帆船多达 500 多艘，如今仅存历史遗迹。又在丰山龙径尚存"东西石佛塔"（丰山镇龙径村龙径糖厂西面 200 米·宋元时期），东塔坐东北朝西南，西塔坐北朝南。两塔相距 23.8 米，底部周长为 5.22 米，塔高 4.5 米，底部、中部均为正方形。为青色花岗岩经幢式七级结构，塔顶部四面均有浮雕佛像 1 尊，神态各异大小不一，腰部有石鼓、莲花坐，有浮雕双狮戏球等图案和花纹。初步断定该塔石基以上部分可追溯至宋元时期，为古时指引过往船只上岸礼拜佛寺的导航性标志性建筑，该石塔为研究华安以至漳州佛教历史渊源与雕刻艺术具有较大文物价值。此处为一处渡口，古时丰山镇民众乃至长泰县民众在此渡船下南洋、至台湾，水路皆经过此处石塔，作为一处涉台文物，该石塔对研究闽台渊源提供一定的参考资料（图四、图五）。

图四　新圩古码头的连家货船

图五　新圩古码头的补给修船坞

三　月港内河交通华安段扮演角色

元至明中叶，地属华安山尖乡龙仔保的古代新圩、岭兜古码头的华安河段为华安海上"丝绸之路"重要史迹。海洋商贸发达，水运"从华丰入郡，朝发夕至"。当时的茶烘，有很多来自不同省份的商人出入，有力地促进华安海洋商贸的发展。

月港属于漳州府海澄县辖区，《嘉靖平倭通录》有"闽人通番，皆自漳州月港出洋"，明万历《神宗实录》有"闽人贩海为生，旧俱由海澄出洋，兴贩东西洋诸岛"，玥天启《熹宗实录》有"洋商聚于海澄"等记载。明中后期，漳州月港成了海商走私的港埠，番舶"皆往福建漳州海面地方，私自行商。"（《明史》卷三二五）"诸国的商船，其船主、水手皆漳州府人。"（《华夷通商考》卷二），形成"利归于闽，而广之市井皆萧然"的热闹现象。

新圩至月港长76公里，往返的木船日以数百计算。明中叶至清初，古龙溪县二十五都华安生产的大量瓷器、茶叶和农副产品经此水运海内外，带回的历史文化信息量和往返客商对新圩古码头作用是难于估量的。每日停泊于新圩、岭兜古码头的各式木帆船达30艘以上。民国《华安县志·交通》（卷十二）载："本邑交道，以航路为先，今考上达漳平路，航程一百二十里，往来民船约五十余艘，船期不定。下通浦南路，航程七十里，往来民船约六十余艘，船期往逢三、八、四、九日，来逢五、十日，汰内路航程十五里。"

饶子周是明代中叶善于经营水上运输船只而称雄于北溪河道的邦主，过人称之"饶百万"。嘉靖年间，其婿黄宗继承他的产业之后既有开仓施赈又有捐银修桥而名噪一时。据万历《漳州府志》称：万历三十九年（1611年），漳州知府闵梦德实行计口售盐，"龙溪之二十五都人烟稍众量定一千二百包，通计新旧难似加增，而实裁万二千余包，与其阴从之以蠹法何如明宽之，以惠民乎"；茶烘市"每年的商税就有银五百多两。"随着人口增多和经济发展，明廷为加强对归德溪出入口的管理，于九龙江畔今芗城浦南镇与华安县丰山镇、龙文区交会处的香洲渡设税课局收税。嘉靖《龙溪县志》、万历《漳州府志》均载："香洲税课局岁办各色课钞三千九十八锭四贯三百文，……窑冶钞一百四十八锭三贯三百四十文，……窑冶钞加一十二锭一贯八百二十文。"说明龙溪县香洲税课早就对出口窑冶瓷器等收税，至少在嘉万年间，从华安出口的永福窑、安溪窑和华安东溪窑瓷器为数不少，均由内河船运抵月港对销。

1. 水路交通枢纽新圩古码头

宋元至明中叶，新圩古码头及九龙江沿岸各分渡尤为繁荣，一些日常生活用品都需经过此地中转，是北溪上游沿岸各地通往海外惟一水运线路，成为闽正南重要交通枢纽之一。新圩是九龙江冲积地，适合航运与船舶停靠。据清乾隆《龙溪县志》、《漳平县志》载：自唐朝初期刘珠成、刘珠华、刘珠福三兄弟，开发九龙江北溪航道，就有排筏和船舶运输。此后，又经陈、刘、杨、林、饶、欧阳、尖（占）、赵、李、唐、吴、黄、郭、郑等姓氏先民在九龙江疏浚河道，开办商贸航运，造就了明代华安海洋商贸的繁荣景象，明万历《漳州府志·赋役·盐法》（卷九）考称："龙溪之二十五都既定有包额则埠头之税不宜异同且华圩盐税每年几及千金。"古时龙岩的永福、漳平，乃至安溪、华安民众行水路迁徙至南洋、金门、台湾皆从此码头（渡口）上船。古代北溪华安段，这是一段黄金贸易路线，也是姓氏侨民迁徙的便捷路线。例如：我国历史上伟大的航海家、外交家、军事家、明宦官王景弘（漳平市赤水镇香寮村许家山村人）等皆由此上船。清朝中后期各地商贩闻风迁移新圩盖房设栈，原黄枣圩商店、客栈和纸行等各种行业，纷纷迁此临江边坡地建成交易农贸市场，时有"茶砧无青茶、新圩无旧货"之俚语，故名"新圩"。

九龙江北溪河道航运华安起点站"新圩古渡"在新圩村境内，全长20多公里。从黄枣小港至枪砼一段，天然形成了一段开阔的桃圆形河面。河中有一小岛状如鲤鱼，河面宽，河道深，自然形成渡口，船只于此停留过渡，故称"鲤鱼滩"。古谚语云："下了鲤鱼滩，方得客心安。"岸上有一千年古榕盘根错节，枝繁叶茂，树冠覆盖整个渡口，因此称"古榕渡"，并习称"新圩古渡口"为"新圩码头"。新圩古街长200米，宽3米，卵石、条石铺垫路面，两侧既有闽南特色骑楼、店窗，又有山区半壁街道。山岭环绕，舟楫穿梭，充满商业生机，写下"百年老店今犹在，少有商贾颂传奇"（图六）。

新圩古街保存较为完好的部分为妈祖宫前一条竖街（现改胜利路），长约54.3米，宽约27.8米，北向12座，南向8座，红砖砌墙，居住30多户居民或农户。两侧是两排砖混结构3层骑楼式建筑，楼房1开间进深3间，俗称"竹竿厝"，一层为旧店铺。另有一条横街（现改长安路），同样建两排砖混结构骑楼式2层楼房，居住20多户，周边有新圩、农科2个村民小组，今共有400余人，简称"新圩底"。从东至西依序为旅馆、米店、钟表店、食杂店、饭店、药铺、布店、打铁店、茶水店、裁缝店、陶瓷农产品铺、香纸铺、竹器草席铺、盐馆等。有早期来自（安溪）王氏、吴氏、冯氏、陈氏、叶氏，（仙都）苏氏、林氏、汤氏、刘氏、郑氏，（良村）庄氏、黄氏，（高车、马坑）邹氏、童氏（华丰）李氏、杨氏和饶氏等16姓在新圩底谋生发展（图七、图八）。

新圩古渡口自古水上运输繁荣，人们日常生活用品，如盐、海产、布料、糕点等，都通过水上运输由厦门、漳州、石码逆江而上经新圩销往各地。而安溪（龙涓、祥华一带）、龙岩、漳平、宁洋等地货物，华安竹、木、炭、茶叶、瓷器及其他山珍、土特产等，也由新圩古渡口运往漳州、石码、厦门再转道南洋、台湾等地，形成新圩至浦南全程47公里的黄金水道，以及沟通闽西南的交通咽喉。这一历史悠久的小市镇，或称"码头"和"竹筒圩"，圩期为一、三、六、八日，以贸易大米为主，称"粜米街仔"、"华安米市"；出口货物还有木材、毛竹、陶瓷、草席和乌龙茶等。

大批华安祖辈们亦经此漂洋过海、垦荒拓土，是一处涉侨、涉台文物点，对研究华安海外史和闽台渊源提供重要的依据。历史虽让古码头和古分渡口沉静下来，但然而新生古瓷器遗迹和华安茶叶并没有因此尘封大山。随着鹰厦铁路贯通华安全境，以及省道西港线华安段相继开通，文化传承发展中的华安茶叶从水运转为陆运，从小码头（或渡头）、小滩头转为大港口、大海湾，依然漂洋过海、香溢全球。

2. 探寻北溪航线遗踪

九龙江北溪纵贯华安境内长107公里，沿途经过1镇4乡22行政村，

图六　新圩旧街道一景

全程分为上、中、下 3 段。上段始于
与漳平交界处小杞至城关 37 公里；
中段始于华安城关至新圩长 23 公里；
下段始于新圩至丰山（碇头）、碧溪（对
面即浦南），全长 47 公里。航道中
多处险滩急流蜿蜒曲折、礁石纵横，
滩濑落差大、水流湍急。新中国成立
前由于未能得到有效地整治和疏浚，
经常发生航行和放排事故。上、中两
段有"纸船铁舟代公"之称，船只过
险滩要互助，遇浅滩要搬货，逆水要
下船拉牵，放排工人随时有遇险水葬
的危险，故有"放排、放排，有尸无
埋，有神主无墓牌"的顺口溜流传。
全县有渡口 25 处和西陂、华丰松坂头、
草坂、金山、枪空、新圩、沙建、建
美（柑橘厂）、汰口、丰山、浦口、
龙径等 12 个小码（渡）头。

图七　新圩旧店铺之一

图八　新圩旧店铺之二

　　上段航道属于支农航线，长 37
公里，河面宽 60 ~ 80 米不等，上宽下窄，河床多处属砂夹卵石，也有几个连片岩层，
急流险滩暗礁计有 15 处。此段航道在新中国成立前是宁洋、漳平、闽西纸张、木料及
其他土特产品进入华安转运漳州、厦门的主要水上通道。但因航道险，只能行驶 2 ~ 3
吨的木制尖头船，木排放运时也捎带一些竹木制品。上段水运货运主要为梭仔船。从
龙岩、漳平、宁洋等地运出货物以纸、笋干为大宗货物，石灰、香菇、松香、茶饼次之；
运入货物以食盐、煤油、棉布、食糖及工业品、日用百货为主。松坂头为上段最繁荣
的小商埠，每日有 20 ~ 30 只船停靠装卸货物。

　　中段是九龙江北溪流经境内最复杂、弯曲、狭窄的一段。其中城关坝下至岭兜 20
公里，河床为砂夹卵石，两岸岩石壁立，流水落差 54 米，有险滩 28 处。中段水运仅
通木排不通船只，而且只能放小五排。放排工人来自罗溪、赤溪、福里、下坂、华丰
等地，抗战时期有 100 多人从事排运，1940 年自发组织工会。正常年景放运一排工资，
可买到 60 ~ 80 斤大米。

　　下段新圩至碧溪长 47 公里，经过 3 乡 16 行政村，为省属六级航道，1962 年省航
管部门委托县交通局代管。此段河面宽阔，一般 250 ~ 300 米，最宽达 500 米，河床
为砂夹卵石。汰口以下地势较平坦，水位较浅，流速较缓慢，泥沙易于淤积，堤岸易
崩塌，航槽不稳。枯水季节因水浅不便通航达 23 处，总长 2795 米，是县内排运、船
运最繁荣的航段。

　　3. 船舶客货运和航线渡口

　　华安地处偏僻山区，交通不便，运输量不大，习惯于客货混载。古代圩往下的船

舶货运运出的以纸、茶叶、陶瓷和竹木为大宗,运进主要是工业品。从新圩往下称为"渡",并有纸渡和透渡之分。纸渡系资本家经营,以载纸为主,逢农历一、六俗称"礼拜船",逢三、八俗称"圩船",由新圩开往浦南,一般不受季节影响;透渡为个人经营,每10天1个航次,每年三、四、五、六月份,是货物稀少的淡季或停运,年货运周转量仅11万吨公里。

华安沿江渡口的摆渡,多数属农村渡口,服务于农业。在北溪沿线,从北往南分布有湖林乡西陂渡,华丰镇绵良、华丰、下坂、赤溪、罗溪渡,新圩镇金山、和尚山、岭兜(红旗山)、黄枣、溪南坂、天宫渡,沙建镇利水、下樟、金色坂、沙建、建美、龙格坂渡、汰口,丰山镇潭口、银塘、湖坪、后壁沟、龙径、浦西、玉兰、碧溪、和睦村渡等。在渡船方面,利水以北均为松木渡船,尖头,长10—12米;利水以南为杉木制成,平头,长8～10米。渡工操作工具每船有杉木桨2支,尾舵及竹篙助航。

4. 水路运输工具

古华安交通主要靠水运,自唐初刘氏三兄弟开发九龙江北溪航道,就有排筏和船只运输。以前运输船只一直很简陋,如新圩船装配竹制斜篷,后才配备风帆,以木桨、木舵、竹篙为助航工具。

排筏流放是古代华安县木、竹输出的传统方式,适用于九龙江北溪主支河道。排筏以杉、松、杂木为主,分成大排和小五排2种。大排长20～30米,以3～4组纵排的原木,再用4～5根原木横扎并成,连接用的扎索一般用山藤或竹篾制成。排前安梢、排后装舵,并配有木桨、竹篙助航。每排可放运20～30立方米原木,2～3人操作。仅适应于北溪上段和下段。中段华丰至岭兜,需将大排改装成小五排,一般宽为2米,二节长8米左右,整个木排约4～5立方米(小水位时3立方米左右),由2～3人操作,放至岭兜后,将5个小排再组编成大排。整个中段水路即由华丰至新圩23公里,水位高时放运排筏只需半天可到达,水位低时则要1天;排筏过滩时漩滚直下,放排工人需在排上立柱结绳(叫生命藤)手撑梢,然后脱光衣服,过舢公濑后再穿上。在上港、下港滩、响雷港等几处最危险,过程紧张万状,经常发生排散人亡事故。木竹排筏本身既是货物,又是运输工具。在排筏上,可捎带木板、木器、木炭等物,竹筏每次可运2000支,小的500支左右,放运扎绑方法与木排相似。

船舶运输的木帆船体长18米左右,宽2.9～3.1米不等,平底,船头及尾部翘起,装配有船下行滩濑时摆正航行方向的头梢,尾部装木舵并配有竹篙、木桨、桅杆(杉木长12米左右)、风帆篷(又称斜篷,用竹篾、竹叶编成,数片连接而成);船上有遮篷(用木支架、竹叶与竹篾为板成弯形)安放在船体上方,全篷分5节,为可互相套叠拉前拖后,既是住家船又是载货船。船只载货10～12吨,满载吃水深度为65厘米,空船吃水深度25～30厘米。静水航行以桨、竹篙、风帆助航,急流险滩或转弯时,则用头梢和后舵。每次必须有3个以上劳力。上行时主要是风力扬帆,上滩濑需用麻绳或竹丝编成的拉索靠人力拉牵。

梭仔船又称尖头船,木质结构,船体长10～12米,宽2.2～2.5米。头尾成尖形并翘起,满载货物2～3吨,吃水深度35～50厘米,空船吃水深度为15～25厘米,无桅杆,船上配有木桨尾舵、竹篙,顺水下行以木桨、竹篙助航;逆水行驶则以竹篙、人力拉牵助航。小型手头船仅在渡口与梭仔船配合使用，木质船体，船长 6 ~ 10 米，宽 1.5 ~ 2 米，配有木桨、尾舵和竹篙，为了船工遮日避雨，尾部船工操作部位装有简易的竹篷。

四　华安茶叶栽培与贸易历史

据考证，我国最早以茶制药的是古越族。而华安先民闽越族是古越族中的一支，自古就有采摘野生茶树之叶做简单煎炒、以茶代药的传统，故古华安人俗称"硐茶"，又称"唐茶"。

华安县茶叶栽培历史悠久，据传始于唐代。但笔者认为，应在唐朝晚期较为确切。到了宋代，华安东北部山区乡民才普及种植茶树，并铺设驴仔岭等段古茶叶贸易的石磴道。正德《大明漳州府志》载有"茶磴"地名，是官方最早将华安属地写成"茶磴"，至今已有 500 年历史。时仙都、良村、湖林及华丰、新圩一部分村社，已有产茶并自销，故下限应在元末明初。此时《仙都山歌》《采茶歌》吟唱盛行，部分茶商来自安溪县。县城华蚪有称"茶烘"的习惯叫法，时《张睿轩制茶诀》有"梗红三分二叶红丝边""斤茶可换斤金"传诵。

经推算，仙都茶叶栽培距今已有 700 多年历史。明嘉靖二十五年（1546 年），林氏第十世尊岩（谥景庵），任府吏员时变卖田产，去日本国经纪瓷器和茶米。清康熙四十年（1770 年），仙都林氏宗鲁公第十六世孙龙溪贡生林登洲（1669 年~？）俗称"四角坵公"，娶妻刘氏、陈氏，生 9 子。他秉承祖业，在中圳三脚众、楼底建茶馆制作种仔茶；中年到漳州、广东及南洋等地经营茶叶、瓷器生意，并得贵财和 14 担银粉。他机智地避过贼劫，成为当时的富翁，并在漳州道衙旁创建宗祠"追远堂"、"穀贻堂"，销售仙都、安溪和武夷茶叶以奖励后代求学上进者。据记载，早在 300 年前，仙都就有茶园 4000 亩以上，产量 75 吨左右。17 世纪初，中圳村部分农民移居岩乾、仙都寨仔山、燕尾顶、芋仔底和马头仔，又开茶园 500 亩。清乾隆十八年（1753 年），珍山保（今湖林乡）大坪社林宗凤第二十一代孙林启张承祖业、开茶园、建茶坊并收购华丰部分茶店，与仙都、安溪及漳州茶商在茶烘（华丰）、珍山、义昭（现仙都镇）广设茶叶作坊，全力倡导采制乌龙茶，从此茶烘品牌"珍山乌龙茶"声名鹊起。又如在仙都镇岭埔村岭边自然村，有座夯土墙外加装饰华丽的汤氏支系祖厝"宗和楼"，其创建者清末在厦门、香港和印尼经营茶叶及杂货店（图九）。"民居瑰宝"二宜楼的第二、第三代子孙到海澄、广东和印尼经商，并吸收海洋的历史文化信息（图一〇）。

五　华安陶瓷制造与外销

华安陶冶业具有悠久的历史，古窑遗址窑址数量多、范围广，形成带状分布，并发现大面积遗址堆积层。宋元至明清的古窑址遍布全县，有青瓷、白瓷、彩瓷、青白瓷、青花瓷、彩色瓷等釉色，器形基本涵盖全国古窑址的品种，且具有浓郁的地域文化特色。

1. 华安陶瓷烧造遗址

主要有东溪窑遗址（高安镇三洋村·明~清·省级文物保护单位）、沙建宝山窑（沙

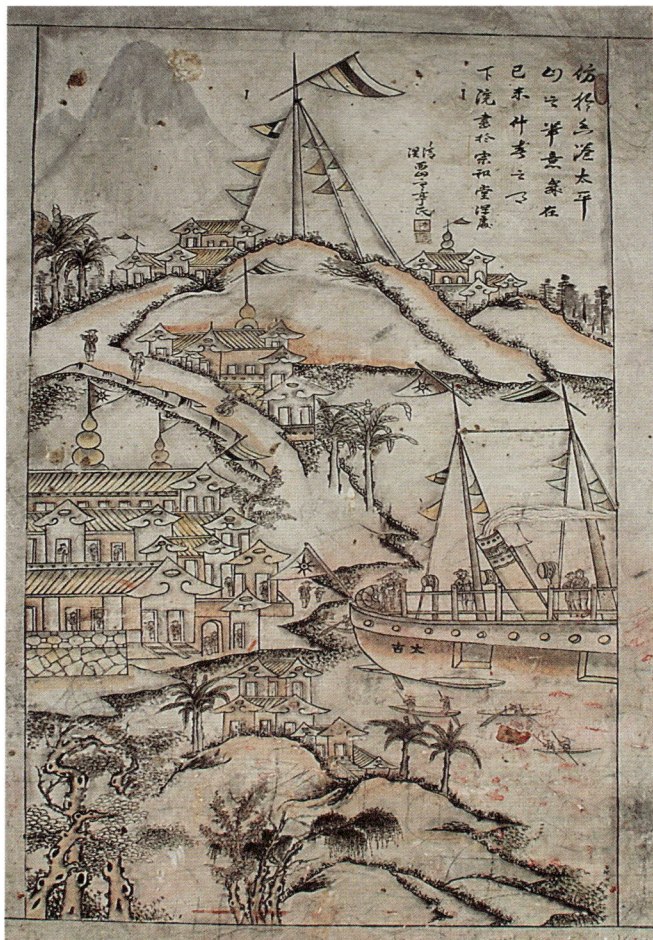

图九　宗和楼上厅内饰的壁画

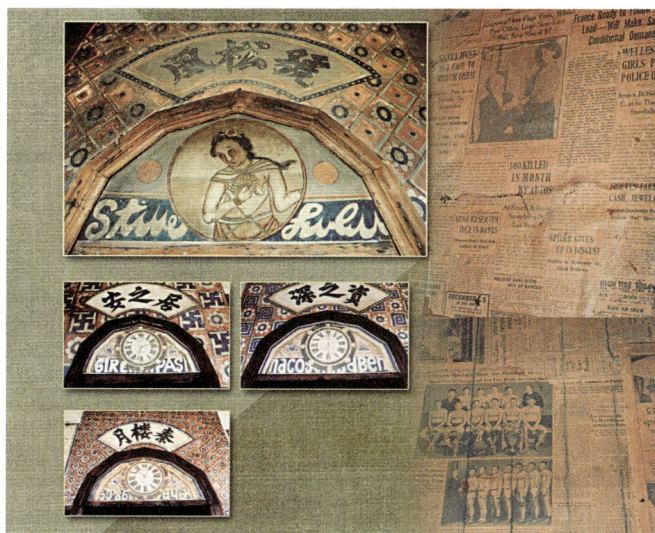

图一〇　二宜楼彩画、洋报（林艺谋摄）

建镇宝山村东北向2公里外山坡·明清）、湾桥窑址（沙建镇上樟村湾桥自然村碗窑山·清代）、下垅窑址（马坑镇下垅村葛山林场·清代）、东埔窑址（马坑镇贡鸭山村东山自然村·明代）、外洋瓷窑址（高车镇石示头村西南300米·明清）、官畲瓷窑址（新圩镇官畲村狗仔山南坡·明清）、内宁窑址（新圩镇五岳村内宁自然村庵仔后山·明代）、华山窑址（新圩镇华山村寨顶山山脚·明清）、吉土石示北头窑址（湖林镇吉土村白丘炙自然村际北头山东坡·清代）、吉土石示北下窑址（湖林镇吉土村白丘炙自然村吉土水电厂东北面200米·元代）等。

2. 华安高岭土矿点分布

华安高岭土资源丰富，此类俗称碗土的高岭土矿点品位高，矿体附存于地表，开采方便，技术简单。今探明高岭土矿点有15处，即新圩绵治高岭土矿点、新圩天宫高岭土矿点、新圩溪南坂高岭土矿点、新圩思塘高岭土矿点，良村上官田高岭土矿点，湖林吉土高岭土矿点、湖林坪林高岭土矿点、湖林石井高岭土矿点，仙都后坑高岭土矿点、仙都大地高岭土矿区、仙都送坑高岭土矿点，沙建镇沙建村高岭土矿点、高安东溪头高岭土矿点，马坑乡东山高岭土矿点等（黄元德编著《今古纵横说华安》上册，2006 年 12 月）。

3. 东溪窑遗址的发现

明清华安东溪窑址为"漳窑"遗址，属明中期至清晚期民间大型瓷窑场，规模宏大，主要集中于高安镇归德溪岸滩、小山包或"高龙"公路两旁的白路坂山、马饭坑山、扫帚石山、牛蓁山、掉拱山、崩片湖山、虾形仔、蜈蚣后、后坑蓁、墓坪洋、东坑庵等处。不少器物和残件被考古界视为具有漳窑典型特征，瓷器大量运至东南亚、台湾、日本和欧美，与台湾有着密切的商务往来，被国外瓷器家定为中国名瓷，对研究明清瓷器制作工艺水平有较高的科学价值。

自 20 世纪 80 年代以来，省、地（市）文物部门多次对华安东溪窑址开展调查工作，考察 22 处地点、发现 15 处窑址，分布范围约 10 平方公里，生产年代基本由明代中叶始兴，清康熙、乾隆年间犹盛，并延及民国时期，近 500 年之久。东溪窑址对于研究华安的制瓷工艺史具有重大的考古价值，构建了福建陶瓷文化丰厚内涵的组成部分。据《芥坑苏氏族谱》载曰：东溪窑场经几代人的创业至清朝初期，直至苏氏十六世苏树碙等人经营时，瓷窑已增至十多条，日产瓷器数量倍增、原有的销售渠道已没办法容纳产量的直线增长的产品。在此期间郭姓"碗窑坑"瓷窑也同样增多，为拓宽销售渠道；苏郭双方各自派出人员到外地经销，岱山有郭振璜、郭振顕等人，东溪（兰溪）是苏基栽、苏德可、苏德繆等人外出到印尼雅加达市开拓市场，岱山社郭宗琴、郭宗滑等人也前往泰国经营瓷器，兰溪社苏基牙与侄子曰晴及苏曰虎，苏曰集、苏基来、苏基遂等人，抵达台湾又将瓷器转运日本、菲律宾及南洋、欧美等国，而这些人中窑主苏基栽销售渠道最广、其人居驻印尼雅加达市但瓷产品销往印度及周边几个国家，年可销售万件瓷器；另考清代岱山《郭氏族谱》，在岱山村有制茶、烧窑、制釉等手工作坊业，明清时期崎脚碗窑坑里，也有 10 多处烧制瓷器以其他器具的瓷窑。据台湾学者陈信雄调查，今台湾尚有 7 例明代华安窑的瓷器藏品。

1996 年 12 月，县委原常委、宣传部长黄元德在考察遗址时即兴吟诵《再咏华安风物·东溪古窑》一诗："东溪古窑藏珍奇，寻寻觅觅已多时；米黄冰裂成特色，完件碎片各英姿；守职保护此遗址，原貌再现众名师；往日繁荣山犹记，高安漳瓷醒有期。"2004 年 3 月 29 日，东溪窑遗址被公布为第六批县级文物保护单位并划定保护范围；2005 年 5 月 21 日，列入第六批省级文物保护单位；2012 年 9 月，"海上丝绸之路——漳州史迹·华安东溪窑遗址"被国家文物局批准列入《中国世界文化遗产预备名录》。其中马饭坑窑址、上虾形窑址、扫帚石窑址等 3 处窑址遗产点，为"海丝"申报代表作。

综上所述，古代九龙江物资转运站新圩古码头不仅是华安及九龙江北溪民众与海外物资、人员交流的重要物证，也为研究茶叶、瓷器生产销售及海上丝绸之路提供重要的参考价值。昔日经漳州月港入海奔洋的新圩古码头，虽时空更替，但华安茶叶依旧芳香，东溪瓷器仍然珍奇。华安茶叶和瓷器曾有的辉煌，谱写了福建扬帆启航的灿烂而华丽的历史诗篇。

大航海时代世界格局下月港地位的变迁

涂志伟

[摘　要]　本文通过对明代漳州月港海上贸易兴衰起落发展历程的考察认为，明朝中后期至清代初期，在大航海时代下，漳州月港从民间海上对外贸易中心，已经转变为我国唯一合法的出海贸易港，也是当时中国最大的对外贸易港口，在首次经济全球化进程中有着重大影响。

[关键词]　大航海时代月港地位变迁

明代漳州月港的海上贸易繁荣发展，有的认为仅仅是民间海上对外贸易中心，换句话说，是闻名中外的走私贸易港；也有的人认为，广州才是全国唯一合法的对外贸易港。在一些认为漳州月港是我国合法的出海贸易港相类似的观点时，也未见全面论证。在当时的历史条件下，明政府批准漳州月港作为唯一合法出海贸易港口，标志着从唐宋元以来以官方垄断为主的海外贸易发生了根本性的变化，在首次经济全球化进程中有着重大影响，由此月港才真正发展成为环绕全球、联系东西方的海上丝绸之路，也是闽南文化走向东南亚，走向世界的一个重要阶段。鉴于此，本文通过对明代漳州月港的兴衰起落的发展历程进行考察，试图论证：明朝中后期至清代初期，漳州月港从民间海上对外贸易中心，已经转变为我国唯一合法的出海贸易港，也是当时中国最大的对外贸易港口，在首次经济全球化进程中有着重大影响。

一　明代朝贡贸易与月港私人海上贸易的兴起

漳州海外交通历史悠久，自古是东南沿海的重要商埠，海外贸易兴盛，很早就与海外诸国友好往来，与东南亚的关系尤为密切。我国自唐宋元时期，形成一条连接南海、印度洋、波斯湾和东非海岸的海上丝绸之路。至宋元时期，漳州海外交通贸易有了初步发展。宋代，漳州已能建造宽 1 丈以上海船，滨海商民多有造船泛海经商者。明宣德、正统年间，月港开始海上民间贸易，经明成化年间、弘治年间至嘉靖年间发展，越来越活跃，乃至发展成为中外海商国际贸易的大港。明政府一改前朝鼓励海上贸易的政策，严厉禁止私人海上贸易，只允许官方的朝贡贸易。"凡外夷贡者，我朝皆设市舶司领之……许带方物，官设牙行与民贸易，谓之互市。凡有贡舶即有互市，非入贡即不许互市。"[1]明廷虽然也设有市舶司，但其"专管进贡方物，柔待远人"[2]，目的在于"通夷情，抑奸商，俾法禁有所施，因以消其畔隙也"[3]，而非管理海上贸易。不仅如此，明廷对各国朝贡的贡期、贡道、船舶数和朝贡人数都有严格的规定。如琉球贡期为两年一贡，暹罗、高丽等三年一贡，日本则十年一贡；制定严格的勘合制度，贡舶到达港口后，先由市舶司检验"勘合"，相符者方许入京朝贡。贡舶带来的商货，可由贡使带入京师，在会同馆开市三日或五日，中国商人及军民人等可将非禁货物运入馆内，在礼部派员监督下"两平交易"。因此，许多番舶不愿到明廷规定的港口贸易，转至地方港口交易，而巨大利润也吸引沿海民众不断加入海上贸易的队伍，多有私通番舶者。如《明孝宗实录》弘治六年（1493 年）三月，两广总督御史闵珪的奏折就指出"广东沿海地方多私通番舶，络绎不绝。不待比号，先行货卖。"他认为应以严厉的政策加以控制，"宜照原定各番来贡年限例揭榜怀远驿，令其依期来贡。凡番舶抵岸，备倭官军押赴布政司，比对勘合相同，贡期不违，方与转呈提督市舶太监及巡按等官具奏起送，如有违碍，捕获送问。"礼部则认为："意者私舶以驰禁而转多，番舶以禁严而不至。今欲揭榜禁约，无乃益沮向化之心，而反资私舶之利"[4]。

官方严厉海禁，然民间走私活动禁而不绝，浙江、福建、广东沿海的大小港口都活跃着出海贸易商人的身影。"在广东，则东莞、涵头、浪北、麻蚁屿以至潮州之南澳；在闽，则走马溪、古雷、大担、旧浯屿、海门、浯州、金门、崇武、湄州、旧南日、海坛、慈澳、官塘、白犬、北菱、三沙、吕磕、嵛山、官澳；在浙，则东洛、南麂、凤凰、泥澳、大小门、东西二担、九山、双屿、大麦坑、烈港、沥标、两头洞、金塘、普陀，以致苏松丁屿、马迹等处，皆贼巢也。……漳、泉地方，如龙溪之五澳，诏安之梅岭，晋江之安海，诚为奸盗渊薮；但其人素少田业，以海为生。"[5]其中，"闽之福、兴、泉、漳，襟山带海，田不足耕，非市舶无以助衣食；其民恬波涛而轻生死，亦其习使然，而漳为甚"[6]，而且闽人素来"多谙水道，操舟善斗……向船主、喇哈、火头、舵工皆出焉。"漳州九龙江口海湾地区的海商，以漳州府龙溪、漳浦县及泉州府同安县人为主；诏安湾地区海商则以漳州府诏安县梅岭、铜山和潮州府饶平、南澳人为主。他们共同构成了以闽南方言为纽带，结成十百成群、各自活动的地域海商群体。月港正是在这样的历史条件下，应运而生的。

事实上，早在宣德年间，官方文献就记载了漳州卫军官私通番国的现象。据当时巡按福建的监察御史黄振奏称："漳州卫指挥覃庸等私通番国，巡海都指挥张翥、都司都指挥金瑛、署都指挥金事陶旺等及左布政使周克敬俱尝受庸金银帽带等物，庸已事觉籍没，翥等原受之物亦皆输官，但方面重臣交通小人受其赃贿不可假，请究治如律"[7]。其实，官员和官兵"往往私造海舟，假朝廷干办为名，擅自下番"的例子比比皆是，民间私自入海通番更不胜枚举。如正统三年（1438 年）冬，"福建按察司副使杨勋鞫龙溪县民私往琉球贩货，例当械至京。勋擅发遣"[8]。正统十四年（1449）夏四月癸酉，福建漳州府海贼陈万宁攻广东潮阳县，劫官库银钞、杀主簿邓选[9]；五月，陈万宁等亦诱致漳潮居民入海驾船，累次登岸杀伤县官，劫掠官库[10]；七月己丑条载："福建按察司奏，漳州府逃囚陈万宁、郑利贞、郭乾孝、郑本成，先为私下番事解京，中途脱逃。后遇敕书事例自首，随征杀贼"。

景泰年间，海上走私贸易愈演愈烈。九龙江口的"月港、海沧诸处民多货番，且善盗"，景泰三年（1452年）九月癸巳，福建漳州府贼首郑孔目等，通番为寇，敌杀官军，虏去署都指挥金事王雄。[11]为此，监察御使谢骞制定严格的措施禁之，"编甲置总，联属人户，约五日斋牌赴府点验，近海椓式大船悉令毁之，度可五尺、六尺，烙以官印。许朝出暮归，不归者甲总以告，不告连坐之。"[12]天顺二年（1458）七月，漳州龙溪"海贼严启盛寇香山、东莞等处，巡抚右金都御史叶盛过平之。先是，启盛坐死，囚漳州府。越狱，聚徒下海为患，敌杀官军。……至是，招引番舶，驾至香山沙尾外洋。"[13]

成化年间，明廷将浯屿寨迁入位于九龙江北侧的厦门岛中左所。这样，从漳州内港向外航行的船只就可以轻易避开明水师官军的堵截，民间出海贸易更加频繁。如成化七年（1471年）十月"福建龙溪民丘弘敏，与其党泛海通番，至满剌加及各国贸易。复至暹罗国，诈称朝使，谒见番王，并令其妻冯氏谒见番王夫人，受珍宝等物……弘敏同县人康启道等二十六人通番，并行劫海上，亦命重审，无冤决之。"[14]成化八年（1472年）四月又有"福建龙溪县二十九人泛海通番，官军追之，拒捕，为风破其舟，浮水登陆，被获。"[15]成化间奉敕巡视福建海道的辛访，发现九龙江口海湾地区有"湖海大姓私造海舰，岁出诸番市易，因相剽杀"，因此"访捕其巨党，置诸法，而没入其舰。"[16]可见，其时漳州民间走私出海通番的现象十分频繁。

成弘之际九龙江区域发达的海上走私贸易催生了月港的繁荣，"十方巨贾，竞鹜争驰，真是繁华地界"[17]，"风回帆转，宝贿填舟，家家赛神，钟鼓响答，东北巨贾，竞鹜争持，以舶主上中之产，转盼逢辰，容致巨万，若微遭倾覆，破产随之，亦循环

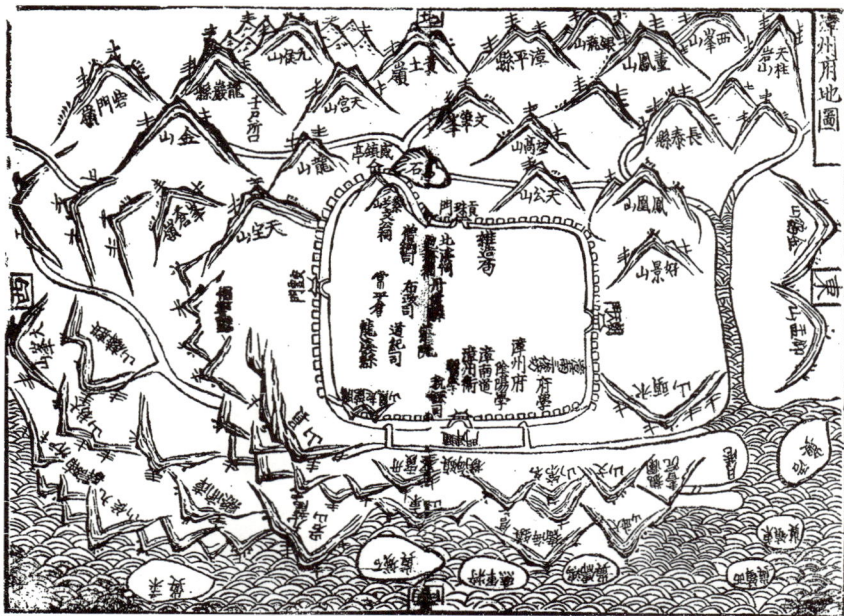

图一　正德八年（1513年）修撰的明代第一部《漳州府志》之《漳州府地图》，
就特别标明月港、浯屿二地。

之数也。成弘之际，称小苏杭者，非月港乎？"[18]正德间，"豪民私造巨舶，扬帆他国，以与夷市……所司法绳不能止。"[19]正德八年（1513年）修撰的明代第一部《漳州府志》之《漳州府地图》，就特别标明月港、浯屿二地，这足以说明月港的重要地位。

正德、嘉靖间，"月港私造双桅大船，不啻一二百艘，鼓泛洪波巨浪之中，远者倭国，近者暹罗、彭亨诸夷，无所不至。"[20]可见，正德、嘉靖间月港地区民众海上活动相当发达，已严重影响邻近的浙江等沿海区域。为此，嘉靖四年（1525年）八月浙江巡按御史潘仿傲请求："漳、泉府黠猾军民私造双桅大舡下海，名为商贩，时出剽劫，请一切捕治"[21]。但是，朝廷的整治并未见奏效。嘉靖八年（1529年），内阁大学士桂萼在《大明统一舆图》之《福建图序》中称："滨海上下，外遏倭寇之流，近通琉球之贡，不为要害，而海物互市，妖孽焉兴。通番海贼不时出没。则漳浦、龙溪之民居多。"事实上，除了沿海民众出海贸易，还有大量海外番舶潜至漳州交易，如被广东的番舶司拒之门外的安南、满剌加等番商皆至漳州"私与为市"。[22]嘉靖八年十月，两广提督林富专为此事上疏，"下兵部议言：'安南、满剌加自昔内属，例得通市，载在《祖训》、《会典》。佛朗机正德中始入，而亚三等以不法诛，故驱绝之，岂得以此尽绝番舶？且广东设市舶司，而漳州无之；则广东不当阻而阻，漳州当禁而反不禁也。请令广东番舶，例许通市者，毋得禁绝；漳州则驱之，毋得停泊'。从之。"[23]虽然朝廷最终允许安南等国通过广东市舶司合法贸易，但番舶私至漳州互市却仍屡禁不止。

嘉靖十二年（1533年）九月辛亥条载，"兵部言：'浙、福并海接壤，先年漳民私造双桅大船，擅用军器、火药，违禁商贩，因而寇劫；屡奉明旨严禁'"[24]嘉靖十五年（1536年）七月壬午，兵部覆御史白贲《条陈备倭事宜》中说，"龙溪、嵩屿等处，地险民犷，素以航海通番为生，其间豪右之家，往往藏匿无赖，私造巨舟，接济器食，相倚为利，请下所司，严行禁止"。[25]嘉靖二十一年（1542年）五月庚子条载："有漳州人陈贵等私驾大舡，下海通番。至琉球，为其国长史。通事蔡廷美等招引入港，适遇潮阳海船争利，互相杀伤；廷美乃安置贵等于旧王城，尽没其赀。"[26]"据陈贵等所供二十六船货物，俱被彼盘起"，"据陈贵等执称揽载各主货物，俱与各籍姓名。"[27]可见漳州人陈贵等七名所率的船队规模相当大，所揽载各主各籍货物涉及面很广。约嘉靖二十四年（1545年），又有"日本夷船数十只，其间船主手梢多是漳州亡命，谙于土俗，不待勾引，直来围头、白沙等澳湾泊。四方土产物，如月港新续，如石尾棉布、湖丝、川芎，各处逐利商贾云集于市。……至本月十九日，夷船闻风逃去，居民复业。"[28]这些例证反复说明，正德、嘉靖年间月港已成为福建主要贸易港，"闽人通番，皆自月港出洋"。[29]月港的发展历程，正如明后期漳州龙溪县进士张燮所概括的，"成、弘之际，豪门巨室间有乘巨舰贸易海外者。奸人阴开其利窦，而官人不得显收其权利。初亦渐享奇赢，久乃勾引为乱，至嘉靖而弊极矣。"[30]从另一个角度来看，"弊极矣"正是月港海上贸易发展至鼎盛的表现。

漳州月港海外贸易兴盛，带动九龙江流域制瓷业的发展。据考古调查和发掘证实，在宋元间，漳州地区大规模地建窑烧磁。这时期漳州窑址分布在龙溪、漳浦、云霄、诏安、东山、南靖、长泰、华安等县。至明清间，漳州窑业生产不断发展扩大，有众多的窑址，主要分布在平和县的南胜五寨、霞寨、九峰镇；南靖县的金山镇金山、荆都村上磘、下磘，下东溪，南坑镇村雅村仙祠公；华安县的上东溪、下垅、官畲；漳浦县的彭水、云霄县的高田等。这些窑址生产的瓷器以外销为主，为我国明清间外销瓷的主产地之一。

明正德《漳州府志》记载："白瓷器出漳平县永福里。黑瓷器出南靖县河头。青瓷器出南靖县金山。"[31] 这是现存最早记载漳州瓷器生产的史志资料。从地点来看，漳平县永福里、南靖县金山均在华安东溪窑周边，即华安县高安镇一带。漳平县永福与华安马坑相邻，南靖县金山与高安镇相毗。明代漳州的制瓷业很发达，平和南胜乡、五寨乡，长泰东溪村，华安下东溪头等，皆有窑址。华安东溪窑遗址位于华安县高安镇西南端的三洋村东溪头，与南靖县交界，明属漳州府龙溪县二十五都升平社。东溪窑明中叶兴盛，烧造的延续时间长，产品类型丰富，主要以烧造青花为主，兼烧青瓷、白瓷、青白瓷米黄瓷、酱釉瓷，釉色米黄或白中泛黄，另外还有少量三彩、五彩瓷，是福建省最早烧造青花的窑址之一。万历元年的《漳州府志》载：漳平县"瓷器。出和平、棋泰、长安三窑，俱粗。"[32] 明万历四十八年（1620年），晋江人何乔远所撰的《闽书》则指"漳窑"范围为"龙溪东溪窑"。清光绪十二年（1886年）侯官（今福州）人郭伯苍辑录《闽产录异》载："漳窑出漳州，明中叶始制白釉米色器"。[33]

明代，华安东溪窑瓷的外销口岸为漳州月港。所制瓷器人工担运至归德溪通往永丰溪，即今南靖县龙山镇永丰村，通过水路经九龙江西溪至海澄月港。另一路则由沙建的上坪、上樟烧制瓷器一并担运至九龙江北溪分渡口至海澄月港；分别从九龙江北溪、西溪至月港出海外销。明万历年间，正是东溪头窑的鼎盛时期，九龙江沿岸的南靖、平和等地所产窑瓷，亦由内河船运抵月港，从北溪运输的华安东溪窑瓷器产量也应不少。历代均在九龙江畔的香洲渡设税课局收税，香洲渡地处芗城浦南镇与华安丰山镇、龙文区交会处。据万历元年的《漳州府志》载"龙溪县香洲税课居岁办……窑冶钞一百四十八锭三贯三百四十文，……窑冶钞加一十二锭一贯八百二十文。正德、嘉靖志俱同。"[34] 窑冶范围较广，但其中包括烧瓷器。经龙溪县香洲税课出口的瓷器主要是华安东溪窑瓷器。

从月港出海外销的漳州窑包括华安东溪窑瓷器，在明嘉靖年间就至台湾岛贸易。据明万历三十一年（1603年）陈第所著《东番记》载，东番夷人"始皆聚居滨海；嘉靖末，遭倭焚掠，乃避居山。……居山后，始通中国。今则日盛，漳、泉之惠民、充龙、烈屿诸澳往往译其语，与贸易；以玛瑙、磁器、布、盐、铜簪环之类，易其鹿脯、皮角。"[35] 这段记载说明漳州人至少在嘉靖末年就已登陆台湾岛，开始以货易货的贸易往来，其中，就有漳州瓷器，包括华安东溪窑瓷器。明嘉靖到万历间，漳州窑瓷器乘着月港的帆船，到达澎湖马公港之后，渡过台湾海峡，航到台湾西部海岸，进入台中清水。从考古实物来看，也得到证实。在台南以北，中南部的云林与中部的清水都有漳州窑瓷器出土的踪迹，台中清水出土了漳州窑瓷器仕女纹小盘。2002年，在云林县麦寮乡施厝寮村出土一件特征酷似平和碗窑山窑与花仔楼窑的瓷器。台湾学者陈信雄认为，"台澎出土出水漳州窑瓷器可分为四个阶段：一是明嘉靖二十九年到万历末年，约70年，荷兰来到台、澎之前。""陈第云，闽人始于嘉靖末在台活动，十分合理。这与台中清水出土漳州窑瓷器仕女纹小盘年代吻合。……陈第所云"磁器"，根据考古发现，除了漳州窑别无他窑。文献的记载与台澎发现漳州窑瓷器完全符合。他的结论是："几百年前，台湾这神秘之岛的面纱，是漳州人用漳州窑瓷器打开了。"[36]1983年起，台湾学者在澎湖调查、采集、发掘宋元陶瓷标本11000件，这些宋元陶瓷还存于澎湖18座岛上的55处地点，器物年代之最早者为南宋隆兴二年（1164年），最晚为元至治三年（1323年）。其中85%为福建产品，12%来自浙江，推测自泉州出口。这说明了"宋元汉民族定居斯岛，经营陶瓷外销，为南方国际航线上的中途站。"[37]其中，应包括漳州地区瓷器。

二 隆庆开海与大航海时代下的月港

月港从明宣德、正统年间，开始海上民间贸易，或径自出海贸易，或在月港私通番舶。经明成弘治至嘉靖，以漳州月港为中心的民间海上贸易的蓬勃发展，使明廷意识到与其屡禁不绝，不如主动开海。嘉靖四十四年（1565年），漳州知府唐九德始顺应民意，再次提出割龙溪县一都至九都及二十八都五图，并漳浦县二十三都之九图，新设立一县。经福建巡抚汪道昆、巡按御史王宗载奏请朝廷，次年（1566年）终获批准。隆庆元年（1567年），海澄县治成，设于月港桥头。[38]时任福建巡抚的涂泽民"议开禁例，题准通行，许贩东、西诸番。"[39]所谓东西洋，"盖东洋若吕宋、苏禄诸国，西洋若交阯、占城、暹罗诸国，皆我羁縻外臣，无侵叛；而特严禁贩倭奴者，比于通番接济之例。"[40]亦即中国的商船只能前往菲律宾向南至婆罗洲、印度尼西亚的东洋，以及自越南、泰国、马来半岛到印度尼西亚的西洋地区，仍禁止前往日本贸易。而且，商船仅限于月港出海，其余港口仍例行海禁；广东市舶司依旧只负责朝贡事务，仍不准出海同外商进行贸易。至此，月港成为明廷指定的中国商船出海贸易的唯一港口。

可见，隆庆开海是有限制的，但却打破了明初以来长期的海禁政策，标志着明朝政府终于承认私人海上贸易的合法性，而经营海外贸易的商人有可能通过合法的方式经营谋利[41]。这种"请开市舶，易私贩为公贩"的海上贸易与朝贡贸易有着本质的不同。月港开禁改变了我国海外贸易历来以外国商人来华贸易为主的状况，也带来了巨大的收益。月港开放后的四十余年，是漳州海商主导东亚贸易网络的黄金时代。私人海外贸易随即迅速地发展起来[42]。"饶心计与健有力者，往往就海波为阡陌，倚帆樯为末耜，凡捕鱼纬萧之徒，咸奔走焉。盖富家以赀，贫人以佣，输中华之产，驰彼远国，易其方物以归。博利可十倍。故民乐之。[43]""幸蒙院、道题请建县通商，数十年来，饷足民安。……澄商引船百余艘，货物亿万计。……二十余载，民生安乐，岁征税饷二万有奇；漳南兵食，借以充裕。"[44]万历四十年（1612年），漳州海澄人周起元任湖广御史，他描述当时的情况说："我穆庙时除贩夷之律，于是五方之贾，熙熙水国，剞劂艎，分市东西路。其捆载珍奇，故异物不足述，而所贸金钱，岁无虑数十万。公私并赖，其殆天子之南库也。"[45]万历二十四年（1596年），泉州府看到漳州月港出东西洋贸易所带来的巨大好处，"看得海澄饷税，初仅三千，其后增益至万，又加倍之"，"二十二年饷骤溢至二万九千有奇。"[46]也提出将晋江、南安、同安三县地划出，在安平港设置安平县，实行月港开禁的做法，并提出分漳贩西洋，泉贩东洋，目的是以便泉州在对外海上贸易中收税，补充匮乏的兵饷。据《东西洋考》载："而泉人以兵饷匮乏，泉观察议分漳贩西洋，泉贩东洋，各画陇无相搀越，欲于中左所设官抽饷，如漳例。"漳州为确保自己的利益，自然也反对泉州分一杯羹的做法。"漳郡守持之，谓割漳饷以给泉兵，则漳饷当匮。且有不漳不泉，夤缘为奸者，将奈何？奏记力言其不可。独榷税不属海防，官听上裁。"泉州这种提议马上就被明廷否决："今欲东西洋分属漳泉，割漳饷以赡泉兵，不惟漳之兵食无从措给，从此私贩之徒，缘为奸利，不漳不泉，东影西射，公然四出，不可究诘者"，"于是漳泉分贩议罢不行，而上章请改设饷馆，给关防"[47]。万历二十六年（1598 年），海防馆正式改为督饷馆，不再由海防大夫负责，而交由地方官署管理，馆址在"县治之右，即靖海馆旧基"。[48]

从当时的海图上来看，此时漳州俨然成了西方人眼中中国大陆的代名词。嘉靖二十一年（1542 年），葡萄牙人在漳州人的领航下，从澳门经泊漳州，沿闽南通琉球、日本航线探航日本，于次年到达日本九州。嘉靖三十三年（1554 年）葡萄牙的古航海图上，出现了台湾岛为"美丽之岛"即福尔摩萨（Fermosas）的标示，应是此次漳州人领航驶过鸡笼山外洋的经历所增长的知识。明隆庆三年（1569 年），荷兰地图学家墨卡托（Gerardus Mercator）出版的世界平面球形图，在福建地域内，东北九龙江河口北岸有漳州（Chincheo），海上有 Bergatera 岛，并注曰：在此处交易。再北上晋江入海口北岸有 Zaiton（刺桐城）[49]。但是廖大珂认为，在早期葡萄牙和西班牙人的记载中，Chincheo 指的是泉州，而不是漳州[50]。明隆庆四年（1570 年），荷兰人 Abraham Ortelius（1527~1598 年）出版的《世界舞台》地图集，其中收有《东印度与诸岛邻近图》、《亚洲新图》二图，《东印度与诸岛邻近图》在日本列岛南方琉球群岛处。万历二十一年（1593 年），荷兰制图学家 Cornelis De Jode 出版了一幅《中华帝国》（China Regnum），这是第三张西方出版的中国单张地图，手工上色，主要依据葡萄牙耶稣会士 Luiz Jorge de Barbuda 的 1584 年版本（一般认为是第一张中国单张的西方地图），在该图中，出现了漳州、小琉球地名。漳州（Chincheo）标示在九龙江入海处的南岸，小琉球（Lequeio minor）则标示在九龙江入海口附近。小琉球即台湾岛的形状是一岛型，与今台湾形状比较接近。廖大珂认为："这是笔者所见的欧洲人地图第一次明确无误地用 Chincheo 指称漳州。……在此之后，类似的用法在欧洲人的地图中广为流行"[51]。明万历二十五年（1597 年），原西班牙驻菲律宾总督小达斯马利纳斯（Luis Perez Dasmayinas）说服新任总督，在 6 月 22 日的军事会议上决定派遣台湾远征军。6 月 27 日，艾尔南度·第·洛斯·里奥斯（Hernando de los Rios）为了说服西班牙国王和菲律宾总督，也提出了一份报告，叙述台湾的地理位置和概况，报告说："在福尔摩沙岛的鸡笼港，国王您派来的军队在此会很安全且受到良好供养，因为此地肥沃，可供应米、肉和鱼，鱼多到每年可以装满两百艘船到中国。他们主要来自很近的中国沿岸，在那里大量的鱼是用来交换钱币，在日本也有银供应。"[52] 报告同时还附有一幅台湾地图。这一幅地图由科罗纳（Hernando de los Rios Coronel）所绘，即《吕宋岛、艾尔摩沙岛及中国的部分沿岸图》（Luzon, Isla Hermosa and a Part of the Coast of China），[53] 这张图是西方人最早以台湾为主而制绘的地图，收藏在西班牙塞维亚印地亚斯总档案馆。这张图的台湾岛位于中国福建的东南海面上，台湾岛像一块长方形有齿形的饼干，是一个整岛形状。并绘有澎湖岛及漳州沿岸海湾、岛屿，在福建部分并标注 Chincheo，这里所指的是漳州，即九龙江入海口。此外，还标注有福州、广州、澳门地名。台湾岛标注为 Isla Hermosa，即艾尔摩沙岛。当时，鸡笼淡水早就成为漳泉海商频繁往来贸易之处，而漳州月港海商与马尼拉的贸易往来也是十分密切。显然这张地图并不是实测图，"据某些到过该地的人说"，应该是听取了许多漳泉海商对漳州沿岸海湾、岛屿以及澎湖、鸡笼淡水情况的具体介绍，如鸡笼（Keilang）、淡水（Tamchuy）地名的标示是闽南话的音译，再结合西班牙人的见闻而描绘的示意图。

2008 年，英国牛津大学鲍德里氏图书馆发现一幅绘制于明代中末叶的彩色航海图，据称这是现存的中国历史上第一幅手工绘制的彩色航海图，也是中国第一幅标有罗盘与比例尺的古代航海图，更是一幅描绘有明代闽南与东西洋之间航海针路的古地图。图上除了注有中文，还有注有拉丁文。康熙年间，牛津大学东方学家托马斯·海德根据到英国的中国传教士沈福宗的解说，加上拉丁文注译。近年来，泉州海交馆将其复制成图。该图绘制地域北起西伯利亚，南至印尼爪哇岛和马鲁古群岛，东达北部的日本群岛和南部的菲律宾群岛，西抵缅甸和南印度。航海图标注的属于福建的地名有：福州、兴化、建宁、延平、汀州、邵武、泉州、漳州等。该图清楚地绘制了明代中叶中国帆船经常使用的 6 条东洋航路和 12 条西洋航路。由于地图上标注漳泉二地的圆圈画得靠在一起，难以确认，故以漳泉并称作为出发点。香港大学亚洲研究中心钱江将该图命名为《明代东西洋航海图》，并认为该图绘制于 16 世纪末至 17 世纪初，当时中国民间海外贸易商人川走海外的东西洋航路起点应该是画在漳州。[54] 陈佳荣将该图命名为《明末疆里及漳泉航海通交图》，确定编绘年份的上限在万历六年（1578 年），并认为编绘时间应在大约天启四年（1624 年）左右[55]。航路始发点应是漳州月港，绘画者应是出自闽南一带的民间画工或海商。成图时间的明

图二　《明代东西洋航海图》，编绘时间应大约于天启四年（1624 年），收藏于英国牛津大学鲍德里氏图书馆。泉州海交馆制图。

万历年间，正是月港开市迎来海外贸易鼎盛的时期。这说明，明代时漳州人航海实践经验丰富，对航海、造船、航路包括对东西洋海外贸易已经十分经常、熟悉了解。

至于当时从月港出洋的商船数量，张燮认为"多以百计，少亦不下六七十只，列艘云集，且高且深"[56]。据估计，到 17 世纪初，月港每年来往的商船数至少有 300 多艘次[57]。英国东印度公司的船长约翰·萨雷斯（John Saris）谈到："开往马尼拉的帆船成群地从漳州出航，有时是 4 艘、5 艘、10 艘或更多在一起"。而每年从漳州月港开往马尼拉的商船数量。据美国历史学家威廉·舒尔茨（WilliamLytleSchurz）在《马尼拉大帆船》一书中指出："中国往往是大帆船贸易货物的主要来源，就新西班牙（墨西哥及其附近广大地区）的人民来说，大帆船就是中国船，马尼拉就是中国与墨西哥之间的转运站，作为大帆船贸易的最重要商品的中国丝货，都以它为集散地而横渡太平洋。在墨西哥的西班牙人，当无拘无束地谈论菲律宾的时候，有如谈及中华帝国的一个省那样。就马尼拉方面来说，每年航经中国沿海的商船，就是它的繁荣基础。""马尼拉大帆船"的货源来自福建沿海的自由贸易港月港。据他估计，每年从漳州出航的大船从 20 艘到 60 艘不等，在 1574 年有 6 艘，1580 年有 40~50 艘，在 16 世纪后 30 至 40 年一般是这个数；在 1616 年仅有 7 艘，而 1631 年却有 50 艘，5 年后有 30 艘[58]。

隆庆开放月港与东西洋的贸易，最重要意义在于，其时正值世界贸易形势发生巨大变化，东来的欧洲殖民者为贩运中国的生丝和丝织品，在东亚海域展开了激烈的商业竞争。尤其是西班牙人占据菲律宾马尼拉后，开辟了从马尼拉至墨西哥阿卡普尔科的大帆船贸易航线。通过各种不同的贸易渠道、贸易方式、东西洋多条航线，大量的中国生丝和丝织品包括漳州窑瓷器，当然也包括华安东溪窑瓷器，经由这些中外商船，从漳州月港出发，载运到马尼拉，然后由大帆船转贩到墨西哥阿卡普尔科，再从阿卡普尔科和塞利维亚运往欧洲市场。一条由漳州月港联结吕宋的马尼拉到达墨西哥的阿卡普尔科的大帆船航线由此形成，中国主导的东亚海洋世界经济圈和拉丁美洲经济圈迎面交汇，世界贸易网络开始建立，世界市场雏形出现，形成了联系东西方的海上丝绸之路[59]。可以说，在大航海时代背景下，以月港为中心的中国海上对外贸易，真正联结了东西方世界，标志着中国海上贸易已经开始发展成为真正环绕全球。16 世纪漳州地区海船上传抄的 15 世纪的针路抄本《顺风相送》就记载了自月港门户吾屿、太武出发往西洋针路的七条路线：太武——彭坊（位于马来半岛的吕宋岛）；吾屿——大泥、吉兰丹（马来西亚）；吾屿——柬埔寨；吾屿——杜板（印尼爪哇岛即今锦石西北的图班）；吾屿——杜板、饶潼（位于爪哇梭罗河下游）；太武、吾屿——诸葛担篮（马来群岛婆罗洲西海岸）；太武、吾屿——涝维（印尼）；而《指南正法》记载的月港往东西洋的针路也有十条[60]。此外，嘉靖三十六年（1556 年）郑舜功撰写的《日本一鉴》也记载了从广州北上，经漳州沿海诏安、镇海、六鳌，再经厦门、金门转向台湾北端，再北上至日本的海上航线。[61] 至此，由月港出发的中国商船，与东南亚、南亚和东北亚等 47 个国家和地区有直接贸易往来，如越南、泰国、柬埔寨、马来半岛、新加坡、爪哇、苏门答腊、菲律宾群岛、马鲁古群岛、加里曼丹等，并常抵日本、印度；还通过马尼拉这个中继站和南洋群岛的其他地方，直接与西班牙、葡萄牙、荷兰、英国等欧洲商人进行广泛交易，经西班牙大帆船运到南美各地，从而与美洲发生了贸易关系。

三　月港的衰落

自明天启年间之后，繁盛一时的月港海外贸易开始逐步盛景不再。"自天启六年之后，海寇横行，大为洋舶之梗，几无孑遗，饷税屡缩，自是不复给引。"[62] 清初之后，至清康、雍年间，漳州月港被同在漳州河出口处的厦门港取代。月港的衰败有多种原因，既有明封建专制政权的压制和掠夺，如高寀累年搜刮，官吏盘剥；也有西方殖民者的侵略和骚扰，他们实行的垄断贸易及海盗行为。明末清初的郑军与清军在闽南一带的拉锯战所造成的破坏，也是月港的衰落的重要原因。

荷兰人在占据台湾之初，即奖励中国人移住台湾，以期将大员及对岸的普罗文西城（今台南市）建成繁荣的城市。荷兰据台时期，漳台经贸以转口贸易为主，台湾是大陆对外贸易的转接地，此时大量漳州瓷输往台湾。漳州瓷贸易和月港的兴衰相连。在这期间，漳州与台湾两地之间贸易往来十分频繁。明天启六年（1626 年），荷兰希达姆号船的载运清单所载，其中就有从漳州河所购的细瓷器 12814 件。明天启七年（1627 年），荷兰德尔夫特号船的载运清单所载，其中有瓷 9440 件，部分从漳州河购买[63]。荷兰人占据台湾后，以台湾作为瓷器的转口站，大量购进中国的瓷器，销往日本、东南亚、波斯以及欧洲各国。1602 年到 1682 年的 80 年间，荷兰人经手中国瓷器 1600 万件，平均每年从中国输出 20 万件的瓷器。继荷兰人之后，郑氏王朝同样以大员为据点，将中国的货物运销日本与东南亚国家，17 世纪的台湾成为荷郑时期瓷器贸易的主要转运站。中国外销瓷产品主要来自江西景德镇与福建漳州。热兰遮城的考古发掘也挖出相当数量的 17 世纪瓷器残片，出土陶瓷大多为产于中国东南沿海一带窑址的陶瓷器，包括属于景德镇窑系的克拉克瓷，以及福建漳州窑系仿克拉克瓷。安平壶以出土地地名而命名，亦是中国陶瓷史上唯一以台湾地名命名的陶瓷[64]。在《热兰遮城日记》中，荷兰人从月港大量收购漳州瓷器的记载比比皆是，不胜枚举。这些瓷器也包括华安东溪窑的瓷器，其中，较多的是一些较粗制的民窑瓷器。荷兰人图谋侵犯漳州贸易港口，并派出武装船队侵扰漳州沿海各地，企图垄断闽南一带对外贸易。整个明崇祯年间，即使明廷的海禁，还是在明清朝代更替的战乱时期，漳州月港与台湾之间人员、船队、货物的贸易往来活动并没有中断，直至清廷前后实施了 22 年的海禁、迁界政策影响下，海澄月港对外贸易才被迫中断。这里

图三　《海上的荷兰船只》，彼得·保罗·思奇艾杰绘，油彩，画布，收藏于奇美博物馆。

图四 《中国戎克船》，绘于明万历二十四年（1596 年）。（荷兰西菲士兰博物馆藏）

我们仅举荷兰人与海澄月港贸易的几个例子就可说明。

据《热兰遮城日记》第一册中崇祯四年（1631 年）2 月 28 日在台湾大员的记载："从海澄（Hatingh）有几个商人带丝和糖来，但从厦门都没有人来。"[65]崇祯五年（1632 年）2 月 9 日在台湾大员的记载："因为上席商务员特劳牛斯为要收购精美瓷器和白砂糖而留在中国沿岸。……已经准备要出航的一艘中国人的戎克船，装运总值四千里尔的现款何商品，在助理 Kicq 以及另外八个人的监督下，送去给上述特劳牛斯。"2 月 26 日在台湾大员的记载："从中国运八百罐姜糖和约二百担白糖回来此地，……在安海、海澄和厦门，约有二十艘戎克船是由官员或他们的儿子或朋友装备的，这些都是为军门所不知情的。"[66]8 月 26 日记载：荷兰人"船队来漳州河里的大担岛靠岸停泊。……今天有几个商人从海澄来船上，从他们得悉，那里在短时期内会以还好的价格收购到很多生丝以及其他商品。上述商人购买了二十担铅，因此这次交易开始得不错。"8 月 31 日记载"有两艘相当大的戎克船从 Poythay 湾来到这漳州河，Poythay 位于吕宋岛，在马尼拉南边约四、五浬。"9 月 1、2 日记载"无事，收购了一些生丝和瓷器。"[67]10 月 7 日记载："由于海道禁止任何人跟我们交易的严厉禁令，在安海、厦门及其他地方被执行得那么严格，使得大家都不能再到我们这里来，前几天，就有几个人因而被捕，并被严厉处罚"[68]。11 月 11、12、13、14、15 日记载："由于中国官吏在厦门、海澄和安海（Oanhay）等处严密监视，所以他们不能再出来了"。[69]但沿海渔夫的戎克船还是可以前往台南南部捕鱼。崇祯六年（1633）1 月 2、3 日记载："有五艘小戎克船从厦门来此地，所载的有米、黑糖、粗制瓷器和其他小东西，以及微量的丝质布料。"2 月间的信件表明："中国的贸易又越来越脱节，越来越困难了。所以普特曼斯决定要亲自去中国沿海，要带日本运来的资金去那里交易。……普特曼斯先于 2 月 12 日去金门停泊，在那里跟一官（即郑成功），军门及其他打官交换了几封信件。一官声明，已无法关照跟荷兰人的交易了"。[70]3 月 23 日记载："有一艘戎克船从中国来，载有精美的瓷器，但大部分是粗制的瓷器和其他小东西。……上述戎克船里看到的有：120 个精美瓷器、有半圆形的和三角形的餐盘、1000 个粗糙的奶油碟、440 个有彩绘的及白色的粗糙的小骆驼头（形状的）小杯子、40 块肉、16 担面粉、66 担小麦、30 担未提炼的硫磺、24 个小铁锅、60 个空的石头水罐，还有其他一些小东西……"[71]

明清之际，清朝政府与郑氏海上政权在福建沿海地区展开了拉锯战，海澄受害尤深。

清顺治十年即南明永历七年（1653年），郑成功乘清军力集中福建，江南兵力薄弱之机，派兵北上，攻入长江恢复江南。四月份，清将金固山调集水陆官兵船只，步兵骑兵数万欲攻海澄。郑成功驻扎海澄，亲行督战。另据《热兰遮城日记》第二册（1641~1648年）、第三册（1648~1655年）中，自清顺治元年至十二年（1644~1655年）期间出现有关漳州的地名有漳州、漳州河、海澄、东山。据这二册后的索引地名页数进行统计[72]，在这期间，有关漳州的地名出现12次（页）。其中指漳州的有5次（页），漳州河2次（页）；指海澄的有4（页）；指东山有1（页）。在这时期，虽然郑成功与清军在浙江、福建、广东一带进行拉锯战，战火蔓延，民众流离失散，而海澄受害尤深，漳州与台湾之间的人员、船队、货物已经大为减少，但是还在往来。在这之后，由于受到郑军和清军轮番占领，海澄也逐步走向衰弱，贸易中心繁华不再，逐渐转向厦门港。清廷为围剿郑成功军队，开始厉行海禁，不准进出口，但是禁运无法阻止走私贸易。直接从海澄到台湾贸易的商船日渐稀少，大多从厦门转口前往台湾。台湾与闽南一带的贸易虽时断时续，但还保持畅通。

据杨英《先王实录》所载，1654年即清顺治十一年、南明永历八年十一月初二日，"漳州协受清将刘国轩献城归正。……忠振伯入城安辑，秋毫不扰，文武官无有惊惶，皆忠振伯节制有方也。"1655年"六月，藩驾巡驻漳州。时因和议不成，虏多阻我饷道，又增兵入关（闽），故令福、泉、兴之兵尽抽回漳。传令：各征饷属邑一尽拆毁平地，使虏无城可恃，以便追杀。故藩至漳阅兵，就岩亭埔大合操三日，传令拆毁漳城。"[73]而据康熙《龙溪县志》卷二十载：清顺治"十二年六月，堕漳州及漳浦、南靖。长泰、平和、诏安各县城。时郡城民屋，无论大小，俱拆毁，浮木石于厦门，所存者惟神庙寺观而已。"据《热兰遮城日记》1655年8月17日记载："不久以前，因大官国姓爷的命令，那个以前该省极为著名的商业城市Sintsieuw（漳州），那里生产各种丝质布料，交易繁荣，经常有大戎克船出航前往南方与东方各地区的那个城市，已经完全被毁坏了，周围的城墙以及里面所有的街道和房屋，都已被毁成瓦砾石堆，荒芜一片，为的是，不使鞑靼人夺取该城市以后从中获的财物的供应和富足，……都在为一场全面的大战而准备。因此，所有的交易、产业和富裕，都为之丧失殆尽。"[74]清廷于顺治十八年（1661）颁布禁海令，严禁龙溪、海澄、漳浦、诏安等沿海19县居民迁入内地20里至50里。"自闽南镇起，北至沙埕620里，南至分水关1150里。福兴漳泉四府，划为界外之地多至25904顷。膏腴弃为荒地，

图五　漳州窑青花荷塘花卉纹大盘（漳州市博物馆藏）

庐舍沦为废墟，无数百姓，流离颠沛。"从清顺治十三年（1656）8月至清康熙元年（1662）2月期间，在《热兰遮城日记》出现的漳州、海澄地名，则均是传来有关清军与郑军作战的信息，再无漳州与台湾直接贸易往来的记载。康熙二十一年（1682年），清廷为收复台湾，再度实行迁海政策。《大清律例》规定："凡官员兵民私出海贸易，及迁移海岛居住耕科者，俱以通贼论处斩。"在清廷前后实施了22年的海禁、迁界政策影响下，海澄月港对外贸易被迫中断了。

清康熙二十四年（1685年），清政府解除海禁。不久，至清雍正年间，厦门港建设成为各种设施齐全、管理有序，具有规模的海港。雍正五年（1727），清廷规定福建出洋之船均须由厦门港出入，厦门的海外贸易再次兴盛。清嘉庆元年（1796），厦门港成为"斯大小帆樯之集凑、远近贸易之部会也。……据十闽之要会、通九译之番邦，则在嘉禾海以外矣。"月港的地位最终被厦门港取代。

注　释

1.（明）王圻：《续文献通考》卷三十一，市籴考，《四库全书存目丛书》，影印本，齐鲁书社，1997年。

2.（明）嘉靖年间，高岐：《福建市舶提举司志》，沿革，民国二十八年铅印本，第36页。

3.（清）张廷玉等撰：《明史》卷八十一，食货五，市舶。中华书局，1974年，第1980页。

4.《明实录》，《明孝宗实录》卷73"弘治六年三月丁丑"条，台北历史语言研究所校印，影印本，上海书店重印，1984年。

5.（明）王电：《条处海防事宜仰祈速赐施行疏》，载陈子龙、徐孚远、宋征璧等选辑，《明经世文编》，王司马奏疏；《明清台湾档案汇编》，第一辑，第一册，台湾史料集成编辑委员会编，台北远流出版公司，2004年，第140～141页。

6.（明）许孚远：《疏通海禁疏》，《明清台湾档案汇编》，第一辑，第一册，台湾史料集成编辑委员会编，台北远流出版公司，2004年，第147页。

7.（明）赵文华著：《嘉靖平倭之役纪略》卷三，条陈海防疏；沈廷芳等：乾隆《福建续志》卷七四，艺文。转引自傅衣凌：《明清时代商人及商业资本》，人民出版社，1980年，第109页。

8.《明实录》册十二，《明宣宗实录》卷一〇九"宣德九年三月辛卯"条，上海书店，1984年，第2448页。

9.《明实录》册十四，《明英宗实录》卷四七"正统三年冬十月壬子"条，上海书店，1984年，第905页。

10.《明实录》册十七，《明英宗实录》卷177"正统十四年夏四月癸酉"条，台北历史语言研究所校印，影印本，上海书店重印，1984年，第3424页。

11.《明实录》册十七，《明英宗实录》卷178，第3435页。李国祥、杨昶主编，薛国中、韦洪编：《明实录类纂》福建台湾卷，海禁，武汉出版社，1993年，第488～489页。

12.（明）何乔远：《闽书》卷六十四《文莅志·漳州府》，点校本第二册，福建人民出版社，1994年，第1855页。

13.（明）郭棐著，黄国声、邓贵忠点校：《粤大纪》卷三，事纪类，海岛澄波。中山大学出版社，1998年11月重印本，第56页。

14.《明实录》册十七，《明宪宗实录》卷97"成化七年十月乙酉"条，台北历史语言研究所校印，影印本，上海书店重印，1984 年，第 1850 页。

15.《明实录》册十七，《明宪宗实录》卷 97 "成化八年四月癸酉"条；李国祥、杨昶主编，薛国中、为洪编：《明实录类纂》福建台湾卷，海禁，武汉出版社，1993 年，第 513 ~ 514 页。

16.（明）何乔远：《闽书》卷四十八，《文莅志·漳州府》，点校本第二册，福建人民出版社，1994 年，第 1215 页。

17.（明）梁兆阳修、蔡国祯、谢宗泽、张燮等主纂：《海澄县志》卷之十一，风土志，风俗考。明崇祯六年（1633 年）刻本，藏于日本国会图书馆，《希见中国地方志汇刊》，中国书店，1992 年，第 547 页。

18.（清）陈锳、王作霖修，叶廷推、邓来祚纂：乾隆《海澄县志》卷 15，风土。上海书店，2000 年，第 171 页。

19.（明）梁兆阳修、蔡国祯、谢宗泽、张燮等主纂：《海澄县志》卷之一，舆地志，明崇祯六年（1633 年）刻本，藏于日本国会图书馆，《希见中国地方志汇刊》，中国书店，1992 年，第 318 页。

20.（明）梁兆阳修、蔡国祯、谢宗泽、张燮等主纂：《海澄县志》卷之十九，艺文四，明崇祯六年（1633 年）刻本，藏于日本国会图书馆，《希见中国地方志汇刊》，中国书店，1992 年，第 526 页。

21.《明实录》册三十九，"嘉靖四年八月甲辰条"，台北历史语言研究所校印，影印本，上海书店重印，1984 年，第 1332 ~ 1333 页。

22.（明）陈子龙、徐孚远、宋征璧等选辑：《明经世文编》第三册，卷 182，中华书局，1962 年，第 1865 页。

23.《明实录》，"嘉靖八年十月己巳"条，台北历史语言研究所校印，影印本，上海书店重印，1984 年。

24.《明实录》，台北历史语言研究所校印，影印本，上海书店重印，1984 年第 3438 页。

25.《明实录》，《明世宗实录》卷 189，台北历史语言研究所校印，影印本，上海书店重印，1984 年。

26.《明实录》册四十四，《明世宗实录》卷 261，页二下，台北历史语言研究所校印，影印本，上海书店重印，1984 年，第 5200 页。

27.陈子龙、徐孚远、宋征璧等选辑：《明经世文编》卷 219，《严嵩南宫奏议》。《琉球国解送通番人犯疏》。中华书局，1962 年。

28.黄湛：《海患呈》，载《安海志》（新编）卷 12《海港》，安海志修编小组，1983 年（内部资料），第 127 页。

29.（清）顾炎武：《天下郡国利病书》卷九十六，福建六。

30.（明）张燮著，谢方校注：《东西洋考》卷 7，饷税考。《中外交通史籍丛刊》，中华书局 1981 年，第 131 页。

31.（明）陈洪谟修、周瑛纂：《大明漳州府志》卷之十，诸课杂志，布货部，明正德八年（1513 年）刻本。厦门大学出版社，2012 年，第 614 ~ 615 页。

32.（明）罗青霄总辑，罗拱辰、殷康等同辑，谢彬编纂：《漳州府志》卷之二十七，杂志，明万历元年（1573 年），福建省地方志编纂委员会整理，厦门大学出版社，2010 年，第 1048 页。

33.（清）郭伯苍辑录：《闽产录异》，岳麓书社，1986 年。

34.（明）罗青霄总辑，罗拱辰、殷康等同辑，谢彬编纂：《漳州府志》卷之十四，龙溪县，赋役志，明万历元年（1573 年），福建省地方志编纂委员会整理，厦门大学出版社，20_0 年，第 469 页。

35.陈第著：《东番记》，见沈有容《闽海赠言》卷二，台湾文献史料丛刊（地理类），第 91 页。

36. 陈信雄著：《从遗留在台澎的漳州窑瓷器探索海峡两岸交通伊始——明末漳州窑瓷器是汉人入台伊始的标志》，载《第二届漳州海商论坛——海上丝绸之路申遗座谈会论文集》，漳州市政协编印，2011年，第2～8页。

37. 陈信雄：《遗留在在澎湖的宋元和五代外销陶瓷》，中国古代贸易瓷国际学术研讨会论文，台北，1994年。

38.（明）何乔远编撰：《闽书》卷30，方域志，点校本第一册，福建人民出版社，1994年，第718页。

39.（明）许孚远：《疏通海禁疏》，《明清台湾档案汇编》，第一辑，第一册，台湾史料集成编辑委员会编，台北远流出版公司，2004年，第146页。

40.（明）张燮著，谢方校注：《东西洋考》卷七，饷税考，中华书局，《中外交通史籍丛刊》，1981年，第153页。

41. 徐晓望主编：《福建通史》第四卷，明清，福建人民出版社，2006年，第164页。

42.（明）许孚远：《疏通海禁疏》，《明清台湾档案汇编》，第一辑，第一册，台湾史料集成编辑委员会编，台北远流出版公司，2004年，第148页。

43. 李金明：《月港开禁与中国古代海上丝绸之路的发展》，《闽台文化交流》2011年第4期，漳州师范学院闽台文化研究所主办，第45～50页。

44.（明）梁兆阳修、蔡国祯、谢宗泽、张燮等主纂：《海澄县志》卷十一，风土志，明崇祯六年（1633年）刻本，藏于日本国会图书馆，《希见中国地方志汇刊》，中国书店，1992年。

45.（明）许孚远：《疏通海禁疏》，《明清台湾档案汇编》，第一辑，第一册，台湾史料集成编辑委员会编，台北远流出版公司，2004年，第146页。

46.（明）张燮，《东西洋考》，周起元序。中华书局，《中外交通史籍丛刊》，1981年，第17页。

47.（清）张燮著，谢方校注：《东西洋考》卷七，饷税考，中华书局，《中外交通史籍丛刊》，1981年，第152页。

48.（明）张燮著，谢方校注：《东西洋考》卷七，饷税考，中华书局，《中外交通史籍丛刊》，1981年，第153～154页。

49.（明）张燮著，谢方校注：《东西洋考》卷七，饷税考，中华书局，《中外交通史籍丛刊》，1981年，第153页。

50. 曹永和著：《台湾早期历史研究》，欧洲古地图上之台湾，台北联经出版事业股份有限公司，1979年初版，2006年10月初版第十刷，台湾研究丛刊，第307页。图见吕理政、魏德文主编：《经纬福尔摩沙：16-17世纪西方人绘制台湾相关地图》，台湾历史博物馆、南天书局有限公司，2006年，第59页。

51. 廖大珂著：《16-18世纪初欧洲人地图中的Chincheo港》，载于《第二届漳州海商论坛——海上丝绸之路申遗座谈会论文集》，漳州市政协编印，2011年12月，第75页。

52. 廖大珂著：《16-18世纪初欧洲人地图中的Chincheo港》，载于《第二届漳州海商论坛——海上丝绸之路申遗座谈会论文集》，漳州市政协编印，2011年，第78页。

53. 转引自陈宗仁著：《鸡笼山与淡水洋：东亚海域与台湾早期史研究1400-1700》，台北联经出版事业股份有限公司，2005年，143~144页；曹永和著，《台湾早期历史研究》，欧洲古地图上之台湾，联经出版事业股份有限公司，1979年初版，2006年10月初版第十次印刷，《台湾研究丛刊》，第327页。

54. 萧宗煌、吕理政统筹策划：《艾尔摩沙：大航海时代的台湾与西班牙》，台湾博物馆，2006 年，第 149 页。

55. 钱江：《一幅新近发现的明中叶彩绘航海图》，《海交史研究》2011 年第 1 期，第 1~7 页。

56. 陈佳荣：《〈明末疆里及漳泉航海通交图〉（the Selden Map of China）编绘时间、特色及海外交通地名略析》，南溟网，http://www.world10k.com，2011 年 10 月 30 日。

57.（明）张燮著，谢方校注：《东西洋考》卷七，饷税考，中华书局，《中外交通史籍丛刊》，1981 年，第 137 页。

58. 谢方：《明代漳州月港的兴衰与西方殖民者的东来》，载中外关系史学会编：《中外关系史论丛》（第 1 辑），世界知识出版社，1985 年，第 156 页

59. 美，威廉·舒尔茨（W. L. Schurz）：《马尼拉大帆船》（<TheManilaGalleon>），Ibid，₣p，1939 年，第 71~73 页。

60. 李金明：《17 世纪全球贸易在东亚海域的形成与发展》，《史学集刊》2007 年第 6 期，第 35 页。

61. 向达校注：《两种海道针经》，中华书局，1961 年，1982 年 12 月重印。

62.（明）郑舜功撰：《日本一鉴》，《桴海图经》卷一，第 3 页。转引自盛清沂《台湾省开辟资料汇编》，台湾省文献委员会，第 121 页。

63.（明）张燮著，谢方校注：《东西洋考》卷七，饷税考，中华书局，《中外交通史籍丛刊》，1981 年，第 133 页。

64. 林忠干：《月港兴衰时期的东西方贸易与闽南陶瓷》，福建教育出版社，1998 年。

65. 陈信雄主编：《大员纪事——十七世纪的台湾》，台南：成功大学，2003 年。

66. 江树生译注：《热兰遮城日记》第一册，台南市政府发行，2002 年 8 月再版，第 39 页。

67. 江树生译注：《热兰遮城日记》第一册，台南市政府发行，2002 年 8 月再版，第 68 页。

68. 江树生译注：《热兰遮城日记》第一册，台南市政府发行，2002 年 8 月再版，第 71 ~ 72 页。

69. 江树生译注：《热兰遮城日记》第一册，台南市政府发行，2002 年 8 月再版，第 75 页。

70. 江树生译注：《热兰遮城日记》第一册，台南市政府发行，2002 年 8 月再版，第 77 页。

71. 江树生译注：《热兰遮城日记》第一册，台南市政府发行，2002 年 8 月再版，第 80 ~ 82 页。

72. 江树生译注：《热兰遮城日记》第一册，台南市政府发行，2002 年 8 月再版，第 84 ~ 85 页。

73. 江树生译注：《热兰遮城日记》第二册，台南市政府发行，2002 年 7 月，索引页第 22 ~ 32 页；第三册，台南市政府发行，2003 年 12 月，索引页第 21 ~ 28 页。

74.（清）杨英撰，陈碧笙校注：《先王实录校注》，福建人民出版社，1981 年，第 97 98、122 页。

75. 江树生译注：《热兰遮城日记》第三册，台南市政府发行，2003 年 12 月，第 534 页。

涂志伟，漳州市政协学习文史委，漳州市闽南文化研究会会长，福建省炎黄文化研究会常务理事，漳州市华侨史研究会顾问。

明末清初福建陶瓷文化在东南亚的传播及影响

——以漳州窑系为中心

林清哲

[摘　要]　本文旨在以漳州窑系为中心探讨明末清初福建陶瓷文化在东南亚的传播及其影响。考察漳州窑系的生产、流通、分配、消费相关过程，结合明末清初中国与东南亚的历史背景，研究福建与东南亚的陶瓷文化交流与历史作用。

[关键词]　福建东南亚漳州窑系陶瓷

一　前　言

东南亚与我国隔海相望，地处中西方交通要冲，是中西贸易货物转运、集散中心，也是古代中国陶瓷外销的主要地区。从考古发现看，早在新石器时代中国很可能与东南亚就有了陶瓷交流往来，并一直延续到明清[1]。关于福建与东南亚的陶瓷交流之研究，最早可以追溯到韩槐准对南洋发现的中国古外销瓷的研究[2]以及陈万里、冯先铭等对闽南古代窑址的调查[3]。三上次男介绍了中国陶瓷在菲律宾、婆罗州、苏拉威西、爪哇、苏门答腊等东南亚地区的发现情况，其中包含不少福建窑口产品[4]。朱光焯介绍中国古瓷在印尼的发现情况及其对印尼产生的重大影响[5]。青柳洋子就东南亚发现的各类瓷器及其生产年代、出土与发掘地点进行了详细阐述，并探讨了各个时期海上贸易网络的情况，包括商路与商人[6]。叶文程对中国与东南亚的陶瓷贸易研究贡献颇多，他指出宋元明时期中国瓷器行销范围遍及亚、非、欧三大洲，福建建窑黑釉瓷、德化青白瓷、泉州磁灶窑褐绿釉瓷此时也已大量外销到东南亚地区[7]。然而，以往关于古代福建陶瓷的外销研究主要集中在对晚唐—宋元时期德化窑、建窑、磁灶窑以及明代德化白瓷、清代德化青花瓷的外销探讨上。漳州窑[8]的发现则将学界的研究视野锁定在明末清初这一特定历史时期。

明代是中国瓷器生产的黄金时期，中国瓷器在产量、品种以及质量上都有很大的突破。明初的海禁使得宋元以来发达的中外海上贸易遭受到一定程度的冲击。中国瓷器的对外输出主要局限于明政府对外国的赏徕、各入贡国家使者回程贸易以及小规模的中外民间贸易。至永乐宣德年间三保太监郑和下西洋之时，中外海上贸易得以短暂复兴，中国陶瓷器得以再掀外销高潮。

《西洋番国志》、《瀛涯胜览》及《星槎胜览》[9]记载郑和下西洋的相关史事，同时保留了明初中国与海外诸国陶瓷贸易的信息。据统计，三书计有三一多国谈及陶瓷贸易，其中又以《星槎胜览》所载最为详尽。从记载看，其时关于陶瓷器的称呼有磁器、青花磁器、青碗、青白磁器、大小磁器、青磁器、青白花磁器、青磁盏碗、青花白磁器、磁碗；器形有盘、碗；釉色有青白、青白花、青花、青等；外销范围遍布东南亚、印度洋沿岸以及西亚。明人黄省曾著《西洋朝贡典录》卷中《锡兰山国》亦有中国陶瓷贸易海外的记载："中国麝香、纻丝、色绢、青瓷、铜钱、樟脑等物，彼则以宝石、珍珠易换。"[10]

明末清初是中国历史上的重要转折时期，以民间海商为主体的私人海上贸易取代官方朝贡贸易成为中国海上贸易的主角。以漳州窑系为中心的福建民窑在中外海上贸易中发挥了重要作用，进而构成明末清初福建陶瓷文化在东南亚传播的主要内涵。本文所述及"明末清初"与月港兴衰时间相当，大致相当于明代隆庆至清代康熙早期，即 1567~1683 年。

二 明末清初福建漳州窑系的陶瓷生产

漳州地区背山临海，北临泉州、厦门，南接潮州、汕头，自宋以来便是我国外销瓷的重要产地。明隆庆元年（1567 年），明政府在月港开放海禁，准许私人申请文引，缴纳税饷出洋贸易，漳州月港凭借猖獗的走私活动以及僻处一隅的地理环境成为政府许可的中国对外贸易之重要港口[11]。受到海外市场需求的刺激，在中外商人的共同努力下，漳州窑业快速发展，陶瓷通过船舶源源不断地输往海外。

漳州地区明末清初窑址的考古调查始于 20 世纪 50 年代，当时为了寻找一种被称为"漳窑器"的米黄色釉小开片瓷器及其窑址[12]。此后福建省与漳州地区文物考古工作者又进行了多次考古调查与发掘，这些调查与发掘资料大都业已整理发表[13]。从调查发掘情况看，漳州地区明末清初古陶瓷窑址主要分布在今平和县、华安县、南靖县、诏安县、漳浦县、云霄县等。经过调查的窑址主要有平和县的南胜窑仔山窑、南胜花仔楼窑、五寨巷口窑、五寨坽仔山窑、华安县东溪窑、五寨碗窑山窑址、洞口窑，诏安县的秀篆窑、朱厝窑，漳浦县坪水窑，云霄县火田窑，南靖县梅杗窑等。经过考古发掘的有平和县南胜花仔楼窑、五寨大坽窑与二坽窑。根据调查的不完全统计，平和县明清古陶瓷窑址在漳州地区最为集中、数量最多，目前已知道的达到 70 多处。而平和县又以南胜镇与五寨乡最为集中，主要有南胜的花仔楼、田坑大仓、田坑内外窑、云后港口、半岭、虎岭、水库、红土岭、西坑、金吊岭窑、欧寮蕉山、蝙蝠洞窑；五寨乡的狗头山窑、大坽、二坽、大埔、农场仔山、通坑、下营、泥鳅崆、蛤蟆石、扫帚金、湖仔山、后巷、田中央、井仔尾巴、水田、斜坑、城仔迹、洞口、陂沟、板仔岭、田边、岩内内洞、前岭窑等。

漳州窑系陶瓷从釉色上可以分为青花瓷、青瓷、白瓷、彩绘瓷、色釉瓷等，其中又以青花瓷最为大宗。瓷器胎体多呈灰白色，部分呈白色，胎质洁净致密，釉面明亮洁净，青花的发色多呈蓝灰或蓝黑色。器形规整，从造型上看有盘、碗、碟、壶、瓶、盒、罐等，其中以盘、碗、碟类最为丰富。除了大盘外，多数器物的圈足内有明显的割坏痕或小乳突，施釉大多不及底，圈足部分露胎；碗、碟等较小器物有部分里外施釉，仅圈足底面一圈刮釉露胎，多数还在器内刮出一道涩圈，这是叠烧工艺的特征；平和、漳浦、华安、南靖、云霄、诏安等地窑址的瓷器，在圈足的底面通常粘有细砂，这是为防止瓷器与匣钵粘连而采用的隔离工艺，从而烧制出所谓的"砂足器"。瓷器品种的生产可能有了分工，出现了专烧某种器的窑口，如花仔楼窑的瓷器以大盘为主，大垅、二垅窑则以碗、碟为多数。纹饰技法有刻划、模印、釉画等，常见装饰题材有凤凰牡丹、荷塘水禽、狮子戏球、莲塘白鹭、松鹿、仙山楼阁、雉鸡牡丹、花卉植物纹、人物纹、动物纹以及文字等，大盘装饰喜用开光布局。漳州窑系瓷器在国内发现极少，相反在国外如菲律宾、印尼等东南亚国家和地区发现较多，因此可以断定漳州窑是以生产外销陶瓷为主的民间窑场[14]。

　　而说到漳州窑系瓷器的重要组成部分的米黄色釉小开片瓷器——"漳窑器"，那绝对不能不提位于华安县高安镇三洋村东溪头（漳州府古龙溪县二十五都升平保）的华安东溪窑。窑场规模巨大，窑址约10平方公里，是明清时期漳州地区最大的窑场，也是我国东南沿海重要的外销瓷产地之一。东溪窑始烧于宋代，明中叶以后兴盛，烧造延续时间长，产品类别丰富，主要以烧造青花为主，兼烧青瓷、白瓷、米黄瓷、酱釉瓷、三彩、五彩瓷等，器形有观音、弥勒等瓷塑造像，以及瓶、炉、笔筒、碗、盘等，是明末清初福建陶瓷文化传播东南亚的重要窑场。

三　东南亚及环中国海航路发现的以漳州窑系为代表的福建陶瓷

1. 东南亚公立博物馆及私人收藏的漳州窑系瓷器

　　从考古发现与调查情况看，东南亚发现的漳州窑系瓷器的主要器形有盘、碗、碟、瓶、壶等，釉色以青花瓷与彩绘瓷为主，分布范围主要在马来半岛、中南半岛等国与地区。其中对本地区陶瓷资料整理较多的有菲律宾、印度尼西亚等地。

　　韩槐准很早就留意到东南亚发现的明清瓷器中的"沙底足器"："此类明代之'沙底足'瓷器，笔者目见不少，从瓷釉、胎土、色彩及技术来辨别，其窑似有多所，依理应属泉州古商港联系之福建古窑所出品"[15]。"明代从道外销于南洋群岛的瓷器以华南窑具有'沙足'的三彩和青花的那种瓷器为最多"，但当时尚不清楚它的具体窑址，为此他曾两次到福建和广东二省沿海地带普查终不得要领，最后在广州市搜得一件明三彩大盘和一件明青花云龙四耳瓮，均具有沙足特征，与南洋发现的明代外销瓷器一样。据了解这两件瓷器是在闽粤两省交接地带购得，是故他断定沙足器的产地当在闽粤两省交接地带[16]。韩先生所提到的"沙底足"瓷器便是国外学者每谈民窑粗瓷器必谈及的"汕头器"。近年来在福建的漳州平和窑与泉州安溪窑都有发现不少"沙足器"[17]，证明福建是"汕头器"的重要产地之一。"汕头器"是漳州窑系陶瓷的重要组成部分，也是漳州窑系陶瓷外销东南亚的重要见证。

　　冯先铭在东南亚考察时在泰国、越南等国见到了不少东南亚出土的明末清初福建陶瓷器。1980年在泰国鉴定暹罗湾打捞出的中国文物以及对泰国博物馆的参观考察时，他见到了为数众多的中国陶瓷。这些陶瓷大多发现在泰国南部，从北大年

（Pattani）、宋卡（Songhkla）、那空是贪玛叻到素叻他尼省都有出土，年代从唐朝至清代，绝大多数是江南窑口产品，以福建、浙江、江西三省占主要比重。大府城展出的十七世纪中国瓷器中有不少粤北、闽南地区的红绿彩绘大盘及清代德化窑产品。在大府城古城附近的河里打捞出的景德镇青花瓷器达4吨之多，多为民窑青花盘、碗，少数碗内绘青花，碗外绘红绿彩和描金纹饰，这类瓷器在国内也出土过，但为数不多。曼谷市区湄南河打捞出水的几吨青花碎片，都是景德镇十六至十七世纪民窑产品，器形全部是碗。其中有些是青花加红绿彩，这类产品在景德镇窑址看不到，传世品及明墓也很少见 [18]。冯先生在东南亚看到的明清中国陶瓷器很可能便包含了相当数量的漳州窑系产品。

《东南亚晚期陶瓷器——16至20世纪》一书收录了诸多漳州窑系陶瓷图版。在书中第一章"汕头器类型"中汕头器被分为保守型、持续型与通用型三种类型，图版所列举的三种类型陶瓷器在漳州平和窑都能够找到同类器形。而在第二章"景德镇瓷器"中，收录的所谓的景德镇瓷器有不少现已可以断定为漳州窑系产品，如彩图1青花小罐在漳州窑场有同类器出土，彩图4"五彩开光龙纹大盘"、彩图8"五彩阿拉伯纹大盘"、彩图7"五彩裂塔纹大盘"在东南亚经常发现，现已证明是漳州窑系的产品 [19]；其中尤其难得的是，书中收录了三幅素三彩照片，如彩图23鸭形素三彩盒在南胜田坑窑也有发现 [20]；图21、22鲤鱼凌波水注全身施黄绿釉，风格与南胜田坑窑素三彩瓷一致，很可能也是漳州窑系素三彩瓷外销东南亚之遗留。素三彩盒在菲律宾、新加坡、泰国、日本都有大量收藏，深受当地人民喜好。新加坡文物局中国陶瓷教育委员会主席赵善广说："田坑产品在新加坡发现甚多，但在以前不明产地。"现在已经可以确定大多数是漳州平和田坑窑所产 [21]。

印度尼西亚被誉为中国古陶瓷的仓库之一，在印度尼西亚也发现不少漳州窑系瓷器。根据苏马拉·爱迪文《印度尼西亚发现的16—17世纪的漳州窑瓷器》一书的介绍，印尼发现的漳州窑系陶瓷主要有青花瓷、彩绘瓷、单色瓷、色釉瓷、"汕头器"等五种类型。青花瓷中包含的器形有盘、碟、碗、高足杯、罐、瓶、军持与盖盒等。彩绘瓷颜色主要有红色、黑色、绿色、青绿色四种，器形以碗为主，此外还有少量罐、军持、盒等，纹饰有动物纹或植物纹，有些碗的装饰纹样具有阿拉伯或者中国风格。单色釉瓷是最不吸引人的，主要为青白瓷、青瓷等单色瓷，器形以盘为主。色釉瓷在釉色上与单色器相似，有泛绿或泛蓝的灰白瓷、蓝釉瓷、青釉瓷以及新出现的酱褐色瓷，器形以大盘为多，也有少量的瓶、军持、壶等，装饰以植物纹最为流行，此外还有龙纹、凤凰纹等动物纹样。汕头器在西爪哇的雅加达附近经常发现，这些瓷器在福建的漳州窑与安溪窑都有生产。苏马拉·爱迪文将印尼发现的漳州窑系瓷器分为保守型、持续型与通用型三种类型 [22]。

新加坡亚洲文明博物馆所藏之中国陶瓷藏品源自莱佛士博物馆（后改称国家博物馆），这些藏品据介绍皆为以往东南亚地区普通常见的品类，其中便有漳州窑系青花瓷与彩绘瓷。如青花鱼纹碗纹饰与漳州出土瓷片非常相似，青花鹭纹碗、青花龙纹罐、青花莲花大盘、青花雉鸡牡丹大盘、青花立凤牡丹大盘、青花麒麟大盘、青花山鹿大盘、五彩鱼藻纹大盘、五彩麒麟纹大盘、五彩水禽纹大盘、蓝釉白花大盘等从造型、胎釉、装饰等方面看都是典型的漳州窑系瓷器 [23]。而这些瓷器绝大多数采自印尼等东南亚国家与地区，因此可视为福建漳州窑系陶瓷外销东南亚的有力见证。

菲律宾群岛也发现不少漳州窑系瓷器，其成果集中于 ZHANGZHOU WARE Found In The Philippines ："Swatow" Export Ceramics from Fujian 16th-17th Century 一书。[24]

在越南中部的广南省（Quang Nam）的会安（Hoi An）的考古发掘与调查中发现了大量的中国陶瓷器，当中包含不少漳州窑系瓷器，如青花立凤开光大盘、"日"字凤凰纹大盘在漳州平和花仔楼窑、大垅窑等都有发现。许多瓷器底部粘有细沙，器形以碗、盘、碟为主，少数杯 [25]。

2. 沉船考古发现的漳州窑系陶瓷

漳州窑系陶瓷不仅见于东南亚的田野考古调查发掘以及博物馆收藏，在沉船考古中也有不少发现。这对于认识漳州窑系陶瓷的外销范围、外销路线以及漳州窑系产品的断代等都具有重大意义。

1985 年菲律宾国家博物院委托 World Wide First（W．W．F．）调查 1773 年触礁失事的英国东印度公司"皇家舰长"号（Royal Captain）沉船。W．W．F．在调查过程中却意外发现了船货主要为中国明代万历年间瓷器的沉船，他们称之为"皇家舰长暗礁二号沉船"（Wreck 2 of the Royal Captain Shoal），不久又对它进行打捞。沉船打捞出了大批中国明代瓷器，以青花瓷为主，其中盘 59 个、碟 60 个、碗 34 个、杯 35 个、盒 32 个、盖盒 21 个、瓶 4 个、小罐 45 个、罐（瓮）16 个，以及不少陶瓷碎片。许多盘的器形都很大，大盘中装饰有凤鸟纹饰的达 39 件之多，大多数风格与漳州窑发现的相同或者相似；福字纹盘与漳州窑发现的同类器风格相似，士人纹笔法随意在平和窑也有发现，双鸟朝凤纹、双鹿纹等与漳州花仔楼窑发现的相同或相似 [26]。

1600 年 12 月 14 日沉没的西班牙"圣选戈"号沉船于 1991 年被发现，1992~1993 年欧洲水下考古协会（IEASM）与菲律宾国立博物馆合作对沉船进行打捞，出水数百件中国瓷器。大多数来自江西景德镇窑，少数来自福建漳州窑。如青花菱形花纹口立凤纹盘、青花鹿纹花口盘、青花松鹿纹大盘、青花水禽开光大盘等在漳州大垅窑、花仔楼窑也有发现 [27]。

1976 年在圣海伦娜岛海湾发现了 1613 年沉没的白狮号沉船（the White Leeuw），打捞出了数量庞大的中国陶瓷船货，其中以景德镇窑克拉克瓷为主，也有不少漳州窑系瓷器。如 No．11807 盘与漳州花仔楼窑出土的青花立凤牡丹纹大盘相似，第 174 页饰轮花的碗在漳州大垅、花仔楼等窑址都有出土，No．11500 篦纹碗在平和二垅窑也有发现 [28]。

越南海岸平顺（Binh Thuan）沉船打捞出大批漳州窑系瓷器，据统计达 17000 多件。器形有青花盘、杯、碗等，其中以开光立凤青花大盘最为珍贵。这艘沉船经研究大概于 1608 年满载陶瓷器等货物从中国南方驶往马尼拉或印度尼西亚，不幸在越南南部的荷兰海岸触礁沉没。2004 年这批瓷器经越南政府批准由澳洲嘉士得在澳洲墨尔本进行拍卖 [29]。

西沙群岛北礁水下调查采集的青花瓷器中有部分器物（器形为大盘、碗等）胎色灰白、青花呈色为蓝灰色，施透明釉，足底多有粘沙，主要花纹为山水、花草、松鹿等。其基本面貌如胎质、釉色、器形及工艺特征等与漳州窑场发现的同类器特征一致，应是来自平和南胜的花仔楼和五寨的大垅、二垅等窑口的产品[30]。

1595 年沉没于北美太平洋海岸的德雷克湾的西班牙大帆船"圣·阿古斯廷"（San·Agustin）沉船发现了大批的中国明末清初陶瓷器，主要器形有盘、碗和碟。有些瓷片装饰与克拉克瓷相似的开光图案；青花瓷片中有一类为胎壁较厚，制作粗糙，器足无釉，粘有沙粒[31]。这便是通常人们所称的"沙足器"，也就是"汕头器"，考古发现已经证明福建的漳州、泉州是"沙足器"的重要产地之一，这类陶瓷很可能来自福建窑场。

2010 年进行第一次水下考古发掘的广东"南澳 I 号"沉船，发现了陶瓷器、铁器和铜器等各类文物品种，其中瓷器占绝大多数，当中又以漳州窑系青花瓷为主，种类主要为大盘、大碗、钵、罐以及杯、盏、瓶等，青花瓷大盘和带盖青花瓷钵是有代表性的器物。本次发掘不仅提供了品种极为丰富的成品，同时也填补了 16~17 世纪间大航海时代我国海外贸易政策转变、东南沿海经济结构变化等资料的空白。[32]

除了东南亚外，海外其他地区也发现了不少漳州窑系瓷器。东亚的日本、非洲东南海域马达加斯加岛北部、埃及、美洲墨西哥市美国佛罗里达州、西亚等国家和地区都发现不少明末清初中国瓷器，其中包括福建漳州窑系产品[33]。这些漳州窑系瓷器与其他中国陶瓷大都是经由东南亚而后抵达以上国家和地区。这为我们探讨交流层面的东南亚亦具重要的研究价值。

四　福建陶瓷文化对东南亚的影响

陶瓷与人们的日常生活紧密关联。由于可以广泛满足各种不同阶层民众的需求，中国陶瓷的外销对输出国的社会生活产生了深远影响[34]。在物质文化生活上中国陶瓷的外销对东南亚的影响首先体现在对饮食文化的影响。以下我们将就明末清初以漳州窑系为中心的福建陶瓷文化对东南亚的影响作一简要概括。

1. 影响东南亚的饮食文化

饮食是人类的本能需要，古人在长期的饮食生活中创造出了缤纷的饮食文化，丰富多彩的饮食器皿是饮食文化的重要组成部分[35]。世界各国饮食文化复杂多样，中国人民在长期的生活实践中创造出了辉煌灿烂的饮食器皿文化，陶瓷器的发明并应用于饮食生活是饮食器皿文化的重要组成部分。而伴随着中国陶瓷器的流传海外，它们对海外的饮食文化也产生了重要影响。

在中国陶瓷输入以前，东南亚本地人民以蕉叶为盘碟，以椰壳为杯、碗。他们只能制造质量粗糙的陶器。至明末清初时期东南亚如泰国、越南等地区的本地窑业虽然已经具备一定规模，然而中国陶瓷仍然是外销东南亚的大宗产品[36]。碗、盘等是这一时期福建输往东南亚陶瓷器中的大宗产品。《明史》载："（文郎马神，今印度尼西亚加里曼丹岛南部马辰（Bandjarmasin）一带）初用蕉叶为食器，后与华人市，渐用瓷器。"[37]这是中国陶瓷通过贸易逐渐影响当地饮食文化的真实写照。《东西洋考》亦有类似记载："初盛食以蕉叶为盘，及通中国，乃渐用磁器。"[38]当时文郎马神用中国瓷盘盛放食物的器皿中便有瓷盘。一些伊斯兰教国家居民也用中国瓷盘盛食，

《东西洋考》云："（柔佛）民家磁器，都无匕筋，以手抵之而已。"[39] 陶瓷器在东南亚除了作为盛饭用具外，也被用于贮藏酒。中国史籍有不少关于东南亚地区以"瓮"盛酒的记载[40]。菲律宾岛南部一些孤立地区如岷兰佬、苏洛及巴佬湾发现了大批明末陶瓮，它们被广泛利用作为储藏米酒之用[41]。同时也被用来酿酒以备庆典之需[42]。

2. 影响东南亚的婚俗观和财富观

中国陶瓷同时也是海外国家婚礼喜庆用品以及显示身份财富的象征。明初陶瓷便被运用于喜庆场合，占城国（今越南中部的 Champa）的男女婚嫁中，成亲过十天或者半个月后，男方家父母亲友以"鼓乐迎娶回家，则置就作乐，其酒拌药封于瓮中候熟"[43]。至明中晚期，中国陶瓷依然被用于婚礼等喜庆场合，《东西洋考》卷五《美洛居》云："东海中稍蕃富之国也。……嫁女，多市中国乘（盛）酒器，图饰其外，富家至数十百枚，以示豪侈。"而陶瓷除了作为婚礼嫁妆之用，婚宴也要用瓷器餐具与酒具以示富有[44]。考古发现证实印度尼西亚乃福建漳州窑系陶瓷的重要外销地，福建陶瓷受到当地人民的普遍欢迎是不争事实。至今在北苏拉威西地区漳州窑系陶瓷还被用于婚宴上盛放食物。在当今富有的印尼人家庭中，也会把中国瓷器当作装饰品，摆设出来以示身份。当然，更有意思的是在印尼的北苏拉威西漳州窑系青花大盘还被用作接生之用[45]。

3. 影响东南亚的丧葬及宗教习俗

福建陶瓷对东南亚的更深层的影响还是体现在丧葬与宗教生活上。《东西洋考》卷四《西洋列国考·文郎马神》云："又好市华人磁瓮，画龙其外，人死，贮瓮中以葬。"[46] 说明作为丧葬用品的中国瓷瓮在东南亚部分地区十分畅销，而用瓮陪葬在东南亚其他国家与地区也极为普遍，在婆罗洲的许多民族诸如拍巴人、杜生人、穆津人、普得单丹人、杜亚兰人、克利曼丹人等都有瓮葬的风俗[47]。英人巴素指出，华人与沙捞越接触最明显的证据可以由"祭瓶"看出，毫无疑问它是起源于中国，在沙捞越州长时期内存在着"瓶的崇拜"。圣约翰氏曾描述现在沙捞越的几种祭瓶，最熟知的是 Gusi — Rusa 和 Naga；价值最高的是 Gusi 为绿色，高达 18 寸，由于它的医药性能，极为人所搜求，在塔瓦兰（Tawaran）有人出价四百英镑收买现货；Naga 是一种两尺高瓶子，上面绘饰着中国的龙，当时约值七镑到八镑；至于 Rusa，上面绘饰着一些鹿的画面，约值十五镑到十六镑；另一种瓶子 Ningkah 则索价一百五十元；这些瓶子是华人与婆罗洲及其他岛屿贸易的主要商品[48]。而福建晋江磁灶窑已被证明是生产龙瓮等陶瓷器的主要窑口。

在婆罗洲和印尼发现的华人墓葬的遗骸手脚下面都垫着青花的盘子。除了作为丧葬用具的瓮、盘外，在婆罗洲土著达雅克人的某部族的墓葬发现有用巨木作为标志立在墓地、在这巨木四周镶了陶瓷碗作为装饰的现象[49]。在菲律宾中国陶瓷被视为"坟墓里的器皿"[50]。在卡拉达岸及菲岛其他地区，中国制的大瓦瓮被用于埋葬婴尸，中国制的瓷碟被用来覆盖瓮口。这表明在明末以前输入菲律宾的陶瓷有相当部分是用于丧葬。随着西班牙的侵入与统治，菲岛被迅速基督化，沿海以陶瓷器陪葬的风俗多被停止，但这种风俗在菲岛许多土著的宗教团体里依然实行着[51]。因此明末清初输入菲律宾的中国陶瓷还是有部分继续作为丧葬用品为菲岛土著居民所用。

中国陶瓷的总体特点是烧成温度高、盈润光洁、声音清脆。这种普遍性在东南亚土著居民眼中也成为一种特色。据说通过敲打瓷器发出的清脆声音可以通神。迄今菲律宾一些土著山地居民举行宗教仪式时依然流行用中国瓷器。土人相信借着敲打瓷器发出的声音可以邀请神明来参加庆典。菲岛土制的粗陶碗经常跟中国瓷碗在坟墓中共出，它们被土人用作供盛食品祭祀神明与祖先[52]。

自 7 世纪中叶始东南亚便有穆斯林陆续到来，随着唐宋海外贸易的发展，东南亚的穆斯林也不断增加。但一直到 13 世纪中后期，伊斯兰教在东南亚的苏门答腊北部沿海地区才真正传入东南亚[53]。此后有越来越多的居民信仰伊斯兰教，东南亚进入了所谓的"伊斯兰文化时代"。至明初伊斯兰文化在东南亚已经有相当发展与规模，《瀛涯胜览·爪哇国》云："国有三等人：一等回人，皆是西番各国为商，流落此地，衣食诸事皆清致；一等唐人，皆是广东、漳、泉等处人窜居是地，食用亦美洁，多有从回回教门受戒持斋者……"伊斯兰信众除了回回人还有不少定居海外的华人。印尼发现的阿拉伯文装饰的漳州窑系阿拉伯文彩绘大盘，大盘中央绘一大圆圈，盘的周围绘八个小圆圈，圆圈内写有阿拉伯文。这种盘的图案设计以亚齐皇室"九玺"（Seal of Nine）印为根据，因此在荷兰被称为亚齐盘，在北苏门答腊的古亚齐统治区域发现很多。亚齐盘与伊斯兰教信仰有着密切联系。据印度尼西亚前教育与文化部长、亚齐苏丹的后裔 Dr. Syarif Thayeb 介绍，他的父亲曾经拥有许多亚齐盘，它们被用在传统节日中盛放食物，最大的盘则是保留给名望最高的的宾客使用[54]。印尼发现的一些明末沙足阿拉伯文大盘，如明三彩阿拉伯文大盘，阿拉伯文大意是伊斯兰教徒向"真宰"祈祷的成语和《可兰经》颂圣的文句[55]。这些大盘当亦与东南亚地区的伊斯兰教信仰有莫大关系。军持，马来语叫 Kendi，最初使用跟印度佛教密切相关。自 13 世纪中后期伊斯兰教在东南亚传入与并得到进一步发展后，军持仍然为当地人民所用，并被穆斯林用于携带圣水。至今在巴厘明代青花瓷军持仍被当做贮存圣水之用[56]。

4. 影响东南亚的产品贸易结构

福建陶瓷外销到东南亚后有相当部分是作为商品继续在市场上流通。据文献记载，至少在中国宋代作为对外贸易商品的陶瓷便已普遍存在[57]。荷兰人进入东南亚之前在印度果阿看到"有一条街都是这些信异教的印度人，他们出售中国运来的很名贵的瓷器"[58]，便是一个例子。因此如果我们将中国商人与东南亚交易视为贸易的初次分配的第一层级市场的话，至少还应考虑第一层级市场之外的陶瓷贸易再分配的第二层级市场，甚至第三层级市场。中国商人与东南亚的陶瓷贸易并非全然是贸易的终止，相反很可能参与陶瓷贸易的下一轮流通当中。东南亚以及东南亚濒临的印度洋海岸国家及地区的本土商人在获取中国陶瓷器之后，很可能通过零售或者批发等方式将陶瓷物货重新分配与出售。彼时东南亚本土商人亦有相当规模，暹罗商人、安南商人、爪哇商人以及侨居在东南亚的穆斯林商人、印度商人等在东南亚经济贸易圈内也发挥着极其重要的作用。中国陶瓷当有不少经由其手转贩东南亚、西亚、印度、非洲等地。明末清初中国与东南亚的陶瓷贸易情况与方式当不会有太大的变化。尤其是在明廷海禁政策的宽严交替之下，中国东南沿海私商更需要与东南亚本土商人加强合作才能使商业贸易持续开展。因此在东南亚发现的这一时期的中国外销陶瓷（包括福建陶瓷）应该说是在海内外商贩的相互合作下展开的。随着葡、西、荷等西方殖民者的东来，东南亚中转市场的功能得以进一步突显，陶瓷物货经由西方殖民者之手突破了东南亚及其毗邻的固有地域，成为联系亚洲、欧洲、非洲以及美洲各地的世界性产品。

5. 福建与东南亚陶瓷技艺的相互影响

文化的影响总是相互的。关于明末清初以漳州窑系为代表的福建陶瓷对东南亚窑业的影响囿于资料所限，我们无法完全洞悉其脉络，然而依然有迹可循。《东西洋考·饷税考》载陆饷货物抽税则例，万历十七年有"番泥瓶，每百个税银四分"；万历四十三年，有"番泥瓶，每百个税银三分四厘"[59]。可见在中国陶瓷大量外销海外的同时，也存在海外生产之陶瓷器输入中国的情况。早在宋元时期中国陶瓷外销菲律宾时便已发生了陶瓷技术的传入与交流。到了明代，为了发展本地窑业，东南亚本地陶瓷窑业也模仿汕头器的部分器形，如龙瓮。据 Roxanna M. Brown 研究，漳州窑系生产的万历时期青花小罐的纹饰如斑点鹿风景画图案亦为 17 世纪越南的窑工所模仿[60]。当时为了适应国际市场的需要，越南陶瓷中的部分瓷器的造型还吸收了东南亚其他国家与印度的工艺特点，如多色釉果盘足部的造型受到了印度佛坛影响，而盘足上的神兽纹则是取材于印度尼西亚的图腾标记[61]。当然必须指出的是，漳州窑系生产的汕头器青花瓷盘也模仿了越南陶瓷部分纹饰。这说明陶瓷贸易之间存在竞争，为了在激烈的竞争环境中存活下去，福建陶瓷窑业除了模仿国内名窑如景德镇窑与龙泉窑的造型纹饰外，对海外如东南亚的越南、泰国等地的陶瓷也有模仿。这也说明随着陶瓷文化的交流往来，窑业技术的往来成为一种必然。而在这种相互模仿过程中中外窑业互取所长、陶瓷生产面向市场之目标性增强，进而共同为世界陶瓷贸易发展史作出重大贡献。

注　释

1. 朱杰勤：《中国陶瓷和陶瓷技术对东南亚的传播》，《世界历史》1979 年第 2 期。

2. 韩槐准：《南洋遗留的中国古外销陶瓷》，新加坡：青年书局印行，1960 年；韩槐准：《谈我国明清时代的外销瓷器》，《文物》1965 年第 9 期。

3. 陈万里：《调查闽南古代窑址小记》，《文物参考资料》1957 年第 9 期。

4. [日]三上次男：《东南亚的中国陶瓷》，《陶瓷之路》，文物出版社，1984 年。

5. 朱光焯：《中国古瓷在印尼》，《故宫文物月刊》，1990 年第 8 卷，第 3 期。

6. [日]清柳洋子：《东南亚发掘的中国外销瓷器》，《中国与海上丝绸之路》，福建人民出版社，1994 年。

7. 叶文程：《唐代陶瓷器的生产和对外输出》、《宋元明外销东南亚陶瓷器初探》，均收入叶文程著：《中国古外销瓷研究论文集》，紫禁城出版社，1988 年。

8. "漳州窑"这一概念的最初提出是在 1992 年，目的是为了界定漳州地区发现的明清时期古窑址的内涵与性质。综合前人的研究我们认为，漳州窑系是明末清初以漳州平和窑生产的青花瓷、色釉瓷、素三彩瓷等为代表的、以生产民间贸易陶瓷为主的闽南、粤东地区的民间窑场体系。

9. （明）巩珍著、向达校注：《西洋番国志》，中华书局，1982 年；（明）马欢：《瀛涯胜览》，商务印书馆，1937 年；（明）费信著、冯承钧校注：《星槎胜览校注》，中华书局，1954 年。

10.（明）黄省曾著、谢方校注：《西洋朝贡典录校注》，中华书局，2000年，83页。

11.李金明：《漳州港》，福建人民出版社，2001年。

12.栗建安：《东溪窑调查纪略》，《福建文博》1993年第1、2期合刊。

13.福建省博物馆、平和县博物馆：《平和县明末清初青花瓷窑址调查》，《福建文博》1993年第1、2期合刊；栗建安：《东溪窑调查纪略》，《福建文博》1993年第1、2期合刊；福建省博物馆、平和县博物馆：《福建平和县南胜、五寨古窑址1993年度调查简报》，《福建文博》1995年第1期；朱高健、李和安：《平和南胜窑调查报告》，《福建文博》1996年第2期；福建省博物馆：《1996年福建考古的重要收获》，《福建文博》1997年第1期；平和县博物馆、福建省博物馆：《福建平和县田坑素三彩窑址调查》，《福建文博》1997年第1期；福建省博物馆：《福建平和县南胜田坑窑址发掘报告》，《福建文博》1998年第1期；福建省博物馆：《平和五寨洞口窑址的发掘》，《福建文博》1998年增刊；平和县博物馆：《平和官峰窑址调查报告》，《福建文博》1998年增刊；福建省博物馆、漳州市文管办：《华安东溪窑1999年度调查》，《福建文博》2001年第2期；福建省博物馆：《漳浦罗宛井窑抢救发掘的主要收获》，《福建文博》2001年第2期；平和县博物馆编：《平和窑概述》（内部资料），2000年；林焘、叶文程、唐杏煌、罗立华：《福建华安下东溪头窑址调查简报》，《东南文化》1993年第1期；林涛、曾五岳、王文经：《华安东溪窑和漳瓷》，《漳州师院学报》1993年第1期；福建省博物馆：《漳州窑》，福建人民出版社，1997年。

14.福建省博物馆：《漳州窑》，福建人民出版社，1997年。

15.韩槐准：《南洋遗留的中国古外销陶瓷》，新加坡：青年书局印行，1960年。

16.韩槐准：《谈我国明清时代的外销瓷器》，《文物》1965年第9期。

17.张仲淳：《明清时期的福建安溪青花瓷器》，《考古》1989年第7期；叶文程、罗立华：《近年来福建陶瓷考古的新收获》，《福建文博》1993年第1、2期合刊。

18.冯先铭：《泰国、朝鲜出土的中国陶瓷》、《马来西亚、泰国、菲律宾出土的中国瓷器》，均收入冯先铭著：《古陶瓷鉴真》，北京燕山出版社，1996年。

19.Barbara Harrisson，Later Ceramics in South-East Asia，Sixteenth to Twentieth Centuries. OXFORD UNIVERISTY PRESS，NEW YORK，1995.

20.平和县博物馆、福建省博物馆：《福建平和县田坑素三彩窑址调查》，《福建文博》1997年第1期；福建省博物馆：《福建平和县南胜田坑窑址发掘报告》，《福建文博》1998年第1期；茶道资料馆、MOA美术馆、福建省博物馆、朝日新闻社：《交趾香合——福建省出土遗物と日本の传世品》，日本茶道资料馆，1998年。

21.高健、李和安、郑辉：《福建平和南胜田坑窑的素三彩探略》，《中国古陶瓷研究》第4辑，紫禁城出版社，1997年；赵自强、刘欣欣、叶笑苹：《新加坡藏瓷》，广西美术出版社，2000年。

22.Sumurah Adhyatman，ZHANGZHOU（SWATOW）CERAMICS，Sixteenth to Seventeenth Centuries Found in Indonesia，The Ceramic Society of Indonesia，Jakarta-Indonesa，1999.

23.[新]郭勤逊、陈海丽：《新加坡亚洲文明博物馆所藏漳州窑瓷器》，《福建文博》2000年第2期。

24.Rita.C.Tan，ZHANGZHOU WARE Found In The Philippines："Swatow" Export Ceramics from Fujian 16th-17th Century，Yuchengco Museum the Oriental Cemaric Socoety of the Philippines，2007.

25.[日]阿部百里子：《从越南Buntau沉船打捞出中国陶瓷器》，《福建文博》1999年增刊；[日]菊池诚一：《越南中部会安出土的陶瓷器》，《福建文博》1999年增刊。

26 .FRANCK GOODIO， DISCOVERY AND ARCHAEOLOGICAL EXCAVATION OF A 16TH CENTURY，TRADING VESSEL IN THE PHILLIPINES，WORLD WIDE FIRST，1988；吴春明：《东洋航路网络中的贸易陶瓷与沉船考古》，《闽南古陶瓷研究》，福建美术出版社，2002 年。

27 .Saga of the San Diego，concerned citizens for the national museum，Inc.（Philippines），1993；[法]莫尼克·科里克著、王芳译：《界定汕头器的年代——1600 年 11 月 4 日，"圣迭戈"号大帆船》，《福建文博》2001 年第 1 期。

28 .C . L . van der Pijl-Ketel、J . B . Kist，THE CERAMIC LOAD OF THE 'WHITE LEEUW'（1613），JKSMUSEUM Amsterdam 1982 .

29 .《拍卖越南沉船发掘之珍贵中国十七世纪瓷器》，《收藏家》2004 年第 3 期；楼刚：《明代沉船里的平和窑青花瓷器》，《收藏·拍卖》2005 年第 9 期。

30 .栗建安：《从水下考古的发现看福建古代瓷器的外销》，《海交史研究》2001 年第 1 期。

31 .[美]卡尔·罗伯特·奎梅兹著、彭维斌译：《北美太平洋海岸出土的中国瓷器》，《闽南古陶瓷研究》，福建美术出版社，2002 年。

32 .崔勇：《"南澳 I 号"考古纪实》，《中国社会科学报》2011 年 8 月 30 日，第 218 期。

33 .金泽阳：《埃及出土的漳州窑瓷器——兼论漳州窑瓷器在西亚的传播》，《福建文博》1999 年增刊；林忠干：《月港兴衰时期的东西方贸易与闽南陶瓷》，《厦门博物馆建馆十周年成果论文集》，福建教育出版社，1998 年；[美]卡麦尔·阿加—奥格鲁著、郝镇华译：《从美国佛罗里达州文化遗址出土的中国明末清初的瓷器碎片》，《中国古外销陶瓷研究资料》第 3 辑，中国古陶瓷研究会、中国古外销陶瓷研究会编，1983 年；[日]三杉隆敏著、白英译：《探索海上丝绸之路的中国瓷器》，《海上的丝绸之路》（1979 年）第二章，见《中国古外销陶瓷研究资料》第 3 辑，中国古陶瓷研究会、中国古外销陶瓷研究会编，1983 年。

34 .叶文程、唐杏煌：《中国古陶瓷对国外的影响和贡献》，《林惠祥教授诞辰 100 周年纪念论文集》，厦门大学出版社，2002 年，121 页。

35 .王仁湘：《饮食与中国文化》，人民出版社，1993 年。

36 . Roxanna M.Brown . The Ceramics Of South-east Asia ：Their Dating and Identification，Singapore Oxford University Press，Oxford Newyork，1989 .

37 .《明史》卷三百二十三《文郎马神》，中华书局，1974 年。

38 .（明）张燮：《东西洋考》卷四《西洋列国考·文郎马神》，中华书局，2000 年。

39 .（明）张燮：《东西洋考》卷四《西洋列国考·柔佛》，中华书局，2000 年。

40 .马欢《瀛涯胜览》云："酒拌药封于瓮中候熟"。〈（明）马欢：《瀛涯胜览》，商务印书馆，1937 年。〉《星槎胜览校注·占城国》提到糟瓮："造酒以米和药丸干持入瓮中，封固如法收藏，日久则糟生蛆为佳醢。"〈（明）费信著、冯承钧校注：《星槎胜览校注》，中华书局，1954 年。〉

41 .富斯：《菲律宾发掘的中国陶器》，《中国古外销陶瓷研究资料》第一辑，中国古外销陶瓷研究会编印，1981 年。

42 .史籍载东南亚产酒的国家或地区不少，如菲律宾、占城；酒的种类有椰子酒、糖酒、米酒、药酒等。中国陶瓷的畅销与东南亚当地酿酒业的发展当有重大联系。是时作为生活用具的还有装水盛酒的大小水盛、缸等。

43 .（明）马欢：《瀛涯胜览》，商务印书馆，1937 年。

44．（明）张燮：《东西洋考》卷五《东洋列国考·美洛居》："宴会设二大盆乘酒，置坐隅，人手一器，酌而饮之。"中华书局，2000 年。美洛居即今印尼马鲁古群岛（Maluku Is．）至今印尼有些地方依然存在着嫁女儿用瓷器做嫁妆的风俗，具体做法是：在女儿出嫁时，预备一个小水壶作为陪嫁的嫁妆。起初是用本土产的陶器，后来改为瓷器。这种水壶叫 Kendi，也就是军持，较考究的还用金银镶花。

45．Sumurah Adhyatman，ZHANGZHOU（SWATOW）CERAMICS，Sixteenth to Seventeenth Centuries Found in Indonesia，The Ceramic Society of Indonesia，Jakarta-Indonesia，1999．

46．（明）张燮：《东西洋考》卷四《西洋列国考·文郎马神》，中华书局，2000 年。

47．Owen Rutien 著、刘强译：《北婆罗州土著之民俗研究》，《南洋学报》第 4 卷第 1 辑。

48．[英]巴素著、郭湘章译：《东南亚之华侨》，台北编译馆出版，正中书局印行，1974 年，第 34 页。这种瓶亦可译为瓮。

49．[日]三上次男著、李锡经、商喜美译：《陶瓷之路》，文物出版社，1984 年，第 140~141 页。

50．菲律宾的比拉（Pila）村墓地发现了一百多座中世纪墓葬，"在人骨的头部旁边有出土的菲律宾制的陶器，在脚下有陪葬的十一世纪至十四、十五世纪（宋、元、明初）的中国陶瓷，有的还有泰国、越南的陶瓷，至少是五、六件。"见[日]三上次男著、李锡经、商喜美译：《陶瓷之路》，文物出版社，1984 年，第 138 页。

51．富斯：《菲律宾发掘的中国陶瓷》，《中国古外销陶瓷研究资料》第一辑，中国古外销陶瓷研究会编印，1981 年。

52．富斯：《菲律宾发掘的中国陶瓷》，《中国古外销陶瓷研究资料》第一辑，中国古外销陶瓷研究会编印，1981 年。

53．黄云静：《伊斯兰教在东南亚早期传播的若干问题》，《中山大学学报》（社科版）2000 年第 1 期。

54．Sumurah Adhyatman，ZHANGZHOU（SWATOW）CERAMICS，Sixteenth to Seventeenth Centuries Found in Indonesia，The Ceramic Society of Indonesia，Jakarta-Indonesia，1999，33—34 页。

55．韩槐准：《谈我国明清时代的外销瓷器》，《文物》1965 年第 9 期。

56．[英]艾迪斯：《在菲律宾出土的中国陶瓷》，《中国古外销陶瓷研究资料》第一辑，中国古外销陶瓷研究会编印，1981 年。

57．《宋会要辑稿·刑法》二之一四四："：阜通货贿，彼之所阙者，如瓷器、茗醴之属，皆所愿得。"宋元史籍文献如《诸蕃志》、《岭外代答》、《岛夷志略》等对中国陶瓷的对外输出也有不少记载。明代《西洋番国志》、《瀛涯胜览》及《星槎胜览》保留了明初中国与海外陶瓷贸易的信息。明末以前中国陶瓷盛行海外毋庸置疑。

58．T．Volker，Porcelain and the Dutch East India Company，Leiden：Rijksmuseum voor Volkenkunde，1954．

59．（明）张燮：《东西洋考》卷七《饷税考》，北京：中华书局，2000 年。

60．Roxanna M.Brown，The Ceramics Of South-east Asia：Their Dating and Identification，Singapore Oxford University Press，Oxford Newyork，1989．

61．朱孝岳、胡潮明：《越南陶瓷》，《上海工艺美术》2005 年第 1 期。

林清哲，晋江市博物馆馆长助理，文博馆员。

试论月港兴起对漳州窑业发展的影响及作用

郑云

[摘　要]　海上丝绸之路是古代中国与外国交通贸易和文化交往的海上通道，它主要有东海起航线和南海起航线，形成于秦汉时期，发展于三国隋朝时期，繁荣于唐宋时期，转变于明清时期。明代中后期，漳州月港由于特殊的地理条件和经济因素快速兴起，成为中国东南最重要的对外贸易港口，也是唯一合法的民间贸易港口。月港对"海上丝绸之路"的开辟和繁荣作出了重要的贡献，漳州窑是随着月港海外贸易的发展应运而生的，漳州窑生产的外销瓷"沙足器"、"汕头器"、"吴须赤绘"、"吴须染付"、"交趾瓷"、"华南三彩"等成为重要的输出产品，其独特的文化韵味和艺术魅力蜚声海内外。

[关键词]　月港　对外贸易　漳州　窑业兴衰

海上丝绸之路是古代中国与世界多个国家和地区之间的海上交通线路及其相伴随的经济贸易关系，曾对世界经济、文化的发展作出卓越贡献，促进了人类社会的繁荣与进步。以中国东南沿海城市为起点，东达日本、朝鲜半岛，西经东南亚、印度洋地区，远至欧洲、非洲等地。依托先进的航海与造船技术，海上丝绸之路不仅成为中国丝绸贸易、陶瓷贸易与织丝技艺传播的直接路径，也对古代中国与其他国家之间的政治、经济、外交、宗教、文化、艺术等交流与融合产生了深远影响。

福建地处我国东南沿海，是海上丝绸之路的重要起点和发祥地，是连接台湾海峡东西岸的重要通道，是太平洋西岸航线南北通衢的必经之地，漳州和泉州、福州都是历史上海上丝绸之路的重要始发港。明朝中后期至清代前期，漳州月港作为我国唯一合法的民间海外贸易港，是当时中国东南沿海最大的对外贸易港口，开辟了世界大帆船航海史上维持最久的一条贸易航线，也是明中后期我国海外贸易中心和交通枢纽。在首次经济全球化的浪潮中，月港是大规模华商华侨闯荡世界的出发港，也是中华文明与欧洲文明最早融合交接的启航港。漳州月港和东西洋贸易，发展国际航线达 18 条之多，波及 47 个国家，辐射全球贸易网络，是中国海上丝绸之路发

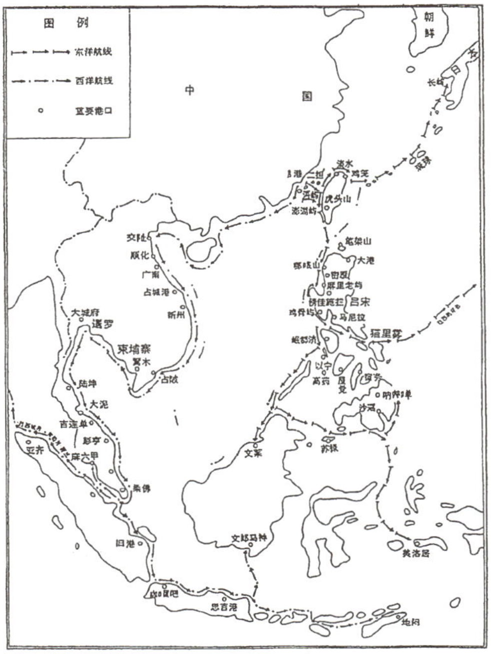

图一　明代月港东西洋航线、主要港口示意图

展历史的重要节点。月港每年可纳赋税近 3 万银两，是明王朝的“天子南库”。伴随着漳州陶瓷业日渐繁荣，平和南胜窑及华安东溪窑等闽南地区的瓷器产品经月港开始大量销往海外。

一　月港兴起带动漳州海外贸易的繁盛

港口作为一种重要的战略资源，是沿海城市的生命线。宋元以来，我国东南沿海民间贸易有较大的发展，带动了港口的建设、贸易的兴起和经济的繁荣发展。特别是明朝的郑和下西洋更是开创了世界航海史上的创举，将中外贸易推向了一个崭新的历史阶段。然而明中叶以后，伴随着葡萄牙、西班牙、荷兰等西方殖民者的东来，统治者禁濒海民私通海外诸国，但民间海上商贸活跃。

漳州月港因其地处九龙江出海口，江海汇合，江面开阔，外通海潮，内接山涧，潮汐吐纳，咸淡相交。从海澄港口起，沿南港顺流往东，经海门至圭屿（今作鸡屿），再经厦门岛出外海，这里水陆交通便利，经济腹地广阔，至成化弘治时（1465 ～ 1505 年），月港已出现“风回帆转，宝贿填舟，家家赛神，钟鼓响答，东北巨贾，竞骛争驰，以舶主上中之产，转盼逢辰，容致巨万”的繁荣景象，享有“天下小苏杭”的盛誉。正德到嘉靖末年（1506 ～ 1566 年），月港逐步发展成为福建最大的民间海外贸易港。据史料记载：“正德十二年（1517 年）葡萄牙商船东来互市，皆来月港停泊。而后，日本、西班牙商船也载货来月港贸易。‘每岁孟夏以后，大舶数百艘，乘风挂帆，蔽大洋而下。’月港附近海域，‘富商远贾，帆蠹如栉，物货浩繁，应无虚日。’月港出现‘方物之珍，家贮户藏，而东连日本，

图二　月港旧店铺

图三　月港古街

西接暹球、南通佛郎、彭亨诸国，其民无曳绣蹑珠者'的景象。"隆庆元年（1567 年），政府正式在月港开设"洋市"，"准贩东西洋"，月港作为唯一合法的民间海外贸易口岸，在短短的时间里迅速发展。万历年间（1573~1620 年），月港进入全盛发展时期，拥有 7 条往西洋、3 条往东洋的直接航线，基本上覆盖了马六甲海峡以东的传统东亚贸易网络，成为我国东南沿海对外交通贸易中心和当时从中国经马尼拉（吕宋）至美洲的"海上丝绸之路"的主要启航港。每年进出月港的大海船多达 200 多艘，贸易商品多达 114 种，征收船舶税占福建省税银的大半，月港因此享有"闽南一大都会"、"亚洲一个重要商港"的美誉。美国著名历史人类学家施坚雅把这一时空称之为中国东南区域的漳州发展周期。

月港的船舶到达东洋方向贸易的，主要有琉球、日本、菲律宾、台湾。往西洋方向贸易的主要有越南、柬埔寨、泰国、爪哇、苏门答腊等地。当年在月溪入湾处约 1 公里的河湾岸线上就分布七座古码头。月溪两侧约 5 平方公里的土地上密布着县口、霞尾街、南门外、港口、旧桥、帆巷、庐沈巷等七个街市。街市靠着码头，码头连着街市。月港的七个街市散布着数万商家，他们分别经营珠宝行、药材行、棉布行、瓷器行、丝绸行、箍（豆饼）行、铸鼎行、糖行、丝线行、鱼行、纸行、茶行、造船行等十三种行业，至今仍留有十三行地名。万历年间（1573~1619 年）杭州人口不过 40 余万，小小的月港竟汇集了 20 多万人口，留居月港的葡萄牙商人就多达 500 余人。停泊在月港水面的外国船只五颜六色、形态各异，有昆仑船、新罗船、百济船、大食船、波斯船、狮子船、婆罗门船、番船、蛮船、西域船等，简直是世界船只博览会。

月港的发展，海外贸易的兴起，带动了漳州港口经济的迅速崛起。发展了一批"居家数万家"、"贾肆星列"、"商贾辐辏"，商船四通八达，繁华兴盛的商业城市，形成了九龙江口海湾地区和诏安湾地区两大经济繁荣带；月港的发展，海外贸易的兴起，促进了漳州经济尤其外向型经济的发展；漳州农业进一步巩固和发展，品种和规模不断扩大；手工业生产快速发展，纺织业、制糖业、造船业日益壮大，漳州城内"百工鳞集，机杼炉锤"交响，成为一个手工业发达的城市。同时，漳州与东南亚、印度支那半岛以及朝鲜、日本等 47 个国家和地区建立了直接贸易关系，漳州的茶、糖、水果等农产品及加工制品，以及纺织品、陶瓷器等手工艺品，通过月港远涉重洋大量行销海外；月港的发展，海外贸易的兴起，推动了漳州与海内外的生产技术、科技成果、农产品品种的相互交流传播，促进了闽南地方文化的繁荣发展，丰富了漳州人民物质文化生活。

二　漳州瓷外销成为月港贸易的大宗商品

月港的商船扬帆海上之时，数以千计的中国大地上特有的工艺制品、丝织衣物通过这里被运往世界各地，这其中就包括大量精美的瓷器。从月港出洋的商船数量来看，明张燮《东西洋考》载："大者，广可三丈五、六尺，长十余丈；小者，广二丈，长约七、八丈"，"多以百计，少亦不下六七十只，列艘云集，且高且深"。刚开禁后不久，从月港出洋商船仅限船数而未限其航行地点，至万历十七年（1589 年）始由福建巡抚周寀定为每年限船 88 艘，东西洋各限 44 艘，东洋吕宋一国因水路较近，定为 16 艘，其余各国限船 2~3 艘。后来因申请给引的引数有限，而愿贩者多，故又增至 110 艘，加上鸡笼、淡水、占城、交趾州等处共 117 艘。万历二十五年（1597 年），再增加 20 艘，共达 137 艘。而每年从漳州月港开往马尼拉的商船数量。据估计，到十七世纪初，月港每年来往的商船数至少有 300 多艘次。据美国历史学家威廉·舒尔茨在《马尼拉大帆船》一书中指出："中国往往是大帆船贸易货物的主要来源，就西班牙（墨西哥及其附近广大地区）的人民来说，大帆船就是中国船，马尼拉就是中国与墨西哥之间的转运站，作为大帆船贸易的最重要商品的中国丝货和瓷器，都以它为集散地而横渡太平洋。""马尼拉大帆船"的货源来自福建沿海的自由贸易港月港。据文献记载并结合最新考古发现：这些往来船只中，"中国船"是以陶瓷作为"压舱石"从月港出发横跨太平洋、印度洋到达东南亚、非洲及美洲各地，从海外回来的"中国船"则以"中国货"交换"墨西哥白银"作为"压舱石"；西班牙、葡萄牙、荷兰也同样把载满"中国瓷器"的大帆船驶向世界各地。据张燮《东西洋考》所载陆饷货物抽税则例，万历十七年有"番泥瓶，每百个税银四分"；万历四十三年（1615 年）有"番泥瓶，每百个税银三分四厘"、"青花笔筒，每个税银四厘"。番泥瓶、青花笔筒，这两种陶瓷产自漳州，故被列入商品进口税，可作为出口陶瓷税收的参考数据，按常规出口税应比进口税低。这个记录也说明当时即使作为我国强项的陶瓷商品，在经销海外时也存在着双向交流的状况。随着欧美的白银充实着中国商人的钱库，从月港运出的精美丝绸和瓷器，逐渐在欧洲上流社会传播流行。在东南亚各国，如印度尼西亚、马来西亚、菲律宾和新加坡等国也发现和收藏了不少漳州瓷器。印度尼西亚被誉为中国古陶瓷的仓库之一，根据苏马拉·爱迪文《印度尼西亚发现的 16 — 17 世纪的漳州窑瓷器》一书的介绍，印尼发现的漳州窑系陶瓷主要有青花瓷、彩绘瓷、单色瓷、色釉瓷、"汕头器"等类型，器形有盘、碗、碟、罐、瓶、军持与盖盒等。

在月港海外贸易过程中，值得一提的是荷兰东印度公司。继葡萄牙、西班牙之后，荷兰殖民者绕过好望角到达印度，不久又进入南洋群岛。1602 年荷兰远航商船成立荷兰东印度公司，侵占雅加达，排挤葡萄牙的势力，成为海上新霸主和控制东西方贸易的生力军。荷兰在大西洋的圣赫勒拿岛、柔佛岛分别俘获葡萄牙商船"圣地亚哥"号和"凯瑟琳娜"号，两船装载的中国瓷器将近 210 吨，约 30 万件。次年这批瓷器被运往阿姆斯特丹拍卖的时候，中国瓷器在阿姆斯特丹拍卖很高价钱，获得惊人的利润，使整个欧洲社会为之风靡，来自各地的买主包括法国国王亨利四世和英国国王詹姆斯一世派遣的使者，纷纷前来购买，他们尤为其中晶莹绚丽的中国青花瓷器所震惊，瓷器在欧洲的声望骤然高涨，需求量急遽增大。而中国商人贩运到马尼拉的瓷器价格太低，此时荷兰东印度公司发现贸易中国瓷器可以赚取高额利润，驱使荷兰人更加积极地从事瓷器贩运。于是荷兰东印度公司就把瓷器作为贸易的大宗买卖。正如该公司职员说过："除了他们在中国买这些瓷器的确非常便宜，否则他们将无钱丕本"（《瓷器与荷兰东印度公司》）。据相关文献资料记载：1626 年荷兰"希达姆号"载运清单中有从漳州河购到的细瓷器 12814 件；1627 年荷兰"德尔夫特号"船的载运清单中有各种瓷器 9440 件，部分购自漳州河。"在 17 世纪约 80 年的时间内，中国通过荷兰东印度公司输出的陶瓷制品就达 1600 万件以上，其中不乏闽南漳州地区生产的瓷器。"（载

图四　荷兰博物馆收藏的漳窑釉上彩

自 1954 年出版的 T·德尔克所著《瓷器与荷兰东印度公司》一书），此外还有民间海商的交易更是难以估量。由于漳州瓷器数量多，价钱低，日本、西班牙、葡萄牙等国的商船，到我国港口、岛屿或在东南亚等地经商，也把漳州瓷器作为主要商品进行贸易交换，漳州陶瓷被传播至亚洲、非洲、欧洲远及美洲一带。从以上资料可以看出漳州瓷器与世界各国贸易之频繁，数量之大，令人惊叹！

从海底打捞出来的沉船，许多水下文物是漳州瓷器（西方称"克拉克瓷"）。如1976 年在南大西洋中的圣赫勒拿岛附近海域，发现一艘 1613 年葬身于非洲西部圣赫勒拿岛海域的"白狮号"旗舰，从船中打捞出许多中国明万历时期的"芙蓉式"青花瓷器，其中也包括"汕头器"类型的青花、彩绘碗、罐、盘、碟等，产地主要出自漳州地区的平和、华安等窑场。1983 ~ 1985 年，英国人米歇尔·哈彻在印尼宾坦岛外发现一艘明代"中国平底帆船"，打捞出 2.7 万件瓷器，其中主要是明末青花瓷，主要器形为漳州窑系平和窑的"克拉克"开光大盘、执壶、瓶、罐、盒、军持等；1985年，法国"环球第一"探险队在菲律宾巴拉望岛西面海域发现了一艘明代商船"皇家舰长"暗沙二号沉船，打捞出明代万历年间陶瓷器 3768 件，其中有不少属于平和窑的产品。近年来水下考古发现的 1600 年的菲律宾"圣迭戈号"，"南澳一号"从古沉船打捞出的 10000 多件瓷器中，有 8000 多件为漳州瓷器；龙海"半洋礁一号"、海南三沙"华光礁一号"、"西沙群岛北礁 1 号"、汕头"南澳一号"、东山县"东山关帝庙沉船"等水下遗址发掘出大量青花瓷碗、盘、碟、罐等器物，大都是漳州瓷器。还有，1613 年埃及的福斯塔遗址、日本的关西地区等均相继发现大量的漳州瓷器。在月港输出海外的瓷器中，就品种来看，有青花瓷器、五彩瓷器和素三彩瓷器及各种单色釉瓷器，这些从漳州各地运至月港的瓷器，西方叫"克拉克瓷"现统称"漳瓷"。

500 年前，月港不仅承担着来自国内各地丰富的商品出口商贸任务，而且也承担着来自平和、华安等地的陶瓷出口外销的转运任务。漳州瓷器沿着海上丝绸之路，漂洋过海成了古代漳州海上贸易繁荣的有力证明。

三 漳州瓷是承载中外文化交流的友好使者

中国是陶瓷的故乡，陶瓷以其所承载的独特的制瓷工艺，体现了中国古代劳动人民杰出的聪明才智和非凡的创作能力。

月港的兴起，欧洲与东方贸易往来新航线的开辟，漳州窑瓷器作为中国外销商品的重要组成部分，由漳州月港运送到世界各地，成为中国传统文化的使者和载体，给世界文化带来了广泛而深刻的影响，也把闽南地区的传统文化传播到了世界各地。漳州瓷器独特的文化韵味和艺术魅力蜚声海内外，曾被国内外学者称为"SWATOW（汕头器）"、"克拉克瓷"、"交趾瓷"、"华南三彩"等瓷器，经调查与考古发掘，被证实其产地就在漳州。大家都知道，在英语单词中，陶瓷与中国都是拼成"china"，可想而知，外国人对中国陶瓷钟情的程度。无论是平民百姓还是贵族阶层，无论是日常用品还是把玩收藏，他们都把拥有陶瓷当成一种荣幸。如 18 世纪在欧洲市场上："由于中国陶瓷以其独特的材质和装饰艺术，风靡欧洲各个阶层，尤其是优质的陶瓷已经成为夸耀地位的象征"。"普鲁士皇帝为了使其婚礼添色，竟然用数百名骑兵换取一批中国陶瓷"。更有法国路易十四"在广东订烧的带有甲胄、军徽和纹章图案的瓷器，这类瓷器往往用于军团贵族和各种授勋和喜庆典礼，17 世纪曾经风靡整个欧洲。"因此，1575 年，托斯卡纳大公弗兰西斯科·马丽西·德·美第奇出资，在佛托萨的鲍勃利公园建窑，仿制中国瓷器。直至 1709 年德国人伯特格尔制造出欧洲第一个瓷器。

在东南亚，中国陶瓷常被作为身份、财富的象征，被用于婚礼喜庆、丧葬与宗教生活。据明张燮《东西洋考》载："文郎马神（相当于今印度尼西亚加里曼丹）初盛食以蕉叶为盘，及通中国，乃渐用瓷器。""美洛居（今印度尼西亚马鲁古群岛）……东海中稍蓄富之国也……嫁女多市中国盛酒器，图饰其外，富家至数十百枚以示豪侈。"至今在北苏拉威西地区漳州窑系陶瓷还用于婚宴上盛放食物。当今富有的印尼家庭中，也会把中国瓷器当作装饰品，摆设出来以示身份。当然，更有意思的是在北苏拉威西地区，漳州瓷器的青花大盘还被用作接生之用。可见漳州窑瓷器在东南亚地区社会、生活、文化等各方面影响之大。

漳州窑瓷器作为海上丝绸之路重要的输出产品，对中国文化的传播和人类文明的交流具有重要作用。漳州窑瓷器带动了东西方各种观念与文化的交融和沟通，也见证了东西方文化的碰撞与交流。如漳州窑五彩方位帆船鱼纹盘，就体现了东西方文化的融合。盘内绘 24 向位罗盘，中央为简体阴阳太极二重圈，圈内写有"天下一"字样，内圈 24 个楷书铭文，外圈由天干 8 字、地支 12 字、八卦文乾、坤、巽、艮 4 字搭配组合，此星盘图形反映了中国的航海文化。盘中用红线连接绿彩圆圈表示星宿图，显示了中国人吸收印度、阿拉伯人的航行经验并加以发扬光大的融合并蓄。

如今尚难从文献资料分析漳州海外贸易对西方社会的具体影响，但漳州瓷却在一定程度改变西方上层社会的消费理念。厦门大学著名海交专家李金明教授说，"原来只懂得使用木头做的器具的欧洲人死亡率很高，从荷兰人在阿姆斯特丹拍卖劫持到的青花瓷后，欧洲人开始懂得中国的瓷器。""欧洲人认为中国的瓷器有起死回生的作用"。因此漳州瓷器（又称克拉克瓷）在欧洲很受欢迎。

四　漳州窑瓷器有力佐证月港贸易的史实

目前的考古调查和发掘发现明清时期漳州存在着众多的窑址，主要分布于平和、漳浦、南靖、云霄、诏安、华安等县，约有 29 处明清瓷窑址，这一时期的窑址大多集中在九龙江流域。有龙海的洛滨山窑，漳浦县的澎水窑、竹树山窑、罗碗井窑、赤土窑、南山窑，诏安的肥窑，东山的磁窑，云霄的高田窑、水头窑，平和县南胜窑、五寨窑、霞寨窑、官峰窑、九峰窑、花仔楼窑址、五寨大垅、二垅窑址、南胜田坑窑址，南靖县的金山窑、仙师公窑、荆都窑、华安县的下东溪窑，上东溪窑、磜头窑、下垅窑、东山窑、官畲窑、华山窑等等，其中以平和的南胜、五寨洞口窑址，华安的东溪窑最为集中和具代表性。这些主要以生产外销瓷器为目的的民窑窑口，在瓷器的制作工艺、烧造系统、产品特征和外销路线等诸多方面表现出共性和延续性，集中反映了漳州地区瓷器的艺术特征，是闽南地区瓷器烧制技艺的卓越代表，学界统称为"漳州窑"。"漳

图五　漳州窑瓷器

州窑"的瓷器主要由三大类组成：青花瓷、彩绘瓷和单色釉瓷，尤以青花瓷为大宗，器底粘砂粒的"砂足器"是其区别于其他窑口的明显特征。烧造工艺上呈现出以横式阶级窑、主要使用"M"型匣钵的独特窑业技术体系。漳州窑的三大类瓷器明清时期大量销往海外，现在东亚、东南亚、　西亚、东部和南部非洲、欧洲等地被大量发现、收藏和研究。海外人士以"汕头器"、"克拉克瓷"、"吴须赤绘"、"吴须染付"、"吴州染付"、"交趾香盒（华南三彩）"等名称来称呼之，这些实物和特征充分证实了漳州地区瓷器工艺通过月港海上丝绸之路贸易在海外的传播与影响。

　　平和南胜窑生产的瓷器主要作为外销出口，西方称为"克拉克瓷"，明代月港贸易繁盛后就广泛销售东南亚、日本及美欧地区，是漳州月港海上贸易的主要贸易品，也是"海上陶瓷之路"的直接载体和对应物。目前所发现的平和县窑址达100余处之多，是"漳州窑"最主要的分布地区，同时也是漳州窑系列中发现最早、考古调查发掘最多、成果最显著，在海外发现和收藏最多的窑口产地。平和县在南胜、五寨一带发现龙窑遗址数以百计，它们地处九龙江支流上游，临溪依山而建，顺着花山溪流而下，可直达月港，形成"十里长窑"。已发现的窑址有：通坑、后巷、洞口窑、内窑仔窑、二垅窑、狗头窑、大垅窑、窑仔山窑、泥鳅空窑、田中央窑、扫帚金窑、螺仔山窑、华仔楼窑、仔山窑、田坑内窑、九峰赤草埔、文峰山兜等。平和窑以生产青花锦地开光大盘为主，但做工略粗糙、均砂足，此盘在欧洲与日本分别称为"克拉克瓷"和"芙蓉手"。其中，平和南胜窑生产的青花生活用瓷大部分专供出口外销，器物大多为盘、碗、碟之类日用品，也生产瓶、杯、炉、罐等。纹饰多绘水草、鱼藻、飞禽、走兽、花草之类，有的器上还题写吉祥文字。釉以青花为主，少数为五彩、素三彩、蓝釉、白釉、青釉、酱色釉。花仔楼窑址出土瓷器有青花、白瓷、青瓷和彩绘瓷（五彩）及酱釉、蓝釉器等。器形以大盘为多，还有盘、碗、碟、盒、杯、钵、罐、炉、瓶、器盖等，多数器底粘砂；通坑窑也以青瓷为主，器形主要为碗，其口沿转角处有"出筋"现象，整体保留元代遗风，但还是具有鲜明的明代烙印，其产品具有时代沿袭性与传承连续性；大垅窑址出土的瓷器多是青花瓷，器形有大盘、盘、碗、碟等，多数器物底、足部粘砂。青花图案有"开光"、松鹿、山鸡、风穿花、折枝花、莲鹭、游禽、狮戏、火珠、奔马、人物及文字等。而1992年发现的田坑内窑，建窑年代约在明嘉靖早中期，兴盛于万历清初年间，它以素三彩瓷而享誉海内外。其产品经模印成形，烧造器形主要有盒、小罐，也有器形稍大的小瓶、小碟、碗、盘等；纹饰以牡丹、菊花、莲花、花果等作为主题花纹，并配以蕉叶、如意头、缠枝莲、仰莲或覆莲等图案；釉色有紫、孔雀绿为地，涂填黄、绿釉，日本称之为"交趾瓷"。该窑产品经第一次高温烧制的各种器物内壁多施釉，釉色多泛米黄，呈小开片。平和窑的考古发掘，解开了学术界有关"汕头窑"、"交趾瓷"的出产地谜底，为研究明清时期我国东南地区古陶瓷的窑炉结构、烧造系统、制作工艺、产品特征、陶瓷贸易和海外文化传播提供了重要的实物证据。

　　华安县的有窑址为：高安乡下东溪头窑、白叶坂窑、新圩乡官畚村窑、高车乡砾窑、马坑乡甲塘窑、东山窑。最大窑场的华安东溪窑，文化遗存丰富，极具文化内涵，是我国东南沿海地区重要的外销瓷产地之一。东溪窑烧造的延续时间长，产品类型丰富，风格独特。品种有观音、弥勒佛、花瓶、香炉、水盂、笔筒等，釉色色彩有纯白、纯黄、纯红、米色、绿色、白地三彩，大都为釉色米黄或白中泛黄；器形有碗、碟、杯、壶、炉、盆、烛台、鸭形水注、羹匙、勺、鼻烟壶、烟斗及瓷塑。其中鼻烟壶、烛台为闽南其他窑少见，而乳头状足和桥形足为该窑产品典型特征；质地特征是开细小冰裂纹、胎白、厚、质轻、多素而印有淡淡的几何纹、旋纹，器形多为摆设品；东溪窑生产以炉、罐、盒、瓶、盆为主，也见少量的盘、杯、碗。作为"民窑"、"私窑"，其产品质量也有上乘之作，有的被列为供品选送朝廷，因此月港本地出产外销的东溪窑等"漳瓷"数量巨大，在当时行销海内外并一直受到人们的青睐、珍藏。

随着"南海一号"（海南海域）、平潭"碗礁一号"、"碗礁二号"、广东云澳"南澳一号"、龙海"半洋礁"的水下沉船考古发掘，打捞出数量众多、品类丰富的瓷器，都与以上窑址的瓷器样本吻合。这些文物年代式样也与月港的海上贸易史料记载基本相符。

平和县博物馆馆长杨征说："漳州窑业迅速发展，一是与景德镇的渊源，二是漳州月港兴起。两者对平和制瓷业的发生、发展起着关键作用。"据《平和县志》记载，1513 年时任平和地方长官的王阳明率部平定农民起义后，为安定地方，选留来自江西的随军兵众，其中不乏陶瓷方面的能工巧匠。而景德镇由于原料危机、窑工反对陶监的斗争、官窑与民窑因为高岭土的纷争等因素，导致景德镇官窑生产中断 80 年，景德镇外销瓷产量因此大幅减少，无法满足月港海外贸易市场的大量需求，于是，许多漳州民窑应运而生了，这也直接证实了月港兴起对"海上丝绸之路"的贸易往来与文化交流做出的重要贡献，成为明中后期经月港出口外销瓷的贸易输出品重要史迹。

五　月港衰败直接导致漳州窑业的停滞

明末清初厦门发展起来后漳州月港即一蹶不振，不久就完全衰颓，在历史上销声匿迹。其衰败如此之快，同明王朝横征暴敛和西方殖民海盗的骚扰劫掠，以及惨遭战争的破坏有直接关联。

17 世纪初，西方殖民主义者入侵南洋，荷兰占据爪哇岛，控制南洋南部，西班牙侵占菲律宾群岛，控制南洋东部。葡萄牙控制了印度支那半岛、苏门答腊岛以及南洋的西部。葡、西、荷为了争夺海上霸权，把侵略矛头指向我国东南沿海。嘉靖年间，

图六　平和南胜窑

图七　华安东溪窑

葡萄牙侵占我澳门，天启年间，西班牙侵占我台湾北部。天启二年（1622 年）荷兰侵占澎湖，二年后又侵占台湾，并屡次侵犯福建沿海地区。

西方殖民者的东侵，严重破坏了月港的海外贸易。他们在海上大肆抢掠商船，甚至杀害我国的商人及侨民。西班牙殖民者屡在吕宋惨杀我国侨民达两万多人，限制华人经商，切断我国商人与菲律宾的贸易。荷兰殖民者则在吕宋港口海面袭击、掠夺我国商船，天启间，荷兰入侵台湾后，竟横行台湾海峡，封锁九龙江口，百般破坏月港的海外贸易。《天下郡国利病书》载：“自红夷肆掠，洋船不通，海禁日严，民生憔悴”。《海澄县志》写道：“洋船多被劫掠，月港洋市仍趋衰落。” 再加上明封建统治阶级政治上的腐败，横征暴敛也加速月港的衰落。明末，财政危机严重，屡加月港税额。政府规定，商人进行海外贸易，可向政府领取“商引”、交纳“引税”。船只要交纳“水饷”，船上的货物又要交纳“陆饷”，此外还有“加增饷”。征税以外，商人还要遭贪官污吏的勒索和掠夺。福建税监高寀任职十六年，被撤职回京时，行旅“辎重塞途”，“富可敌国”。在封建统治者的敲诈勒索下，“五方之贾，稍稍掉臂，不肯入澄”。还有明末郑芝龙起兵反清的战乱和“迁界”也破坏了月港的对外贸易。天启六年（1626年），郑军三次攻占海澄，月港成了战场，连年战乱使月港“家室俱破”、“年谷屡荒”，经济遭到严重破坏，社会不稳定。清政府为瓦解郑成功的反抗力量，两次下令“迁界”将连接月港的陆、海路交通破坏殆尽，这一毁灭性的打击使漳州月港作为国际贸易港的条件已不具备了，月港的海外贸易也就停顿。同时，漳州月港内河港小水浅，江海交接处水深差距很大，大船不能直接靠岸，货物装卸要经过驳船搬动，海船出入受潮水限制；而厦门港港阔水深，岛的周围皆是水深二十米以上的港道，万吨海轮可不受潮汐的限制随时出入港口。与厦门港相比，月港自然地要显得不方便。厦门港开始取代月港，并迅速崛起成为国际贸易商港。这样，漳州月港衰颓并完全退出海外贸易港口的历史舞台。

在漳州月港衰落后，月港海上贸易的停顿，大量瓷器外销转口到东南亚、日本及欧美的航线途径已经中断。因月港繁盛而发展起来的漳州窑业也严重受阻很快衰败，只是再延长一段很短的时间而已。根据日本学者森村健一从日本古遗址的陶瓷出土资料证实：“16 世纪末至 17 世纪初（1585～1615 年）平和窑瓷器在日本大量出现，日本大阪城夏阵遗址出土的平和窑器物占出土遗物的 80%。” 17 世纪初至中叶（1616～1660 年），即中国的晚明至清初，平和窑瓷器在日本相对减少，这说明平和窑业在月港衰落后又维持了十来年。清廷为瓦解郑氏而定的“海禁” 和“迁界”政策，严禁商民下海贸易，致使漳州瓷器外销交通销路完全受阻。当郑氏反清势力消除后，康熙二十二年（1683 年），清廷在厦门正式设立海关“开海贸易”，此时声名远扬的漳州窑业趋于衰败，唯华安东溪窑一枝独秀。漳州窑业溃败还有另一种因素，前期生产许多人才、技术学习借鉴景德镇陶瓷制作技艺，瓷器生产不论是风格、纹饰、还是工艺上与大都与景德镇瓷器相仿，精致品甚至可达到以假乱真的地步，还加上一些漳州本土的图案花纹、西方社会需求款式，给漳州瓷器带来了闽南文化鲜活信息，增添了新颖的生活内涵，因此在国外很快打开销路和名气。然而，随着市场对漳州瓷器的大量需求，经营者急功近利而粗制滥造，生产出数量巨大却“不甚工巧”的瓷器，漳州窑后期产品低劣被海南、福建、广东沿海其他众多具有相当竞争力的生产瓷窑所取代。《漳州府志》载："瓷器出南胜者，殊胜它邑，不甚工巧，然犹可玩也"。平和窑业工艺的日趋拙劣在一定程度上削弱自身原有优势和市场竞争力，致使漳州窑业出现颓势，其衰败已是大势所趋，最终停产。

参考文献

1.（清）乾隆本《海澄县志》。

2.（明）张燮著，谢方校注《西洋朝贡典录校注东西洋考》，中华书局，2008 年。

3.（清）黄许桂主修《平和县志》。

4.（清）张廷玉《明史》。

5. 江国栋修康熙丁酉年《龙溪县志》卷之十一，古迹。漳州图书馆影印本，2005 年。第 304~305 页。

6. 粟建安：《从水下考古的发现看福建古代瓷器的外销》，《海交史研究》2001 年第 1 期。

7. 福建省考古队粟建安：《东溪窑调查》（馆藏）。

8. 叶文程、唐星煌、罗立华、林焘：《华安下东溪窑址调查简报》。

9. 王文径、曾五岳、林焘：《华安东溪重头窑与漳窑》。

10. 李金明：《漳州港·明代海澄月港兴衰史》，福建人民出版社，2001 年。

11. 郑墉：《月港遗迹点滴》。

12. 杨翰球：《十五世纪至十七世纪中叶·中西航海贸易势力的兴衰》。

13. 熊寒江：《东溪窑与漳瓷》（月港论文集）。

14. 张维华：《明代海外贸易简论》。

15. 陈自强：《论明代漳州月港的历史地位》，《海交史研究》总第 5 期。

16. 杨征：《平和窑》，海峡出版发行集团，2014 年。

17. 厦门大学南洋研究所编：《南洋研究论文集》，厦门大学出版社，1992 年。

18. 林忠干：《月港兴衰时期的东西方贸易与闽南陶瓷》，厦门博物馆编《厦门博物馆建馆十周年文集》，福建教育出版社，1998 年。

19. ［日］森村健一：《福建省漳州窑系青花、五彩、琉璃地的编年和贸易——明末清初的汕头器》，《福建文博》1996 年第 2 期。

郑云，文博副研究员，龙海市博物馆馆长。

打响月港品牌，积极融入海丝建设大局

江智猛

[摘　要]　15世纪末，漳州月港对外贸易悄然兴起，其后的约200年间，月港一度成了"海舶鳞集、商贾咸聚"的外贸通商港口，被誉为"闽南一大都会"、"小苏杭"[1]。它与汉唐时期的福州港，宋元时期的泉州港和清代的厦门港，并称福建古代"四大商港"[2]。月港辉煌的历史不仅奠定了漳州在"海上丝绸之路"的重要地位，对中国乃至世界经济的发展都起到不可忽视的促进作用。漳州海商视大海为舞台、以世界为市场，开辟世界大帆船航海史上维持最久的一条贸易航线。以月港为中心，以陶瓷为主要贸易输出品的海外贸易，是明清时期漳州"海丝"文化的独特见证，成为闽南文化向海外传播的重要通道，也是全国"海丝"申遗不可或缺的重要组成部分，对今天的"海丝"建设具有独特的借鉴和启迪作用。

[关键词]　月港　启航港　兴衰历史　海丝建设

对于海洋，人类从远古开始，就充满着求知的欲望，充满着探索的热情。我国人民漂洋过海，从事商贸、文化交流的海上交通路线，形成了"海上丝绸之路"。

古代的"海上丝绸之路"是东西方商贸流通、人员往来、文化交融的重要海上通道，对当时中国和海外贸易国家的经济社会发展产生了深远影响。"21世纪海上丝绸之路"，在传承古代"海上丝绸之路"和平友好、互利共赢价值理念的基础上，注入了新的时代内涵，合作层次更高，覆盖范围更广，参与国家更多，将串起连通东南亚、西亚、北非、欧洲等各大经济板块的市场链。建设"21世纪海上丝绸之路"，对于形成全方位的对外开放新格局、促进我国与沿线国家的友谊、合作与共赢，具有重大而深远的意义。

一　月港兴衰史迹简述

漳州月港，一个"海舶鳞集、商贾咸聚"[3]的闻名巨镇，一个几乎给古老帝国带来无上荣耀的商港，可谓是全球化初期的映海明月。它因"一水中堑，环绕如偃月"而得名，

图一　船

是明朝中后期"海上丝路"民间唯一合法的始发港，闻名全球。

（一）

当历史回到六百多年前的明朝初期，为了防止方国珍、张士诚旧部逃亡海上的残余势力卷土重来，也为了防范日益突出的倭寇问题，洪武三年（1370年）明太祖厉行海禁政策，严禁沿海居民私自出海贸易。次年，再次颁布禁海令，重申沿海居民必须遵守法纪，不得私自出海。洪武二十年（1387年）明政府下令撤除澎湖巡检司，"尽徙屿民，废巡司而墟其地"[4]。随后，东南沿海地区原有的福州、泉州等对外通商港口逐一被关闭，商船进出受到严厉的查禁。当时有些民间海外商船，为了冲破官府的"海禁"限制，继续开展海外贸易，而多方求索，探得月港自然条件隐蔽，可以做为商船停靠和装卸货物的港口，而且距九龙江出海处只十几公里航程，没有驻扎巡查"海禁"的官兵，就选择该处做为对外走私交易据点，因此这一地区迅速成为私人海上贸易的重要口岸。当时不仅民间存在着广泛的走私活动，就是政府官员、军人也参与其中。据《明太祖实录》的记载，在明永乐年间（1403~1424年），"缘海军民人等，近年以来，往往下蕃，交通外国。"嘉靖以后，由于江南地区社会经济的繁荣，出现了一批私人海上贸易集团，他们兼有武装，"亦商亦盗"，主要由漳州人组成。这些海商集团，在没有国家政府作为后盾的情况下，依然执掌着东洋各国海上贸易的牛耳。因而，他们便从四面八方会聚而来，以月港作为暗中对外通商的港口。据史料记载："当时月港居民数万家，"方珍之物，家贮户峙"、"而东连日本，西接暹球，南通佛郎、

图二　明代月港

图三　月港容川码头

彭亨诸国"。"其民无不曳绣蹑珠者"，"盖闽南一大都会也"[5]。月港与汉唐时期的福州港，宋元时期的泉州港和清朝的厦门港，并称福建历史上的"四大贸易商港"。

月港"货贝聚集"。从华安、平和、漳平甚至江西境内，无数的货物顺着九龙江支流聚集月港，等待出洋。带着浓郁异国情调的商品同样云集于此：有雕刻得十分精致的犀牛角，有磨洗得又白又亮的象牙，有洁白如雪的燕窝，就连寺庙里燃烧的烛香，也带着异国的檀香味。据《天下郡国利病书》记载，当时抵达月港的海外国家物品，包括暹罗、柬埔寨的苏木、胡椒、象牙等，都是中国人十分喜爱的，吕宋则盛产银子。所以从月港出口的货物，若销往暹罗、柬埔寨等西洋国家，就以当地的产物相抵；若销往吕宋，往往换回大量银元。据《东西洋考》[6]"陆饷"统计，万历时期，从月港进口的货物有116种，大多是海外的土特产，如番被、番藤席、黄腊、冰片、草席、番纸、番镜、火炬、粗丝布、西洋布，还有各种皮货，如鲨鱼皮、獐皮、獭皮、马皮、蛇皮、猿皮，以及各种矿物，如金、锡、铅、铜、矾土等。此外，江西的瓷器、福建的糖品、果品，也深受海外民众喜爱。

万历年间是月港发展的黄金时代，盛况空前，"四方异客，皆集月港"。往返商旅，相望于途。明朝顾炎武《天下郡国利病书》[7]载："泉漳商民，贩东西洋代农贾之利，比比皆然。"福建航运业，出现了"富者出赀，固得捆载而归，贫者为佣，亦博升米自给"，或"富者出赀，贫者出力，懋迁居利"的资本主义性质的生产关系。每年仲夏至中秋，风汛期间，由月港发船的商船，多达200余艘，少亦六七十艘。明朝周起元《东西洋考·序》载："五方之贾，熙熙水国，剡艅艎，分市东西路，其捆载奇珍，故异物不足述，而所贸易金钱，岁无虑数十万。"月港的繁荣，给明政府带来巨大的关税收入，随着私人海上贸易的发展，税额不断上升。《福建省志·财税志》第一篇，《财政收入·关税》载：隆庆六年（1572年）"开设舶税，仅数千金"，万历四年（1576年）"饷溢额至万金"，万历十一年（1583年）"累增至二万有余"，万历二十三年（1594年），"饷骤溢至二万九千两"。从此以后月港商税收入保持在3万两左右，月港因此有"天子南库"之称。

（二）

月港海外贸易的兴盛打开了漳州通往世界的大门。对外开放的月港，促进了港口经济的繁荣。月港的停泊点，散布于北岸的嵩屿、海沧、石美、玉洲、澳头，南岸的屿仔尾、海门岛、浮宫、海澄月港、石码、福河以及港口外的大径、卓岐、浯屿和中左所等。月港附近的玉枕洲、海沧、福河、石码、浮宫、屿仔尾、大径、卓岐等，多为"北船"（航行于温、宁、沪、津）和"横洋船"（川走台湾、澎湖）的停泊发船点。海澄月港，为当时海上外贸进出口货物的主要集散地。首先是码头星罗棋布，"据遗址考察，明清时期月港溪尾不足1公里的海岸就设7个码头，即饷馆码头、路头尾码头、箍行码头（又名中股码头）、容川码头、店仔码头、阿哥伯码头、溪尾码头。"（《漳州市志》[8]卷五，《港口码头·月港码头》）其次是港市的繁荣。根据黄仲义先生《月港商市遗址》记述，如今有据可查的就有7个港市：县口市、港口市、旧桥市、新桥头市、芦沈港市、下尾街市、南门外市。街市大都临着港道，小船可以一直开到店门口。月港附近的居民几乎家家有店面，家家做生意，有豆饼行、米行、糖冬瓜行、冰糖行、药材行、铸鼎行等等。月港的街道、码头、店铺、寺庙，聚集着操各地口音的八方来客，其中不乏高鼻子蓝眼睛的西洋人。

（三）

富足的月港，在繁荣的背后也隐藏着许多社会问题。比如：倭寇、税吏、朝廷派来的宦官，或鱼肉百姓，或打家劫舍，无法抑制占有月港遍地财富的欲望。为了加强月港的社会治安管理，嘉靖九年（1530年），政府在海沧设立安边馆[9]。三十年（1551年）在月港设立靖海馆。嘉靖四十二年（1563年），福建巡抚谭纶把靖海馆改为海防馆，设海防同知驻扎。嘉靖四十四年（1565年），漳州知府唐九德建议将龙溪、漳浦各割一部分成立海澄县，经福建巡抚汪道昆、巡按王宗载报请批准后，嘉靖四十五年置海澄县。

17世纪初，西方殖民者的东侵，严重破坏了我国的海外贸易。葡、西、荷为了争夺海上霸权，把侵略矛头指向我国东南沿海[10]。嘉靖年间，葡萄牙侵占我澳门，天启年间，西班牙侵占我台湾北部。天启二年（1622年）荷兰侵占澎湖，两年后又侵占台湾，并屡次侵犯福建沿海地区。他们在海上大肆抢掠商船，甚至杀害我国的商人及侨民。明末西班牙殖民者屡在吕宋屠杀我国侨民，有一次惨杀我国侨民达两万多人。侵略者还

海底打捞瓷器

月港流通铜钱

图四

限制华人入境，限制华船入港，限制华人经商，吕宋是月港海外贸易中转站，西方殖民者的野蛮行径，直接危害了月港的海外贸易。《天下郡国利病书》载："自红夷肆掠，洋船不通，海禁日严，民生憔悴"。《海澄县志》写道："洋船多被劫掠，月港洋市仍趋衰落。"

明封建统治阶级政治上的腐败，横征暴敛也加速月港的衰落。明末，财政危机严重，屡加月港税额。政府规定，商人进行海外贸易，可向政府领取"商引"、交纳"引税"。船只要交纳"水饷"，船上的货物又要交纳"陆饷"，此外还有"加增饷"。正税以外，商人还要遭贪官污吏的勒索和掠夺。福建税监高采任职十六年，被撤职回京时，行旅"辎重塞途"，"富可敌国"。在封建统治者的横征暴敛下，"五方之贾，稍稍掉臂，不肯入澄"[11]

明末的战乱和"迁界"也破坏了月港的对外贸易。天启六年（1626年）郑芝龙起兵反明，三次攻占海澄，月港成了战场，顺治三年（1646年）郑成功起兵抗清，直到郑军收复台湾，前后十多年，月港也成为两军争夺之地。连年战乱使月港"家室俱破"、"年谷屡荒"，经济遭到严重破坏，社会不稳定，月港的海外贸易也就停顿下来。

月港在长期的战乱和"迁界"的冲击下终于衰落下去，但继之而起的是厦门港的兴起，康熙二十三年（1684年）清政府在厦门正式设立海关，从此，厦门港取代了月港的地位，成为我国对外贸易的大商港[12]。

二　月港的历史地位与贡献

翻阅古代"海上丝绸之路"这段厚重的历史，月港是一个不容忽略的地方。作为"海上丝绸之路"衰退时期最为繁荣的港口地区，月港承上启下，以其优越的地理区位、特殊的民间港口贸易形式、丰富精美的贸易输出商品、杰出的海商人物代表，在中国和世界海洋贸易交往中扮演着举足轻重的地位和不可缺失的角色，填补了"海上丝绸之路"发展历程的空白。在中国海洋贸易史上很难再找到这样风云际会、影响深远的时代。从这个意义上说，月港时代不仅是闽南的，还是全国的。

（一）月港的历史地位

1. 月港开创了我国民间海外贸易的先河

从隆庆元年（1567年）至崇祯五年（1632年），漳州月港至少维持了半个多世纪的繁盛。况且是以合法的民间贸易港的身份侪居名港之列。它结束了明代前期维持近200年的朝贡贸易，使明代后期的私人海外贸易得以迅速地发展起来；它标志着我国历史上持续近1000多年的以官方垄断为主的海外贸易发生了根本性的变化，使我国海外贸易史进入了一个崭新的时期。

2. 月港开创了中国的白银时代

以月港为主的东南沿海地区，大量番银流入，极大地刺激了国内货币的流通，扩大了交易市场。援引《明史》的说法：正统初年明英宗"弛用银之禁"、"朝野率皆用银"。恰恰是明朝国家治理能力的下降，由于大明宝钞的失败、钞法的败坏造成的财政危机，才导致了"朝野皆用银"。大规模的进口白银改变了明朝原有的货币体系，明王朝也就只能向世界货币市场和国内掌握着大量白银货币的商人妥协了。直到万历年间，张居正当国，下令全国百姓可以交纳白银而免除赋役的"一条鞭法"[13]，白银作为主币终于得到朝廷官方认可。其重要性在于，它是明朝首次以法权形式肯定了白银为合法货币，并且是用法权形式把白银作为主币的货币形态固定了下来，同时又以法的形式将城市工商的地位、权利固定下来。到嘉靖年间，白银的主币化过程逐步完成；在明朝中后期，白银普遍通行于全社会，并最终占据货币流通领域的主导地位，标志着白银货币化已经完成。所以说，漳州月港推动一个新的"白银世界"开始。

3. 月港开创了中国海外贸易全球化

当时月港拥有18条往东西洋的航线，与东南亚、南亚和东北亚等47个国家和地区有直接贸易往来[14]。如越南、泰国、柬埔寨、马来半岛、新加坡、爪哇、苏门答腊、菲律宾群岛、马鲁古群岛、加里曼丹等，并常抵日本、印度。月港海商还通过马尼拉这个中继站和南洋群岛的其他地方，直接与西班牙、葡萄牙、荷兰、英国等欧洲商人进行广泛交易，并从而与美洲发生了贸易关系。月港海上贸易北上到达琉球、日本、朝鲜，南下到达东南亚各国，西与西班牙、葡萄牙、荷兰等西欧殖民国家进行环球贸易，到达拉丁美洲，第一次将中国商品的贸易范围扩至拉美和欧洲。该航线持续了两个半世纪，是世界大帆船航海史上运作时间最长的一条国际贸易航线。时间跨度之长、数量之大、国别之多，都是世界罕见的。

4. 首创民间海外贸易的管理机制

随着月港的海外贸易迅速崛起，出现了"货物通行旅，资财聚富商，雕镂犀角巧，磨洗象牙光"的繁荣景象。明政府为了加强对海商的控制，嘉靖九年（1531年），根据巡抚都御史胡琏的建议，把巡海道移驻漳州，并在月港东北10多里的海沧澳建立安边馆。嘉靖三十年（1551年），复于月港建立靖海馆，以"通判往来巡缉"。隆庆、万历年间，为了征收商税，加强管理，才把海防馆改为督饷馆，馆址在"县治之右，即靖海馆旧基"[15]。明朝政府不仅设置了专门的管理机构，而且制订了一些管理法令与条例。

当时商税的征收办法：月港海商的税收制度由从前的抽份制改为饷银制。这种商税共分水饷、陆饷、加增饷3种。以上3种税都是货币税，从贡舶贸易抽分实物税到征收货币税，这是中国关税制度的重大变化，反映出明代对外贸易发生了根本性的变化，新的封建海关管理制度由此产生并发挥长远的影响。

5. 在海丝申遗文化链条中不可或缺

在"海丝申遗"时空链条中不可或缺。从时间上看，漳州月港是承上启下的过渡性港口。闽南地区的对外贸易港口主要有三大变化：宋元时期的泉州港、明代的月港、清代的厦门港[16]。月港上承宋元时期的泉州"海丝文化"，下启清代广州、厦门"海丝文化"；从地理上看，沿海贸易空间不可或缺。漳州处于上接东海和黄海，下连南海的重要位置，处于中国"海丝"的中南部。

6. 改变了中国传统种植业，产生了资本主义萌芽

番薯、花生、马铃薯、番茄、菠萝、玉米首次从月港输入到江西乃至山西、河南，丰富我国农作物的种类，使农耕结构发生了重大变化[17]。同时，月港的发展，促进了

漳州经济尤其是外向型经济的发展。手工业生产快速发展，纺织业、制糖业、造船业日益壮大，漳州城内"百工鳞集，机杼炉锤"，成为一个手工业发达的城市。同时，漳州与东南亚、印度支那半岛以及朝鲜、日本等47个国家和地区建立了直接贸易关系，漳州的茶、糖、水果等农产品及加工制品，以及纺织品、陶瓷器等手工艺品，通过月港远涉重洋大量行销海外。所以，月港的兴盛刺激了商品经济的发展，产生了雇佣关系，促进了资本主义萌芽。

（二）月港的社会贡献

1. 明清时期从月港输出外销而生产瓷器的民窑窑口，这些窑口在瓷器的制作工艺、烧造系统、产品特征和外销路线等诸多方面表现出共性和延续性，学界统称为"漳州窑"，如今在东亚、东南亚、西亚、东部和南部非洲、欧洲等地被大量发现、收藏和研究。它们以其所承载的独特制瓷工艺，体现了中国古代劳动人民杰出的聪明才智和非凡的创作能力，在海内外古陶瓷界产生了重大影响。

2. 漳州现存的港口码头遗址、海外贸易输出品遗存、海商人物史迹以及大量的历史典籍、遗物，如：在漳州民间也发现了许多明清时期的30多个国家的银元和克拉克瓷、漳绒、漳绣、漳丝等物件，为都是"海上丝绸之路"商贸文化的交流与发展的历史见证。月港遗存众多、样式独特、内涵丰富、保存完整，生动地展现了古代"海洋丝绸之路"在明中期到清初之际海洋文化交流互动的历史进程和风貌，深刻反映出东南沿海海洋文化的特质及海洋社会的发展传统，是中国古代海洋文化生动体现。

3. 月港的海外贸易对象包括东南亚40多个国家和地区，是当时的国际知名港口。现今保留的月港遗址尚存码头7处，每一个码头分工明确、功能合理、流程清晰，反映出当时月港码头作为中心港口繁荣发达的通商情况。代表明清"海上丝绸之路"的重要实物见证，也为研究"海上丝绸之路"海运和港口贸易发展演变提供了珍贵的实物资料；月港的许多建筑遗存在秉承闽南地区民间建筑特色基础上糅合了南洋和广州的建筑元素与风格；还有月港的街道、码头、店铺、寺庙等等，月港建筑群体所承载

西属墨西哥双柱双地球银币，1756年　　　　荷兰"女神站像"鎏金银币　1762年

图五

的陶瓷烧制技艺和闽南民居建筑艺术风格，是闽南海洋社会先民根据实际生产、生活的需要顺势而为创作，是先民聪明才智长期积累的结晶，对后世文化艺术传承、民居建筑样式产生了深远的影响。

4. 随着月港的兴起，涌现出许多在全世界都有着重大影响的海商和航海家，他们几乎主导了东南亚的贸易市场，对东西方文化的交流起到重要的媒介作用，使闽南文化在有华侨的区域中进一步发扬光大，这些人物也为研究中国海运史及海洋文化提供了重要依据，是研究海外交通史、华侨史的重要实例。

5. 民间信仰方面，闽南侨民也把家乡的地方神信仰移植于侨居地，如漳州的保生大帝、土地公、关帝爷信仰，祭拜活动在形式上也保持与闽南故乡一致。闽南的地方音乐戏剧也随着闽南人移民东南亚各地而传播开来，尤以布袋木偶、芗剧、南音为主要形式，以其独特的表演艺术名扬海内外。闽南文化传播到东南亚各国，也对东南亚各国在物质文化、语言文字、音乐戏剧、民间信仰和民俗等方面产生了广泛而深刻的影响[18]，衍生出东西方艺术、宗教、人文等多元文化的交往与融合。

三　月港海丝遗址现状及存在困境

（一）月港遗址毁坏严重。月港当年那些"贾肆星列、居民数万"的繁华景象，已经无法感受，只见"几无烟火、疮痍载路"的一片荒芜场地。孔庙、城隍庙、观海寺、帆巷、晏海楼、萃贤坊等古建筑，得以保存；儒山书院、九都堡、溪尾铳域、大泥铳城、镇远楼[19]等在历史的风吹雨打中灰飞烟灭了；当年七个街市仅留下帆巷和临江古街，断断续续，也只有十几间依稀可见的明代建筑；月港沿江的近百个旧码头，早已不复存在，一公里七个旧码头剩下饷馆码头、溪尾码头的几块青石板，其余的都被水冲垮、淤泥覆盖，难辨痕迹；明代古民居群、旧寺庙早已被水泥钢筋结构的现代建筑替代，所剩几间古厝遭受风雨侵袭，瓦破雨漏，摇摇欲坠；月港贸易的白银、瓷器、绸缎等物品多所淹没；连"其形似月"的月溪也淤积堵塞；侨批信件、古籍旧书也难觅旧事；抗倭御敌五个卫城之一的镇海古卫城受自然条件和人为破坏只剩下残垣断壁，古城门墙坍倾斜；中国海关前身的税银征收机构的督饷馆[20]和出入航标灯塔的南太武山延寿塔也已遗址难觅……综上所述，可见月港留存下来的重要遗址遗物已是面目皆非。

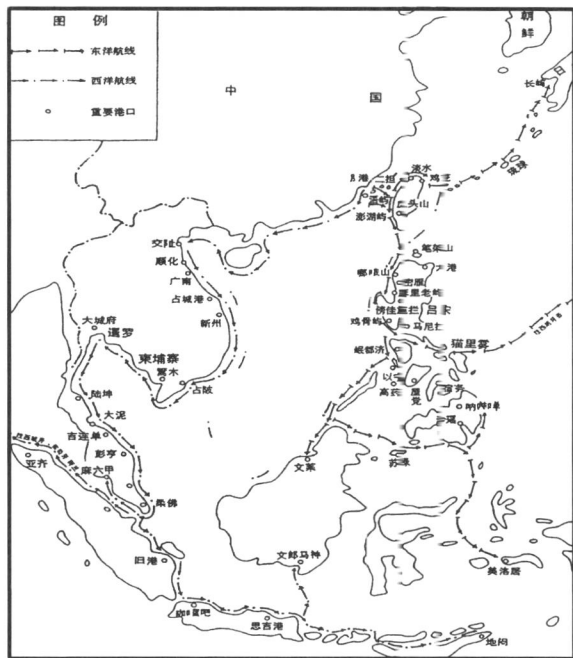

图六　月港东西洋贸易航线

图七　月港督饷馆

（二）保护意识淡薄。部分干部群众缺乏对月港保护和开发利用的重视，特别对"海丝"申遗的重要性和可行性认识不足，没有成立具体的"海丝"申遗专门组织机构，没有配备有正式编制的申遗专职人员。对月港和明清漳州海商辉煌业绩的研究不够，宣传造势也不够到位，导致月港和漳州海商在国内外的知名度不高；政府及有关单位对"海丝"遗迹的保护措施不够有力，破坏性建设现象依然存在，"海丝"文化有待于挖掘、整理、保护和开发利用。

（三）规划相对滞后。政府和有关部门对月港"海丝"建设工作尚未进行系统规划。"海丝"申遗是一项复杂的社会系统工程，涉及部门多、任务重、标准高、投入大、范围广，按照国际申遗标准必须先做好申遗文本及保护规划，并对申遗点进行修缮和保护，这些工作对我市来说都相对滞后。

（四）投入经费不足。"海丝"建设和申遗工作是一项艰巨而且漫长的工作，必须要有胆识、恒心、定力，不仅需要投入大量的人力物力，也要求国家、省、市各级各部门共同筹措，并加大遗址保护的资金投入。现在有一部分领导干部或群众认为地方政府的财力不够雄厚，对待海丝建设与月港申遗态度不够积极，存在畏难情绪等等。

四　参与海丝建设的前景与举措

两千多年前开始逐渐形成的"海上丝绸之路"，跨越浩瀚大海，把中国与世界连接起来，促进了中外文化的交流，增进了中外人民的友谊，丰富了中国文化的内涵，推动了世界文明的进程。

以习近平总书记为核心的党中央在新形势下应对挑战，提出"一带一路"建设，是站在历史高度，着眼世界大局，面向全球发展作出的重要战略构想，充分体现中国作为新兴大国所采取的新举措，所推出的新理念，所展示的新风貌，树立了负责任大国的光辉形象。"21世纪海上丝绸之路"不仅仅传承了古代"海上丝绸之路"和平友好、互利共赢的价值理念，而且注入新的时代内容，合作层次更高，覆盖范围更广，参与国家更多，将串起连通东盟、南亚、西亚、北非、欧洲等各大经济板块的市场链。新海上丝绸之路的实施涉及同中国相邻的东南亚，甚至印度洋更广阔的海域，即大约几十个陆上和海上邻国及周边国家，充分反映了中国新一轮改革开放的宏大经济愿景。通过向东南亚地区扩大开放，中国同周边特别是海洋地区的经贸往来和人文交流得以加强，既是弘扬中华文明实现"中国梦"的魅力与内涵，也为实现中华民族伟大复兴奠定基础。

月港辉煌的历史不仅奠定了漳州在"海上丝绸之路"的重要地位，对中国乃至世界经济的发展都起到了不可忽视的促进作用。过去的月港是大航海时代世界海洋贸易的一个重要枢纽，月港让中国的瓷器影响了世界。月港输出了漳州窑瓷器等中国商品，换回了当时占世界50%以上的白银等外国商品，开启了中国白银货币时代，意义和影响非常深远。目前，月港文化遗存丰富、遗址众多、积淀深厚。有理由相信：龙海具备人缘、地缘和商缘优势的月港，再造"新月港"，我们有潜力、有能力、有信心。在建设21世纪海上丝绸之路的规划版图中，龙海将会是一个亮眼的"据点"。顺应时势，月港参与"海上丝绸之路"建设正逢其时。

（一）打好"月港"品牌

要擦亮"月港"名片，弘扬"月港"文化，要聘请专家、学者及海内外有志之人，不定期举办"月港文化研讨会"、"月港城隍文化研究会"；把海澄城隍庙、文庙等作为对台对外交流平台；创作与月港相关的文学、纪录片、电影等文化艺术，创办关于海丝月港的文史专刊；开辟以"海丝·月港"为中心的专题网站；将龙海的非遗文化、特色美食、农副产品融入"月港"元素；加大颜思齐、张燮等月港历史名人的挖掘、宣传力度，加快开发与月港相关的重点项目建设，并把月港区域内的码头、桥梁、建筑、道路、公园等设施冠以"月港"之名，扩大"月港"影响力，再造"月港"名牌。

（二）规划"月港"布局

"月港参与海丝建设"要抓住机遇、突出重点、把握方向、加快建设，要把握"小月港"和"大月港"区域范围，将"月港"建设主动融入龙海城市规划、福建漳州海洋建设、"21世纪海丝"战略。要突破体制障碍，"保护好月港旧区"，"开辟好月港新区"。特别是月港旧区建设要按照国际"申遗标准"，进行规划保护；月港新区建设要坚持"古为今用、推陈出新"原则，借用"月港"名片，合理利用月港资源，要高起点、高标准、高规格、高品位地加快开发与月港相关的重点项目建设，扩大"月港"影响力，再造"新月港"，使月港有新实体、新内容、新风貌。依据龙海"山环水抱、拥湾面海、藏风纳气"的山水自然环境，以"借申遗东风、展月港风貌、促海澄发展、助龙海腾飞"为出发点，按四步走策略，分"一江两溪三带六片"的功能布局，建设以集中反映月港历史特色

荔枝

地瓜

图八

图九　月港申遗规划

的海商文化为主题，兼具多元文化的度假休闲、旅游观光、商业酒店与居住有机结合的城市多功能综合区。

（三）做好"月港"申遗

弘扬古月港历史文化，申遗是必不可少的一步棋，要按照《中国世界文化遗产预备名单》公布的月港遗址保护范围，划定月港遗址的核心区和缓冲区范围，进行依法、合理、有效保护，对古遗址原貌抢救修复。按照"修旧如旧"原则，对月港境内现有文物古迹如晏海楼、文庙、城隍庙、七个码头、两条明代古街、明清古厝群（曹氏民居、蔡氏民居等）等相关遗址进行保护修缮；对新盖楼房有计划有步骤予以拆除，尽量恢复月港原貌；文物主管部门、公安局、司法局等部门要从重从严从快惩处打击对古月港文化遗存的盗、抢、毁等违法犯罪行为，依靠法治的手段，切实保护月港现存文物。

（四）搜集"月港"遗存

要多渠道、多方面组织单位、人员对古月港现存世的历史图片、文字记载、实物遗存、年代考纪等进行搜集整理，并汇编成册，归档存库，以备史证。由市海丝文化研究会牵头组织相关单位及海丝专家、学者组成"古月港"历史资料收集整理领导小组，征集"古月港"物质和非物质遗存，建设好"月港"博物馆。

（五）开辟"月港"旅游

将月港遗址（如：码头、古街、晏海楼、城隍庙、文庙等）与月港周边海商故居（如：杨氏大夫第、林氏义庄、美山郑氏建筑群、林秉祥祖厝古民居、连氏家庙等）、埭美水上古民居、天一总局、榜山窑址、镇海卫城址、南太武、隆教天下第一滩等遗址遗存、旅游景区捆绑起来，打造旅游一条龙；适当开发一些以月港为主题的，有创意性、宣传性的旅游商品，提升旅游景区的知名度。

（六）打造"月港"产业

龙海的发展要利用"月港"参与"21世纪海上丝绸之路"建设的有利契机，与"海丝"城市建立交流合作机制、文化交流基地、交流对接平台，携手共建"一路一带"经济体。特别是要突出在"月港"与台湾、东南亚的地位、影响的关系渊源，加强对台经济、文化交流。龙海空间腹地大，不只是历史名城，还是沿海水城，港口众多，交通设施便利，龙海要发挥自身人文精神，通过对月港的挖掘和拓展建设，以厦漳泉同城化为契机，以厦门湾为中转，海陆并行，配合厦门港打好内港基础，以九龙江口的月港航道为基础开发港口经济和临港工业，打造滨海城市特色产业，利用月港知名品牌和龙海具备的人缘、地缘、商缘优势，打造"新的月港"，发挥"活的海丝"，推进龙海经济和文化双赢发展。

（七）弘扬"月港"精神

漳州月港的兴盛是漳州发展史上辉煌的一页，也是"海丝"发展史上绚丽的篇章。月港文化是一种海丝文化，是海洋文化、开放文化、走出去的文化。漳州月港的兴盛，涌现出了一批又一批甘冒风险、敢拼爱赢的海商，他们视大海为舞台、以世界为市场，过台湾、下南洋、闯东洋、泛西洋，开辟了世界大帆船航海史上持久的一条贸易航线。月港海商那种海纳百川的胸怀和扬帆远航的抱负，力求更加开放、开拓和开明的秉性，突出体现了"顺风使舵、敢顶风浪、敢拼会赢、借船出海、同舟共济、情深似海"的精神，他们抱团取暖、共同发展、懂得感恩、爱国爱乡，既是龙海改革的动力、发展的源泉，也将为今天"21世纪海上丝绸之路"建设带来启发。

（八）加强经贸合作

明代月港兴起后，漳州海外贸易随即迅速地发展起来。月港的发展，推动了漳州与海内外的生产技术、科技成果、农产品品种的相互交流传播，促进了闽南地方文化的繁荣发展，丰富了漳州人民物质文化生活。尤其是华安东溪窑与平和南胜窑是中国陶瓷文化的重要组成部分，成为外销瓷的重要产地之一，是明、清时期闽南地区具有代表性的窑址，其生产的瓷器是闽南地区制陶艺术的杰作。其窑业技术在中国陶瓷技术的对外传播与交流中占有重要地位。其中，华安东溪窑是明清时期闽南地区已知的最大窑场，文化遗存丰富，极具文化内涵，烧造时间长，产品类型丰富，风格独特：釉色米黄或白中泛黄、开细小冰裂纹、胎白、厚、质轻、

图一〇　月港新区

图一一　月港新城规划

多素面或印有淡淡的几何纹、旋纹，器形多为摆设品，以炉、罐、盒、瓶、盆为主，也见少量的盘、杯、碗。在当时行销海内外并一直受到人们的青睐、珍藏，并以其独特风格受到古玩界喜爱，乃至半个世纪来文物考古界关注。

建设21世纪海上丝绸之路要做到与各国各地实现政策沟通、道路联通、贸易畅通、货币流通、民心相通。要以国际经贸合作为核心，以海上运输通道和基础设施建设为依托，以沿线的重点港口、中心城市、资源区块、产业园区为重点支撑，以海洋捕鱼合作为牵引，以人为旅游交流为纽带，构筑陆海空立体交通网络，形成开放式国际经济合作带，形成具有强大产业聚集效能的经济走廊，以这种利益交融互利共赢的一体化的伙伴关系，与周边国家友好相处，稳定南海局势，维护通道安全，获取战略支点，拓展发展空间。

注 释

1. 张燮：《东西洋考》卷七，中华书局，2000年，第78页

2.《明正统实录》卷五八，清代乾隆四十年，手抄本。

3.《海澄县志》，手抄本，清乾隆三十九年（1774年），第132页，龙海市档案局藏。

4.（明）王抒：《明经世文编》，中华书局，1962年，第38~52页。

5.（明）张燮：《东西洋考》，中华书局，2000年，第175页。

6.（明）张燮：《东西洋考》，中华书局，2000年，第56页。

7.（明）顾炎武：《天下郡国利病书》，上海古籍出版社，第112~113页。

8.（清）《漳州府志》，卷二《海澄县》，清抄本，清代乾隆四十一年（1776年），第50页，漳州图书馆藏。

9.（清）《漳州府志》，卷三《海澄纪实》，清抄本，清代乾隆四十一年（1776年），第129页。

10. 菲律乔治《西班牙与漳州之初期通商》，薛澄清译载《南洋问题资料译丛》1957年第4期。

11.（清）《漳州府志》，卷三《海澄纪实》，清抄本，清代乾隆四十一年（1776年），第103~107页。

12. 杨国桢：《明清时期漳潮海域贸易中心的转移》，澳门大学出版社，2008年，第152~157页。

13.（明）王抒：《明经世文编》，中华书局，1962年8月，第73~78页。

14.（清）《续修四库全书》，上海古籍出版社，2002年，第484册，第175页。

15. 林仁川：《明代中琉贸易的特点和福建市舶司的衰亡》，《海交史研究》1988年第1期，第79页。

16. 陈自强：《论明代漳州月港的历史地位》，《海交史研究》1988年总第5期，第175页。

17. 傅衣凌：《明清时代商人及商业资本》，中华书局，2007年，第98~102页。

18. 樊树志：《国史概要》，复旦大学出版社，1998年，第103页。

19.（明）顾炎武：《天下郡国利病书》，上海古籍出版社，第37页。

20.（清）吴宜燮：《龙溪县志》卷十《风俗》，《中国方志丛志》，第90册，第19页。

江智猛，福建省龙海市委宣传部部务会成员、市社科联主席、市海丝文化研究会会长。

后　记

　　阅览我国古代"海上丝绸之路"这段充满传奇的历史，华安东溪窑遗址是一个不能遗忘的角落。它的史迹价值之所以弥足珍贵，就在于它是古代"海丝之路"的重要组成部分，在中国与世界海洋贸易中占有一席之地，见证了"海上丝路"由兴盛到衰落的全部过程。数百年来，华安东溪窑遗址从当时十里窑烟到后来只剩下一片荒芜窑址，经历了风风雨雨的坎坷历程。直到 20 世纪 80 年初被发现之后，沉寂了数百年之久的华安东溪窑遗址重新进入人们的视野，引起社会广泛关注。

　　华安东溪窑遗址，从下里巴人到阳春白雪，从鲜为人知的民间陶瓷窑址到如今成为"海丝"中国申遗预备名单，短短三十余年实现身份重大转变。这与各级领导无微不至的关怀及专家学者的辛勤努力分不开。几十年来，专家学者们春去冬来，寒来暑往，披荆斩棘，无数次穿行于深山密林之间探寻古窑址。他们以科学而务实的敬业精神以及忘我的工作态度，一步步解开华安东溪窑遗址之谜。他们所付出的心血没有白费，取得了累累的学术研究成果。一篇篇穿越时空的学术佳作，一幅幅丰富多彩的图片，生动反映了千百年来九龙江北溪人文生态景象。尤其是展现了华安东溪窑遗址的历史风貌，推动了华安文物事业的发展。

　　然而，"海丝"课题研究是一项复杂的传统文化工程，涉及学科领域极为广泛。既包括了历史学、考古学、地理学、地名学、社会学、民俗学、华侨学及姓氏谱牒，又涉及水下考古、海外贸易、内河交通等诸多学科。在如此复杂的研究领域里，专家学者各抒己见，充实了漳窑文化的学术研究内容，奠定了漳窑文化的历史定位，从中让人们深刻地了解华安东溪窑遗址的历史风采。

　　近年来，在国家文物局、故宫博物院、中国古迹遗址保护学会、中国文物学会、中国古陶瓷研究学会和省文物部门等专家们的鼎力指导帮助下，在县委、县政府的高度重视下，华安东溪窑遗址学术研究活动取得重大成果。如今，《华安东溪窑学术研究论文集》终于付梓，这是中国古陶瓷专家学者们智慧与心血的结晶，也是华安"海丝"申遗一大盛事。在文集编纂中，不少专家学者、文物爱好者及华安干部群众热忱提供史料及藏品实物，给予我们莫大的支持和帮助。尤其是许多著名专家给予高度肯定，使我们增强了工作的信心。2015 年 12 月 29 日，国家"海丝"申遗调研组专家们莅临华安东溪窑遗址实地考察。规模宏大的窑址，精美绝伦的陶瓷精品，令专家们赞叹不已，纷纷挥毫题词留念。中央文史研究馆馆员、中国社科院考古研究所研究员、汉唐研究室主任、西安研究室主任，专家组组长安家瑶欣然题词"东溪瓷器，独树一帜"；中央文史研究馆馆员、敦煌研究院名誉院长樊锦诗及爱人彭金章题词"东溪瓷园，明清典作"。此外，著名海洋专家、中国海洋法学会常务理事、厦门大学南洋研究院教授、博士生导师李金明为论文集题词"十里窑场，万里丝路"；中国文物学会副会长、福建省文物考古博物馆学会理事长、福建省文物局原局长郑国珍为论文集题词"海丝瑰宝地，华安东溪窑"；联合国教科文组织中国全委会秘书长杜越为论文集撰写绪论；著名世界遗产专家、国际古迹遗址理事会原副主席、中国文物学会世界遗产研究委会会长郭旃为论文集书写前言；中国陶瓷学会名誉会长、著名瓷器专家耿宝昌为论文集书名题词。专家们为论文集出版付出辛勤劳动和给予热忱关怀，我们铭记在心，再次深表谢意！

因编纂时间短促，相关史料一时难于完整收集，加上学识水平有限，本书难免存在缺陷和疏漏之处，敬请同仁和读者理解、矫正。

编委会

2016 年 5 月 21 日